本套丛书受到复旦大学马克思主义学院资助出版

发展的权利：
马克思主义发展观及其当代意义

肖　巍　著

人民出版社

马克思主义前沿问题及其当代意义研究丛书总序

马克思主义学院在各高校的快速发展，是马克思主义发展史上的一件盛事，其深远意义将随着时间的推移被人们越来越深切地感受到。

马克思主义学院不仅承担着马克思主义思想教育和人才培养的任务，更肩负着马克思主义理论研究的使命。马克思主义学院正在成为我国马克思主义理论研究的主阵地，能否在一段时间内推出重大的研究成果，这些成果能否产生重大的影响，是衡量一所马克思主义学院政治站位、理论站位高低，以及在多大程度上履行了自己的职责与使命的重要标识。

当前，学界对马克思主义发展史、马克思主义经典著作、马克思主义代表人物的研究开展得如火如荼，也形成了一大批高质量成果。我们认为，对马克思主义的研究，除了继续在理论层面深耕之外，还必须深入到"问题"的层面，只有这样，才能把对马克思主义理论的研究与对现实的研究紧紧结合在一起；也只有这样，才能真正阐释马克思主义对当今世界及其未来发展趋势的意义。

2018 年 12 月 18 日，习近平总书记在庆祝改革开放 40 周年大会上强调，"必须坚持马克思主义指导地位，不断推进实践基础上的理论创新"。至于如何具体实施，他特别指出，"我们要强化问题意识、时代意识、战略意识"，"不断回答时代和实践给我们提出的新的重大课题，让当代中国马克思主义放射出更加灿烂的真理光芒"。他明确列举了八个当今必须学习、研究和实践的马克思主义的基本的理论问题，这就是：马克思主义关于人类社会发展规律的思想、马克思主义关于坚守人民立场的思想、马克思主义关于生产力和生产关系的思想、马克思主义关于人民民主的思想、马克思主义关于文化建设的思想、马克思主义关于社会建设的思想、马克思主义关于人与自然关系的思想、马克思主义关于世界历史的思想。

复旦大学马克思主义学院决心跟上兄弟学院研究马克思主义基本理论的步伐，尽快推出自己的高质量研究成果。为此，早在 2019 年我们就开始策划马克思主义前沿问题及其当代意义研究丛书，计划从 2021 年起每年推出 3 至 6 部研究马克思主义前沿问题及其当代意义的专著。

本丛书对所研究问题的确定主要遵循以下三个原则：其一，马克思主义经典作家围绕着这一问题做出过系统、深刻的论述；其二，这一问题正为当今学者们所关注，处于学术界研究的前沿；其三，这一问题正是当今中国和世界进一步发展的瓶颈，有待从速破解。

我们要求承担撰写任务的作者必须紧扣一个前沿问题深入展开研究，牢记本丛书是以问题为导向的，必须在两个层次上深入阐述：一是把马克思主义的相关理论阐述清楚；二是把马克思主义的相关理论的当代境遇和现实意义阐述清楚。

我们知道，本丛书是一项探索性工作，打开了进一步深入研究和发展马克思主义思想的蓝图，应当在启发性这个意义上理解这套丛书。我们期待读者，特别是相关专家学者对本丛书的设计与撰写提出宝贵的建议与批评。

是为序！

马克思主义前沿问题及其当代意义研究丛书主编

2021 年 5 月 7 日

目 录

导　论

21世纪第三个十年已经到来，当代中国发展进入一个新阶段，总结发展经验、调整发展战略、转变发展模式的节奏紧锣密鼓。正如马克思所说："随着经济基础的变更，全部庞大的上层建筑也或慢或快地发生变革。"[①] 这些变革既包括物质生产领域的，也包括意识到冲突并力求克服的旧意识形态。当代中国改革开放在取得了举世瞩目的成就同时也出现了一些不容回避的问题，必须通过深化改革扩大开放和促进转型来推动高质量发展。而这个高质量发展是围绕着"以人民为中心"或"以人为本"展开的，并能够落实到每个人都有参与发展、享受发展的权利，并在很大程度上实现发展人权，包括发展与民生、发展与文化、发展与环境等一系列关系的权衡和改进，这就进一步突显了以激活市场、改善民生、扩大民主、繁荣文化和美化生态为主要内容的各项体制改革的重要性和迫切性。

一、发展转型势在必行

我们先来看一些有关中国发展的数字：我国人口现在占世界总数不到1/5，经济规模（国内生产总值，GDP）占全球总量已超过16%。改革开

---

① 《马克思恩格斯文集》第2卷，人民出版社2009年版，第592页。

放 40 多年来，按可比价格计算，我国 GDP 年均增长约 9.5%；以美元计算，对外贸易额年均增长 14.5%（2018 年），连续多年对世界经济增长贡献率超过三成。根据最新（2020 年）统计数据，2019 年我国 GDP 已非常接近百万亿元，按平均汇率折算约 14 万亿美元，稳居世界第二大经济体，同时还是第一大货物贸易国、第一大外汇储备国。我国人均 GDP 也已超过 1 万美元（约为世界人均 GDP 的九成），全国居民人均可支配收入 30733 元，其中城镇和农村居民人均可支配收入分别由 1978 年的 343 元和 134 元增长到 2019 年的 42359 元（中位数 39244 元）和 16021 元（中位数 14389 元）；全国居民恩格尔系数为 28.2%，其中城镇和农村居民家庭的恩格尔系数也分别由 1978 年的 57.5% 和 67.7% 下降到 2019 年的 27.6% 和 30.0%。[①] 根据联合国开发计划署报告，中国的人类发展指数（HDI）从 1980 年的 0.42 提高到 2019 年的 0.758（全球第 85 位）[②]，已进入高人类发展水平国家（在 1990 年处于低人类发展水平组别的 47 个国家中，中国是目前唯一跻身高人类发展水平的国家）。

但另一方面，尽管我国人均 GDP 已接近世界平均水平，但结构尚不合理，根据 2019 年国家统计局数据，低收入组和中间偏下收入组共 40% 家庭户对应人口 6.1 亿人，年人均收入 11485 元，月人均收入不到 1000 元。[③] 我国城乡居民最终消费占 GDP 比重长期徘徊，近年为 50% 到 60%（全球平均达到 78%，发达国家超过 80%），根据国家统计局公布 2015 年以来反映城乡居民收入差距的基尼系数均超过 46%，仍呈上升趋势；而行

[①] 有关数据见国家统计局：《波澜壮阔四十载民族复兴展新篇——改革开放 40 年经济社会发展成就系列报告之一》，http://www.stats.gov.cn/ztjc/ztfx/ggkf40n/201808/t20180827_1619235.html.《中华人民共和国 2019 年国民经济和社会发展统计公报》，http://www.stats.gov.cn/tjsj/zxfb/202002/t20200228_1728913.html.

[②] 联合国开发计划署：《人类发展报告 2019：超越收入，超越平均，超越当下：21 世纪人类发展的不平等》，http://hdr.undp.org/sites/default/files/hdr_2019_cn_0.pdf.

[③] 国家统计局新闻发言人就 2020 年 5 月份国民经济运行情况回答媒体关注的问题，http://www.stats.gov.cn/tjsj/sjjd/202006/t20200615_1760268.html.

政费用占财政开支比例达到 15% 以上（发达国家不超过 10%）；综合国内外有关能源环境机构统计数据显示，近年我国单位 GDP 能耗约为世界平均水平的 1.4 倍（由此推算总能耗约占世界总量 22% 以上），碳排放占世界排放总量也超过 1/4。另外，根据不同口径的计算，我国环境污染损失（财产性损失与健康损失）占 GDP 比重 3%—8% 这些数字既表明我国发展的空间还相当大，但同时也反映在许多方面存在的发展问题。

经过 40 多年的改革开放，我国发展已呈现明显新的阶段性特征：一方面，我国经济保持较高增长速度，综合国力与人民生活水平有了较大提升，对世界经济增长的贡献率超过三成，对外贸易和投资、外汇储备均高居世界前列。另一方面，我国虽然是世界第一大出口国，但出口产品的含金量比较小，缺少世界级品牌；在国际金融体系和贸易体系中的地位也不高，制订有关国际规则的能力和影响力还不强。特别是我国人均仍处在中等收入水平，城乡之间、地区之间发展差距仍然较大，民生领域还存在不少短板。也就是说，发展的结构性和有效供给问题越来越突出，发展的质量和效益有很大改进空间。我国社会的主要矛盾因此而转化，这是由我们取得重大发展成就同时出现许多发展问题转化过来的。

我国仍然是世界上最大的发展中国家。对于中国究竟还是不是发展中国家，近年时有各种争议，但明显的事实是：中国 14 亿人口，无论用什么指标测算都要面临总量相当大人均比较小的反差。中国人均 GDP 还没有达到世界人均水平……

大致说来，我国发展的特点：一是快，二是"重"，关于快，改革开放以来保持了超过世界平均好几个百分点的经济增长率，举世瞩目。关于"重"，主要是指经济增长方式粗放、产业能级与文化含量都比较低；又快又"重"积累起来就不是好事情，我国资本结构因此发生了比较严重的扭曲，除了物质资本的强劲扩张，人力资本方面，劳动力数量庞大，但劳动层次不高，劳动收入偏低；自然资本方面，自然资源消耗过猛，环境压力越来越大，发展的可持续性面临巨大挑战；社会资本方面，与市场经济相适应的信用体系、游戏规则与交往方式都还不健全，影响社会安定的不和谐因素依然存在。中国仅仅用了 40 年时间完成了别国可能要上百年才能达到的经济业绩，但与此同时，别国上百年纷纷出现的各种问题，包括社会问题、文化问题和环境问题在中国也集中出现了。近年来，国际产业结构有较大规模的调整，发达国家的透支消费情况将有所收敛，而各国贸易保护政策也会加强；另一方面，在传统发展模式惯性推动下，产能过剩，土地收益耗竭，再加上内需疲沓与通胀压力并存，社会保障供应不足等情况；中国在未来几十年还将面临人口老龄化、转型不适引起社会动荡、利益冲突和群体性事件多发、反腐败及其政治风险、生态环境持续退化等一系列挑战，以及两岸关系变数、"三股势力"滋事、外部世界总有一些人找茬、挑衅甚至试图颠覆中国政权等外部干扰。

中国的发展离不开世界，世界的发展也需要中国，现在中国一举一动都为全世界所关注。根据皮尤调查中心（Pew Research Center）发布的国家形象全球调查，2017 年的结果显示，对中国有好感的受访者比例为 47%（美国是 49%），而对中国没有好感的为 37%（美国是 39%）；42% 的受访者认为美国是世界最大经济体，32% 则认为这一称号应该给中国。[1]2019 年的结果是 40% 的受访者对中国持正面看法，41% 的受访者对中国持负面看法，基本持平；而对美国持正面看法的仅为 26%。[2] 尽管我们没有必要对这些数据过分关注，但我们在强调把自己的事情办好的同时，也应该对其中透露的信息给予足够重视。

正如科学发展观"是立足社会主义初级阶段基本国情，总结我国发展实践，借鉴国外发展经验，适应新的发展要求提出来的"[3]，中国特色社会主义进入新时代，为了解决好人民日益增长的美好生活需要和不平衡不

---

[1] 《皮尤国家形象全球调查：中美在受欢迎度上旗鼓相当》，《环球时报》2017 年 7 月 15 日。

[2] 中国经济增长更受新兴市场欢迎，但邻国对其影响态度谨慎，https://www.pewresearch.org/global/2019/12/05/chinas-economic-growth-mostly-welcomed-in-emerging-markets-but-neighbors-waryof-its-influence/.

[3] 《胡锦涛文选》第 2 卷，人民出版社 2016 年版，第 622 页。

充分的发展之间这个社会主要矛盾，就要坚持以人民为中心的发展思想，"必须坚定不移贯彻创新、协调、绿色、开放、共享的发展理念。必须坚持和完善我国社会主义基本经济制度和分配制度，毫不动摇巩固和发展公有制经济，毫不动摇鼓励、支持、引导非公有制经济发展，使市场在资源配置中起决定性作用，更好发挥政府作用，推动新型工业化、信息化、城镇化、农业现代化同步发展，主动参与和推动经济全球化进程，发展更高层次的开放型经济，不断壮大我国经济实力和综合国力"[①]。发展必须是遵循经济规律的科学发展，是遵循自然规律的可持续发展，是遵循社会规律的包容性发展，已经成为越来越多人的共识。

二、以人民为中心的发展促进人权

当代中国发展是"以人民为中心"或"以人为本"的发展，类似的，联合国早些时候也提出"以人为中心的发展"，即发展的目的是"人"而不是"物"。"以人为本所讲的'人'，包含两层含义：一是指全体社会成员，即马克思所说的'每个人'、'一切人'。我们党作为执政党，始终重视尊重和保障全体社会成员即每个人的生存权、发展权以及宪法赋予的其他权益。所以，以人为本中的'人'，首先应包括受我国法律保护的一切社会成员。如把以人为本仅仅解释为'以人民利益为本'，就缩小了其内涵，模糊了其新意。二是指人民，人民是'人'的主体和核心。在人类社会发展的进程中，人民始终是以占人口大多数的劳动者为主体、在利益一致基础上形成的最大的人群共同体。我们党以全心全意为人民服务为根本宗旨，理所当然地应代表最广大人民的根本利益，把实现好、维护好、发展好最广大人民的根本利益作为各项工作的根本出发点和落脚点。所以，

[①] 习近平：《决胜全面建成小康社会　夺取新时代中国特色社会主义伟大胜利——在中国共产党第十九次全国代表大会上的报告》，人民出版社2017年版，第21—22页。

以人为本中的'人'，既涵盖了社会全体成员，是'最广大的人民群众'，又突出了人民群众的主体地位和核心作用。坚持以人为本，就是要确认并保证人民群众的主体地位，以最广大人民的根本利益为本。"① 这个"以人民为中心"或"以人为本"，关系到发展的价值取向；人民也不是抽象的概念，而必须能够落实到每个人，也就是每个人都有参与发展、享受发展的权利；也就是在这个意义上，发展促进人权，以人民为中心的发展就是实现发展人权。

发展人权也是国际社会的共识。1986 年联合国第 41 届大会高票通过《发展权利宣言》，宣言确认，"发展权利是一项不可剥夺的人权，发展机会均等是国家和组成国家的个人一项特有权利"；呼吁有力促进发展中国家的发展，促进建立国际新秩序，激励遵守和实现人权。"由于这种权利，每个人和所有各国人民均有权参与、促进并享受经济、社会、文化和政治发展，在这种发展中，所有人权和基本自由都能获得充分实现"；"人应成为发展权利的积极参与者和受益者"。并责成各国制订国家发展政策，不断改善全体人民和所有个人的福利；制订国际发展政策，以期促成充分实现发展权利。② 发展权既是个体权利也是集体权利，而成为新型人权（所谓"第三代人权"）的代表；特别对于广大发展中国家来说是实现其他权利的前提，而发展不充分则是实现和享有人权的主要障碍。在这个基础上，联合国开发计划署（UNDP）提出"人类发展"概念及其衡量指标（人类发展指数，HDI）和《人类发展报告》，并开始对各国（地区）发展业绩进行评估。

人权问题又具有代际特征，第一代人权是所谓"消极的"（negative）权利，以美国《独立宣言》、《弗吉尼亚权利法案》（1776 年）和法国《人

---

① 叶小文：《以人为本与人权理论》，《人民日报》2007 年 12 月 1 日。

② 《发展权利宣言》，北京大学法学院人权研究中心编：《国际人权文件选编》，北京大学出版社 2002 年版，第 304 页以下。在 1997 年联合国大会上，77 国集团提议将《发展权利宣言》纳入"国际人权宪章"，使之具备与《世界人权宣言》和《经济、社会及文化权利国际公约》、《公民权利和政治权利国际公约》同等重要的地位。

权宣言》（1789 年）为代表，主要强调的是国家保护免于什么（from……）的权利；第二代人权是所谓"积极的"（positive）权利，以两个人权公约（《经济、社会及文化权利国际公约》和《公民权利和政治权利国际公约》，1966 年开放签署，1976 年生效）为代表，是国家推动做什么（to……）的权利；第三代人权是"连带的"权利，以《发展权利宣言》为代表，是带有集体性质的，与全球相互依存，包括维持和平、保护环境和促进发展需要国际合作的权利诉求，并把争取平等发展的权利摆在更加突出的位置，无论国家还是个人都是如此。事实上，权利实现还关乎经济基础、政治制度、历史文化传统的影响。人权普遍性在不同国家、不同人群体现出来的差异性，必然导致人权项目次序等特殊性，这在一定程度上也反映了人权理想与现实的矛盾。全球化促进了人权观念的传播和更新，但也有利用人权外交作为政治施压的手段，理所当然地遭到许多发展中国家的批评。"全球化过程使得传统的、局限在一定国界里的民主与人权的关系发生了一定的变化，一个不依赖于国内政体的全球性人权保护机制正在形成，人权问题跨越了国界，而民主制度的选择与否基本上是一国内部的事物。"① 因此围绕着人权及其与民主的关系解释也在进行各种较量。

　　我国领导人在许多场合强调落实"国家尊重和保障人权"的宪法规定（2004 年宪法修正案增加），"既尊重人权普遍性原则，又从基本国情出发，切实把保障人民的生存权、发展权放在保障人权的首要位置，在推动经济社会又好又快发展的基础上，依法保证全体社会成员平等参与、平等发展的权利"②。饶有意味的是，中文"权（權）"这个字，本义是秤锤，类似衡器的意思，所谓"权衡"、"权重"等概念就是这样引申出来的；这就与西文 Right（本义是正当、资格性的东西），更看重个体的"利"（权益）有所不同。但无论中西，权利都必须是恰当的，因而又可以作协调、

---

① 黎尔平：《人权与民主关系研究》，《教学与研究》2006 年第 11 期。
② 《胡锦涛致信中国人权研究会，强调一如既往地切实推动人权事业发展》，《人民日报》2008 年 12 月 12 日。

均衡、持平的进一步理解。科学发展的基本要求和根本方法其实也就是若干关系的权衡和兼顾。

关于发展与民生的权衡。国际上有前车之鉴，如 20 世纪 70 年代发生在伊朗、智利的事变，表明无论模仿"美式"还是"苏式"的发展，不顾及民生没有处理好社会问题是很危险的。发展观必须有拓展，必须在经济增长的同时加快社会进步。民生问题有阶梯性：第一步是反贫困（生存权），这一步中国迈得非常出色；第二步就是我们现在抓紧进行的社会建设，以较好地实现国民就业、教育、医疗与居住等权利；还有第三步反贪腐（政治参与权），因为贪腐侵吞了本该投入公共领域的社会福利……而且，民生问题也不能只理解为扶贫济困，常言道"救急不救穷"，治标更要治本，这"本"就是发展能力的增进，依靠自己摆脱困境。

关于发展与文化的权衡。人们发现，相对于经济业绩，发展中国家普遍出现轻视文化权益，文化供给不足，进而导致全球文化多样性缺失，包括我国发展中也有所谓物质文明精神文明一手硬一手软的情况。发展观应该更丰富，发展需求有不同的层次，不能只看到"物"的东西，忽略情感、道义、审美，等等；而发展的丰富性，就体现在我们提倡的"和谐"之中，"和而不同"的文化，就是承认多元，提倡包容，实现有序的发展。我们讲文化软实力，要从同情心、责任感、信用度这些最基本的人文关怀和道德品质做起，然后才是围绕核心价值体系建设，培育与经济社会发展相适应的人文精神、民族精神、时代精神。

关于发展与环境的权衡。从联合国人类环境大会（斯德哥尔摩，1972年）到环境与发展大会（里约热内卢，1992 年），到可持续发展世界峰会（约翰内斯堡，2002），再到世界可持续发展大会（里约热内卢，2012 年）等标志性大会名称已经很能说明问题了。发展观还必须有延伸，发展不能以牺牲后代人发展的能力为代价，不能只顾眼前而剥夺后代人的发展权利。"可持续发展"这个概念现在可谓家喻户晓，但实践起来却困难重重，因为人们往往比较注重个体的、眼前的权益，不容易产生维护公共的、长期的环境权益的激励，何况我国的快速发展使前工业化的、工业化的、后工业化的环境问题纠缠在一起，难解难分。

　　发展促进人权，人权提高发展质量。"必须更加自觉地把以人为本作为深入贯彻落实科学发展观的核心立场，始终把实现好、维护好、发展好最广大人民根本利益作为党和国家一切工作的出发点和落脚点，尊重人民首创精神，保障人民各项权益，不断在实现发展成果由人民共享、促进人的全面发展上取得新成效。"[1]中国共产党的坚强领导是我们最大的政治优势，没有什么力量能够挑战共产党的执政地位，但是，我们也必须清楚意识到，"执掌好政权尤其是长期执掌好政权更不容易。党的执政地位不是与生俱来的，也不是一劳永逸的。我们必须居安思危，增强忧患意识，深刻汲取世界上一些执政党兴衰成败的经验教训，更加自觉地加强执政能力建设，始终为人民执好政、掌好权"[2]。"党的先进性和党的执政地位都不是一劳永逸、一成不变的，过去先进不等于现在先进，现在先进不等于永远先进；过去拥有不等于现在拥有，现在拥有不等于永远拥有。"[3]进一步解放思想，全面深化改革扩大开放，决胜全面建成小康社会，是中国共产党带领全国人民实现"两个一百年"奋斗目标进而实现中华民族伟大复兴的重要篇章。

三、改革开放效果在很大程度上
就看人民权益能否充分实现

　　"坚持以人民为中心"，是马克思主义的基本立场，也是社会主义的价值目标。改革开放使得我国生产力水平有了很大提高，社会财富也获得极

---

① 《胡锦涛文选》第 3 卷，人民出版社 2016 年版，第 618 页。
② 《十六大以来重要文献选编》中，中央文献出版社 2006 年版，第 273 页。
③ 《习近平谈治国理政》，外文出版社 2014 年版，第 367 页。

大积累，但发展的不平衡不充分问题越来越凸显，有的还相当严重。这些问题如果不能很好解决，就会成为改革开放和社会主义现代化建设的各种梗塞。历史的经验值得注意：由于这样那样的原因，在发展进程中有的国家经济结构失衡、社会建设滞后，导致发展的质量提不高、后劲加不足；有的国家贫富悬殊加剧、失业增加，政治腐败引起社会动荡；还有的国家为摆脱能源资源消耗过大和生态环境严重恶化困境付出了高昂代价……各国经验表明，发展不仅仅是经济的增长，而应该是包括经济、政治、文化、社会的全面而协调的发展，是人与自然生态环境相和谐的可持续发展。当代中国同样面临着促进经济增长、加快社会进步和保护资源环境等多项任务，又不能重复人家走过的老路弯路，必须走出一条具有中国特色的全面发展道路。我们讲以人民为中心，不是热闹宣传的口号，也不是政绩工程的标签，而是每个人在经济、政治、文化、社会、生态等方面都能感受到的切实进步和全面发展。"人民不是抽象的符号，而是一个一个具体的人，有血有肉，有情感，有爱恨，有梦想，也有内心的冲突和挣扎。"① 新时代的人民对美好生活向往更加强烈，期盼有更好的教育、更稳定的工作、更满意的收入、更可靠的社会保障、更高水平的医疗卫生服务、更舒适的居住条件、更优美的环境、更丰富的精神文化生活，期盼孩子们能成长得更好、工作得更好、生活得更好。这就要想方设法增进人民的获得感、幸福感和安全感，以更高质量、更有效率、更加公平、更可持续的发展不断满足人民对于美好生活的需求。

生产关系的变革，社会制度的更替，思想文化的进步，都是人民创造性活动的结果，也是人民追求美好生活的前提。"时代是出卷人，我们是答卷人，人民是阅卷人。"② 从人民最关心最直接最现实的利益问题抓起，多谋民生之利，多解民生之忧，不断促进社会公平正义，是破解新时代社会主要矛盾的应有之义。发展为了人民，使得发展依靠人民有了充分理

① 《习近平谈治国理政》第 2 卷，外文出版社 2017 年版，第 317 页。
② 《习近平谈治国理政》第 3 卷，外文出版社 2020 年版，第 70 页。

由；发展依靠人民，决定了发展成果应由人民共享；人民共享发展成果，落实了发展为了人民，回报了发展依靠人民。当年邓小平语重心长地说："我们要想一想，我们给人民究竟做了多少事情呢？我们一定要根据现在的有利条件加速发展生产力，使人民的物质生活好一些，使人民的文化生活、精神面貌好一些。"①他要求把人民拥护不拥护、赞成不赞成、高兴不高兴、答应不答应作为衡量党和国家一切工作得失的根本标准。中国发展的质量评判，最终还是要看人民是否真正得到了实惠，人民生活是否真正得到了改善，人民权益是否真正得到了保障。

马克思、恩格斯所设想的未来社会，"所有人共同享受大家创造出来的福利"②。实现全面发展反映了社会主义的本质要求，体现了以人民为中心的价值情怀。如果说"小康"讲的是发展水平，那么"全面"就是强调发展的平衡性、充分性、协调性和可持续性。这个"全面"，涉及的领域是全面的，覆盖的人群、地方也应该是全面的。现在我国发展转型所面临的，包括资本强势以各种形式影响决策；政府还没有很好完成职能转变，在许多方面受到利益集团掣肘；宏观政策到了基层往往会发生变形、打折或稀释；行政成本居高不下挤压民生投入；社会力量薄弱和公共治理体系建设不足，等等，都表明一些体制性障碍还没有破除，各项体制改革亟待深化而且必须加快步伐。没有体制上的重大突破，就难以实现发展方式的根本转变，从这个意义上说，体制改革和创新是转变发展方式或发展转型的决定性因素。

早在 1980 年，邓小平就提出党和国家领导制度的改革问题，"如果不坚决改革现行制度中的弊端，过去出现过的一些严重问题今后就有可能重新出现"③。后来他又指出，"现在经济体制改革每前进一步，都深深感到政治体制改革的必要性"，"我们所有的改革最终能不能成功，还是决定于

---

① 《邓小平文选》第 2 卷，人民出版社 1994 年版，第 128 页。
② 《马克思恩格斯文集》第 1 卷，人民出版社 2009 年版，第 689 页。
③ 《邓小平文选》第 2 卷，人民出版社 1994 年版，第 333 页。

政治体制的改革。"① 他还多次提醒大家，改革涉及的人和事都很广泛，很深刻，触及许多人的利益，会遇到很多的障碍；"进行政治体制改革，第一要大胆、要坚决，第二要谨慎，要照顾到我们的传统，要理顺各方面的关系。"② 尽管政治体制改革可能引起的波动更大，但我们这一代要搞，下一代也要搞。"只有这样搞，才能扫除实现现代化的障碍。"③ 其实当时讲的政治体制改革也包含社会体制改革的内容。

在更早的 1945 年，毛泽东在回答到访延安的黄炎培关于如何跳出历朝历代"其兴也勃焉，其亡也忽焉"的历史周期率时，认为"我们已经找到新路，我们能跳出这周期率，这条新路就是民主；只有让人民来监督政府，政府才不敢松懈。只有人人起来负责，才不会人亡政息"④。这个著名的"窑洞对"表明中国共产党对新中国民主政权信心满满，也突出了民主的要义就是人民监督政府、人人起来负责；政府不松懈、不会"人亡政息"必须有相应的监督体制、负责体制。

民主就是人民当家作主，不是谁来"为民作主"。"共产党执政就是领导和支持人民当家作主"⑤，就是针对以往由于体制问题，实际上在许多情况下是代替人民在作主。现代国家的基本特征，一是民族国家，二是民主国家，前者侧重于主权论证，后者则着力于制度构建，体现国家民主政治生活的一个重要环节就是授权，并经过某些形式（程序）完成委托和代理的交接。用我们熟悉的政治语言，就是"我们的权力是人民给的"，或者"权为民所赋，权为民所用"。我国是共产党执政的人民共和国，党的领

---

① 《邓小平文选》第 3 卷，人民出版社 1993 年版，第 176、164 页。
② 中共中央文献研究室编：《邓小平年谱（一九七五——一九九七）》，人民出版社 2004 年版，第 1156 页。
③ 中共中央文献研究室编：《邓小平年谱（一九七五——一九九七）》，中央文献出版社 2004 年版，第 1157 页。
④ 中共中央文献研究室编：《毛泽东年谱（一八九三——一九四九）》，中央文献出版社 2004 年版，第 611 页。
⑤ 《江泽民文选》第 3 卷，人民出版社 2006 年版，第 553 页。

导、政府行为与人民民主的政治利益应该是一致的。

邓小平早就说过："调动积极性是最大的民主。"[①] 相对于专制和集权，民主的确比较费事，在决策、执行、监督与评价等环节都要有投入，这当然影响了效率。然而，民主虽未必有立竿见影的效果，但可以有长治久安的收益。因为是长期（不是"人亡政息"），那就必须依靠规制（则）以产生稳定的预期。事实上，民主以及民生又是（个人）"权利"与（公共）"权力"的"博弈"，也就是在两者之间保持某种平衡。

但既然是博弈，就必须有规则，这些规则应该是"好"的，即是衡平的。所以，民主又总是与法制联系在一起的。遵循邓小平概括改革开放政策最重大的有两条："一条是政治上发展民主，一条是经济上进行改革，同时相应地进行社会其他领域的改革。"[②] 中国特色社会主义进入新时代，"关键是要坚持党的领导、人民当家作主、依法治国有机统一，以保证人民当家作主为根本，以增强党和国家活力、调动人民积极性为目标，扩大社会主义民主，发展社会主义政治文明。我们要坚持国家一切权力属于人民的宪法理念，最广泛地动员和组织人民依照宪法和法律规定，通过各级人民代表大会行使国家权力，通过各种途径和形式管理国家和社会事务、管理经济和文化事业，共同建设，共同享有，共同发展，成为国家、社会和自己命运的主人。我们要按照宪法确立的民主集中制原则、国家政权体制和活动准则，实行人民代表大会统一行使国家权力，实行决策权、执行权、监督权既有合理分工又有相互协调，保证国家机关依照法定权限和程序行使职权、履行职责，保证国家机关统一有效组织各项事业。我们要根据宪法确立的体制和原则，正确处理中央和地方关系，正确处理民族关系，正确处理各方面利益关系，调动一切积极因素，巩固和发展民主团结、生动活泼、安定和谐的政治局面。我们要适应扩大人民民主、促进经济社会发展的新要求，积极稳妥推进政治体制改革，发展更加广泛、更加

---

① 《邓小平文选》第 3 卷，人民出版社 1993 年版，第 242 页。

② 《邓小平文选》第 3 卷，人民出版社 1993 年版，第 116 页。

充分、更加健全的人民民主，充分发挥我国社会主义政治制度优越性，不断推进社会主义政治制度自我完善和发展"①。现在大家都知道，在经济领域，计划和市场都是手段，不是区别"姓社姓资"的标志。在政治领域，民主也不是什么资本主义的"专利"，我们现在提出要建立健全决策权、执行权、监督权既相互制约又相互协调的权力结构和运行机制，要保障人民的知情权、参与权、表达权、监督权，这些内容都体现了人类政治文明的成果。

民主就是要使人民当家作主，民生是为了人民过上幸福生活，价值目标都是"以人为本"或"以人民为中心"，两者相互拥有、相互促进，民主为民生提供了权利保障和政治基础，民生是民主的制度实践和社会目标。"但是，民生不能代表民主，没有民主的民生，一定是不可靠的，也是不能持久的，因为，民生建设不仅需要国家的力量，而且需要社会的参与。社会参与的制度基础一定是民主。"②我们遭遇的既有世界各国共同面临的全球化风险，还有由于我国的历史、国情和发展阶段所表现出来的特殊性，包括：人口规模大、密度高，风险杀伤力大；大量人口文化水平低、工作素质差，抗风险能力比较弱；社会转型和流动性增加促使各种风险交织在一起产生连锁效应；个人、阶层和社会共同体之间的信任程度比较低，合作意愿也不强；政府权力过于集中，社会组织的作用还不如人意，风险责任分担体制也没有建立起来。特别是地方、部门通过"政绩"表现出来的开发冲动还很强劲，它们掌握着大量资源配置的权力，具有明显的短期偏好，而长期形成的"路径依赖"使大量扩张性的物资投入，很容易陷入传统发展模式的困境，经济数字是上去了，但社会利益越来越分化，社会矛盾越来越尖锐，这就使我们面对多重风险复杂叠加的局面。

然而，就像危机既有"危（险）"也意味着"机（遇）"一样，风险也

① 《习近平谈治国理政》，外文出版社 2014 年，第 139 页。

② 林尚立：《民主与民生：人民民主的中国逻辑》，《北京大学学报》（哲学社会科学版）2013 年第 2 期。

是推动改革的力量和机遇。风险治理不仅是政治家、技术官僚与专业精英的事情，而应来自所有"利益相关者"的共同决策，"深入了解民情，充分反映民意，广泛集中民智，切实珍惜民力，不断实现民利"①，也就是说，风险责任分担必须以公民的有序参与为前提，在民主和法制的轨道上实现人民监督政府，人人起来负责。这一切，"没有广泛的民主是不行的，没有健全的法制也是不行的"②。为此，就必须提供扩大民主、健全法制的公共良品，"保证我们党的路线方针政策和全部工作更好体现人民群众利益，让人民群众享受到改革发展成果，不断维护和发展人民群众经济、政治、文化权益"③。这就要求我们积极稳妥推进政治体制改革，将尊重、保障和实现人权与加强民主法治建设结合起来，"扩大人民民主，健全民主制度，丰富民主形式，拓宽民主渠道，依法实行民主选举、民主决策、民主管理、民主监督，保障人民的知情权、参与权、表达权、监督权"④。公众只有通过自己的生活获得民主经验，才能在改革实践中认真对待权利，认真对待法制。

---

① 《胡锦涛文选》第 2 卷，人民出版社 2016 年版，第 140 页。
② 《邓小平文选》第 2 卷，人民出版社 1994 年版，第 189 页。
③ 《胡锦涛文选》第 2 卷，人民出版社 2016 年版，第 140 页。
④ 《十七大以来重要文献选编》上，中央文献出版社 2009 年版，第 323 页。

第一章　马克思主义发展观作为方法论

"我们的出发点是从事实际活动的人……是处在现实的、可以通过经验观察到的、在一定条件下进行的发展过程中的人。"

——马克思、恩格斯:《德意志意识形态》(1843年)

我们讲发展"以人民为中心",或强调发展要"以人为本",这个以人为本不是标签,而是能够落实到每个人头上的权利。在当代中国的"语境"中,以人为本,就是以实现人的自由全面发展为目标,不断满足人民群众日益增长的美好生活需要,不断实现和保障人民群众的经济、政治、社会、文化和生态权益,不断增强人民群众的获得感、幸福感、安全感,让发展成果惠及全体人民。这些内容蕴涵了从马克思主义创始人到当代中国马克思主义的核心价值:人是发展的主体,也是发展的目的,发展依靠人民,发展为了人民,发展成果人民共享。马克思主义发展观是我们理解、阐释和把握当今时代发展与人权关系的最主要方法论。我国是世界上最大的发展中国家。广大人民群众的生存权和发展权,是维护人权最基础、最首要的事项;不解决生存和发展问题,其他一切权利都无从谈起。而且,人权是历史的产物,它的充分实现又是同每个国家发展水平相联系的渐进过程。强调集体人权与个人权利,经济、社会、文化权利与公民和政治权利不可分割的整体性,对于我们凝聚力量、攻坚克难,继续推动科学发展、促进社会和谐,改善人民生活、增进人民福祉,及至展望中国人权事业健康发展，都具有现实意义。

一、马克思主义论发展及其属人性

马克思以后，特别是第二次世界大战后，世界范围正反两方面的发展实践表明，发展不能仅仅理解为经济增长，而应该是社会公平随着财富增加不断改进的全面发展，是人与自然和谐与共的可持续发展，也是最终实现人的丰富性全面性的人的发展；而这些内容均可以从马克思主义创始人那里找到理论依据，尽管当年马克思、恩格斯没有也不可能专门讨论现在人们所进行的发展及其出现的发展问题。也就是在这个意义上，当代中国马克思主义发展观是立足社会主义初级阶段基本国情，总结我国发展实践，借鉴国外发展经验，适应新的发展要求提出来的；也是马克思主义同中国发展实际和时代特征相结合的产物。

（一）唯物史观看发展与权利

马克思、恩格斯并没有专门讨论今之所谓发展问题，但他们的思想中闪耀着有关发展的真知灼见。

在创立唯物史观的奠基之作《德意志意识形态》中，马克思、恩格斯就指出：物质资料的生产是人类一切活动乃至人类历史的前提和基本条件。"这种活动的基本形式当然是物质活动，一切其他的活动，如精神活动、政治活动、宗教活动等都取决于它"[①]；"我们首先应当确定一切人类生存的第一个前提，也就是一切历史的第一个前提，这个前提是：人们为了能够'创造历史'，必须能够生活。但是为了生活，首先就需要吃喝住

[①] 《马克思恩格斯文集》第 1 卷，人民出版社 2009 年版，第 575 页。

穿以及其他一些东西。因此第一个历史活动就是生产满足这些需要的资料，即生产物质生活本身，而且，这是人们从几千年前直到今天单是为了维持生活就必须每日每时从事的历史活动，是一切历史的基本条件"①。人的社会活动主要包括物质生活资料生产、并不断产生新的需要以及人自身的生产，形成由某种生产力与生产关系联结起来的某种生产方式，这种生产方式又决定了某种社会生活方式和社会发展形态。"人们所达到的生产力的总和决定着社会状况，因而，始终必须把'人类的历史'同工业和交换的历史联系起来研究和探讨。"② 马克思、恩格斯特别考察了与某种生产力相适应的劳动组织和所有制形式的变迁，"这些不同的形式同时也是劳动组织的形式，从而也是所有制的形式。在每一个时期都发生现存的生产力相结合的现象，因为需求使这种结合成为必要的"，"按照我们的观点，一切历史冲突都根源于生产力和交往形式之间的矛盾。此外，不一定非要等到这种矛盾在某一国家发展到极端尖锐的地步，才导致这个国家内发生冲突"。③ 由于国际交往所引起的比较发达的国家的竞争，也足以使比较不发达的国家产生类似的矛盾——这就较早提出了发展问题。

马克思进一步指出："社会关系和生产力密切相联。随着新生产力的获得，人们改变自己的生产方式，随着生产方式即谋生的方式的改变，人们也就会改变自己的一切社会关系。手推磨产生的是封建主的社会，蒸汽磨产生的是工业资本家的社会。"④ 生产力的发展势必促进各民族之间的交往。"各民族之间的相互关系取决于每一个民族的生产力、分工和内部交往的发展程度。这个原理是公认的。然而不仅一个民族与其他民族的关系，而且这个民族本身的整个内部结构也取决于自己的生产以及自己内部和外部的交往的发展程度。一个民族的生产力发展的水平，最明显地表现

---

① 《马克思恩格斯文集》第 1 卷，人民出版社 2009 年版，第 531 页。
② 《马克思恩格斯文集》第 1 卷，人民出版社 2009 年版，第 533 页。
③ 《马克思恩格斯文集》第 1 卷，人民出版社 2009 年版，第 567—568 页。
④ 《马克思恩格斯文集》第 1 卷，人民出版社 2009 年版，第 602 页。

于该民族分工的发展程度。"① 也就是说生产力发展导致更大范围的分工及其各种交换的发展，促进地区与世界市场的形成，"世界市场使商业、航海业和陆路交通得到了巨大的发展。这种发展又反过来促进了工业的扩展"②，地域和民族的壁垒日益被打破，各民族之间的交往越来越活跃越频繁，并进一步扩大为世界性的普遍交往。

　　各个相互影响的活动范围在这个发展进程中越是扩大，各民族的原始封闭状态由于日益完善的生产方式、交往以及因交往而自然形成的不同民族之间的分工消灭得越是彻底，历史也就越是成为世界历史。……由此可见，历史向世界历史的转变，不是"自我意识"、世界精神或者某个形而上学幽灵的某种纯粹的抽象行动，而是完全物质的、可以通过经验证明的行动，每一个过着实际生活的、需要吃、喝、穿的个人都可以证明这种行动。③

这种"历史向世界历史的转变"为马克思、恩格斯所憧憬的共产主义理想之实现提供了可能。"地域性的个人为世界历史性的、经验上普遍的个人所代替。……交往的任何扩大都会消灭地域性的共产主义。共产主义只有作为占统治地位的各民族'一下子'同时发生的行动，在经验上才是可能的，而这是以生产力的普遍发展和与此相联系的世界交往为前提的。共产主义对我们来说不是应当确立的状况，不是现实应当与之相适应的理想。我们所称为共产主义的是那种消灭现存状况的现实的运动。这个运动的条件是由现有的前提产生的。"④ 重要的是，共产主义运动并不是要淹没个人，恰恰相反，是要与个人的解放联系在一起的。"每一个单个人的解

---

① 《马克思恩格斯文集》第1卷，人民出版社2009年版，第520页。
② 《马克思恩格斯文集》第2卷，人民出版社2009年版，第32页。
③ 《马克思恩格斯文集》第1卷，人民出版社2009年版，第540—541页。
④ 《马克思恩格斯文集》第1卷，人民出版社2009年版，第538—539页。

放的程度是与历史完全转变为世界历史的程度一致的。"①

资产阶级时代开创了世界历史，深刻瓦解了民族的片面性和局限性。"资产阶级，由于开拓了世界市场，使一切国家的生产和消费都成为世界性的了。使反动派大为愤惜的是，资产阶级挖掉了工业脚下的民族基础。古老的民族工业被消灭了，并且每天都还在被消灭。……过去那种地方的和民族的自给自足和闭关自守状态，被各民族的各方面的互相往来和各方面的互相依赖所代替了。物质的生产是如此，精神的生产也是如此。各民族的精神产品成了公共的财产。"②"它迫使一切民族——如果它们不想灭亡的话——采用资产阶级的生产方式；它迫使它们在自己那里推行所谓的文明，即变成资产者。一句话，它按照自己的面貌为自己创造出一个世界。"③"正像它使农村从属于城市一样，它使未开化和半开化的国家从属于文明的国家，使农民的民族从属于资产阶级的民族，使东方从属于西方。"④"生产的不断变革，一切社会状况不停的动荡，永远的不安定和变动，这就是资产阶级时代不同于过去一切时代的地方。"⑤后来在《共产党宣言》中的这些集中论述，明确揭示了资产阶级时代的发展特点。

马克思还着重分析了资产阶级社会的分工扩大及其劳动异化和社会分化，这种分工和异化使得劳动不是自愿的，而是强迫的，"而只是满足劳动以外的那些需要的一种手段"⑥；从而异化于人的"类本质"，"人同自己的劳动产品、自己的生命活动、自己的类本质相异化的直接结果就是人同人相异化"⑦。这一系列异化造成并不断强化异（外）化劳动和私有财产的

---

① 《马克思恩格斯文集》第1卷，人民出版社2009年版，第541页。马克思加了边注："关于意识的生产"。

② 《马克思恩格斯文集》第2卷，人民出版社2009年版，第35页。

③ 《马克思恩格斯文集》第2卷，人民出版社2009年版，第35—36页。

④ 《马克思恩格斯文集》第2卷，人民出版社2009年版，第36页。

⑤ 《马克思恩格斯文集》第2卷，人民出版社2009年版，第34页。

⑥ 《马克思恩格斯文集》第1卷，人民出版社2009年版，第159页。

⑦ 《马克思恩格斯文集》第1卷，人民出版社2009年版，第163页。

相互作用，严重限制了劳动者的自由活动和全面发展。"我们把私有财产的起源问题变为外化劳动对人类发展进程的关系问题，就已经为解决这一任务得到了许多东西。"① 根据马克思、恩格斯的设想，无产阶级或劳动阶级要获得本该属于自己的劳动权益，只有联合起来彻底变革资产阶级主宰的资本主义生产方式，建立生产资料公有制的新型社会及其按劳分配的分配制度，才能逐步实现每个人都能够共同占有生产资料共同享受生活资料的生产方式。"在生产者自由平等的联合体的基础上按新方式来组织生产的社会"②，所有社会成员将有计划地、共同地从事联合起来的劳动。劳动也将不再是人们谋生的工具，而成为人类活动的第一需要；同时，"还必须相应地发展使用这些手段的人的能力"③，以促进生产力发展能够达到保障所有社会成员拥有正当权益的水平，所有社会成员能够享有他们共同创造出来的社会财富。到了共产主义阶段，由于自觉的劳动及其生产力的高度发展，人们的物质生活精神生活都极大丰富了，体力和智力都得了充分的自由发展，掌握自然规律和社会规律的能力也空前增强了，人才可能真正成为社会和自然界的主人。

一旦社会占有了生产资料，商品生产就将被消除，而产品对生产者的统治也将随之消除。社会生产内部的无政府状态将为有计划的自觉的组织所代替。……人们周围的、至今统治着人们的生活条件，现在受人们的支配和控制，人们第一次成为自然界的自觉的和真正的主人，因为他们已经成为自身的社会结合的主人了。人们自己的社会行动的规律，这些一直作为异己的、支配着人们的自然规律而同人们相对立的规律，那时就将被人们熟练地运用，因而将听从人们的支配。人们自身的社会结合一直是作为自然界和历史强加于他们的东西而同

① 《马克思恩格斯文集》第1卷，人民出版社2009年版，第168页。
② 《马克思恩格斯文集》第4卷，人民出版社2009年版，第174页。
③ 《马克思恩格斯文集》第1卷，人民出版社2009年版，第688页。

他们相对立的，现在则变成他们自己的自由行动了。至今一直统治着历史的客观的异己的力量，现在处于人们自己的控制之下了。只是从这时起，人们才完全自觉地自己创造自己的历史；只是从这时起，由人们使之起作用的社会原因才大部分并且越来越多地达到他们所预期的结果。这是人类从必然王国进入自由王国的飞跃。①

在共产主义社会，"所有人共同享受大家创造出来的福利"②。但马克思、恩格斯拒绝对这种社会的具体情况提供什么"预定看法"，也反对提出什么一劳永逸的方案。"它的任务不再是构想出一个尽可能完善的社会制度，而是研究必然产生这两个阶级及其相互斗争的那种历史的经济的过程；并在由此造成的经济状况中找出解决冲突的手段。"③马克思、恩格斯认为，在将来某个特定时刻应该做些什么，应该马上做些什么，完全取决于人们在其中活动的那个既定的历史环境。共产主义是改变现存状况的现实运动，这个运动的条件是由现有前提产生的——这也正是社会主义从空想到科学的重要跨越。

值得注意的是，马克思从不抽象地谈论公平或平等问题，他是用经济基础来解释上层建筑，用生产劳动来解释生产关系，用生产关系而不是用抽象的公平、正义概念来解释分配关系，"平等的权利按照原则仍然是资产阶级权利"④，因为这里通行的仍然是调节商品交换原则，"即一种形式的一定量劳动同另一种形式的同量劳动相交换"⑤。马克思通过否定私有制和私有财产，颠覆了私有财产是私有者"应得"的正义，从根本上否定了这种应得关系的正当性。马克思提出新唯物主义的立脚点是"人类社会或

---

① 《马克思恩格斯文集》第9卷，人民出版社2009年版，第300页。
② 《马克思恩格斯文集》第1卷，人民出版社2009年版，第689页。
③ 《马克思恩格斯文集》第9卷，人民出版社2009年版，第388页。
④ 《马克思恩格斯文集》第3卷，人民出版社2009年版，第434页。
⑤ 《马克思恩格斯文集》第3卷，人民出版社2009年版，第434页。

社会化的人类"①，是超越"市民社会"的新型社会，人们的生产劳动不仅仅是生存的手段，更是人的能力释放。因此，也只有消灭了"异化劳动"，才能从根本上消灭私有财产以及资本与劳动的对立，才可能有真正的社会公平和正义。只有在共产主义社会，个人融入了"社会化的人类"。人与自然、人与社会才最终实现了统一，人也因此获得了真正的自由，进而实现符合"人"性（而不是"物"性）的真正的公平正义。"一旦我们从一种更为宽广的角度——即把正义运用于社会的基本结构及作为背景正义的制度——来思考政治正义概念，那么马克思可能会持有（至少潜在地持有）某种广义的政治正义概念。"② 然而，马克思、恩格斯并没有沉浸在这种超越性的理想中，而认为工人阶级作为先进阶级，"要争取平等的权利和义务，并消灭一切阶级统治"③，在这种斗争中，无产阶级既不要被资产阶级人权观所迷惑，也不要不切实际地泛谈人权，而是把人权要求与现实斗争需要和"消灭阶级本身的无产阶级要求"④ 联系起来。

马克思、恩格斯认真考察了人类社会发展的历史进程，对资产阶级思想家的人权理论和主张进行了批判，并结合无产阶级斗争实践提出了马克思主义的人权观。马克思、恩格斯肯定了资产阶级思想家"天赋人权"说在反对封建专制斗争中的历史进步性，但他们把人权观念抽象化，把资产阶级通过斗争获得的权利看成上帝赋予（天赋）的永恒权利，这种人权观旋即被资产阶级政权或资本主义国家动用私有财产作为确定权利的主要根据。资产阶级思想家宣扬每个人"生来都享有不可剥夺的同等权利"、"法律面前人人平等"、"任何人都不得侵犯私有财产权"，但正如黑格尔所说"人权"不是天生就有的，而是历史地产生的⑤，资产阶级人权"无非是市

① 《马克思恩格斯文集》第 1 卷，人民出版社 2009 年版，第 506 页。
② ［美］约翰·罗尔斯：《政治哲学史讲义》，杨通进等译，中国社会科学出版社 2011 年版，第 349—350 页。
③ 《马克思恩格斯文集》第 3 卷，人民出版社 2009 年版，第 226 页。
④ 《马克思恩格斯文集》第 9 卷，人民出版社 2009 年版，第 112 页。
⑤ 《马克思恩格斯文集》第 1 卷，人民出版社 2009 年版，第 313 页。

民社会的成员的权利，就是说，无非是利己的人的权利、同其他人并同共同体分离开来的人的权利"①。"现代国家通过普遍人权承认了自己的这种自然基础本身。它并没有创立这个基础。正如现代国家是由于自身的发展而挣脱旧的政治桎梏的市民社会的产物，而今它又通过人权宣言承认自己的出生地和自己的基础。"②"这个理性的王国不过是资产阶级的理想化的王国；永恒的正义在资产阶级的司法中得到实现；平等归结为法律面前的资产阶级的平等；被宣布为最主要的人权之一的是资产阶级的所有权；而理性的国家、卢梭的社会契约在实践中表现为，而且也只能表现为资产阶级的民主共和国。18 世纪伟大的思想家们，也同他们的一切先驱者一样，没有能够超出他们自己的时代使他们受到的限制。"③

事实上，要进行商品生产，就离不开自由、平等条件下的竞争和交换，而这种自由、平等的要求转换为政治法律的表达，就体现为人权的诉求。"自由这一人权的实际应用就是私有财产这一人权。"④"这个领域确实是天赋人权的真正伊甸园。那里占统治地位的只是自由、平等、所有权和边沁。自由！因为商品例如劳动力的买者和卖者，只取决于自己的自由意志。他们是作为自由的、在法律上平等的人缔结契约的。契约是他们的意志借以得到共同的法律表现的最后结果。平等！因为他们彼此只是作为商品占有者发生关系，用等价物交换等价物。所有权！因为每一个人都只支配自己的东西。边沁！因为双方都只顾自己。使他们连在一起并发生关系的唯一力量，是他们的利己心，是他们的特殊利益，是他们的私人利益。"⑤资产阶级及其国家代理就是这样打着"自由"、"平等"、"人权"的旗号，以各种"合法"或非法手段，攫取劳动者的剩余价值，侵吞整个社会的财富创造。

---

① 《马克思恩格斯文集》第 1 卷，人民出版社 2009 年版，第 40 页。
② 《马克思恩格斯文集》第 1 卷，人民出版社 2009 年版，第 313 页。
③ 《马克思恩格斯文集》第 9 卷，人民出版社 2009 年版，第 20 页。
④ 《马克思恩格斯文集》第 1 卷，人民出版社 2009 年版，第 41 页。
⑤ 《马克思恩格斯文集》第 5 卷，人民出版社 2009 年版，第 204—205 页。

马克思、恩格斯认为，人权从来不是抽象的、表面的，而是具体的、真实的。"平等应当不仅仅是表面的，不仅仅在国家的领域中实行，它还应当是实际的，还应当在社会的、经济的领域中实行。"① 人权也不能仅仅是少数人的特权，或某个阶级和阶层之专属，而是整个人类之共有。

> 一切人，作为人来说，都有某些共同点，在这些共同点所及的范围内，他们是平等的，这样的观念自然是非常古老的。但是现代的平等要求与此完全不同；这种平等要求更应当是从人的这种共同特性中，从人就他们是人而言的这种平等中引申出这样的要求：一切人，或至少是一个国家的一切公民，或一个社会的一切成员，都应当有平等的政治地位和社会地位一切人，或至少是一个国家的一切公民，或一个社会的一切成员，都应当有平等的政治地位和社会地位。②

当然，就人权发展来说，"资产阶级就由它的影子即无产阶级不可避免地一直伴随着。同样地，资产阶级的平等要求也由无产阶级的平等要求伴随着"③。伴随着世界历史的展开，也就包括了"排除民族压迫是一切健康而自由的发展的基本条件"④ 这样的民族发展权利。"没有蒸汽机和珍妮走锭精纺机就不能消灭奴隶制；没有改良的农业就不能消灭农奴制；当人们还不能使自己的吃喝住穿在质和量方面得到充分保证的时候，人们就根本不能获得解放。"⑤ 只要无产阶级还没有成熟到能够自己解放自己，"这个阶级的大多数人就仍将承认现存的社会秩序是唯一可行的秩序"⑥；人们还可以从资产阶级的平等要求中"吸取了或多或少正当的、可以进一步发

---

① 《马克思恩格斯文集》第 9 卷，人民出版社 2009 年版，第 112 页。
② 《马克思恩格斯文集》第 9 卷，人民出版社 2009 年版，第 109 页。
③ 《马克思恩格斯文集》第 9 卷，人民出版社 2009 年版，第 112 页。
④ 《马克思恩格斯文集》第 10 卷，人民出版社 2009 年版，第 472 页。
⑤ 《马克思恩格斯文集》第 1 卷，人民出版社 2009 年版，第 527 页。
⑥ 《马克思恩格斯文集》第 4 卷，人民出版社 2009 年版，第 192 页。

展的要求，成了用资本家本身的主张发动工人起来反对资本家的鼓动手段；在这种情况下，它是和资产阶级平等本身共存亡的"①。只有建立起彻底改变资本主义生产生活方式的共产主义（社会主义）制度，"这种制度将给所有的人提供健康而有益的工作，给所有的人提供充裕的物质生活和闲暇时间，给所有的人提供真正的充分的自由"②。"真正的自由和真正的平等只有在公社制度下才可能实现"③。

（二）发展要合理地调节与自然的物质变换

众所周知，（物质）生产力是人们利用和改造自然、获取物质生活资料的能力，因此也是人类利用和改造自然使其满足自身需要的物质力量，在很大程度上，反映了人与自然的关系。在马克思看来，人类的发展（人类史）就是与自然的发展（自然史）相互制约、相互作用的。整个历史不过是一部劳动史（人通过人的劳动而诞生的过程），自然因此而成了"人的无机的身体"④，同时也是人与人（社会）关系的"中介"，"只有在社会中，自然界才是人自己的合乎人性的存在的基础，才是人的现实的生活要素。只有在社会中，人的自然的存在对他来说才是人的合乎人性的存在，并且自然界对他来说才成为人。因此，社会是人同自然界的完成了的本质的统一，是自然界的真正复活，是人的实现了的自然主义和自然界的实现了的人道主义"⑤。但在人类早期活动中，"人们对自然界的狭隘的关系决定着他们之间的狭隘的关系，而他们之间的狭隘的关系又决定着他们对自然界的狭隘的关系"⑥；近代以来，工业的力量使自然成为"一本打开了的关于

---

① 《马克思恩格斯文集》第9卷，人民出版社2009年版，第112—113页。
② 《马克思恩格斯全集》第28卷，人民出版社2018年版，第652页。
③ 《马克思恩格斯全集》第3卷，人民出版社2002年版，第482页。
④ 《马克思恩格斯文集》第1卷，人民出版社2009年版，第161页。
⑤ 《马克思恩格斯文集》第1卷，人民出版社2009年版，第187页
⑥ 《马克思恩格斯全集》第3卷，人民出版社1960年版，第35页。

人的本质力量的书"①。人类活动不断使自然环境"人化",在环境中实现自己,不断印证人的本质力量,并赋予这种力量以历史的性质。因此,人与自然的关系就是"人对人来说作为自然界的存在以及自然界对人来说作为人的存在"②。

马克思讲的自然就是今之所谓自然环境或环境。马克思的自然(环境)概念具有社会—历史性质,也就是"以人对自然进行工艺学的、经济的占有之方式总体为前提的,即以社会的实践为前提的"③。特别是"自然科学却通过工业日益在实践上进入人的生活,改造人的生活,并为人的解放作准备,尽管它不得不直接地使非人化充分发展。工业是自然界对人,因而也是自然科学对人的现实的历史关系"④。现代化的工业,"它一方面聚集着社会的历史动力,另一方面又破坏着人和土地之间的物质变换,也就是使人以衣食形式消费掉的土地的组成部分不能回归土地,从而破坏土地持久肥力的永恒的自然条件"⑤。由于工业以异化的形式集中体现了近代人的创造力和所掌握的物质力量,它仿佛用魔法呼唤出来的财富,使人陶醉于征服自然的喜悦,以为只要熟练如仪就能对自然为所欲为。这个文明创造的物质繁荣,第一,在相当大的程度上是建立在掠夺、殖民和利用先进技术开采全世界的资源基础上;第二,是建立在开采非再生性或可耗尽的资源基础上,在时间上是不能持久的;第三,又是建立在生态系统不可逆的转变基础上,在生态上也是不能自立的。⑥人们争先恐后开发现在的自然,还肆无忌惮地"透支"未来的自然,也就是恩格斯所说的,人离开动物越

① 《马克思恩格斯文集》第 1 卷,人民出版社 2009 年版,第 192 页。

② 《马克思恩格斯文集》第 1 卷,人民出版社 2009 年版,第 196 页。

③ [德] A.施密特:《马克思的自然概念》,欧力同、吴仲昉译,商务印书馆 1988 年版,序言。

④ 《马克思恩格斯文集》第 1 卷,人民出版社 2009 年版,第 193 页。

⑤ 《马克思恩格斯文集》第 5 卷,人民出版社 2009 年版,第 579 页。

⑥ [美] 阿兰·兰德尔:《资源经济学——从经济角度对自然资源和环境政策的探讨》,施以正译,商务印书馆 1989 年版,第 6—7 页。

远，越是有意识地创造自己的历史，但是，"预定的目的和达到的结果之间还总是存在着极大的出入。未能预见的作用占据优势，未能控制的力量比有计划运用的力量强大得多"①。工业带来的剧烈透支效果导致了严重的自然失衡：可再生资源的消耗率超过了它们的再生能力；不可再生资源的消耗率超过了发现其替代品的速度；环境的污染程度超过了环境的自净能力；不可逆的环境退化程度超过了新环境建设的速度——这就势必造成生产消费能力的无限性和地球资源承载有限性的矛盾，日益破坏了人与自然之间的物质变换（循环）过程，乃至威胁到人类本身。

早在19世纪中期，马克思、恩格斯就注意到资本主义生产方式的工业不但争先恐后开发现在的自然，还无所顾忌地透支未来的自然，这种肆无忌惮对待自然的积累效果，使得可再生资源的消耗不断超过了其再生能力；不可再生资源的消耗不断超过了发现其替代品的速度；环境污染的程度不断超过了环境自净化的能力；环境退化的程度不断超过了新环境成长的速度……马克思非常重视"物质交换"这个概念，他还通过土地资源利用和城市病根源等的分析，以及技术和工业对自然产生的破坏性影响，"越是以大工业作为自己发展的基础，这个破坏过程就越迅速"②。于是就出现了人与自然关系"物质变换的断裂"，并进一步导致人与人关系的"断裂"，这些"断裂"的尖锐化就表现为生态危机及其联动的经济社会危机。从历史上看，工业文明创造的物质繁荣，就是建立在资本剥削、殖民主义掠夺以及肆无忌惮开采滥用世界资源的基础上。这种不负责任的行为，造成了生产创造能力、消费欲望扩张和生态环境承载之间矛盾的日益激化，破坏了人与自然的"物质变换"，加剧了人与人争夺资源的紧张关系。

马克思认为，个别人对土地（自然）的所有权和对他人的私有权一样荒谬。"甚至整个社会，一个民族，以至一切同时存在的社会加在一起，都不是土地的所有者。他们只是土地的占有者，土地的受益者，并且他

---

① 《马克思恩格斯文集》第9卷，人民出版社2009年版，第422页。
② 《马克思恩格斯文集》第5卷，人民出版社2009年版，第580页。

们应当作为好家长把经过改良的土地传给后代。"① 自然是人类"永远的共同财产"，只能以符合全人类利益的形式来管理。马克思、恩格斯致力于为人类所面临的大转变，即人类与自然的和解以及人类本身的和解开辟道路。② 改变人对自然的异化利用，不能仅仅靠道义的呼唤，还必须有广泛的社会改造行动。

> 这个领域内的自由只能是：社会化的人，联合起来的生产者，将合理地调节他们和自然之间的物质变换，把它置于他们的共同控制之下，而不让它作为一种盲目的力量来统治自己；靠消耗最小的力量，在最无愧于和最适合于他们的人类本性的条件下来进行这种物质变换。但是，这个领域始终是一个必然王国。在这个必然王国的彼岸，作为目的本身的人类能力的发挥，真正的自由王国，就开始了。但是，这个自由王国只有建立在必然王国的基础上，才能繁荣起来。③

这里讲的从必然王国到自由王国正是恩格斯后来在《反杜林论》第三编（社会主义）中提及的："完成这一解放世界的事业，是现代无产阶级的历史使命。深入考察这一事业的历史条件以及这一事业的性质本身，从而使负有使命完成这一事业的今天受压迫的阶级认识到自己的行动的条件和性质，这就是无产阶级运动的理论表现即科学社会主义的任务。"④ 并响应马克思早年追求的共产主义境界："这种共产主义，作为完成了的自然主义，等于人道主义，而作为完成了的人道主义，等于自然主义，它是人和自然界之间、人和人之间的矛盾的真正解决"⑤。尽管直到今天这个"真

---

① 《马克思恩格斯文集》第 7 卷，人民出版社 2009 年版，第 878 页。

② 《马克思恩格斯文集》第 1 卷，人民出版社 2009 年版，第 63 页。

③ 《马克思恩格斯文集》第 7 卷，人民出版社 2009 年版，第 928—929 页。

④ 《马克思恩格斯文集》第 9 卷，人民出版社 2009 年版，第 300 页。

⑤ 《马克思恩格斯文集》第 1 卷，人民出版社 2009 年版，第 185 页。

正解决"还有待时日，但有一点是谁也无法否认的，那就是离开人与自然的关系就无法把握人与人的关系，离开人与人的关系也无法把握人与自然的关系。这就要求人们遏制唯利是图的扩张主义、享乐主义，补救已经对自然（环境）造成的危害；要求对人的行为有所限制，避免对自然的过度索取和排放，同时开发自然的潜力、改善自然的状况，促进自然满足能力的提高。人们不仅在对待自然的手段和行为方式上，而且在预见可能产生的结果上都应采取明智的选择，将有限资源的单纯经济利用转变为经济、社会与生态综合利用。

马克思、恩格斯关于发展与环境的平衡还提出了很有预见性的思想。第一，生产资料和生活资料这两大部类生产，包括各部类之间和部类内部，生产与消费等的平衡，就涉及各部类产品的物质补偿、价值补偿及有关实现机制。如果失去了这种平衡并达到一定程度，就会发生生产性过剩进而导致危机；就自然资源而言，如果不管不顾补偿和循环利用，自然资源的不可再生性将导致生态失去平衡，就会发生"物质变换的断裂"。第二，经济和生态利益的"代际"平衡，每一代人都是继承了上一代人的生产力、资金和环境，"尽管一方面这些生产力、资金和环境为新的一代所改变，但另一方面，它们也预先规定新的一代本身的生活条件，使它得到一定的发展和具有特殊的性质"①。也就是当代人有责任也有义务为后代人预留必要的资源储备和生态环境——这就为当今世界所提倡的"可持续发展"观念和行动发出了伟大的先声。

正如不能脱离人与人的关系讨论和把握人与自然的关系，当然也不能脱离人与自然的关系讨论和把握人与人的关系。今天已经被普遍认可的可持续发展要求兼顾经济、社会（协调人与人的关系）和环境（协调人与自然的关系）在很大程度上印证了马克思主义的先见之明。当然，从根本上说，要消灭现代工业产生的这些矛盾，与消灭工业的资本主义性质是联系

---

① 《马克思恩格斯文集》第 1 卷，人民出版社 2009 年版，第 545 页。

在一起的。"我们越来越有可能学会认识并从而控制那些至少是由我们的最常见的生产行为所造成的较远的自然后果。……我们也经过长期的、往往是痛苦的经验，经过对历史材料的比较和研究，渐渐学会了认清我们的生产活动在社会方面的间接的、较远的影响，从而有可能去控制和调节这些影响。但是要实行这种调节，仅仅有认识还是不够的。为此需要对我们的直到目前为止的生产方式，以及同这种生产方式一起对我们的现今的整个社会制度实行完全的变革。"① 因为只有共产主义才是人和自然界之间、人和人之间的矛盾的"真正解决"，也就是"完成了的等于人道主义的自然主义和等于自然主义的人道主义"。

（三）发展归根结底是为了人的自由全面发展

在马克思看来，以追逐财富和物质利益为主要特征的资产阶级社会或资本主义的发展，大幅度改变了前资本主义"人的依赖关系"，形成"以物的依赖性为基础"的社会形式，这种依赖性甚至使得人与人的社会关系也要通过与物的关系才能表现出来。一方面，人的能力受到资本占有关系的束缚和物的统治；另一方面，生产力的发展及其普遍的社会物质变换又为人的自由个性和发展创造了条件。但要使人的自由个性和各种能力真正释放出来，还必须有适合这种发展的新的社会形态。新社会的人总是第一位的，社会发展在满足人的各种需要同时，也使人的生动的、自由的个性得以发展和实现，促进人获得彻底解放和全面自由。

　　以物的依赖性为基础的人的独立性，是第二大形式，在这种形式下，才形成普遍的社会物质变换、全面的关系、多方面的需要以及全面的能力的体系。建立在个人全面发展和他们共同的、社会的生产能

---

① 《马克思恩格斯文集》第 9 卷，人民出版社 2009 年版，第 560—561 页。

力成为从属于他们的社会财富这一基础上的自由个性，是第三个阶段。第二个阶段为第三个阶段创造条件。①

马克思认为，只有当社会关系的发展达到了某种全面性，人才能在全面的社会关系中进行全面的活动，并获得全面的发展，达到自身的全面性，这只有在消灭私有制和旧的分工的未来社会才有可能。"代替那存在着阶级和阶级对立的资产阶级旧社会的，将是这样一个联合体，在那里，每个人的自由发展是一切人的自由发展的条件。"②特别值得一提的是，作为一个完整的表述，代替资产阶级旧社会的新社会"这样一个联合体"，是"每个人的自由发展"和"一切人的自由发展"的载体，而每个人的自由发展乃至一切人的自由发展，乃是这个联合体的实质内容。

马克思主义把人的自由全面发展设为共产主义的理想目标，这也是马克思、恩格斯反复论证的。马克思早在《论犹太人问题》（1844年）中就提出："任何解放都是使人的世界即各种关系回归于人自身。"③这个"人自身"就是"人的世界"各种关系的全部，是把"人自身"作为目的的解放。他在《1844年经济学哲学手稿》中又提出，作为"历史之谜解答"的共产主义社会，"人以一种全面的方式，就是说，作为一个完整的人，占有自己的全面的本质"④。马克思、恩格斯在《德意志意识形态》（1846年）中指出，"自由活动"是"完整的主体"从全部才能的自由发展中产生出来的创造性表现，是把人自身作为目的的发展。共产主义社会"就是个人自由发展的共同条件"⑤。在《资本论》第1卷（1867年）中，马克思把共产主义社会称为"自由人联合体"，这是"一个更高级的、以每一个个人

① 《马克思恩格斯文集》第8卷，人民出版社2009年版，第52页。
② 《马克思恩格斯文集》第2卷，人民出版社2009年版，第53页。
③ 《马克思恩格斯文集》第1卷，人民出版社2009年版，第46页。
④ 《马克思恩格斯文集》第1卷，人民出版社2009年版，第189页。
⑤ 《马克思恩格斯全集》第3卷，人民出版社1960年版，第516页。

的全面而自由的发展为基本原则的社会形式"①。即便马克思晚年在给俄国《祖国纪事》杂志编辑部的信（1877 年）中，对"一切民族，不管它们所处的历史环境如何，都注定要走这条道路，——以便最后都达到在保证社会劳动生产力极高度发展的同时又保证每个生产者个人最全面的发展的这样一种经济形态"② 有所保留，他的注意力那时转移到了各民族如何走适合自己的发展道路问题上。后来恩格斯在《社会主义从空想到科学的发展》（1880 年）中进一步指出，未来社会"通过社会化生产，不仅可能保证一切社会成员有富足的和一天比一天充裕的物质生活，而且还可能保证他们的体力和智力获得充分的自由的发展和运用"③。1894 年，恩格斯在回答友人要求对未来新时代精神的进行概括时说他再也找不出比《共产党宣言》中那句话更合适的表达了。④

　　马克思、恩格斯有过一个明确论断："个人怎样表现自己的生命，他们自己就是怎样。因此，他们是什么样的，这同他们的生产是一致的——既和他们生产什么一致，又和他们怎样生产一致。因而，个人是什么样的，这取决于他们进行生产的物质条件。"⑤ 也就是说，人的发展与社会的物质生产方式或社会发展密切相关。现实的个人，总是在一定的社会条件

---

① 《马克思恩格斯文集》第 5 卷，人民出版社 2009 年版，第 683 页。原文是："作为价值增殖的狂热追求者，他（资本的人格化——引者）肆无忌惮地迫使人类去为生产而生产，从而去发展社会生产力，去创造生产的物质条件；而只有这样的条件，才能为一个更高级的、以每一个个人的全面而自由的发展为基本原则的社会形式建立现实基础。"这就很清楚地表明资本主义发展为未来社会主义建树提供了"现实基础"。

② 《马克思恩格斯文集》第 3 卷，人民出版社 2009 年版，第 466 页。

③ 《马克思恩格斯文集》第 3 卷，人民出版社 2009 年版，第 563—564 页。

④ 《马克思恩格斯文集》第 10 卷，人民出版社 2009 年版，第 666 页。原文是："我认为，马克思是当代唯一能够和那位伟大的佛罗伦萨人相提并论的社会主义者。但是，除了《共产主义宣言》（即《共产党宣言》——引注）中的下面这句话（《社会评论》杂志社出版的意大利文版第 35 页），我再也找不出合适的了：'代替那存在着阶级和阶级对立的资产阶级旧社会的，将是这样一个联合体，在那里，每个人的自由发展是一切人的自由发展的条件。'"

⑤ 《马克思恩格斯文集》第 1 卷，人民出版社 2009 年版，第 520 页。

下以一定的方式进行物质生产等实践活动，也正是这种活动形成社会关系的总和，决定了"个人是什么样的"。"只有在共同体中，个人才能获得全面发展其才能的手段，也就是说，只有在共同体中才可能有个人自由。"①这个"自由人的联合体"作为人类发展的价值目标，意味着共同体实现人的全面性多样化发展的蕴涵，"因此，这里谈的是一定历史发展阶段上的个人，而决不是任何偶然的个人，至于不可避免的共产主义革命就更不用说了，因为它本身就是个人自由发展的共同条件。"②

人的全面发展，取决于高度发展的生产力。"首先必须使生产力的充分发展成为生产条件，不是使一定的生产条件表现为生产力发展的界限。"③生产力的高度发展，构成了消灭旧的分工体系、消灭阶级压迫的物质基础；进而推动生产关系的调整和变革，推动社会形态更新和社会制度不断完善，使人的丰富社会关系不断生成不断发展起来。人的全面发展，还取决于高度发展的生产关系。"一些人靠另一些人来满足自己的需要，因而一些人（少数）得到了发展的垄断权；而另一些人（多数）经常地为满足最迫切的需要而进行斗争，因而暂时（即在新的革命的生产力产生以前）失去任何发展的可能性"④；这就导致了人的畸形发展。要改变这种状况，就必须改变现有的生产关系。"通过社会化生产，不仅可能保证一切社会成员有富足的和一天比一天充裕的物质生活，而且还可能保证他们的体力和智力获得充分的自由的发展和运用，这种可能性现在第一次出现了，但它确实是出现了。"⑤"共产主义是对私有财产即人的自我异化的积极的扬弃，因而是通过人并且为了人而对人的本质的真正占有；因此，它是人向自身、也就是向社会的即合乎人性的人的复归，这种复归是完全的

① 《马克思恩格斯文集》第1卷，人民出版社2009年版，第571页。
② 《马克思恩格斯全集》第3卷，人民出版社1960年版，第516页。
③ 《马克思恩格斯文集》第8卷，人民出版社2009年版，第172页。
④ 《马克思恩格斯全集》第3卷，人民出版社1960年版，第507页。
⑤ 《马克思恩格斯文集》第9卷，人民出版社2009年版，第299页。

复归，是自觉实现并在以往发展的全部财富的范围内实现的复归。"①

在共产主义社会，旧的分工和社会关系对个人创造性的压抑将被消除，人们实践领域的拓展，将为人的自主性、能动性、创造性的发挥，为人的个性的充分发展提供广阔的舞台。也只有在共产主义社会，人权被赋予真正的含义，"能为一个新的社会的人带来现实的自由和平等。自由不再是一种否定和保护，不再是自我与他人的分界线，而会成为个人与他人联系在一起的积极力量。平等不再是与私人个体作抽象对比，而是在强大的社会里倾情参与。所有权不再是排他性权利，而是社会公共的财产权。现实的自由和平等关注社会中具体的个人，取消了各种各样的正义的和社会分配的形式之义，他们的旗帜上打着'各尽所能，按需分配'的原则"②。共产主义既然是"以每个人的全面而自由的发展为基本原则的社会形式"，这样的新社会就有助于人的个性的充分发展、社会关系的全面丰富、人的能力的极大发挥——当然，这是一个非常远大的目标，实现这个目标还有很长很长的路要走。

人的全面发展又是人的社会关系的全面发展。脱离了社会关系的发展，任何个人的发展都是不可能的。"社会关系实际上决定着一个人能够发展到什么程度。"③然而，现实社会中由于阶级阶层、身份、性别、受教育和分工等方面的差别，人们的实践活动和交往活动往往只能限制在狭窄范围内，"分工使他变成片面的人，使他畸形发展，使他受到限制"④。在共产主义社会，每个人的自由发展是一切人的自由发展的条件，只有个体发展了，社会才能真正发展，只有每个人都得到解放，社会才能得到真正的解放。重要的是，这个新社会是"以生产力的普遍发展和与此相联系的

① 《马克思恩格斯文集》第 1 卷，人民出版社 2009 年版，第 185 页。
② [美] 科斯塔斯·杜兹纳：《人权的终结》，郭春发译，江苏人民出版社 2002 年版，第 173 页。
③ 《马克思恩格斯全集》第 3 卷，人民出版社 1960 年版，第 295 页。
④ 《马克思恩格斯全集》第 3 卷，人民出版社 1960 年版，第 514 页。

世界交往为前提的"①。人只有摆脱个体的、地域的和民族的狭隘性，积极广泛地参与社会生活，才能形成丰富的社会关系，并在此基础上实现人的全面发展。人的全面发展，就是要唤醒、发掘和释放每个人的潜能，"将使自己的成员能够全面发挥他们的得到全面发展的才能"②。"根据共产主义原则组织起来的社会，将使自己的成员能够全面发挥他们的得到全面发展的才能。"③马克思认为，真正的经济、节约是劳动时间的节约，节约就等于发展生产力。"节约劳动时间等于增加自由时间，即增加使个人得到充分发展的时间，而个人的充分发展又作为最大的生产力反作用于劳动生产力。从直接生产过程的角度来看，节约劳动时间可以看做生产固定资本，这种固定资本就是人本身。"④人们因此有了更多的时间从事自己所喜爱的、能发挥自己特长的创造性活动，使得他们的体力和智力获得充分自由的发展。

在马克思看来，人的全面发展还有赖于教育途径。"生产劳动同智育和体育相结合，它不仅是提高社会生产的一种方法，而且是造就全面发展的人的唯一方法。"⑤人要获得知识、掌握生产技能，成为熟练的劳动者，就要有一定的教育或训练。工人阶级的未来，"不管怎样，最先进的工人完全了解，他们阶级的未来，从而也是人类的未来，完全取决于正在成长的工人一代的教育"⑥。"教育将使他们摆脱现在这种分工给每个人造成的片面性。这样一来，根据共产主义原则组织起来的社会，将使自己的成员能够全面发挥他们的得到全面发展的才能。"⑦

生产力、生产关系和社会教育为人的发展提供了外部条件，人自身的

---

① 《马克思恩格斯文集》第 1 卷，人民出版社 2009 年版，第 539 页。
② 《马克思恩格斯文集》第 1 卷，人民出版社 2009 年版，第 689 页。
③ 《马克思恩格斯文集》第 1 卷，人民出版社 2009 年版，第 689 页。
④ 《马克思恩格斯文集》第 8 卷，人民出版社 2009 年版，第 203 页。
⑤ 《马克思恩格斯文集》第 5 卷，人民出版社 2009 年版，第 557 页。
⑥ 《马克思恩格斯全集》第 16 卷，人民出版社 1964 年版，第 217 页。
⑦ 《马克思恩格斯文集》第 1 卷，人民出版社 2009 年版，第 689 页。

实践活动才是人的发展的内部原因。没有个体的积极活动，就谈不上个人的任何发展。"如果这个人的生活条件使他只能牺牲其他一切特性而单方面地发展某一种特性，如果生活条件只提供给他发展这一种特性的材料和时间，那末这个人就不能超出单方面的、畸形的发展。"①"由于给所有的人腾出了时间和创造了手段，个人会在艺术、科学等等方面得到发展。"②人们在改造客观世界的同时也改造了自己的主观世界，"从全部才能的自由发展中产生的创造性的生活表现"。也就是在这个意义上，马克思设想的"每个人的全面而自由的发展"境界并不是什么空中楼阁，发展的目的是人，是全面的而不是片面的发展，是自由的而不是异化的发展——这是马克思主义发展观的真谛。

20 世纪 90 年代初，冷战进入尾声，世界范围的和平与发展日益成为时代主题。通过联合国开发计划署的推介，后冷战时代国际社会越来越接受了以人为中心的"人类发展"（Human Development）概念。这个概念强调发展的目的就是人本身，人的价值就在于人的自我解放、自我发展和自我实现，以人的价值实现为尺度来衡量，而不是以生产力发展速度或物质财富多少来衡量发展的量与质。以人为本，就是把人置于全部发展问题的中心，"人类发展的首要目的，就是让人们过上他们所选择的生活，并且向他们提供进行这种选择的手段和机会"③。"以人为中心，最高的价值标准就是自由。"④并可在同等意义上使用"扩大人的选择"与"扩大人的自由"这两个概念，进一步理解为人的"能力的发展"，发展就是人的"可

---

① 《马克思恩格斯全集》第 3 卷，人民出版社 1960 年版，第 295—296 页。
② 《马克思恩格斯文集》第 8 卷，人民出版社 2009 年版，第 197 页。
③ 联合国开发计划署：《2004 年人类发展报告》，中国财政经济出版社 2004 年版，前言。
④ ［印］阿玛蒂亚·森：《以自由看待发展》，任赜译，中国人民大学出版社 2002 年版，译者序言。森认为，"自由"在发展中是建构性（constitutive）的，自由本身就是价值，不需要通过其他东西来证明。自由还有工具性或手段性作用，包括：政治自由、经济自由、社会机会、透明性担保和防护性保障。自由的建构性以及工具性作用是以自由看待发展的两大命题，即"自由是发展的首要目的"（规范性命题）和"自由是促进发展的不可缺少的重要手段"（实证性命题）。

行能力"（capability）的实现，人的自由的实现就是"可行能力"的获得与运用。"可行能力因此是一种自由，是实现各种可能的功能性活动组合的实质自由（或者用日常语言说，就是实现各种不同的生活方式的自由）。"而"功能性活动"（functionings）"反映了一个人认为值得去做或达到的多种多样的事情或状态"；选择就是一种"可贵的功能性活动"①。这样，"自由"、"选择"和"（可行）能力"就成为实现"人类发展"的关键词。经过一百多年人类社会的发展洗礼，这个"人类发展"概念所追求的目标与马克思主义关注发展聚焦于人也是高度契合的。

二、发展日益聚焦人民权益的实现

今天，社会主义中国推进马克思主义中国化、时代化、大众化，在当代中国的实践中就表现为发展中国、顺应时代、普惠大众。发展中国，就是解决中国所有问题的关键和基础要靠发展，而且必须是以人为本或以人民为中心的，更加关注民生和促进可持续发展的发展，有效化解国内外压力；顺应时代，就是准确把握时代节奏，抓住机遇，应对挑战，切实改革不合时宜的体制，推动发展方式转变；普惠大众，就是我们所做的一切都应使发展成果由人民共享，让人民的获得感、幸福感、安全感更加充实，促进中国人民经济、政治、文化、社会和生态等各项权益的实现。

（一）发展仍然是解决我国所有问题的关键

我国是一个发展中大国，能不能解决好发展问题，直接关系人心向背、事业兴衰和共产党的威信。离开发展，坚持党的先进性、发挥社会主

---

① ［印］阿玛蒂亚·森：《以自由看待发展》，任赜译，中国人民大学出版社2002年版，第62—63页。

义制度优越性和实现民富国强等都无从谈起。

改革开放初期，邓小平就提出我们要实现"中国式"的现代化，并提出分"三步走"的发展战略设想。党的十三大根据这个构想，作出了我国经济建设战略部署，到 21 世纪中叶，人均国民生产总值达到中等发达国家水平，人民生活比较富裕，基本实现现代化。邓小平还提出社会主义的根本任务是解放和发展生产力，"中国解决所有问题的关键是要靠自己的发展"[1]，抓住机遇加快发展，既要有一定速度又要讲质量讲效益，物质文明和精神文明"两手抓、两手都要硬"等一系列重要思想；特别是提出了"发展才是硬道理"[2] 的著名论断。进入 21 世纪，发展被确定为我们党执政兴国的第一要务，并提出坚持用发展的办法解决前进中的问题，不断推进社会主义物质文明、政治文明和精神文明建设，促进社会全面进步和人的全面发展；实现区域经济合理布局和协调发展；正确处理改革发展稳定的关系；把握好发展中的速度和效益、数量和质量等关系；更新发展思路，实现经济增长方式的转变，以及推动走上生产发展、生活富裕、生态良好的文明发展道路等要求。为了实现全面建成小康社会的奋斗目标，发展要有新思路，改革要有新突破，开放要有新局面，各项工作都要有新举措。"解决中国的所有问题，关键在发展；解决人们的思想认识问题，说服那些不相信社会主义的人，坚定人们对社会主义和祖国未来前途的信念与信心，最终也要靠发展。"[3] 毫无疑问，只有中国经济社会持续健康发展，才能筑牢人民幸福安康的物质基础，保障人民的生存权、发展权。

但是，我国在经济快速发展的同时，也积累了不少矛盾和问题。我们仅仅用了三四十年时间完成了别国可能要一百多年才能达到的经济业绩，但与此同时，别国一百多年纷纷出现的各种问题也"压缩"集中出现了。为了破解我国发展的种种难题，妥善应对关键时期可能遭遇的各种风险，

---

① 《邓小平文选》第 3 卷，人民出版社 1993 年版，第 265 页。

② 《邓小平文选》第 3 卷，人民出版社 1993 年版，第 377 页。

③ 江泽民：《论"三个代表"》，中央文献出版社 2001 年版，第 123 页。

我们党提出了以人为本的科学发展观，赋予马克思主义发展理论以新的时代内涵和实践要求。党的十八大报告提出：

> 全党必须更加自觉地把推动经济社会发展作为深入贯彻落实科学发展观的第一要义，牢牢扭住经济建设这个中心，坚持聚精会神搞建设、一心一意谋发展，着力把握发展规律、创新发展理念、破解发展难题，深入实施科教兴国战略、人才强国战略、可持续发展战略，加快形成符合科学发展要求的发展方式和体制机制，不断解放和发展社会生产力，不断实现科学发展、和谐发展、和平发展，为坚持和发展中国特色社会主义打下牢固基础。必须更加自觉地把以人为本作为深入贯彻落实科学发展观的核心立场，始终把实现好、维护好、发展好最广大人民根本利益作为党和国家一切工作的出发点和落脚点，尊重人民首创精神，保障人民各项权益，不断在实现发展成果由人民共享、促进人的全面发展上取得新成效。必须更加自觉地把全面协调可持续作为深入贯彻落实科学发展观的基本要求，全面落实经济建设、政治建设、文化建设、社会建设、生态文明建设五位一体总体布局，促进现代化建设各方面相协调，促进生产关系与生产力、上层建筑与经济基础相协调，不断开拓生产发展、生活富裕、生态良好的文明发展道路。必须更加自觉地把统筹兼顾作为深入贯彻落实科学发展观的根本方法，坚持一切从实际出发，正确认识和妥善处理中国特色社会主义事业中的重大关系，统筹改革发展稳定、内政外交国防、治党治国治军各方面工作，统筹城乡发展、区域发展、经济社会发展、人与自然和谐发展、国内发展和对外开放，统筹各方面利益关系，充分调动各方面积极性，努力形成全体人民各尽其能、各得其所而又和谐相处的局面。①

---

① 《胡锦涛文选》第3卷，人民出版社2016年版，第618—619页。

解决中国的所有问题，归根到底要靠发展。发展是进一步解放和发展生产力的必然要求，也是进一步改善和提高人民生活水平的必然要求。发展仍然是解决中国所有问题的关键与基础。在当代中国，坚持发展是硬道理的本质要求，就是坚持以人民为中心，遵循经济规律的科学发展，遵循自然规律的可持续发展，遵循社会规律的包容性发展。

我国在落实联合国"千年发展目标"①方面取得积极进展，提前实现了"将贫困与饥饿人口减半"、"普及初级教育"及"降低儿童死亡率"三项目标及"安全饮用水"等子目标，其他目标亦有望如期实现。我国在实现自身发展但还不富裕的同时，还不断加大援助贫穷发展中国家的力度。在危机最严重的 2008 年，中国对世界经济增长的贡献率超过 20%，对全球贸易增长的贡献率超过 9%，为推动世界经济复苏做出了重要贡献。但是，"中国仍然是世界上最大的发展中国家，中国在发展进程中遇到的矛盾和问题，无论是规模还是复杂性，都是世界上所罕见的。我们要全面建成惠及十几亿人口的更高水平的小康社会，进而实现国家现代化，实现全体人民共同富裕，还有很长的路要走"②。我国人均国内生产总值才刚接近

---

① 2000 年 9 月，在联合国千年峰会上，各国领导人通过了实现首脑宣言目标的路线图，即"千年发展目标"。第一项就是消除极端贫困和饥饿，以 1990 年数字为参照，到 2015 年使每天不到 1 美元维持生存的人口比例减半，使遭受饥饿的人口比例减半。其他目标还包括：普及初等教育，到 2015 年使有男孩和女孩完成全部初等教育；促进性别平等，赋权于妇女，到 2005 年在初等和中等教育，到 2015 年在各级教育消除性别不平等现象；将 5 岁以下的儿童死亡率减少 2/3；将孕妇死亡率减少 3/4；到 2015 年遏制并开始扭转艾滋病病毒、艾滋病的蔓延，遏制并降低疟疾及其他主要疾病的发病率；将可持续发展原则与国家政策和国家计划相结合，扭转环境资源流失的趋势，使无法获得安全饮用水的人口比例减半，到 2020 年至少使 1 亿贫民窟居民的生活有明显改善。最后是建立促进发展的全球伙伴关系，到 2015 年进一步形成基于规则的、可预测的、非歧视的开放性贸易和金融体制，促进国家和国际范围的善治、发展与减少贫困的承诺；满足最不发达国家的特定需求；满足内陆和小岛屿发展中国家的特殊需求；采取措施增强对债务的承受能力，全面解决发展中国家的债务问题；与发展中国家合作，为年轻人提供体面的工作；与制药公司合作，为发展中国家提供基本药品；与私人部门合作，充分利用新技术，尤其是信息与通信技术的好处。

② 《胡锦涛主席接受外国媒体联合采访》，《人民日报》，2008 年 8 月 2 日。

世界平均水平；在社会保障、公共医疗、公共教育等方面的覆盖面和水平都相当低；我国是世界第一大出口国，但出口以加工为主，自主创新成分比重很小，缺少世界品牌；我国在国际金融体系和贸易体系中的决策地位还不高，在参与制订有关国际政策方面的影响力还不强，在国际市场的定价权很有限，人民币也还不是世界硬通货。事实上迄今为止，也没有一个国际组织或国际公约改变对中国发展中国家地位的定义。① 我国在建成全面小康实现全面发展目标方面还面临许多挑战，特别是如何推进科学发展、可持续发展和包容性发展，切实解决好妨碍人民实现美好生活的发展不平衡不充分问题。

我国发展已呈现明显新的阶段性特征：一方面，我国经济保持较高增长速度，综合国力与人民生活水平有了较大提升，经济总量稳居世界第二，对世界经济增长的贡献率超过三成，对外贸易和投资、外汇储备均高居于世界前列；另一方面，我国人均仍处在中等收入水平，还有好几千万人口有待脱贫，城乡之间、地区之间发展差距仍然较大，民生领域还存在不少短板，政治文明建设比较滞后，生态环境形势相当严峻。也就是说，发展的结构性和有效供给问题越来越突出，发展的质量和效益还有很大改进空间，我国社会主要矛盾发生了许多转化迹象，这个转化是我国改革开放以来取得重大发展成就同时出现许多发展问题逐渐转化过来的。

从党的十六大开始，党中央就指出中国特色社会主义建设具有一些新的阶段性特征，并在社会主要矛盾表述中加上"仍然是"或者"没有变"字样。及至 21 世纪我国迈向"由温饱到小康的历史性跨越"步伐加快，中国特色社会主义建设的阶段性特征愈发明显，"规模数量型"供需矛盾越来越转向"优质供应不足型"供需矛盾，有关中国是不是还处在社会主义初级阶段、社会主要矛盾是不是发生了变化等疑问被不时提及……

---

① 《中国的发展中国家属性没有改变》，《新华每日电讯》2010 年 9 月 20 日。

党的十九大明确提出我国社会主要矛盾已经发生变化，但是，"必须认识到，我国社会主要矛盾的变化，没有改变我们对我国社会主义所处历史阶段的判断，我国仍处于并将长期处于社会主义初级阶段的基本国情没有变，我国是世界最大发展中国家的国际地位没有变"①。我国社会主要矛盾的变化，并没有改变我国仍处于并将长期处于社会主义初级阶段的基本国情，也没有改变我国是世界最大发展中国家的国际地位。这是因为我国实现社会主义现代化的任务还没有完成。"只要这个任务没有完成，社会主义初级阶段就没有结束，我国是世界最大发展中国家的国际地位就不会改变。"② 新时代我国社会主要矛盾已经转化的重要判断，反映了当代中国发展的最大实际，有利于更好解决发展中的各种问题，更好发展中国特色社会主义事业。

马克思认为："需要是同满足需要的手段一同发展的，并且是依靠这些手段发展的。"③ 我国已经基本解决了十几亿人的温饱问题，总体上实现了小康，正全力以赴决胜全面建成小康社会。现在人民需要的内涵扩展了，不仅对物质文化生活提出更高要求，对于民主、法治、公平、正义、安全、环境等方面的需要也日益增长；从物质文化领域扩大到其他各个领域。现在人民需要的层次也提高了，我国告别了短缺经济，人民追求更高质量的生活，更好的教育、更稳定的工作、更满意的收入、更可靠的社会保障、更高水平的医疗卫生服务、更舒适的居住条件、更优美的环境、更丰富的精神文化生活，这些新需求都是多样化、个性化和丰富层次的。根据人民网 21 世纪以来征集的"两会"网络舆情调查，2002 年，网民关注的"两会"热点问题排在前三位的是：反腐倡廉、加入世贸、农民增收减负……到了 2012 年，排名前三的是：社会保障、收入分配、医疗改革；

① 习近平：《决胜全面建成小康社会　夺取新时代中国特色社会主义伟大胜利——在中国共产党第十九次全国代表大会上的报告》，人民出版社 2017 年版，第 12 页。

② 李君如：《深入理解我国社会主要矛盾转化的重大意义》，《人民日报》2017 年 11 月 16 日。

③ 《马克思恩格斯文集》第 5 卷，人民出版社 2009 年版，第 585—586 页。

2013 年是：社会保障、收入分配、反腐倡廉；2014 年是：社会保障、反腐倡廉、食药安全；2015 年是：收入分配、重拳反腐、经济新常态；2016 年是：社会保障、居民收入、医疗改革；2017 年是：反腐倡廉、社会保障、医疗改革，2018 年是：反腐败斗争、社会保障、教育改革；2019 年是：正风反腐、依法治国、社会保障；2020 年还是：正风反腐、依法治国、社会保障。①……这些热点关注突出地表明发展不平衡不充分，供需关系的结构性矛盾，已经成为满足人民美好生活需要的主要制约因素；尤其是在反腐败斗争取得了很大成绩的近几年，它仍然是人们高度关注的热点，意味着对"治标"更要"治本"的严重关切。

马克思主义把人的发展与社会进步看作是相互促进共同实现的。只有社会生产力持续增长、社会关系合理建构、社会交往普遍发展、社会保障不断提高，人的发展才能落到实处；反之亦然，社会进步也有赖于人的发展，而人的发展与人们的需要满足以及满足需要的手段不断推陈出新是联系在一起的，促进人的发展，同促进经济、政治、文化、社会等方面建设推动社会进步是互为前提和基础的。今天，我国人民对美好生活的向往更加强烈，面对这些新期盼新要求，发展就要更加突出其整体性、协调性和充分性，并通过全面深化改革推进中国特色社会主义建设全面发展，还是邓小平所说的"全新的事业"②。特别是"从理论和实践结合上系统回答新时代坚持和发展什么样的中国特色社会主义、怎样坚持和发展中国特色社会主义"③。我国社会主要矛盾的变化"是关系全局的历史性变化"④，这个

---

① http://npc.people.com.cn/GB/425325/index.html.http://society.people.com.cn/n1/2017/0224/c1008-29106598.html. http://media.people.com.cn/n1/2018/0303/c40606-29845131.html. http://lianghui.people.com.cn/2019npc/n1/2019/0302/c425476-30953367.html.http://politics.people.com.cn/n1/2020/0518/c1001-31713843.html.
② 《邓小平文选》第 3 卷，人民出版社 1993 年版，第 254 页。
③ 习近平：《决胜全面建成小康社会　夺取新时代中国特色社会主义伟大胜利——在中国共产党第十九次全国代表大会上的报告》，人民出版社 2017 年版，第 18 页。
④ 习近平：《决胜全面建成小康社会　夺取新时代中国特色社会主义伟大胜利——在中国共产党第十九次全国代表大会上的报告》，人民出版社 2017 年版，第 11 页。

判断是从历史和现实、理论和实践、国内和国际的结合上，从国家社会发展的历史方位上，从我们党长期执政稳定执政大局出发进行思考的结果。深刻认识我国社会主要矛盾变化的现实依据，准确把握其重大意义，是深入理解新时代中国特色社会主义的一个关键点，也是决胜全面建成小康社会、解决好当代中国新出现的发展问题，全面建设社会主义现代化强国的认知前提。

我们还要清醒意识到，当代中国发展要在有效发挥自己优势的同时克服种种不利因素，在总体上实现从大到"强"关山重重，这在很大程度上取决于我们能否依据既定的时间表，通过全面深化改革推进国家治理现代化，形成系统完备、科学规范、运行有效的制度体系，使各方面制度更加成熟更加定型；能否在创新型国家建设、资源节约型环境友好型社会建设等方面取得明显成果；能否将反腐倡廉纳入法治轨道，使全面从严治党的效果更加令人信服等。这些都是艰巨而严峻的挑战，也是中国社会主义现代化建设从大到"强"的历史性考验，逆水行舟，不进则退，时不我待，只争朝夕。其中具有决定性意义的就是转变发展方式、提高发展质量，而评价这种转变效果和质量标准，还是取决于中国人民的获得感、幸福感和安全感。

当今世界，经济全球化在给我们带来前所未有的机遇同时，也带来各种风险乃至严峻挑战。国际局势错综复杂，国际环境变幻莫测，影响和平与发展的不稳定因素在增多；围绕着资金、技术、人才、市场和资源的竞争会越来越激烈，国际贸易摩擦还将进一步加剧，各个领域的矛盾和争端都将继续存在。当代中国发展内在要求统筹好国内国际两个大局，通过两个大局的相互补充相互促进实现我国更好更快地发展。能否牢牢抓住和用好发展的重要战略机遇期，既是对我们党执政能力的重大考验，也是对我们民族自强能力的重大考验，并在很大程度上决定了当代中国发展促进人权的新格局。

（二）顺应人民对于美好生活新期待

随着时间推移，支撑中国高速发展的因素也在发生变化，各种结构性矛盾日益突出。如果我们的发展方式没有适时的调整，就会对今后发展造成严峻阻滞，淤积为一系列困境。"综合对国内外发展环境的分析，新时期转变发展方式，实现经济社会又好又快地发展，必须着力解决好以下四个方面的突出问题。一是着力改善一系列经济结构，充分释放中国巨大的需求和增长潜力，保证经济增长良好势头延续更长时期。二是着力解决技术创新动力不足的问题，在要素成本上升、传统竞争优势减弱的背景之下，巩固传统的竞争优势，培育新的竞争优势，提高综合竞争力。三是着力解决经济发展和环境保护不协调的问题，绿化环境和应对气候变化带来的压力，为培育新经济增长点的契机，大力发展绿色经济，提高碳排放生产率，实现减排与发展的双赢。四是着力解决经济发展与社会发展不协调的问题，加快社会建设，促进社会和谐稳定。"[1]

党的十九大提出分两步走在 21 世纪中叶建成社会主义现代化强国的战略安排，而决胜全面建成小康社会是实现这个战略安排的前提。全面小康，关键是"全面"。如果说"小康"是指发展水平，那么"全面"就是指发展的平衡性、充分性、协调性和可持续性。"全面"除了涉及的领域是全面的，包括经济、政治、文化、社会、生态文明建设协调发展，覆盖的人群、地方、领域也应该是全面的。

新的社会主要矛盾是新时代的重要内涵和基本特征。只有牢牢把握这个新内涵新特征，牢牢把握人民对美好生活的新向往，才能有针对性地提出新的发展思路、发展理念、发展举措、发展战略。在新时代，我们要更加注重发展的全面性、整体性和协调性，相对于社会主要矛盾的需求方，我国发展问题既体现在"发展起来以后"的收入差距、城乡差距、区域差

---

[1]　国务院发展中心课题组：《迈向新的发展方式》，《中国发展观察》2010 年第 4 期。

距上，也体现在经济增长与社会进步、环境保护、善治良政的不平衡上，还体现在科技创新能力、政府治理能力、文化生产能力、社会服务能力、生态供应能力的不充足上，它们都属于供给方面的问题，要求我们认真研究和解决这些问题，以更高质量、更有效率、更加公平、更可持续的发展不断满足人民日益增长的美好生活需要。"已经得到满足的第一个需要本身、满足需要的活动和已经获得的为满足需要而用的工具又引起新的需要，而这种新的需要的产生是第一个历史活动。"① 需要的不断扩展丰富是人类活动的必然，决定了今天我们必须做好破解"主要制约因素"这篇大文章。

21 世纪第二个十年，一方面，国际产业会有较大规模的结构调整，美国等发达国家的透支消费情况有所收敛，各国贸易保护主义将越演越烈；另一方面，国内经济还没有实现又好又快的转变，传统发展模式的惯性仍然在起作用，产能过剩，土地收益耗竭，再加上内需不足与通胀压力并存，民生福利供应缺失等，使主要依靠低劳动工资、低社会保障、低环境门槛的发展难以为继。所以，不管世人对中国发展抱有多大期许和赞扬，我们自己一定要心中有数，不能满足于已经取得的成绩，更不能以发展方式转变的艰巨性、复杂性为借口维持现状。应该看到，我国发展转型还存在着某些阻碍，主要是资本强势以各种形式影响决策；政府还没有完成转型，在许多方面受到利益集团的牵制；宏观政策到了基层往往会发生变形、打折或稀释；行政成本居高不下挤压民生投入；社会力量和公共治理体系有待完善等，归根结底，就是还有一些体制性的障碍必须破除。没有体制上的重大改革突破，就难以实现发展方式的根本转变。抑制投资冲动同样需要制度改革，包括 GDP 挂帅的地方考核指标体系，以及人为压低土地价格、资金价格和能源价格，纵容地方扩大投资、上项目，以增值税为主的税收体系也使得地方政府对投资乐此不疲，过度投资已经变成了

---

① 《马克思恩格斯文集》第 1 卷，人民出版社 2009 年版，第 531—532 页。

一种制度病，单靠政府发文限制和严格审批已经解决不了问题，必须有综合性的制度改革。

改革犹如逆水行舟，不进则退。现在正在推进的许多改革都是攻坚战，每项改革涉及方方面面的利益，障碍重重。大力改革不合时宜的旧体制，既要有勇气又要有策略。必须进一步解放思想，敢为天下先，更要善于把握时机，把握推进各项改革的策略；坚定推进各项比较成熟的改革举措，妥善处理改革引起的利益关系调整，合理补偿相关方面的利益损失。

> 要坚持社会主义市场经济的改革方向，提高改革决策的科学性，增强改革措施的协调性，找准深化改革开放的突破口，明确深化改革开放的着力点，不失时机地推进重要领域和关键环节改革，继续解放和发展社会生产力，继续推动我国社会主义制度自我完善和发展，坚决破除一切妨碍科学发展的思想观念和体制机制弊端。党的十八大提出了深化经济体制改革、政治体制改革、文化体制改革、社会体制改革、生态体制改革的要求，明确提出了深化改革的具体任务。我们要坚定不移推进改革开放，不断在制度建设和创新方面迈出新步伐，不断促进生产关系和生产力、上层建筑和经济基础相适应，促进经济社会各个领域、各个方面、各个环节相协调。①

虽然我国社会主义市场经济体制初步建立了起来，但这个体制还远远说不上完善，在新的发展阶段上表现出来的种种矛盾，特别是在某些重要领域和关键环节的改革还缺乏共识，没有明显进展；而且，就在改革开放亟待深化的关键时期，由于各种复杂的原因，无论是改革还是开放，都受到了来自多方面的干扰阻碍。邓小平当年告诫我们："现在经济体制改革每前进一步，都深深感到政治体制改革的必要性。不改革政治体制，就不

---

① 习近平：《全面贯彻落实党的十八大精神要突出抓好六个方面工作》，《求是》2013年第1期。

能保障经济体制改革的成果，不能使经济体制改革继续前进……这个问题太困难，每项改革涉及的人和事都很广泛，很深刻，触及许多人的利益，会遇到很多的障碍，需要审慎从事。我们首先要确定政治体制改革的范围，弄清从哪里着手。"① 我们要最大限度凝聚改革共识，不能患得患失而放弃决心，也不能有勇无谋而贻误大局。

深化改革扩大开放，重要的是要遵循社会主义市场经济的逻辑办事，努力实现改革开放伊始就确立的富民目标，这两方面是相辅相成的。"所谓完善的市场经济体制，在最具实质性的意义上，就是以完备的制度和法律充分保障民众自主获得并支配财产的权利、条件和机会，充分保障市场主体间平等的契约关系的体制。市场机制的良好作用，市场配置资源的高效率，只能由此而来，富民目标也只有在这样的体制基础上才能不断实现。由此来看，目前的市场体制是很不完善的，市场化改革的任务还远未完成，突出的表现是行政权力仍然在很大程度上支配着要素市场，主导着资源配置。这样一种市场体制不仅不可能支撑长期、整体的经济发展，阻碍经济增长方式的转变和经济结构的调整，而且一定带来滋生腐败、分配不公等诸多弊端。它只有利于少数依靠权力和垄断的特殊利益群体，而一定会经常地损害广大民众的利益。"② 只有坚持深化改革、扩大开放，才能解决发展中的深层次矛盾和问题，才能为实现经济发展方式转变提供有力的体制保障和不竭的动力源泉；只有深入了解民情，充分反映民意，广泛集中民智，切实珍惜民力，不断实现民利，才能顺应各族人民过上更好生活新期待。相反，如果以旧体制来执行发展转型，无论是技术升级、新兴产业还是民生供给，都会由于利益集团势力上下其手而导致事与愿违。"我国改革已进入攻坚期和深水区，需要解决的问题十分繁重。研究、思考、确定全面深化改革的思路和重大举措，刻舟求剑不行，闭门造车不行，异

---

① 《邓小平文选》第 3 卷，人民出版社 1993 年版，第 176—177 页。

② 周为民：《特区的奇迹是怎样发生的》，《学习时报》2010 年 9 月 6 日。

想天开更不行"①；为此推进局部的阶段性改革开放要在加强顶层设计的前提下进行，加强顶层设计也要在推进局部的阶段性改革开放的基础上来谋划，切实在一些重要领域和关键环节的改革取得新突破。

（三）不断增强人民获得感、幸福感、安全感

以人为本、一切为了人民福祉，是当代中国发展的坚定目标。检验党和国家一切工作的成效，最终都要看人民是否真正得到了实惠，人民生活是否真正得到了改善。多谋民生之利、多解民生之忧，在学有所教、劳有所得、病有所医、老有所养、住有所居上持续取得新进展，努力让人民过上更好生活，是推动高质量发展必须解决好的重大问题。"共同富裕是中国特色社会主义的根本原则，所以必须使发展成果更多更公平惠及全体人民，朝着共同富裕方向稳步前进。"②中国特色社会主义进入新时代，人民对美好生活的向往更加强烈，期盼有更好的教育、更稳定的工作、更满意的收入、更可靠的社会保障、更高水平的医疗卫生服务、更舒适的居住条件、更优美的环境、更丰富的精神文化生活，期盼孩子们能成长得更好、工作得更好、生活得更好。中国共产党执政始终把人民利益摆在至高无上的地位，始终同人民想在一起、干在一起，以人民忧乐为忧乐，以人民甘苦为甘苦，努力为人民创造更美好、更幸福的生活。

既要"做大蛋糕"，又要"分好蛋糕"，是中国特色社会主义的应有之义。社会主义的目的本来就是实现共同富裕，人民大众共享发展成果的普遍幸福。这就必须通过解放生产力发展生产力，不断增加社会财富的总量，为实现共同富裕创造必要的物质基础；通过巩固和完善社会主义各项制度，铲除导致社会不公的根源，为实现共同富裕提供可靠的制度条件。我们既高度重视通过提高效率来促进发展，又高度重视在经济发展的基础

① 《习近平关于全面深化改革论述摘编》，中央文献出版社2014年版，第37—38页。
② 《习近平谈治国理政》，外文出版社2014年版，第13页。

上通过实现社会公平来促进社会和谐。转变经济发展方式，发展导向就必须由经济总量扩张向提高国民收入转变，实现民富优先的包容性增长；这既有利于扩大内需，更重要的是可以缩小贫富差距，促进社会公平和可持续发展。我们要坚持把改善人民生活作为正确处理改革发展稳定关系的结合点，把改革的力度、发展的速度和社会可承受的程度统一起来，以改革促进和谐稳定，确保人民安居乐业、社会安宁有序、国家长治久安。所谓"维稳"，最要紧的也就是稳住广大群众认为公平正义可期的人心，这才是我们用发展的办法切实解决前进中的问题的根本大计。

邓小平在1993年的一次谈话中指出："过去我们讲先发展起来。现在看，发展起来以后的问题不比不发展时少。"要利用各种手段、各种方法、各种方案来解决两极分化这些问题。"少部分人获得那么多财富，大多数人没有，这样发展下去总有一天会出问题。"[①] 早些时候，他还指出："如果搞两极分化，情况就不同了，民族矛盾、区域间矛盾、阶级矛盾都会发展，相应地中央和地方的矛盾也会发展，就可能出乱子。"[②] 现在看来，这些提醒非常及时，非常重要。新世纪以来，我国面临一些新情况，尤其是城乡发展不平衡、地区发展不平衡、经济社会发展不平衡的矛盾相当突出，教育、就业、医疗、社会保障民生问题等成为全社会关注的热点和焦点。由于分配不均，收入差距扩大，消费结构畸形，这些状况已影响我国发展的质量。"我国正处于并将长期处于社会主义初级阶段，由于经济体制深刻变革、社会结构深刻变动、利益格局深刻调整、思想观念深刻变化，由于发展不平衡、不协调、不可持续问题短期内难以根本解决，人民内部各种具体利益矛盾难以避免地会经常地大量地表现出来。"[③] 因此，必须大力推进以保障和改善民生为重点的社会建设，并作为转变经济发展方式、扩大国内需求

---

① 《邓小平年谱（一九七五——一九九七）》，中央文献出版社2004年版，第1364页。

② 《邓小平文选》第3卷，人民出版社1994年版，第364页。

③ 《胡锦涛强调扎实做好正确处理人民内部矛盾工作　为经济社会发展创造良好社会环境》，《人民日报》2010年9月30日。

的重要途径。改革开放以来，我们把实现共同富裕纳入社会主义本质要求，后来又明确把社会公平正义作为社会主义和谐社会的基本特征和重要目标。促进社会公平正义，首先还是要靠发展。发展是促进和实现社会公平正义的前提，只有坚持以经济建设为中心，大力发展生产力，用发展的办法解决前进中的问题，才能为实现社会公平正义创造雄厚的物质基础。我们既要通过解放和发展生产力，不断增加社会物质财富、不断改善人民生活；又要通过逐步实现社会公平正义，不断激发全社会的创造活力、不断促进社会和谐。这两大任务相互联系、相互促进，贯穿于发展中国特色社会主义整个进程之中。我国社会发展机遇期和矛盾凸显期并存，这一时期既有促进社会公平正义的有利条件，也存在制约实现社会公平正义的不利因素，必须从社会主义初级阶段这个基本国情出发，量力而行，尽力而为。

以人民为中心或以人为本的发展，体现了发展为了人民，发展依靠人民，发展成果由人民共享的价值目标。中国的发展又不能仅仅限于经济增长，在不断满足人民日益增长的物质文化需要的同时，还要大力推进以民生为重点的和谐社会建设，让改革发展的成果惠及全体人民，造福全体人民；重点是提高低收入群众生活水平和质量，逐步完善广大群众共享经济发展成果的体制机制；提高公共服务均等化程度，逐步完善广大群众共享社会发展成果的体制机制；维护和保障公民合法权利，逐步完善广大群众共享民主法制建设成果的体制机制。当代中国要着力解决发展的不平衡不充分问题，更加关注人民对美好生活的新需求，更加关注社会公平正义，更加关注发展的包容性普惠性，更加多谋民生之利、多解民生之忧，使人民更多享有来自发展的获得感、幸福感、安全感，朝着共同富裕方向稳步前进。

促进社会公平正义，就是尽快扭转收入差距扩大的趋势。逐步提高居民收入在国民收入分配中的比重，提高劳动报酬在初次分配中的比重。这既有利于提高经济效率，不断增加社会财富，又有利于促进社会公平正义，充分发挥各方面的积极性。我国国民经济与社会发展"十二五"规划纲要将原来表述的"逐步扭转"改为"尽快扭转"，"十三五"规划纲要根据中央"努力扭转城乡、区域、行业和社会成员之间收入差距扩大趋势"的建议，进一步提出要求："坚持居民收入增长和经济增长同步、劳动报酬提高和劳动生产率提高同步，持续增加城乡居民收入，规范初次分配，加大再分配调节力度，调整优化国民收入分配格局，努力缩小全社会收入差距。"① 促进社会公平正义，必须加快推进以改善民生为重点的社会建设，让全体人民共享发展成果。努力使全体人民学有所教、劳有所得、病有所医、老有所养、住有所居，使社会各方面的利益关系得到有效协调，人民内部矛盾和其他社会矛盾得到妥善处理，社会公平和正义得到切实维护和实现。

促进社会公平正义，发展成果由人民共享，广大劳动者才能赢得体面与尊严。鼓励全体人民热爱劳动、勤奋劳动，全社会尊重劳动、保护劳动，通过诚实劳动创造美好生活。实现体面劳动，是以人为本的要求，是时代精神的体现，也是尊重和保障人权的重要内容。"我们一定要适应改革开放和发展社会主义市场经济新形势，从政治、经济、社会、法律、行政等各方面采取有力措施，保障广大劳动群众权益，促进社会公平正义。"②"全社会都要贯彻尊重劳动、尊重知识、尊重人才、尊重创造的重大方针，维护和发展劳动者的利益，保障劳动者的权利。要坚持社会公平正义，排除阻碍劳动者参与发展、分享发展成果的障碍，努力让劳动者实现体面劳动、全面发展。"③

为中国人民谋幸福，为中华民族谋复兴，是中国共产党领导人民进行革命、建设和改革事业的奋斗宗旨。中国特色社会主义不能只有物质追求，还包含各族人民经济、政治、文化、社会等各项权益的实现。"进一步实现社会公平正义，通过制度安排更好保障人民群众各方面权益。要在

---

① 《中华人民共和国国民经济和社会发展第十三个五年规划纲要（2016—2020 年）》，《人民日报》2016 年 3 月 18 日。
② 《胡锦涛文选》第 3 卷，人民出版社 2016 年版，第 369 页。
③ 《习近平谈治国理政》，外文出版社 2014 年版，第 46 页。

全体人民共同奋斗、经济社会不断发展的基础上，通过制度安排，依法保障人民权益，让全体人民依法平等享有权利和履行义务。"[1] 检验我们一切工作的成效，最终都要看人民是否真正得到了实惠，人民生活是否真正得到了改善，这是坚持立党为公、执政为民的本质要求，也是党和国家事业不断发展的重要保证。

进入 21 世纪，我国人均国内生产总值跨上 1000 美元台阶（2001 年），人民生活总体上达到小康水平。这是中国特色社会主义建设的一个重要里程碑。但与此同时，一些发展中的问题也纷至沓来，为了破解我国经济社会发展的种种难题，妥善应对关键时期可能遭遇的风险和挑战，中共十六届三中全会通过的《中共中央关于完善社会主义市场经济体制若干问题的决定》要求坚持以人为本，树立全面、协调、可持续的发展观，促进经济社会和人的全面发展。提出这个要求的基本判断是，"由于人口多、底子薄、发展不平衡，中国在发展中仍面临着一些突出矛盾和问题，主要是：经济结构不合理和粗放型经济增长方式还没有根本改变，城乡、区域、经济社会发展不够协调，人口资源环境压力加大，就业、社会保障、教育、医疗等民生问题比较突出。为更好地解决这些突出矛盾和问题，我们提出要全面贯彻落实以人为本、全面协调可持续发展的科学发展观，转变发展观念、创新发展模式、提高发展质量，坚持用发展和改革的办法解决前进中的问题，让发展成果惠及全体人民"[2]。科学发展观的第一要义是发展，核心是以人为本，这个以人为本的"本"，就是谋求发展的出发点、落脚点，就是最广大人民的根本利益。

坚持以人为本，就要始终坚持人民在中国特色社会主义事业中的主体地位，尊重人民首创精神，发挥人民的积极性、主动性、创造

---

[1] 《习近平关于全面深化改革论述摘编》，中央文献出版社 2014 年版，第 94 页。

[2] 胡锦涛：《坚持和平发展，促进共同繁荣——在亚太经合组织工商领导人峰会上的演讲》，《人民日报》2006 年 11 月 18 日。

性；就要坚持从人民的根本利益出发谋发展、促发展，不断满足人民
日益增长的物质文化需要，不断实现好、维护好、发展好最广大人民
的根本利益；就要坚持在全体人民根本利益一致的基础上，正确反映
和兼顾不同地区、不同部门、不同方面群众的利益，妥善协调各方
面的利益关系，走共同富裕道路；就要切实保障人民依法享有各项权
益，维护社会公平正义，满足人们的发展愿望和多样性需求，关心人
的价值、权益和自由，关注人们的生活质量、发展潜能和幸福指数，
体现社会主义的人道主义和人文关怀，促进人的全面发展。①

应该承认，当代中国发展距离马克思主义追求人的自由全面发展目标
还有很长的路要走，但坚持以人为本，重视人的现实生活，从人民的生活
实际出发，关注人的需求的多样性、全面性和丰富性，发掘美好生活的蕴
涵，推动社会进步，为人的自由全面发展创造条件，仍然是我们遵循的马
克思主义发展观应有之义。坚持以人民为中心的发展，就是坚持发展为了
人民，发展依靠人民，发展成果由全体人民共享，密切关注人民群众需求
的变化，实现好、维护好、发展好最广大人民根本利益；就是尊重人民群
众主体地位，调动人民群众积极性主动性，发挥人民群众首创精神，保障
人民群众各项权益，促进全体人民共同参与发展、共享发展成果；就是通
过解决好发展的不平衡不充分问题，不断增强人民的获得感、幸福感、安
全感，不断推进全体人民共同富裕。

党的十八大以来，中国特色社会主义进入新时代，其中一个重要标志
就是我国社会主要矛盾发生了变化，即表现为"人民日益增长的美好生活
需要和不平衡不充分的发展之间的矛盾"，这是一个关系全局的历史性变
化，并以这个判断作为解决当代中国发展问题的根本着力点。中国领导人
在国际场合提出中国将开启"以人民为中心、迈向美好生活的新征程"，

---

① 中共中央宣传部：《科学发展观学习读本》，学习出版社 2008 年版，第 5 页。

以及为促进世界经济发展提供"中国智慧"和"中国方案"。包括做大开放普惠的市场，做强利益共享的链条；把包容共享理念融入发展战略，努力健全讲求效率、注重公平的体制机制，维护社会公平正义；在教育、医疗、就业等民生领域加大投入，解决好贫困、收入差距拉大等问题；加大对弱势群体的扶持力度，改善中小微企业发展环境，增强劳动者适应产业变革的能力……① 中国正在通过加强顶层设计和继续摸着石头过河相结合的办法，着力解决好发展的不平衡不充分问题。

当代中国马克思主义发展观不但是立足我国基本国情、深入分析我国发展的阶段性特征、认真总结我国发展实践、适应新的发展要求提出来的，也是深刻分析国际形势、顺应世界发展趋势、借鉴国外发展经验提出来的。其中最值得注意的就是国际社会有关发展观念的重大改进，特别是联合国方面提出"人类发展"概念及其评价体系和推广效果。

三、从新发展议程看马克思主义发展观的前瞻性

"发展"（develop，development）这个概念来自西语，词根 deve 即开发，发展最基本的意思就是开发、扩展，在社会科学中与变化、成长、进步的含义接近。发展的广泛使用是比较晚近的事情了，通常认为是一个伴随着现代化追求的概念②，考虑到西语（以英文为例）时态的变化，developed（发

---

① 习近平：《抓住世界经济转型机遇谋求亚太更大发展——在亚太经合组织工商领导人峰会上的主旨演讲》，《人民日报》2017 年 11 月 11 日。

② 英文"现代"（modern）这个概念来自拉丁文 modus=mode（模式，model），有示范的意思。因此，现代化在很大程度上也就是模式化，而这个模式是近代以来，西方通过产业革命实现了财富优势，通过科学革命实现了知识优势向全世界提供的。也就是马克思、恩格斯在《共产党宣言》中所说的，"正像它（资产阶级）使农村从属于城市一样，它使未开化和半开化的国家从属于文明的国家，使农民的民族从属于资产阶级的民族，使东方从属于西方"。（《马克思恩格斯文集》第 2 卷，人民出版社 2009 年版，第 36 页）

达）即完成了现代化，developing（发展中）即发展的进行时，或发展的现代化过程。因此，发展理论在很大程度上也就是现代化理论，对于发展中国家尤其如此。20 世纪两次世界大战以后，在世界范围特别是发展中国家有关"发展"的理解也经历了不小的变化。

（一）发展观念的变迁

广大发展中国家在战后恢复、重建和发展过程中，尽管各国国情和传统不同，但摆脱不发达是一个普遍性的主题，它们虽然在政治上获得了独立，但经济上仍然贫穷落后，迫切需要通过经济增长及物质财富的积累实现发展。通过联合国四个"发展十年"战略，我们可以了解发展观念的变迁，其中也包含了逐渐聚焦人的发展和人权的轨迹。

在"第一个发展十年（1961—1970）"中，联合国方面明确提出促进发展中国家国民经济总量增长的目标，为了实现增长，就必须有足够的投资，于是把注意力主要集中在对发展中国家的外援上。但是在既定国际分工体系中，发展中国家很难摆脱结构性的"依附"地位，发展之路举步维艰。

到了"第二个发展十年（1971—1980）"，由于广大发展中国家的推动，1974 年，联合国大会通过了《关于建立新国际经济秩序的宣言》、《建立新国际经济秩序的行动纲领》和《各国经济权利与义务宪章》；次年，又通过了《发展和国际经济合作》决议。这四个文件都强调实现发展的公正前提，必须扫除发展的障碍，必须建立新的国际经济秩序。

在"第三个发展十年（1981—1990）"期间，联合国大会先后通过了两项援助最不发达国家的行动纲领，特别是 1986 年，联合国大会通过《发展权利宣言》，确认发展权利是一项不可剥夺的人权。发展权利包括两个方面。第一，它意味着充分实现民族自决权，包括对他们的所有自然资源与财富有行使完全主权；实现发展权利需要充分尊重有关各国依照《联合国宪章》建立友好关系和合作的国际法原则，各国有义务在确保发展和消除发展的障碍方面相互合作，并在实现其权利和履行义务时着眼于国际新秩序的建立。第二，它意味着每个个人都有参与发展的权利，具体到保证工作权利和组织工会及工人协会的权利；促进充分就业，消除失业和就业不足；为所有人创造公正、有利的工作条件；保证公平的劳动报酬；消除饥饿、营养不良和贫困；实现较高健康水平；扫除文盲，保证享受免费初级义务教育的权利以及为所有人提供充足的住房和社区服务等。

1990 年联合国大会通过《第四个发展十年国际发展战略》提出了一套比较长远的"基本政治指导方针"。这个十年，联合国就发展问题召开了多次大会，如环境与发展会议（1992 年）、人权与发展会议（1993 年）、人口与发展会议（1994 年）、社会发展问题世界首脑会议、妇女参与发展会议（1995 年）和世界粮食首脑会议、世界人类居住区会议、世界科学大会（1996 年）。这些会议通过的宣言和行动纲领构成了第四个发展十年的基本框架，包括反贫困、社会公平、保护自然资源和环境、改善人的素质等多方面的内容。

1990 年，联合国开发计划署（UNDP）发表第一份年度《人类发展报告》，"人类发展"这个概念主要来自联合国开发计划署特别顾问、报告主持人、巴基斯坦经济学家哈克（Mahbub ul Haq）和报告顾问、印度经济学家阿玛蒂亚·森（Amartya K.Sen）的贡献。"人类发展"既是一种发展观念，也是一种理论方法，最重要的"扩大人的选择的发展"，以及基于发展新观念制定的发展政策和发展战略。"我们重新发现那个最基本的真理，就是人民必须居于发展的中心。发展的目的就是给人民提供更多选择的机会。选择之一是收入，但这不是目的本身，而是获得人类福利的手段。人们还有其他选择，包括长寿的生活、知识的获得、政治自由、人身安全、社会参与和人权保障。人不能简化成一维的经济动物。人的构成因素以及对人类发展过程的研究应是一个完整的光谱，通过这个光谱人的能力得到扩展和运用。"①

《1990 年人类发展报告》指出，最近几十年来，人们过多地关注国民财富的增长，从而模糊了发展的基本目标。国民收入尽管从很多方面来说都是有用的，但国民收入并不是收入的真正构成，更不是人民的福利本身。人们看重的许多成就并不能从收入或财富的增长中直接看出或表现出来。如：更多获得知识的途径、更安定的生活、更好的工作条件、免于犯罪和政治暴力的侵害、享受休闲的时光、在他们的共同体中对经济、文化和政治活动的参与等。人民希望获得较高收入，这也是他们的选择之一，但收入绝不是人类生活的全部。财富的生产只是手段，发展的真正目的是人的福利。

　　人类发展是一个扩大人的选择的过程。原则上说，这些选择可能是不确定的和随着时间的变化而改变的。但是，在发展的各个水平上，有三个最基本的选择：人们过上长寿而健康的生活，获得知识和得到体面生活所必需的资源。如果这些最基本的选择不能得到，很多别的机会也就得不到。

　　但是，人类发展还不止这些，还有一些受到人们高度珍视的选择，包括获得创造和生产的机会、使自尊和人权得到保障的政治、经济、社会自由。

　　人类发展包括两个方面的内容：人的能力的形成——比如，健康的改善，知识和技能的提高，以及人们对所获得的能力的运用——用于休闲、生产或者积极从事文化、社会和政治事务。如果人类发展这两个方面的比例最后得不到平衡，那么，发展就会遇到巨大挫折。

　　根据人类发展的这个概念，收入显然不是人们想要的唯一选择，虽然这是一个重要的选择。因此，发展决不仅仅是收入和财富的扩

① 联合国开发计划署：《1990 年人类发展报告》前言，http://hdr.undp.org/en/media/hdr_1990_en_front.pdf。

充，发展的中心是人。①

哈克在《人类发展的反思》中指出，发展的目的就是要创造一个环境，使人们能够在这一环境中安享长寿、健康和创造性的生活。关于收入和人的选择的关系。经济或收入的增长可能提高人的选择能力，也会扩展人的其他方面的选择，但这并非必然。因为一个社会的收入分配可能不公，这使得那些处于分配不利地位的人的选择机会受到极大限制；国民收入的增长能否扩大人民的选择还要看社会和政府的优先安排；人们的某些选择并不需要多少财富为基础，如民主、尊重人权、男女平等可以在任何收入水平上得到维持；人们的很多选择远远超越了经济福利，知识、健康、清洁的环境、政治自由、简单的生产愉悦等都不绝对地或大部分地依赖于收入。②"人类发展"试图通过制度安排和政策调整来实现使经济和财富的增长为人民生活服务，真正成为扩大人们选择的基础。这就必须把人置于发展的中心，把扩大人的选择作为发展的目标；在扩展人的选择能力方面，既注重人的能力形成的培养，更注重人的能力的运用；"人类发展"不仅仅是经济发展，它还包含丰富的社会发展内容，但又不等于一般的社会发展；同时必须认识到，人既是发展的手段，更是发展的目的。③

"人类发展"是一个整体性概念。从经济增长到国际贸易，从预算赤字到财政政策，从储蓄到投资、到技术，从基本社会需求到为穷人构建社会安全网，都可以列入其中。人类生活的一切方面，政治的、经济的、文

---

① 联合国开发计划署：《1990 年人类发展报告》摘要，http://hdr.undp.org/en/media/hdr_1990_en_overview.pdf.

② Mahbub ul Haq. Reflections on Human Development, Delhi, Oxford University Press, 1999. pp.14-15. 在阿玛蒂亚·森那里，可以选择的自由被转换成"可行能力"（capability），即"实质自由"。[印] 阿玛蒂亚·森：《以自由看待发展》，任赜、于真译，中国人民大学出版社 2002 年版，第 14 页。

③ Mahbub ul Haq. Reflections on Human Development, Delhi, Oxford University Press,1999. pp.15-16.

化的等都可以从这个视角来考察。① 在"人类发展"概念上取得的一致意见有：(1) 发展必须把人置于所关心的一切问题的中心地位。(2) 发展的目的是扩大人类的选择范围，而不仅仅是增加收入，它所关注的是整个社会，而不仅仅是经济。(3) 人类发展既与扩大人的能力（通过对人的投资）有关，也与保证充分利用这些能力（通过能使其转变为现实的结构）有关。(4) 人类发展建立在生产力、公正、持续性和享有权利之上。在承认经济增长是人类发展基础的同时，重视经济增长的质量和分配，强调世代的可持续性选择；而且必须通过适当的管理，充分利用经济增长为增进福利所提供的机会，促进人类的发展。

关于如何设计人类发展的指标，要能够衡量和评价以"扩大人的选择"为主旨的人类发展，不仅仅为了使其简单和可操作而只包括有限数量的变量，构建一个综合指标而不是用过多的单个指标，不仅包含经济方面的选择，也包含社会方面的选择；保持其内容与方法的相当弹性以及不受资料与数据的有限性的限制。②《人类发展报告》采用了"人类发展指数"（HDI）为核心的指标体系，"人类发展指数"由健康水平、教育程度和生活水平三个方面指标组成，即以寿命指标、知识指标和收入指标的综合加权对一个国家（地区）的"人类发展"水平进行评价。这个体系是为了"将人们对国民生产总值和其他片面的基于收入指标的注意力拓展到生活自由的两种基本要素即生活期望和基础教育上来"③。具体方法为：(1) 健康长寿的生活，用出生时预期寿命来表示。(2) 知识，用成人识字率（占 2/3 的权重）以及小学、中学和大学综合毛入学率（占 1/3 的权重）来表示。(3) 体面的生活水平，用人均 GDP（PPP 美元）来表示（是以购买力平价计

---

① Mahbub ul Haq. Reflections on Human Development, Delhi, Oxford University Press, 1999. p.20.

② Mahbub ul Haq. Reflection on Human Development. New York: Oxford University Press. 1999.pp.47-48.

③ [印] 阿玛蒂亚·森：《简论人类发展的分析路径》，《马克思主义与现实》2002 年第 6 期。

算而不是按汇率计算的人均 GDP 的对数）。[①]

具体计算方法是：先计算出以上三个方面的指标指数值：选定每个基本指标的最小值和最大值，计算出每个分项指标的指数，分项指数等于实际值减最小值除以最大值减最小值；一个国家（地方）的人类发展指数等于 1/3 预期寿命指数加 1/3 教育指数加 1/3GDP 指数之和。并根据这个方法给世界各国（地区）的"人类发展"排出次序。[②]

后来，《人类发展报告》还增加了包括分别针对发展中国家的人类贫困指数（HPI-1）和部分经合组织国家（OECD）的人类贫困指数（HPI-2）、性别发展指数（GDI）、性别赋权尺度（GEM）。考虑到"人类发展"就是扩大人的选择的过程，每个人都应该能够自由地进行选择，哈克认为自由主要体现在四个方面，即：政治参与（political participation）、法治（rule of law）、言论自由（freedom of expression）、非歧视（non-discrimination）。[③]但由于这个问题的复杂性、敏感性和难以量化，"对人类自由进行评价无疑会引发争议。这就更需要使这些方法清楚明白，使他人可以重复这些方

---

① 联合国开发计划署：《2004 年人类发展报告》，中国财政经济出版社 2004 年版，第 259 页。后来，联合国开发计划署对"人类发展指数"作了修正。一是将人均产值改为人均产值的对数；二是将"人类发展指数"分别乘以性别系数和收入系数，使性别歧视和收入分配不公情况有所反映。还增加了一些补充指标：对于低人类发展水平国家，采用基本人类发展指标；对于中等人类发展水平国家，在基本指标基础上，寿命方面增加 5 岁以下幼儿死亡率指标，教育方面增加中学入学率指标，收入方面增加贫困发生率指标；对于高人类发展水平国家，在中等水平国家指标基础上，寿命方面再增加产妇死亡率指标，教育方面再增加大学入学率指标，收入方面再增加基尼系数校正的人均国民收入指标。这样比较准确地反映了不同发展水平国家"人类发展"的实际状况。

② 现在采用的划分标准是：指数值为 0.800 及其以上是高人类发展水平；指数值为 0.500—0.799 之间是中等人类发展水平；低于 0.500 是低人类发展水平。联合国开发计划署：《2004 年人类发展报告》，中国财政经济出版社 2004 年版，第 255 页。

③ Mahbub ul Haq. Reflection on Human Development. New York: Oxford University Press. 1999.pp.69-70. 政治参与指在国家和地方层面参与和影响政治决策；法治指通过正当法律程序保护个人生存、自由与安全的权利；言论自由指没有任何强制限制的通过口头、书面或媒介寻找、接收和传播信息和观念的个人自由（除非出于国家安全、公共秩序、公共卫生或保证对他人权利或名誉的需要）；非歧视指所有人，不管性别、宗教信仰、种族、民族、社会出身、语言和财富如何，都享有平等的机会。

法，将各种不同的意见引导到争鸣而不是争端。在制订人权指数方面一定要汲取自由指数所带给我们的教训"①。引入"人类自由指数"的想法不了了之。

（二）新发展议程：经济、社会与环境

一般认为，发展理论大致经历了三个阶段：第一阶段，与西方近代经济社会发展史相适应，产生了古典社会发展理论和马克思主义社会发展理论；第二阶段，第二次世界大战以后，出现了关注后发国家现代化进程的现代化理论，如依附理论、世界体系理论；第三阶段，伴随着冷战降温，发展理论的基本走向是：从几乎等同于经济增长的经济发展，到横向注重人文社会内容的社会发展，纵向强调经济、社会与环境相协调的可持续发展；从以经济（物资、财富）为中心的发展到以人为中心的发展；从西方国家的发展到非西方国家乃至全球化背景下更宽阔意义上的发展问题。

20世纪90年代联合国机构着力推介的"人类发展"包括四个要素：一是公平（Equity），二是可持续（Sustainability），三是生产力（Productivity），四是赋权（Empowerment）。发展是扩大人的选择的过程，人们就应享有公平的选择机会，否则，就会有许多人没有真正的选择，选择的机会和能力都将受到限制。公平更重要的是机会公平，人们如何处理他们的机会是他们自己的事，而且机会公平并不总会导致相似的选择或相似的结果。可持续问题实际上是代际公平问题，即我们的后代应该拥有与我们同样享受福利的机会和权利，可持续性不仅仅是资源和环境承载的有限性问题，更值得关注的是人的机会的可持续性。生产力即人的生产潜力，也就是投资于人，确保宏观环境能让人们最大限度地发挥潜能，目的还是为了扩大人的选择，而不仅仅是把人作为手段和工具。"人类发展"支持赋予

---

① 联合国开发计划署：《2000年人类发展报告》，中国财政经济出版社2000年版，第89页。

人民发展的自主权。赋权就是出于自愿的选择付诸实践的权利，不仅仅意味着政治民主、经济民主，还包括市民社会的所有成员，特别是非政府组织都能参与政策的制定。①

20世纪和21世纪之交，联合国千年峰会《千年宣言》呼吁联合国要发挥作用，针对世界上仍然有超过10亿人处于极端贫困状态，帮助他们实现发展权，进而使人类免于匮乏就格外重要了。"千年发展目标"制定了一个从2000年到2015年为期15年的行动框架与努力目标。15年很快过去了，根据《2015年联合国千年发展目标报告》②，这个"千年发展目标"的完成情况喜忧参半，其中消除极端贫困和饥饿目标是完成得最好的，极端贫困人口减少了一半多，即从19亿（1990年）下降到8.4亿（2015年）；其次是促进性别平等为妇女赋权的目标、饮用水安全和贫民窟减少等目标；大多数国家的小学教育实现了男女平等，全世界儿童死亡率也下降了一半多……但是，世界各国各地区实现千年发展目标的进展很不均衡，许多发展中国家在降低儿童死亡率、与艾滋病及各种传染性疾病作抗争、促进生态环境可持续能力等方面的进步相当艰难，而有关促进全球发展的国际合作就更无法令人满意了。

在实施千年发展目标（2000—2015年）情况基础上，经过多年筹备、磋商和谋划，在2015年9月联合国发展峰会上，世界各国领导人通过了《变革我们的世界：2030年可持续发展议程》（以下简称《议程》），这个《议程》基于千年发展目标落实情况，因此也被称为2015年后发展议程，历时三年终于形成正式文件，也是全球进入新的发展阶段路线图，并高度契合中国坚持"以人民为中心"的发展思想和新的发展理念。中国已全面启动落实2030年可持续发展议程的各项工作，进一步推动发展转型，致力

---

① Mahbub ul Haq. Reflections on Human Development, Delhi, Oxford University Press, 1999. pp.18-19.

② 《2015年联合国千年发展目标报告》（中文版），http://www.un.org/zh/millenniumgoals/pdf/MDG% 202015% 20Press% 20Release_Chinese.pdf.

于在经济、社会、环境三大领域形成良性循环，走出一条包容性和可持续发展之路。

联合国《2030 年可持续发展议程》包括 17 个"可持续发展目标"（SDGs）[1]，作为全球性的目标，它们必须在整体上予以实施，"是整体的，不可分割的，并兼顾了可持续发展的三个方面：经济、社会和环境"；"在实现可持续发展方面，消除一切形式和表现的贫困，消除国家内和国家间的不平等，保护地球，实现持久、包容和可持续的经济增长和促进社会包容，是相互关联和相辅相成的"。[2]《议程》描绘了未来一段时期全球发展的"升级版"，既有必须要实现的短期消极目标，又有应主动去实现的长期积极目标。根据联合国的要求，各国国家层面都应努力将千年发展目标与可持续发展议程进行衔接。事实上，《议程》所确定的可持续发展目标也要比千年发展目标更加突出相关行动及其建议都必须考虑经济增长、社会进步和环境保护三方面的联动性，这在很大程度上体现了国际社会解决发展问题，克服现有发展方式弊端的新共识。

《议程》要求各国认真承诺实现可持续发展目标，并根据这些目标要求调整有关国家政策，消除极端贫困现象、抵制不平等和不公正、应对

---

① 联合国《2030 年可持续发展议程》的 17 个可持续发展目标：（1）在世界各地消除一切形式的贫穷；（2）消除饥饿，实现粮食安全和促进可持续农业；（3）促进健康的生活方式和各年龄段人们的福祉；（4）包容和公平的教育促进全民终身学习；（5）实现性别平等增强妇女和女童的权能；（6）为所有人提供和可持续管理水和环境卫生；（7）人人获得可负担、可靠和可持续的现代能源；（8）促进持久、包容和可持续的经济增长，促进实现充分和生产性就业及体面工作；（9）建设基础设施促进包容性的可持续产业化，推动创新；（10）减少国家内部和国家之间的不平等；（11）建设包容性、安全、有复原力和可持续的城市和社区；（12）确保可持续消费和生产模式；（13）紧急行动起来应对气候变化及其影响；（14）保护和可持续利用海洋及其资源促进可持续发展；（15）保护、恢复和促进可持续利用陆地生态系统，遏制生物多样性丧失；（16）促进有利于可持续发展的和平和包容性社会，建立有效、负责和包容性的各级机构；（17）加强实施手段，重振可持续发展全球伙伴关系。

② 《变革我们的世界：2030 年可持续发展议程》（中文版），http://www.un.org/ga/search/view_doc.asp?symbol=A/69/L.85&referer=http://www.un.org/sustainabledevelopment/sustainable-development-goals/&Lang=C. 以下凡引自该《议程》，不再加注。

气候变化，以及在全球、区域和国家层面制定有针对性的技术路线、执行手段和跟踪督促机制。在 2015 年发展峰会上，习近平主席呼吁各国共同努力，争取公平的发展，坚持开放的发展，追求全面的发展，促进创新的发展；"让发展机会更加均等，各国都应成为全球发展的参与者、贡献者、受益者，要提高发展中国家代表性和发言权，给予各国平等参与规则制定的权利"；"让发展成果惠及各方，要构建开放型经济，实现共商、共建、共享，要尊重彼此的发展选择，相互借鉴发展经验，让发展成果为各国人民共享"；"让发展基础更加坚实，发展的最终目的是为了人民，要保证人人享有发展机遇、享有发展成果，努力实现经济、社会、环境协调发展，实现人与社会、人与自然和谐相处"；"让发展潜力充分释放。发展中的问题只有通过发展才能解决。各国要以改革创新激发发展潜力、增强增长动力，培育新的核心竞争力。"①这些呼吁引起各方广泛关注和好评。

　　与此同时，中国提出创新、协调、绿色、开放和共享的新发展理念，这是今后中长期"我国发展思路、发展方向、发展着力点的集中体现，也是改革开放 30 多年来我国发展经验的集中体现，反映出我们党对我国发展规律的新认识"②。中国领导人在多个场合指出，中国把落实《议程》纳入国家行动，将《议程》与国家中长期发展规划有机结合，并已全面展开。中国政府积极谋划《中国落实 2030 年可持续发展议程国别方案》，致力于在国家层面落实《议程》，并将落实情况与国际合作促进全球共同发展联系起来。在 2016 年杭州 G20 峰会上，中国还倡议汇总形成二十国集团落实《议程》的整体行动计划，作为促进全球范围健康、平衡发展的一个坚实步骤。

---

① 习近平：《谋共同永续发展　做合作共赢伙伴——在联合国发展峰会上的讲话》，《人民日报》2015 年 9 月 27 日。

② 习近平：《关于〈中共中央关于制定国民经济和社会发展第十三个五年规划的建议〉的说明》，《人民日报》2015 年 11 月 4 日。

（三）新发展议程的"人本"蕴涵

1."让所有人发挥自己的潜能"

如前所述，从 20 世纪 60 年代开始，联合国先后提出四个"发展十年"战略，分别是促使发展中国家逐步摆脱不发达状态（60 年代）；为实现收入及财富分配公平提供更多的机会，并呼吁建立国际经济新秩序（70 年代）；致力于构建多维度的发展指标体系，突出"以人为中心"的发展要求（80 年代）；进一步提出减贫、促进人力资源发展和环境可持续发展，加强国际发展合作等（90 年代）——发展目标越来越聚焦于人。

1986 年，第 41 届联合国大会以压倒性多数通过《发展权利宣言》，"发展权利是一项不可剥夺的人权，由于这种权利，每个人和所有各国人民均有权参与、促进并享受经济、社会、文化和政治发展，在这种发展中，所有人权和基本自由都能获得充分实现"[1]。《宣言》还要求消除发展障碍，激励各方维护和实现人权，"国家有权利和义务制订国家发展政策，其目的是在全体人民和所有个人积极、自由和有意义地参与发展及其带来的利益的公平分配的基础上，不断改善全体人民和所有个人的福利"；"制订国际发展政策，以期促成充分实现发展权利"[2]。因此，发展人权因此不但在国家层次而且在国际或联合国层次都被认为是要优先推进改革的事项。

发展促进人权，而保护和实现人权又必须靠发展。联合国开发计划署（UNDP）在 20 世纪 90 年代初提出"人类发展"概念，"人是一个国家的真正财富。发展的基本目标就是要创造一种环境，使人民在这种环境中能安享长寿、健康和创造性的生活"。以自由看待发展，并落实到人的选择

---

[1] 《发展权利宣言》，北京大学法学院人权研究中心编：《国际人权文件选编》，北京大学出版社 2002 年版，第 305 页。

[2] 《发展权利宣言》，北京大学法学院人权研究中心编：《国际人权文件选编》，北京大学出版社 2002 年版，第 306 页。

性扩大和能力提高上，人类发展就是"扩大人的选择的过程"①。它强调发展要把人置于一切问题的中心；发展旨在扩大人的选择范围，而不仅仅为了增加他们的收入，发展所更要关注的是整个社会而不仅仅是经济活动；人类发展既与对人的投资增强人的能力有关，也与使其转变为现实结构充分利用这些能力有关；人类发展因此而必须建立在生产力、公正、持续性和赋权的基础上。新的《议程》进一步明确发展就是"让所有人平等和有尊严地在一个健康的环境中充分发挥自己的潜能"；"保护和促进所有人的人权和基本自由，不分其种族、肤色、性别、语言、宗教、政治或其他见解、国籍或社会出身、财产、出生、残疾或其他身份等任何区别"。

发展"以人为中心"旨在发挥人的潜能，正是马克思主义发展思想的灵魂。在马克思看来，资本主义主要表现为"以物的依赖性为基础"，改变了前资本主义"人的依赖关系"，人对物的依赖性使得人与人的社会关系也只有通过与物的关系才能表现出来，这既意味着人的能力受到资本占有关系的束缚和物的统治，又客观上为人的自由个性和发展创造了条件。但人的自由个性和各种能力要真正能释放出来，就必须有适合这种发展的社会形态。"建立在个人全面发展和他们共同的、社会的生产能力成为从属于他们的社会财富这一基础上的自由个性。"②只有当社会发展具备了这种全面性，人们才可能利用全面的社会关系中进行全面的社会活动，并获得自由而全面的发展。

2."建立和平、公正和包容的社会"

根据国际经验，经济增长作为发展的最重要内容，是实现发展权利、消除贫困现象的基本手段，但是，如果人们忽视了社会公平，忽视了他们谋求发展的能力，就会影响发展质量，甚至引发一系列社会问题。人们注

---

① 联合国开发计划署：《1990 年人类发展报告》，UNDP, Human Development Report 1990. New York and Oxford：Oxford University Press，1990.
② 《马克思恩格斯文集》第 8 卷，人民出版社 2009 年版，第 52 页。

意到，世界经济规模的扩大，并没有遏制越来越严重越来越深刻的不平等，一些国家（地区）还陷进了"中等收入陷阱"，除了经济停滞不前，还饱受就业无着、贫富差距扩大、生态环境退化、贪污腐败等各种麻烦困扰；发达国家的情况也很不太平，社会排斥被认为是非常普遍且越演越烈的社会现象。任何一个社会，受排斥群体绝望了都有可能铤而走险，近年一些地方的社会动荡背后都有这种情况，如果再加上移（难）民问题、宗教问题和外部势力渗透乃至干预，那就更加复杂和敏感了，民粹主义、极端势力和恐怖主义也因此抬头滋事，给世界和平带来了不小威胁。国际劳工组织（ILO）社会和经济问题特别顾问指出，现在世界上约有30%的穷人只占有世界上2%的收入。① 一个如此分化的世界是不可能太平的，没有和平，任何发展都会受阻，这就是《议程》提出，"只有实现财富分享，消除收入不平等，才能有经济增长。我们将努力创建有活力、可持续、创新和以人为中心的经济，促进青年就业和增强妇女经济权能，特别是让所有人都有体面工作"的大背景。

我们正在建设的社会主义市场经济体制是社会主义性质的市场经济体制，因此需要建立一种适应这种市场经济体制的公平正义观念。在这个过程中，马克思主义不只是扮演一个批判者的角色，还必须担负起为现实生活提供思想指导和道义规范的责任，这就要求我们从马克思主义基本原则和方法论出发，立足于社会主义中国的实际，为社会主义市场经济以及在这个基础上的全部社会生活提供当代中国的公平正义理论。

"对各国人民而言，发展寄托着生存和希望，象征着尊严和权利。""唯有发展，才能消除冲突的根源。唯有发展，才能保障人民的基

---

① 值得注意的是，2012 年发达国家贫困人数超过 3 亿，达到历史最高值，这与近年涌往欧洲的大批难民有关。妇女和儿童是遭受贫困影响最严重的两大人群，在新兴经济体和发展中国家，一半以上 15 岁以下的儿童生活在极端贫困和中度贫困状态中，发达国家约有 36% 的儿童生活在相对贫困线以下。见《全球贫困问题依旧严峻：发达国家贫困人口逆势增加》，http://finance.sina.com.cn/world/gjcj/2016-05-19/doc-ifxsktvr0947733.shtml.

本权利。唯有发展，才能满足人民对美好生活的热切向往。"①《议程》提出："消除一切形式和表现的贫困，包括消除极端贫困，是世界最大的挑战，也是实现可持续发展必不可少的要求。"世界上还有好几亿人没有脱贫，特别是某些顽固性贫困，这就不能不考虑产生这些贫困的制度因素，不能不把注意力集中于如何分配资源的公共政策，而不是仅仅靠援助救济来解决贫困问题。各国反贫困战略要把重点放在消除贫穷的根源上，对于那些处境不利和缺乏代表的群体要格外关注，帮助他们实现发展权利。简化和改进项目管理程序，以减少反贫困过程中的腐败发生率。特别是要将反贫困资源瞄准（targeting，或精准）贫困对象，增强他们获取生存和发展资源的能力，包括资金投入、技术培训、制度安排、法律援助、咨询服务等方面。这既是全体人民参与发展的权利，也是人们通过发展实现脱贫的义务。

人和人的禀赋和能力不同、机遇各异，对发展的贡献不可能一概而论，但每个人都要参与发展，承担为发展做贡献的责任，以此与分享发展成果的权利相匹配。包容的而不是排斥的发展，把增进全社会的福利作为发展的目标，让每个社会成员通过参与发展获得利益，社会还要维护和实现每个人分享经济社会发展成果的权利。因此，包容性发展就是所有人体面劳动、能力不断增强、民生改善和实际收入不断提高的发展，这就对衡量发展水平要更多参考人类福祉、公平和可持续性的评价方式提出了新要求。②

3."以可持续的方式进行消费与生产"

《议程》之所以叫可持续发展议程，可以追溯到20世纪后半叶，世

---

① 习近平：《谋共同永续发展　做合作共赢伙伴——在联合国发展峰会上的讲话》，《人民日报》2015年9月28日。

② 世界经济论坛《2017年包容性增长与发展报告》提出包容性发展指数（IDI），一是除GDP以外还考虑就业、生产率以及健康的预期寿命；二是引进收入中位数、贫困以及不平等的严重程度；三是增加了代际公平和可持续性方面的某些要素。

界环境运动兴起。60 年代，一批来自欧美国家的民间人士呼唤关注环境，当时环境保护言论拥有相当强烈的道义色彩。70 年代以后逐渐酿成了风起云涌的社会运动，研究机构和社会团体纷纷发布了以环境为主题的警示报告，对环境危机的声讨也转向了科学表达，形成了环境压力集团，激活了环境公共话题。1992 年，联合国环境与发展大会在里约召开，采纳了《我们共同的未来》（联合国环境与发展委员会，1987 年）提出的"可持续发展"的观念，顺应了环境问题必须与发展问题联系起来讨论和解决的大趋势。《里约环境与发展宣言》强调："为了实现可持续的发展，环境保护工作应是发展进程的一个整体组成部分，不能脱离这一进程来考虑"。世界各国必须在环境与发展领域加强国际合作，共同为"建立一种新的、公平的全球伙伴关系"努力。① 大会还通过了全球行动纲领《21 世纪议程》以及《关于森林问题的原则声明》，并开放签署《联合国生物多样性公约》和《联合国气候变化框架公约》。可持续发展兼容了发展与环境的要求，作为新的发展战略，日益被国际社会与世界各国所接受。

2002 年，可持续发展世界首脑会议召开，通过了《约翰内斯堡可持续发展宣言》和《可持续发展世界首脑会议实施计划》，要求从地方到全球各个层次促进和加强经济、社会和环境这三个既相互依存又相互加强的可持续发展支柱，特别强调"化计划为行动"。2012 年，还是在里约，召开了联合国可持续发展大会（为了纪念在里约召开的联合国环境与发展大会 20 年，因此也被称为"里约 +20"峰会），大会通过《我们希望的未来》正式文件指出："消除贫穷、改变不可持续的消费和生产方式、推广可持续的消费和生产方式、保护和管理经济和社会发展的自然资源基础，是可持续发展的总目标和基本需要"，并决定启动 2015 年后发展议程（即联合国《2030 年可持续发展议程》）并设立全球"可持续发展目标"。2015 年

---

① 《联合国环境与可持续发展系列大会重要文件选编》，中国环境科学出版社 2004 版，第 124 页。

发展峰会通过《议程》重申："自然资源的枯竭和环境退化产生的不利影响，包括荒漠化、干旱、土地退化、淡水资源缺乏和生物多样性丧失，使人类面临的各种挑战不断增加和日益严重。气候变化是当今时代的最大挑战之一，它产生的不利影响削弱了各国实现可持续发展的能力。"人类只有可持续发展，才能保持："一个以可持续的方式进行生产、消费和使用从空气到土地、从河流、湖泊和地下含水层到海洋的各种自然资源的世界。……一个技术研发和应用顾及对气候的影响、维护生物多样性和有复原力的世界。一个人类与大自然和谐共处，野生动植物和其他物种得到保护的世界。"

中国是世界上最大的发展中国家，虽然我国就人均 GDP 而言已接近世界平均水平，但迄今仍有几千万贫困人口，城镇居民和城乡居民收入差距要么还在扩大，要么收窄缓慢。由于人口结构变化、劳动力成本持续上升，传统产业的竞争优势不断减弱，而高投入、高消耗、高污染的发展模式使得资源环境约束日趋紧张，为此必须大力推动绿色发展，包括生产方式、生活方式和思维方式的刷新，为人民提供更多优质生态产品，为全球生态安全做贡献。2017 年 8 月，习近平主席向中国国际发展知识中心启动仪式暨《中国落实 2030 年可持续发展议程进展报告》发布会致贺信提出："落实可持续发展议程是当前国际发展合作的共同任务，也是国际社会的共同责任。中国政府高度重视落实这一议程，出台《中国落实 2030 年可持续发展议程国别方案》，在经济、社会、环境三大领域平衡推进落实工作，取得诸多早期收获。中国将坚持不懈落实可持续发展议程，推动国家发展不断朝着更高质量、更有效率、更加公平、更可持续的方向前进。"[①] 充分表明了社会主义中国落实《议程》坚持可持续发展的信心和决心。

---

① 《习近平向中国国际发展知识中心启动仪式暨〈中国落实 2030 年可持续发展议程进展报告〉发布会致贺信》，《人民日报》2017 年 8 月 22 日。

链接 1.1：联合国开发计划署《人类发展报告》历年主题（到 2019 年）

2019：“超越收入、超越平均、超越当下：21 世纪人类发展历程中的不平等问题”（*Beyond income, beyond averages, beyond today: Inequalities in human development in the 21st century*）

包括中国在内的亚太地区是全球人类发展进步最快的地区，在普及宽带互联网方面处于世界领先地位，并在提高预期寿命、教育和医疗保障等方面取得了进步。报告指出，随着基本生活水平差距不断缩小，脱离贫困、饥饿和疾病的人数空前增长，新一代不平等问题正围绕教育、科技和气候变化涌现。高人类发展水平的国家相较于低人类发展水平的国家，固定宽带用户的增速快 15 倍，接受过高等教育的成年人比例的增速快 6 倍以上。预计到 2030 年，东亚地区和北美地区将占全球人工智能相关经济收益的 70%。

2018：“人类发展指数和指标”（*Human Development Indices and Indicators: 2018 Statistical Update*）

报告指出，全球总体趋势是人类发展持续改善，许多国家通过人类发展类别向上发展：在计算人类发展指数的 189 个国家和地区中，今天有 59 个国家和地区处于非常高的人类发展指数组，只有 38 个国家下降进入低人类发展指数组（2010 年这两个数字分别是 46 和 49）。自 1990 年以来，平均人类发展指数水平显著上升，全球为 22%，最不发达国家为 51%，反映出人们平均寿命更长，受教育程度更高，获得收入更高。但是，全世界人民的福祉仍存在巨大差异。

2016：“人类发展为人人”（*Human Development for Everyone*）

人类发展与人类自由密切相关：即让现在和将来的每一个人

都拥有充分发挥个人潜能的自由，不是少数人，也不是大多数人，而是生活在世界各个角落的所有人。正是这种普惠主义才让人类发展方式具有独特之处。然而，普惠性原则是一回事，将其变为现实却是另一回事。世界各国的领导人在 2015 年承诺，将确保人类发展不会遗漏任何一个人，并将其作为《2030 年议程》的重要前提，此举并非出于偶然，而是经过深思熟虑之后的慎重选择。

2015：“从实践活动与工作透视人类发展”（*Work for Human Development*）

报告提出了这样一个根本性问题：即工作如何促进人类发展？从广义的角度对工作进行审视，综合考虑了无偿看护工作、志愿工作和创造性劳动等有助于丰富人们生活的实践活动，并非仅仅局限于“职业”这个狭义上的工作。人们通过工作促进自身的能力发展，从而对人类发展取得上述成就起到重要作用。体面的工作不仅给人们带来尊严，还带来全面参与社会活动的机会。

2014：“促进人类持续进步：降低脆弱性，增强抗逆性”（*Sustaining Human Progress: Reducing Vulnerabilities and Building Resilience*）

报告第一次从人类发展的角度探讨脆弱性和抗逆力。当前许多关于人类脆弱性的研究都侧重于人们在特定领域所承受的特定风险。该报告采用一种更加全面且截然不同的研究方法，首先考虑人类发展进程中的风险因素，然后探讨如何加强抗逆力来抵御不断变化的风险。全球化虽然为我们带来了许多裨益，但它也引起新的关注，有时甚至因局部事件而很快引发全球反应。要让人民减低脆弱性而创造更好的未来，就意味着要加强社会及国家的内在应对能力。

2013：“南方的崛起：人类进步的一个多样化的世界”（*The*

Rise of the South: Human Progress in a Diverse World）

　　考察了深刻的转变带动下快速上升的新的权力，在发展中世界，长期影响人类发展的全球动态。中国已经超越日本，成为世界第二大经济体，同时使数百万人民摆脱贫困。印度正在重塑未来新的企业家创造力和社会政策创新。巴西通过扩展模拟全球国际关系与反贫困计划改变了生活方式。另外，土耳其，墨西哥，泰国，南非，印度尼西亚等发展中国家也正在成为世界舞台上的重要演员。

　　2011："可持续发展和股东权益：一个更美好的未来"（*Sustainability and Equity: A Better Future for All*）

　　解决紧迫的全球性挑战的可持续性和公平性，必须在一起并确定在国家和全球层面相辅相成这些相互联系的目标的进展情况。世界上最弱势的人如何从环境退化受害最重，包括他们眼前的处境，严重缺乏政治力量，使得国际社会更难达成一致的全球政策变革。在追求更大的平等和可持续发展方面，国家一级的积极协同作用有巨大潜力，报告呼吁大胆的新的全球发展融资和环境控制方法，而且这些措施是必要和可行的。

　　2010：人类发展报告20周年纪念版"国家的真正财富：人类发展之路"（*20th Anniversary Edition The Real Wealth of Nations: Pathways to Human Development*）

　　20年来"人类发展报告"已经在世界各地的发展政策产生了深远影响。报告继续推动前沿的发展思维的传统，回顾过去几十年令人惊讶的趋势、模式与经验教训。这些途径表明，没有一个统一的公式可以产生可持续的进步和印象深刻的长期收益。通过调查人类发展的重要方面，从政治自由和权力的可持续发展和人类安全，概述了更为广泛的研究和政策议程。

　　2009："跨越障碍：人员流动与发展"（*Overcoming barriers:*

Human mobility and development）

人员流动对于提高收入、教育水平、个体和家庭的参与性，以及为孩子的将来提供美好的前景等方面都会产生巨大影响。然而，由于流动人员的多样性以及各种法律法规，情况变得非常复杂。为了制定更好的人员流动政策，促进人类发展，扩大人类的选择权和自由权，政府要减少对国内、国际间人员流动的限制，采用切实可行的措施改善他们的未来前景。流动也面临极大的风险和不确定性，人们需要认识到这些风险和约束，并着手进行有成效的改革。

2007—2008："应对气候变化：分化世界中的人类团结"（*Fighting climate change: Human solidarity in a divided world*）

气候变化意味着不仅当代而且我们的子孙都将受到影响，而且已经削弱了国际社会减少极端贫困的努力。很多中等收入国家逐渐成为重要的排放者。反贫困与应对气候变化是相互联系的，两者相辅相成。各国需制定本国适应气候变化的计划，国际社会也须施以援手。必须找到一条在道义和政治上都可以接受的道路，以共同分摊负担和收益。发达国家应"立即"、"率先"减少二氧化碳的排放，并向发展中国家提供减排的激励机制，通过国际技术转让帮助他们降低碳排放量。

2006："透视贫困：权力、贫穷与全球水危机"（*Beyond scarcity: Power, poverty and the global water crisis*）

在广大发展中国家，缺乏清洁饮用水构成了一种比暴力冲突更大的威胁。水和卫生危机虽然严重，但国际社会重视却不够。水危机不仅威胁着民众的健康和生命，也阻碍着经济发展。获得清洁饮用水和基本卫生条件应作为一种人权来对待。发展中国家除了自己做出必要的努力外，还应得到发达国家更多的援助。只有这样才有可能在 2015 年前，实现将全球无法持续获得安全饮用水的人口减半的千年发展目标。

2005：“处于十字路口的国际合作：不均衡世界中的援助、贸易与安全”（*International cooperation at a crossroads: Aid, trade and security in an unequal world*）

国际合作领域的三个方面——援助、贸易和安全必须进行调整。如果没有更公平的国际贸易条款，只有更多的援助是远远不够的。中国过去30年在减贫方面取得的巨大成就，但其社会发展落后于经济发展，面临的挑战就是将令人瞩目的收入增长转化为非收入方面的人类发展可持续增长。尚待解决的最根本问题是各国政府必须决心与过去决裂，并按照对所有穷人作出的承诺而行动，最终实现千年发展目标。

2004：“多样化世界的文化自由”（*Cultural liberty in today's diverse world*）

人类发展的目的，就是让人们过上他们所选择的生活，并提供进行这种选择的手段和机会。重要的是如何在实践中以符合人类发展基本原则的方式构建和管理身份和文化政治的问题。发展中国家往往比富足的邻国更能吸纳较为丰富、较为多样化的文化传统。大众文化的全球化对传统文化构成了威胁，但也开辟了机遇，既包括处在不利地位的群体开发全球文化市场的狭义机遇，也包括建设更加生机蓬勃、富有创造力、令人向往的社会的广义机遇。

2003：“新世纪发展目标：消除人类贫穷的国际合作”（*Millennium development goals: A compact among nations to end human poverty*）

“千年发展目标”（MDGs）的第一个指标即——将每天生活费不足1美元的人口减半有可能实现。这在很大程度上归功于中国和印度这两个国家的经济持续增长。在过去10年中，中国使1.5亿人摆脱了绝对贫困，东亚也成为唯一贫困人口绝对数字大幅下降的地区。数据为人民提供了要求政府做得更好的信息，也有助于公共资源以向穷人倾斜的方式进行分配。穷富国之间应建立伙伴关系，面对世界的发展危机，提出援助与发展的新思路。

2002："在分裂的世界中深化民主"（Deepening democracy in a fragmented world）

政治参与是人类发展的一个重要尺度，世界各地政治参与和民主治理的发展趋势可以证明这一点，包括政治自由和参与在人类发展中的作用，民主和人类发展的关系，以及如何在治理实践中加强正规的民主制度；安全部门实现更加民主的治理需优先考虑的关键事项，在饱经战乱的社会中进行民主的和平建设，在破碎的世界实现安全武装力量的民主化，建立更加民主的国际机构。当务之急是深化民主，预防冲突。

2001："让技术为人类发展服务"（Make New Technologies Work for Human Development）

科学技术与人类发展需要建立一种新型的伙伴关系。追求科学技术的进步不能本末倒置，所带来的好处必须为扶贫的发展战略服务。许多国家提高了创新、适应和调整技术的能力，让技术服务于人们的需求。对于发展中国家来说，技术进步并不是价廉物美的东西，而是一个知识创造和能力建设的过程。不同国家和地区的需求范围、优先领域和不足之处各不相同，每一个发展中国家只能根据自己的需要制定技术发展战略。

2000："人类发展与人权"（Human Development and Human Rights）

人权和人类发展拥有共同的理想和目的，即保证每个人的自由、幸福和尊严。以往由于冷战的分割它们各自前行，现在应该是将策略和传统汇合到一起为共同的目标而努力。人权是发展所固有的一部分，发展也是实现人权的一个手段。人权怎样把责任担当原则和社会公正带到人类发展进程中，具有包容性的民主是人权的保障，权利使人民能够与贫困作斗争，各国在人类发展中促进人权，可以探讨使用人权责任指标。

1999："与人相关的全球化"（*Globalization with a human face*）

全球市场、全球技术、全球思想和全球团结丰富了人们的生活，平等地共享福利，并通过不断增长而为人服务，而不是单纯为了经济利益。但发达的市场会挤压对人类发展来说至关重要的非市场行为，经济逐利会束缚社会服务的提供，压缩时间会缩减家务劳动的供给和质量，也会破坏环境。全球化也带来了犯罪、疾病、经济动荡，穷人和不发达国家更有被边缘化的风险。缩小贫富差距应该成为全球化的首要目标，全球化的一个重要方面是对人的责任，即正义、公平和扩大人们选择的权利。

1998："为了明天的发展而改变今天的消费模式"（*Changing today's consumption patterns for tomorrow's human development*）

尽管许多国家消费剧增，但总的情况并不令人满意，仍然存在不平等、不均衡：十多亿人无法得到满足其大部分基本需求的消费，其他消费者以不能持续并且不利于我们自己福利的方式进行，消费的增长对环境造成压力，消费者对产品和安全权知情权不够，对消费者健康产生影响。重要的并不是更多或更少的消费，而是一种不同的消费模式——适于人类发展的消费，并提出行动纲领以创造适于人类发展的、可持续消费的有利环境。

1997："人类发展，消除贫困"（*Human development to eradicate poverty*）

消除贫困不仅是紧迫的道德问题，更有实践的可能性。从人类发展的角度，贫困被视为机会和选择的匮乏。消除贫困战略远非收入重新分配这样简单，还包括性别平等、有利于穷人的增长和民主政治的发展。消除贫困意味着排除机会和选择的障碍，控制新的贫困人口增加，增加人们对影响其生活的决策参与度，在教育和健康等有关人类发展方面进行投资。

1996：“经济增长和人类发展”（*Economic Growth and Human Development*）

批评5种有增长而无人类发展的情况：一是无工作的增长，没有工作等于剥夺了个人的生活能力和发展自己的能力；二是无声的增长，民众无法参与和管理公共事务，自由地表达意见和观点；三是无情的增长，很多发展中国家虽然经济增长较快，但收入分配不平等反而更加严重了；四是无根的增长，缺乏一种具有包容性和参与性的增长模式培育和增强文化传统，降低了人们的生活质量。五是无未来的增长，不顾自然资源耗竭和人类居住环境恶化而换来的增长不可能持续下去，也不值得持续下去。

1995：“女性与人类发展”（*Gender and Human Development*）

为了防止人类发展的危险，必须减少性别之间的不平等，即人类的发展必须有性别平等。应用性别相关指数来测量人的基本能力的差异，提供了五项战略性决策以增加性别平等机会：在一定时期内实现法律平等；在工作地提供更多经济及体制安排以扩大人们的选择；决策位置上至少要有30%的分享；妇女教育、生殖健康等在关键项目上要有所体现；各国及国际社会应该使人们尤其是妇女获得更多的政治和经济机会。

1994：“人类安全新的方面”（*New Dimensions of Human Security*）

引入“人类安全”的新概念，探讨国家和全球层面对于人类安全的关注。社会发展世界首脑会议批准的世界社会宪章，赞同一个可持续的人类发展模式，建立一个全球性的人类安全基金捕捉未来的和平红利。提高人类安全需要的建议，包括投资于人的发展，而不是武器；政策制定者要解决新兴的和平红利；联合国的一个明确任务是促进和持续发展；扩大发展合作，而不仅仅是帮助；同意国家预算的两个 20% 外援用于人类发展；建立一个经贸安理会。

1993："人们的参与"（*People's Participation*）

人民的参与权包括三种形式：在人类发展计划中人民的亲和度、竞争性市场、权力的非中心化及社区的组织化。大范围的参与权所带来的变化是深远的，体现在发展的每一个方面，特别是市场改革使每个人都有机会获利；政府的权力应当分散以使更多的人能参与到决策中来；社区组织应当发挥更大的影响力。

1992："人类发展的全球维度"（*Global Dimensions of Human Development*）

当今世界有独特的机会让全球市场为所有人类和国家服务，但全球市场的运作仍然不能满足最贫穷的人的需求。因此需采取双管齐下的策略：首先，大量投资于他们，并加强国家的技术能力，使发展中国家获得竞争优势；其次，应该有基本的国际改革，在联合国范围内设立发展安理会，并召开社会发展世界首脑会议来探讨所有国家和所有人民的全球响应。

1991："资助人类发展"（*Financing Human Development*）

人类发展忽视的是政治承诺而非经济资助，惠及人类发展的国家预算和国际资助分配拥有巨大潜力。更有效的分配及花费并不意味着对经济增长和资源消耗漠不关心，高效的政府部门将增强人类发展的私人角色，使得现有基金能够有效地花费。经济增长对人类发展是必要的，而人类发展对经济增长是有批评的，两者的关系在开明的政治行动中应置于核心地位。

1990："人类发展的概念与衡量"（*Concept and Measurement of Human Development*）

过去 30 年里的人类发展记录，以及 14 个国家在促进经济增长和人类发展方面的经验表明，发展是应该是"以人为中心"的发展。发展的目标是民有、民享和民治，是选择和自由。特别是经济增长为什么能够转换或没有成功转换成人类发展，关键在人及其发展如何扩展人们的选择。报告还讨论了人类发展的含义及测量方法，这是一个全新的综合指标，具有很强的实践性。

四、发展的人权诉求

20 世纪 80 年代，与我国改革开放和加快发展差不多同步，世界范围的和平与发展主题日益凸显，国际人权领域也出现了一个新提法："第三代人权"，第三代人权特别突出了集体人权的地位，集体人权与个体人权的关系因此引起了诸多议论，而人权作为一个整体正在被越来越多的人们所认识和接受。对于包括中国的广大发展中国家来说，个人权利固然重要，但如果没有集体性的消除贫困的权利，促进发展的权利，其他人权就无从谈起。

（一）关于"第三代人权"

"人权"（Human rights）这个概念，源于欧洲有关"自然法"及其衍生的"自然权利"（natural rights，天赋人权）说。1776 年美国《独立宣言》对"人权"做了这样的界定："人人生而平等，造物者赋予他们若干不可剥夺的权利，其中包括生命权、自由权和追求幸福的权利"；1789 年法国大革命时期颁布的《人权宣言》（全称《人权和公民权宣言》）丰富了人权的内涵："在权利方面，人们生来是而且始终是自由平等的"，"任何政治结合的目的都在于保存人的自然的和不可动摇的权利。这些权利就是自由、财产、安全和反抗压迫"，"在法律面前，所有的公民都是平等的"。"任何人都不得因其意见、甚至信教的意见而遭受干涉"，"各个公民都有言论、著述和出版的自由"，"私人财产神圣不可侵犯"，等等。按英国社会学家马歇尔（Thomas Humphrey Marshall）用"公民资格"（citizenship）对人权的划分，人权乃是由"市民权利"（civilright，包括个人人身自由，言论、思想和信仰自由的权利，财产权，运用法律伸张和捍卫自己的权利）、"政治权利"（politicalright，主要是选举和被选举的权利）和"社会权利"（socialright，包括享受劳动保护、医疗、受教育和社会保障的权利）这三个方面构成。这种人权观在西方很有代表性。

值得一提的是，西语（以英文为例）"权利"（rights）的基本意义，一是正当（rectitude），即应该获得的，二是资格（entitlement），即可以获得的；其实都来自于形容词"对"（right）的意思。人权活动即"使公民有能力去为这些权利辩护；通过运用其权利，坚持这些标准必须得到实现；努力创立一个真正实现人权的世界。人权所表达的不仅是渴望、建议、要求和值得称颂的思想，而且是对于社会变化的以权利为基础的要求"①。时代变化也促使了人权内容的不断丰富。

一般认为，以美国《独立宣言》、《弗吉尼亚权利法案》（1776 年）和1791 年宪法修正案，法国《人权宣言》（1789 年）为代表，具有强烈个人主义色彩的权利是"第一代人权"，它形成于美国和法国大革命时期，旨在保护公民自由免遭国家（政府）的侵犯，因为要求限制国家的行为，这一代人权遂被称为"消极的权利"（negative rights）。

第二次世界大战以后，在各国人民的普遍要求下，出现了包括《世界人权宣言》（1948 年），连同《经济、社会及文化权利国际公约》和《公民权利和政治权利国际公约》（1966 年开放签署，1976 年生效）的"国际

---

① ［美］杰克·唐纳利：《普遍人权的理论与实践》，王浦劬等译，中国社会科学出版社2001 年版，第 10 页。

人权宪章"（International Bill of Rights）①，是为"第二代人权"，其实现在很大程度上需要国家采取积极行动来配合，因此也被称为"积极的权利"（positive rights）。

所谓"第三代人权"兴起于 20 世纪 60 年代后期的民族解放运动，到了 70 年代，在许多发展中国家的呼吁下，发展的权利（或发展权）问题被提了出来，联合国人权委员会（Commission on Human Rights，现为人权理事会，Human Rights Council）予以积极回应与建议（1977 年），并形成了联合国大会的决议内容（1979 年）。1986 年第 41 届联合国大会以压倒多数通过了《发展权利宣言》，这个宣言对发展权做了系统的阐述，并呼吁促进发展中国家的发展，促进国际新秩序的建立。除了发展权，还提出了"和平权"、"环境权"、"人道主义援助权"等，这些权利代表了集体人权②，又是对全球相互依存，包括维持和平、保护环境和促进发展需要国际合作的一种回应，因此被认为是"连带的权利"（rights of solidarity）。

众所周知，广大发展中国家面临的主要问题是消除贫困，促进发展，它们虽先后获得了政治独立，但与西方国家的不平等经济关系并没有发生实质性的变化，因此它们强烈要求改革旧的国际政治经济秩序，从人权角

---

① 《世界人权宣言》通过后，联合国人权委员会就拟起草包括公民权利、政治权利与经济、社会及文化权利的一个公约。1950 年 12 月，联合国大会还通过第 421 号决议强调各类人权互相依存并要求制定这样的公约。但由于当时国际形势和东西方意识形态严重对峙，各国对人权概念以及有关人权条约实施机制的意见出现了严重分歧，人权委员会的起草工作遇到很大阻碍。1952 年 5 月，联合国大会通过西方国家微弱多数的第 543 号决议，决定分别制定两个单独的各自具有不同实施机制的人权公约，因此就有了后来《公民权利和政治权利国际公约》和《经济、社会及文化权利国际公约》两个分别制定的人权公约。时至今日，在联合国安理会常任理事国中，中国 1998 年签署但尚未批准《公民权利和政治权利国际公约》，美国 1977 年签署但尚未批准《经济、社会及文化权利国际公约》。

② 集体人权包含国内集体人权与国际集体人权。国内集体人权，又称特殊群体权利，包括少数民族权利、儿童权利、妇女权利、老年人权利、残疾人权利、罪犯权利、外国侨民与难民权利，等等；国际集体人权，又称民族人权，按国际社会的通常理解，主要包括民族自决权、发展权，还有和平与安全权、环境权、处置自然财富和资源权、人道主义援助权等。

度看，也就是把争取平等发展的权利摆在了突出的位置。"人权及基本自由既不容分割，若不同时享有经济、社会及文化权利，则公民及政治权利决无实现之日。且人权实施方面的长久进展之达成，亦有赖于健全有效之国内及国际经济社会发展政策。""经济上发达国家与发展中国家日益扩大的差距妨碍国际社会人权的实现。"①《发展权利宣言》通过以后，发展中国家不断吁请消除实现发展权的各种障碍，并视之为联合国改革的高度优先事项。②

　　早先的人权主张申明了西方价值理念的要义，即基本的道德单位是个人，个人权利在道义上优先。美国《独立宣言》、法国《人权宣言》的那些表述构成了西方人权观的基础。③20 世纪社会主义运动和一些国家的福利政策扩充了人权观念，即基本人权不仅包括政府不得侵犯的个人自由，也应包括政府采取积极行动帮助实现的经济社会权利。联合国决议也一再确认权利相互联系，不容偏废④，但相对于大规模和直接地否定经济、社会和文化权利，对公民权利和政治权利的侵犯被看作是更严重和更明显不能忍受的。这是因为，"人权的出现和辩证的运用是一个极为复杂的过程：社会经济条件发生变化以后，国家和社会也就相分离了，国家把现实的资本主义的存在条件改造成法律认可的权利，并把权利神圣化为自然永恒的东西。"⑤ 在美国，"人权"几乎就是"政治权利"（political rights）和

① 《德黑兰宣言》，北京大学法学院人权研究中心编：《国际人权文件选编》，北京大学出版社 2002 年版，第 39 页。
② 在 1997 年联合国大会上，77 国集团建议把《发展权利宣言》纳入"国际人权宪章"，使之具备与《世界人权宣言》和两个主要国际人权公约同等重要的地位，以纪念《世界人权宣言》50 周年。
③ 人权被贴上"西方"的标签，并不意味着西方的人权观值得推崇，也不意味着西方在实现人权方面做得更好，尤其是在对人权的理解具有歧义的情况下。譬如，一些西方人权学者反对将经济、社会和文化权利列入人权，更别提发展权等第三代人权了。
④ 人权的不可分割性有两方面的含义，一是不同的权利之间不存在等级关系，所有的权利都是平等的；二是不能压制某些权利而促进另一些权利。
⑤ ［美］科斯塔斯·杜兹纳：《人权的终结》，郭春发译，江苏人民出版社 2002 年版，第 172—173 页。

"公民自由"（civil liberties），甚至故意更多使用"个人权利"（individual rights 或 rights）这样的概念，在许多场合不承认经济、社会和文化权利可以作为人权。

对于广大发展中国家来说，人权所包含的集体性质，不仅包括国内保护，也包括国际保护；而实现民族自决、维护国家独立的权利，自由处置其自然资源和财富、发展民族经济的权利，各国人民共享和平与安全的权利，显示了更为迫切的集体意义。集体人权的确认是人权概念的一大变化。集体人权不同于个人人权的特点：第一，这些人权的主体是国家、民族和地区（国家是最基本的主权实体）；第二，这些人权必须通过国际社会的积极合作来实现；第三，这些人权目前主要仅为一些并不具备法律约束力的国际宣言和决议所认可，权利的实施机制还很不健全。但是，集体人权作为促进和保障个人权利的基本条件理应得到充分的肯定，事实上，如果不改变旧的国际经济秩序，广大发展中国家的发展进程将受到严重遏制，这些国家的人权就不可能充分实现。

当然，各国各民族的人权认识不同，对人权的具体要求也不同，权利的实现还事关经济发展水平、政治制度和文化传统的影响。"一切人权均为普遍、不可分割、相互依存、相互联系。国际社会必须站在同样地位上、用同样重视的眼光、以公平、平等的态度全面看待人权。固然，民族特性和地域特征的意义以及不同的历史、文化和宗教背景都必须要考虑，但是各个国家，不论其政治、经济和文化体系如何，都有义务促进和保护一切人权和基本自由。"① 这也是世界各国都承认的人权诉求。

联合国方面为在环境与发展、人权、妇女、儿童、社会发展、人口、人类居住和粮食安全等领域中的目标和行动计划打下了基础，但今天国际社会面临的挑战依然严峻，这些挑战包括创立联合国的主要目标：免于匮乏的自由和免于恐惧的自由；还包括在制定《联合国宪章》时没有人会想

---

① 《维也纳宣言与行动纲领》，北京大学法学院人权研究中心编：《国际人权文件选编》，北京大学出版社 2002 年版，第 43 页。

到的一些问题。① 经济全球化进程客观上促进了人权意识和行动的扩展，国际社会对人权问题的关注和对某些明显侵犯人权的国家和地区所施加的压力，也促使各国在立法上尽量考虑与国际人权法的"接轨"，以避免与国际人权公约相冲突，接受国际人权标准也是一个国家被国际社会认可的重要前提。尽管在国家一级，各国的人权状况随着经济和政治改革有了不同程度的改善，国际行动对人权的实施已经并将继续产生重大影响，但这种影响毕竟是辅助性的。"人权最终是一个国家性而非国际性的问题。国际行动充其量也不过是为了促进和支持有利于人权的国家行动。"② "在可预见的长时间里，世界绝大多数人的社会活动和社会关系仍是在民族国家内部，国际法的主体仍是主权国家，人权的国际保护和干预的对象主要是侵犯国家主权、民族平等等集体人权问题。而且有两点应该明确：一是某些公认的全球性人权问题，如和平权、环境权、发展权等，只能通过正常的国际合作、平等协商和各主权国家的国内立法才能实现。二是人权的国际保护和干预是有条件有范围的。必须遵循而不是违反联合国宪章的宗旨和国际法的基本原则，必须以尊重被保护和干预的国家的主权和人权的国内管辖为前提。因为说到底，一国的主权就是该国全体人民的共同的根本利益，也是最大的人权所在。维护人权和尊重主权是完全一致的。"③ 也就是说，体现在一系列国际准则中的人权普遍性，仍然要通过各国积极行动的特殊性来实现。

（二）生存权、发展权是最基本的人权

在当代中国发展和社会主义现代化建设中，将人权的普遍性与中国历

---

① 见联合国秘书长安南所做的千年报告《我们人民，角色和作用》（2000 年），http://www.un.org/chinese/aboutun/prinorgs/ga/millennium/sg/report/.

② ［美］杰克·唐纳利：《普遍人权的理论与实践》，王浦劬等译，中国社会科学出版社 2001 年版，第 250 页。

③ 陈志尚：《马克思的人权观在中国》，《北京大学学报》2012 年第 6 期。

史、社会与文化的特殊性结合起来，是一个相当艰巨和复杂的任务。

1. 人权普遍性原则同各国国情相结合

"实现人民充分享有人权是人类社会的共同奋斗目标。"[①] 人权的普遍性，就是承认人权有共同标准。人权的普遍性主要体现在联合国的人权文件和国际人权公约中，特别是《联合国宪章》以及被称为"国际人权宪章"的《世界人权宣言》、《经济、社会及文化权利国际公约》、《公民权利和政治权利国际公约》等国际人权文书。这些文本就包含着人权的"共同标准"，是各国政府和人民进行人权对话和合作的前提。尽管对"共同标准"的理解和解释不尽相同，但人权具有普遍性乃是众所周知的。人权的普遍性有两层含义，一是指人权主体的普遍性，即人权是一切人，或至少是一个国家的一切公民或一个社会的一切成员，不分种族、肤色、性别、语言、宗教、政见、国籍、社会出身、财产状况、文化水平等，都应当享有的权利；从国际上说，则是所有民族和国家都应当享有的自由和平等权利。二是指人权原则和人权内容的普遍性。人权的普遍性要求一切人在权利和尊严上的平等。人权所表达的自由平等的价值观，是人类的普遍追求，反映了人类的共同理想。因此，人权的基本原则和内容作为一种基本的价值和目标适用于一切个人，是所有国家和人民都应当努力追求实现的。中国承认和尊重"国际人权宪章"所确认的人权基本原则，签署和加入了一系列国际人权公约，支持联合国采取国际人权行动，都反映了对人权普遍性的肯定。

但是，人权的普遍性又必须通过特殊性表现出来。人权的特殊性是指人权的实现不仅与国际社会的现状相联系，而且与各国所处的一定的社会历史条件相联系，因而就其现实性而言不可能完全一致。当今世界约两百个国家，它们的国情，历史条件、地理环境、社会制度、经济文化发展水

平、宗教信仰、民族传统、生活方式以及意识形态等都各不相同，生活中这些国家的人们所享有的人权，总要根据本国的情况和人民的需要来实施、保障和发展。现实的人权问题往往属于国家的内部事务，其他国家既无法取而代之也不能横加干涉。承认人权必须与各国国情相结合本身就是对各国人权的一种尊重。人权的实现在本质上具有社会性和历史性，国际社会和世界各国的人权都处于不断发展的过程之中。就是同一个国家由于所处的社会历史阶段和条件不同，在人权重要性排列以及人权实现方式上也会呈现不同的特点和个性。

第一，在不同的社会，人权有不同的性质和内容。人权是一定社会中的人应当和实际享有的权利。在发展水平、文化传统、社会制度不同的地方，对人权就往往有很不同的理解。在阶级社会中，不同的阶级也必然会对人权有很不同的要求。从这个意义上说，不同社会的人权状况实际上反映了不同的社会制度和价值观念。只有通过特殊性，才能实现普遍性；只有根据实际情况选择各种道路或形式，才能达到殊途同归的人权目标。

第二，在不同发展水平的社会，人们面临的人权问题不一样，优先要解决的人权问题也不同，这决定了人权内容次序上的差别。在广大发展中国家，贫穷落后是对人权的最大危害，因此，解决生存权和发展权问题是它们最迫切和首要的任务。"人权事业必须也只能按照各国国情和人民需求加以推进。发展中国家应该坚持人权的普遍性和特殊性相结合的原则，不断提高人权保障水平。国际社会应该本着公正、公平、开放、包容的精神，尊重并反映发展中国家人民的意愿。"①

第三，由于发展水平、文化传统和社会制度的不同，各国在实施人权普遍性原则时，所采取的政策、措施、方法、形式、步骤和道路也必然有所不同。不可能有统一的人权模式和具体的标准。人权的普遍性原则不能替代人权实现的特殊情况。一些势力热衷于将自己的偏好强加于人，对其

① 《习近平致首届"南南人权论坛"的贺信》，《人民日报》2017年12月8日。

他国家的人权状况横加指责，这是主观的和不负责任的。不考虑各国具体、复杂和特殊的情况，抽象地强调人权的普遍性，势必损害人权原则的完整性，妨碍人权的实现。

> 一切人权均为普遍、不可分割、相互依存、相互联系。国际社会必须站在同样地位上、用同样重视的眼光、以公平、平等的态度全面看待人权。固然，民族特性和地域特征的意义以及不同的历史、文化和宗教背景都必须要考虑，但是各个国家，不论其政治、经济和文化体系如何，都有义务促进和保护一切人权和基本自由。①

贯彻人权的普遍性原则，必须从各国实际出发，必须考虑人权问题的特殊性，这些特殊性包括"民族特性和地域特征"，"以及不同的历史、文化和宗教背景"。"人权最终是一个国家性而非国际性的问题。国际行动充其量也不过是为了促进和支持有利于人权的国家行动。"②因此，在承认人权普遍性的前提下，各国政府和人民有权在促进和保护人权的过程中确立本国的优先事项和实施方式，在制定本国的法律时，有权在不违反国际上普遍接受的准则的前提下，根据本国的具体情况做出不同的规定。

2. 人权谱系的整体性

随着世界人权运动的发展，人权内容也发生了很大的变化，并从公民和政治权利扩大到社会生活各个方面。《公民和政治权利国际公约》和《经济、社会及文化权利国际公约》的通过，确认了人权包含公民和政治权利与经济、社会和文化权利这两大类型的权利。联合国人权文件一再强调这

---

① 《维也纳宣言与行动纲领》，北京大学法学院人权研究中心编：《国际人权文件选编》，北京大学出版社2002年版，第43页。
② [美]杰克·唐纳利：《普遍人权的理论与实践》，王浦劬等译，中国社会科学出版社2001年版，第250页。

两大类人权是不可分割和相互依存的整体的组成部分，并获得绝大多数国家的承认和接受。但仍然有一些人固执己见，不承认经济、社会和文化权利。这只能表明他们傲慢与偏见。

人权谱系是相互联系相互促进的权利整体。1977 年联大第 32/130 号决议指出："一切人权和基本自由都是不可分割并且是相互依存的；对于公民权利和政治权利，以及经济、社会及文化权利的执行、增进和保护，应当给予同等的注意和迫切的考虑。"1986 年联大第 41/117 号决议重申："所有人权和基本自由都是不可分割并且相互依赖的，各国绝不能因增进和保护一类权利，就可以免于或不必要增进和保护其他权利。"1987 年联大会第 42/102 号决议提出："呼吁所有国家采取政策致力于实施、促进和保护关于人权的两项国际公约和其他国际文书所承认的经济、社会、文化、公民和政治权利"。这就是 1993 年 6 月联合国世界人权会议《维也纳宣言和行动纲领》明确提出，"一切人权均为普遍、不可分割、相互依存、相互联系"的前奏。政治、经济、文化、社会等各方面的权利相互渗透相互影响。公民权利和政治权利是公民享有人格尊严和实现充分人权的基本政治保证。经济、社会、文化权利是公民享有公民权利和政治权利的基础条件。这两大类权利都属于人权的基本内容，并受到大多数国家宪法和法律的保护。

由于各国人权状况和问题不同，尽管某种情况或某个阶段条件下人权的某一方面被突出，但不能把人权片面地归结为公民和政治权利而忽视经济、社会和文化权利，也不能片面地只讲经济、社会和文化权利而忽视公民和政治权利。"中国的经验是，人民只有打败了帝国主义侵略，推翻了反动统治，使自己从被压迫者转变成为国家的主人，首先争得了民主，获得了政治权利，才能为进一步获得经济、文化、社会等各项权利创造条件，提供保证。但经济文化权利的实现，不像政治权利那样，只要改变政治制度就可以办到。除了依靠群众支持和政权力量改变经济制度外，更多地要取决于社会经济文化的发展水平。而旧中国所留下来的生产力相当落后，要解决十三亿多人口的温饱问题，满足他们的生存、发展、享受等各种物质文化需要，决不是一朝一夕可以办到的，必须经过几十年甚至上百年的艰苦奋斗。为此，国家必须把发展生产力放在首位，以经济和文化建设为中心来推动社会的全面进步。在人权建设上，在一个相当长的时间内，除了保障人民已经获得的政治自由权利外，必须突出经济文化社会等项权利的制定、实施和保障。而这些权利的获得，转过来又为进一步巩固、提高和发展人民的政治权利创造了条件。随着社会主义建设事业的成功，人民所获得的各项权利将全面地得到充实、提高和发展。"① 但是，有些西方势力在人权问题上实行"双重标准"，出于某种政治目的，把人权当作干涉别国内政的手段。他们用政治化、意识形态化的眼光看待别国的人权状况，以西方的政治制度和发展模式作为人权的代表，并以此为标准指责、批评别国的人权问题，指手画脚，说三道四。其实，这些势力关心的恐怕并不是别国的人权问题，而只是可以为他们价值观和利益服务的人权筹码，是用来进行政治较量、向其他国家施加压力乃至颠覆政权的政治工具。对此，我们就必须保持足够的警惕。

3. 生存权和发展权是首要人权

生存权、发展权是最基本的人权，是其他一切人权的基础条件。生存权的首要性，乃是因为每一个生活在文明社会中的人，都必须具备维持生命、过正常的社会生活所不可缺少的基本条件，生存权因此是其他所有人权实现的前提。"我们首先应当确定一切人类生存的第一个前提，也就是一切历史的第一个前提，这个前提是：人们为了能够'创造历史'，必须能够生活。但是为了生活，首先就需要吃喝住穿以及其他一些东西。"② 人必须首先解决好生存问题，才能从事政治、科学、艺术哲学、宗教等其他社会活动。

---

① 陈志尚：《马克思的人权观在中国》，《北京大学学报》2012年第6期。
② 《马克思恩格斯文集》第1卷，人民出版社2009年版，第531页。

与生存权一样，发展权也是综合性的基本人权。"发展权利是一项不可剥夺的人权，由于这种权利，每个人和所有各国人民均有权参与、促进并享受经济、社会、文化和政治发展，在这种发展中，所有人权和基本自由都能获得充分实现。"① 实现发展权就是让人民平等地参与发展，分享发展的成果。生存权与发展权相互促进、相互转化。生存权是发展权的基础，发展权是生存权的延伸；随着社会的进步，国家综合国力和人民生活水平不断提高，原先属于发展权的人的发展需要的某些内容，就可能转化为生存需要，成为生存权的内容。对于人口众多、人均资源相对贫乏、经济文化比较落后发展又很不平衡的中国来说，实现和保障生存权和发展权更是广大人民最现实、最迫切的基本需要和根本利益所在。

今天的中国是一个有十二亿多人口的发展中大国，仍然必须首先保障最广大人民的生存权和发展权，不然，其他一切权利都无从谈起。中国确保十二亿多人的生存权和发展权，这是对世界人权进步事业的重大贡献。集体人权与个人人权，经济、社会、文化权利与公民、政治权利紧密结合和协调发展，这适合中国国情因而是中国人权事业发展的必然道路。中国集中力量发展经济，促进社会全面进步，坚持发展社会主义民主，建设社会主义法治国家，都是为了促进中国人民的人权事业。②

贫困和发展不充分是阻碍我国人民享有人权的最大障碍，把生存权和发展权作为首要的人权，既是中国人权发展的现实要求，也是维护和促进中国人权事业的必然选择。

---

① 《发展权利宣言》，《国际人权文件选编》，北京大学出版社 2002 年版，第 305 页。
② 《江泽民文选》第 2 卷，人民出版社 2006 年版，第 56 页。

4.人权本质上仍然是一国内部管辖事项

《联合国宪章》在规定促进和保护人权的宗旨的同时，明确规定各国必须遵循主权平等和不得干涉在本质上属于任何国家国内管辖之事项等原则。每个国家为促进和保护人权，有权确立相应的政治、经济、社会、法律制度，选择本国人权的发展模式，确定人权的具体内容和先后顺序，实施人权的保护措施等，这一系列国家行为都不应受到任何形式的外来干涉。

维护国家主权是国际社会所公认的，国际法所遵循的处理国家关系、包括人权问题的最高准则。这个世界绝大多数人的社会活动、社会关系仍然是在民族国家内部发生的，国际法的主体仍然是主权国家，某些全球性的人权问题，如发展权、和平权、环境权，只能通过国际合作、平等协商和各主权国家的国内立法才能实现；而且人权的国际保护和干预也是有条件的，即必须遵循联合国宪章的宗旨和国际法的原则，必须以尊重被保护和干预的国家的主权和人权为前提。

第一，主权国家是保护人权的主体，人权的国际保护主要是通过各国的国内立法来实施。世界各国都有自己的人权问题，解决这些人权问题是每个国家应承担的责任和义务。各国的人权状况和人权观受其历史、社会、经济和文化等条件的限制，保护人权的措施和步骤也不可能一样，因此，也就不能用某个国家或地区的人权标准来简单地裁判和衡量别国的人权状况。

第二，人权具有国际保护的内涵，人权的国际保护是指国际社会根据国际人权条约，对实现基本人权的某些方面承担特定的或普遍的国际合作义务，并对违反国际人权条约义务，侵犯人权的行为加以防止和惩治的活动。① 但是人权的国际保护必须以主权国家的相互合作和承担国际义务为

---

① 人权的国际保护主要是针对大规模侵犯人权的行为：殖民主义、种族主义、外国侵略与占领、种族歧视、种族隔离、种族灭绝、贩卖奴隶、国际恐怖活动等。这些行为不仅严重侵犯人权，而且危害世界和平、安全与发展，国际社会应当给予更多的关注。

基础和原则。主权原则和不干涉内政原则是保证公正的世界政治经济秩序的必不可少的前提，也是现代国际法中最基本的原则。全球化与当今世界的主权概念确实出现了一些新变化，但是主权原则并没有过时也没有失效。

第三，失去了主权，就谈不上人权。"如果失去了国家主权、民族独立和国家尊严，也就失去了人民民主，并且从根本上失去了人权。"[①]"人权问题说到底是属于一个国家主权范围的事，我们坚决反对利用人权问题干涉别国内政。"[②] 近年来，西方国家对一些发展中国家进行的所谓人道主义干涉，不但没有解决当地的问题，反而给那里的人民造成了更大的混乱和灾难。结果也根本不是维护，而是严重侵犯了这些国家的人权。中国一贯主张尊重各国主权，开展国际人权的平等对话和合作，反对把人权作为对外政策的工具制造对抗，反对利用人权问题推行某些价值观念、意识形态、政治标准和发展模式。

（三）中国努力实现更高层次更广泛的人权

作为一种既有强烈批判性又有卓越建设性的人权观，马克思主义人权观基于历史唯物主义，以现实的人作为出发点，根据人的社会性和人的历史发展来讨论人权问题，反对脱离历史和现实用抽象的"人"或"人性"来进行假设。马克思认可黑格尔有关"人权"不是天赋的，而是历史地产生的说法；在剥削社会中，"它几乎把一切权利赋予一个阶级，另方面却几乎把一切义务推给另一个阶级"[③]。人权的观念又是随着社会历史条件不断变化发展的。关于自由，"人们每次都不是在他们关于人的理想所决定和所容许的范围内，而是在现有的生产力和所决定和所容许的范围之

---

① 《江泽民文选》第 1 卷，人民出版社 2006 年版，第 123 页。
② 《江泽民文选》第 1 卷，人民出版社 2006 年版，第 244 页。
③ 《马克思恩格斯文集》第 4 卷，人民出版社 2009 年版，第 197 页。

内取得自由的"①。关于平等，"无论以资产阶级的形式出现，还是以无产阶级的形式出现，本身都是一种历史的产物，这一观念的形成，需要一定的历史条件，而这种历史条件本身又以长期的以往的历史为前提"②。"社会的经济进步一旦把摆脱封建桎梏和通过消除封建不平等来确立权利平等的要求提上日程，这种要求就必定迅速地扩大其范围。……而自由和平等也很自然地被宣布为人权。"③ 人权又不可能脱离其社会条件或社会性。"这些个体的关系通过法制表现出来"④ 的所谓"人权"（Droits de l'homme），表现为自然权利（droits naturels，或天赋人权），其实"无非是市民社会的成员的权利"，"自由这一人权的实际应用就是私有财产这一人权"⑤。也就是资产阶级的人权。"资本是天生的平等派，就是说，它要求把一切生产领域内剥削劳动的条件的平等当做自己的天赋人权"⑥。在阶级社会中，每个人都属于特定的阶级，不同阶级在需要和利益上存在着分歧甚至严重的对立，反映在人权观念和实践上就必然会产生不同的价值观念和行为标准，因此也就并不存在什么抽象的、超历史、超阶级的人权，特别是提出了"权利决不能超出社会的经济结构以及由经济结构制约的社会的文化发展"⑦ 的著名论断。但人权既然是以法律、道德形式对现实的人的社会活动和社会关系做出规定，每个社会成员在享有权利同时就要履行应尽的义务，"没有无义务的权利，也没有无权利的义务"。⑧ 这样的人权体现了对特权的否定，个人和社会因此而保持了权利和义务的某种均衡。

马克思主义揭示了人权的经济社会基础、历史文化特征和阶级斗争实

---

① 《马克思恩格斯全集》第 3 卷，人民出版社 1960 年版，第 507 页。
② 《马克思恩格斯文集》第 9 卷，人民出版社 2009 年版，第 113 页。
③ 《马克思恩格斯文集》第 9 卷，人民出版社 2009 年版，第 111—112 页。
④ 《马克思恩格斯文集》第 1 卷，人民出版社 2009 年版，第 45 页。
⑤ 《马克思恩格斯文集》第 1 卷，人民出版社 2009 年版，第 40、41 页。
⑥ 《马克思恩格斯文集》第 5 卷，人民出版社 2009 年版，第 457 页。
⑦ 《马克思恩格斯文集》第 3 卷，人民出版社 2009 年版，第 435 页。
⑧ 《马克思恩格斯文集》第 3 卷，人民出版社 2009 年版，第 227 页。

质，为无产阶级及广大民众争取人权指明了方向，但并没有停留在现实社会的人权批判上，而是认为在物质精神充分发展的未来新社会，人们对权利的认识，可能超出现在人们由于社会经济结构和文化发展水平的限制而无法超越的狭隘眼界，认识到现实社会所谓平等的权利掩盖了事实上的不平等："权利，就它的本性来讲，只在于使用同一尺度；但是不同等的个人（而如果他们不是不同等的，他们就不成其为不同的个人）要用同一尺度去计量，就只有从同一个角度去看待他们，从一个特定的方面去对待他们。"① 只有到了人们觉悟到社会每个人的价值从人的本性来说都是一样的，社会不仅应当为个人、为一部分人，而且要为每个人都能得到自由全面发展提供机会和条件的时候，一旦这种认识成为现实，人权就将同国家和法一样，失去其存在的意义，完成历史使命而归于消亡。"创造这种权利的，是生产关系。一旦生产关系达到必须蜕皮的地步，这种权利的和一切以它为依据的交易的物质的、在经济上和历史上有存在理由的、从社会生活的生产过程中产生的源泉，就会消失。"② 马克思主义的真知灼见构成了我们讨论发展与人权问题的基本遵循。"一方面，人权的历史是发展的：人权，从作为一种理想和理论提出到发展成为资产阶级革命的旗帜；从作为一种政治口号到发展成为政治实践的结果——人权的法制化。人权的领域从国内法对人权的肯定发展到国际法和国际社会的共同关心和共同维护；人权的主体从个人人权发展到集体人权；人权的内容从最基本的平等、自由和安全的生存权，扩展到政治、经济、文化、社会、发展、和平等更广泛的范围。人们对人权概念的理解和认识也随之发展和不断深化。另一方面，人权的实现是一个渐进的过程，它受到政治、经济、文化、社会、传统等各种条件的制约，超越于现实提供的可能条件而提出过高的要求，或者滞后于社会发展的现实要求而拒不发展人权，都不符合马克思主义的

---

① 《马克思恩格斯文集》第 3 卷，人民出版社 2009 年版，第 453 页。
② 《马克思恩格斯文集》第 7 卷，人民出版社 2009 年版，第 877—878 页。

人权发展观。"①

社会主义中国的人权观具有鲜明的实践特质和发展态势。

改革开放以来，中国坚持以经济建设为中心，推动经济社会全面发展，将人权的普遍性同中国的具体国情相结合，在促进和保护人权方面做出了不懈努力。中国坚决主张尊重和保障人权的普遍性与特殊性相统一。"因为人权是人基于其自然和社会属性所应当享有的权利，由人的自然属性所决定，人权具有普遍性、共同性的一面；由人的社会属性所决定，人权又具有特殊性、差异性的一面。两者是统一而不可分割的。中国社会主义政治文明，是尊重和保障人权与基本自由的政治文明。它承认人权的普遍性和特殊性的客观存在，反对用人权的普遍性否定人权在历史、文化、地域、民族、社会制度与经济发展水平等方面的特殊性。在坚持人权问题具有普遍性意义的同时，坚持人权是历史的产物；坚持人权随着国家经济文化水平的发展而发展；坚持尊重和保护人权本质上属于一个国家主权范围的事情；坚持个人人权与集体人权的统一，经济、社会、文化权利与公民权利、政治权利的统一。社会主义中国把人权普遍性与特殊性有机地统一起来，以人为本，尊重人的尊严，切实保障人权。"②改革开放不但使中国经济社会面貌发生了深刻变化，而且加快了中国人权事业的发展步伐。

实现生存权和发展权取得巨大进步。通过改革开放，中国经济社会发展突飞猛进，13多亿中国人的生活水平得到了大幅提高，实现了从贫困到温饱和从温饱到小康的历史性跨越。人民生活质量显著提高，中国贫困人口减少了2.3亿以上。人均预期寿命提高了5岁，达到中等发达国家水平。

公民权利和政治权利逐步得到保障。中国实行依法治国，建设法治国家，民主政治建设不断加强，公民的个人权利和政治权利在民主与法治的轨道上不断扩大和有效保障。以宪法为核心的中国特色社会主义法律体系

---

① 李林：《论马克思主义人权观》，《昆明理工大学学报》（社科版）2008年第7期。
② 李林：《论马克思主义人权观》，《昆明理工大学学报》（社科版）2008年第7期。

基本形成，公民的各项权利有了法律保障。中国积极稳妥地推进政治体制改革，不断扩大公民的有序政治参与，加强对权力的监督与制约。

经济、社会、文化权利不断改善。中国政府始终坚持发展为了人民，发展依靠人民，发展成果由人民共享，采取各种措施，大力发展经济、社会、文化事业，着力解决就业、社会保障、教育、文化、卫生等人民群众最关心、最直接、最现实的利益问题，使人民的经济、社会、文化权利得到较大改善。

我们突破了将人权视为资产阶级专用品的思想束缚，确立了人权观念在中国社会政治生活中的重要地位。由于中国特色社会主义所处的社会主义初级阶段，"这就决定了在中国现阶段经济基础上的人权建设，应当从国情出发，立足现实，按照轻重缓急，采取循序渐进的发展权利的路径，随着生产力的不断解放和经济的不断发展，而不断充实、完善和发展人权。在各种人权当中，除生存权、发展权等应优先考虑外，对于那些诸如公民权利和政治权利、公民基本自由等对经济和物质条件依赖相对少的人权（即所谓'消极人权'），也应当优先发展和实现；而对于经济、社会和文化权利（即所谓'积极人权'），则应当按照联合国的要求——竭力'逐渐达到'（实现）"[1]。

1991 年，国务院新闻办公室发表第一份《中国的人权状况》白皮书，将实现充分的人权作为中国特色社会主义所追求的目标。白皮书介绍中国在人权各方面的成就、现实状况和保护措施的情况，并阐明中国政府在人权和人权保护方面的立场与观点。我们在回应西方各种势力对中国人权问题的指责同时也指出，"随着现代化建设的发展，还要实现更高层次的和更广泛的人权"[2]。

1997 年，党的十五大报告提出"依法治国，建设社会主义法治国家"

---

[1]　李林：《论马克思主义人权观》，《昆明理工大学学报》（社科版）2008 年第 7 期。

[2]　《江泽民与优秀残疾人和助残先进集体、个人代表座谈时的讲话》，《人民日报》1991年 5 月 10 日。

的基本方略（1999 年第九届全国人大第二次会议将它写入宪法），执政党的一项民主任务就是"尊重和保障人权"。

2002 年，党的十六大报告将"尊重和保障人权"确立为共产党执政和领导民主与法治建设的重要目标；中共十六届三中全会提出科学发展观的本质和核心是以人为本，而以人为本"就是要尊重和保障人权，包括公民的政治、经济、文化权利"；党的十六届四中全会将"尊重和保障人权，保证人民依法享有广泛的权利和自由"作为科学执政、民主执政、依法执政的重要内容；2004 年第十届全国人大第二次会议通过的宪法修正案，将"国家尊重和保障人权"写入宪法，为中国人权事业提供了宪法依据。党的十六届六中全会进一步将"尊重和保障人权"提到构建和谐社会制度建设的高度，将完善人民民主权利保障制度、加强人权司法保护，以及尊重和保障人权、依法保证公民权利和自由等，作为和谐社会建设的根本内容；2006 年，第十届全国人大审议批准"十一五"规划纲要，其中包括"尊重和保障人权，促进人权事业的全面发展"的内容。

2007 年，党的十七大报告提出："尊重和保障人权，依法保证全体社会成员平等参与、平等发展的权利"，并将"尊重和保障人权"写入党章修正案。2011 年，第十一届全国人大审议批准"十二五"规划纲要，也包括了"加强人权保障，促进人权事业全面发展"的内容。

2012 年，党的十八大报告宣布全面建成小康社会和全面深化改革开放的目标，其中之一就是："人民民主不断扩大。民主制度更加完善，民主形式更加丰富，人民积极性、主动性、创造性进一步发挥。依法治国基本方略全面落实，法治政府基本建成，司法公信力不断提高，人权得到切实尊重和保障。"[①]

2017 年，党的十九大报告提出新时代中国特色社会主义的政治愿景，"发展社会主义民主政治就是要体现人民意志、保障人民权益、激发

---

① 《胡锦涛文选》第 3 卷，人民出版社 2016 年版，第 626 页。

人民创造活力，用制度体系保证人民当家作主"；"维护国家法制统一、尊严、权威，加强人权法治保障，保证人民依法享有广泛权利和自由。巩固基层政权，完善基层民主制度，保障人民知情权、参与权、表达权、监督权"。①

……

这一系列进展表明，"尊重和保障人权"已经成为中国共产党治国理政的一项原则，成为国家建设和社会发展的重要主题，并将人权事业与经济建设、政治建设、文化建设、社会建设以及生态文明建设结合起来，推动中国人权事业不断取得进步。

> 顺应各族人民过上更好生活的新期待，继续把保障人民的生存权、发展权放在首位，着力保障和改善民生，着力解决人民群众最关心、最直接、最现实的权利和利益问题，切实保障公民的经济、政治、社会和文化权利，促进社会更加公正、和谐，努力使每一个社会成员生活得更有尊严、更加幸福。②

> 坚持以人民为中心的发展思想，把保障人民的生存权和发展权放在首位，将增进人民福祉、促进人的全面发展作为人权事业发展的出发点和落脚点，维护社会公平正义，在实现中华民族伟大复兴中国梦的征程中，使全体人民的各项权利得到更高水平的保障。③

在人权问题上，国际社会既有分歧，也在不断取得共识。各国对"国际人权宪章"中两个公约的签署特别是批准经过了漫长的过程。冷战结束

---

① 习近平：《决胜全面建成小康社会　夺取新时代中国特色社会主义伟大胜利——在中国共产党第十九次全国代表大会上的报告》，人民出版社2017年版，第36、37页。
② 国务院新闻办公室：《国家人权行动计划（2012—2015年）》，《人民日报》2012年6月11日。
③ 国务院新闻办公室：《国家人权行动计划（2016—2020年）》，《人民日报》2016年9月30日。

后，美国、欧盟和世界银行、国际货币基金组织将各种援助、贷款与人权评价捆绑在一起的做法，激起广大发展中国家的强烈反感。发展中国家更强调自己的主权，反对以人权为由打压主权，将人权问题作为国际交往的附加条件。近年来，在人权国际化方面，国际社会的人权思维也在发生某些变化。1993年世界人权大会《维也纳宣言和行动纲领》建议各成员国制订国别人权行动计划，明确各国为促进和保护人权应采取的措施。

中国的人权发展也具有后发优势。冷战结束后，中国政府积极肯定人权并承诺大力发展人权，这时距离《世界人权宣言》发表已将近半个世纪了，联合国已通过多个国际人权公约，国际人权保护基本框架业已形成。中国可以借鉴比较成熟的国际人权规范和别国的人权发展经验，更自觉地确立人权发展目标，明确实现和保障人权的基本途径，制订比较周详的人权行动计划。制订国家人权行动计划，就是根据"国家尊重和保障人权"的立宪原则和宪法关于"公民基本权利和义务"的规定，以及《世界人权宣言》和国际人权公约的基本精神，从立法、执法、司法各个环节完善尊重和保障人权的体制机制和目标措施，依法推进中国人权事业的发展。既体现了中国特色，也顺应了人权国际化的趋势。尽管国家主权仍然是人权对话与合作的前提，但人权领域的对抗态势正在缓和，而强调人权问题必须建立在由历史、文化和社会等构成的各国国情基础上，突出人权的国别特色。

世界各国加强人权建设和实现人权保障的具体环境不同，只能在与其经济、社会、文化发展阶段相适应的基础上寻找适合自己的人权发展道路。中国政府已加入包括《经济、社会及文化权利国际公约》（1998年签署，2001年全国人大正式批准）在内的27项国际人权公约，并积极为批准《公民权利和政治权利国际公约》（1998年签署）创造条件，并积极履行已参加的国际人权条约的义务。作为最大的发展中国家，中国在国际人权事业中也承担与之相称的国际义务与责任。中国一贯认为，在承认人权普遍性的同时，各国政府和人民有权在促进和保障人权过程中确立本国的优先事项和实施方式，反对搞人权对抗，反对在人权问题上搞国际霸权主义，坚持在维护国家主权的前提下，在平等相互尊重的基础上，就人权问题进行对话，开展国际人权交流与合作。这是在人权领域增进了解、相互借鉴、取长补短、共同进步的不二法门。

链接 1.2：发展权的中国理念

多年来，中国从实际出发，把握时代大势，坚持人民主体地位，把以经济建设为中心同坚持四项基本原则、坚持改革开放这两个基本点统一于中国特色社会主义伟大实践，遵循创新、协调、绿色、开放、共享的发展理念，走出了一条中国特色发展道路，为丰富和完善发展权理念作出了自己的贡献。

——生存权和发展权是首要的基本人权。贫穷是实现人权的最大障碍。没有物质资料的生产和供给，人类其他一切权利的实现都是非常困难或不可能的。发展既是消除贫困的手段，也为实现其他人权提供了条件，还是人实现自身潜能的过程。发展权贯穿于其他各项人权之中，其他人权为人的发展和发展权的实现创造条件。发展权的保障，既表现在经济、文化、社会、环境权利的实现之中，又表现在公民权利与政治权利的获得之中。中国赞赏联合国《发展权利宣言》所强调的表述——发展权是一项不可剥夺的人权，由于这种权利，每个人和所有各国人民均有权参与、促进并享受经济、社会、文化和政治发展，在这种发展中，所有人权和基本自由都能获得充分实现。

——发展权的主体是人民。中国奉行人民至上的价值取向，视人民为推动发展的根本力量，努力做到发展为了人民、发展依靠人民、发展成果由人民共享。中国把增进人民福祉、促进人的全面发展作为发展的出发点和落脚点，充分调动人民的积极性、主动性、创造性，使人民成为发展的主要参与者、促进者和受益者。全面建成小康社会和实现中华民族伟大复兴的中国梦，就是让人民有更好的教育、更稳定的工作、更满意的收入、更可靠的社会保障、更高水平的医疗服务、更舒适的居住条件、更优美的环境，让每个人都能更有尊严地发展自我和奉献社会，共同享有人生出彩的机会，共同享有梦想成真的机会。

——发展权是个人人权与集体人权的统一。中国既重视个人发展权，又重视集体发展权，努力使二者相互协调、相互促进。"每个人的自由发展是一切人的自由发展的条件"，没有个人的发展，就没有集体的发展；同时，也只有在集体中，个人才能获得全面发展。发展权既是每个人的人权，又是国家、民族和全体人民共同享有的人权，个人发展权只有与集体发展权统一起来，才能实现发展权的最大化。中国赞赏联合国《发展权利宣言》的表达——发展机会均等是国家和组成国家的个人的一项特有权利，任何国家和组成国家的任何个人，都有参与发展、平等享有发展成果的权利。

——发展权的实现是一个历史过程。发展永无止境，发展权的实现没有终点。在实现发展权问题上，没有完成时，只有进行时；没有最好，只有更好。中国仍处于并将长期处于社会主义初级阶段，人民日益增长的物质文化需要同落后的社会生产之间的矛盾将长期是社会主要矛盾。作为发展中大国，中国面临的发展问题十分突出，发展任务十分繁重，追求更加平等的参与和更加平等的发展，充分实现全体人民的发展权，需要长期不懈的努力。

——发展权的保障必须是可持续的。可持续发展是发展权的应有之义，体现着代际公平。发展不平衡、不协调、不平等，发展方式粗放，都是发展不可持续的表现。中国坚持以可持续的方式进行消费、生产，科学管理地球的自然资源，走可持续的、有复原力的经济社会发展道路，满足今世后代的需求。中国遵循平衡性、可持续性的发展思路，将人与自然和谐发展、经济与社会和谐发展视为实现和保障发展权的新样态。

　　——发展权应为各国人民共有共享。实现发展权既是各国的责任，也是国际社会的共同义务。发展权的实现既需要各国政府根据各自国情制定符合本国实际的发展战略和发展政策，也需要国际社会的共同努力。中国倡导各国坚持公平、开放、全面、创新的共同发展理念，着力促进包容性发展，为各国人民共享发展权创造条件。全球经济治理应该以平等为基础，更好反映世界经济格局新现实，增强新兴市场和发展中国家代表性和发言权，确保各国在国际经济合作中权利平等、机会平等、规则平等，实现发展权共享、共赢。

　　　　　　　　　　——国务院新闻办公室：《发展权：中国的理念、
实践与贡献》（2016 年）

第二章　发展与经济社会权利

在社会主义的前提下，人的需要的丰富性具有什么样的意义，从而某种新的生产方式和某种新的生产对象具有什么样的意义。人的本质力量得到新的证明，人的本质得到新的充实。

——马克思《1844 年经济学哲学手稿》

马克思主义所追求的发展是全面的而不是片面的，发展的全面性意味着不仅经济要发展，政治、文化、社会和生态各方面都要发展，进而不断实现中国人民的生存权、发展权。消除贫困是实现生存权、发展权的首要目标，重点应放在加强劳动者能力建设和促进赋权上，并通过强有力的社会投资和组织化维权，让广大劳动者都能体面劳动。同时还要采取积极措施，着力保障和改善民生，使发展成果惠及全体人民。所有这些，均有赖于与经济建设同步地加快社会建设，切实解决好人民最关心最直接最现实的利益问题，逐步完善符合国情、比较完整、覆盖城乡、可持续的社会保障体系，推进基本公共服务均等化，促进中国人民各项社会权利的实现。归根结底，经济社会发展与人的发展是相辅相成的，没有经济社会发展，人的发展就失去了基础，离开了人的发展，经济社会发展就失去了目标；人的发展，可以创造更多的物质文化财富，改善人民的生活，而物质文化条件越充分，又越有利于促进人的发展。

一、促进经济社会包容性发展

马克思主义为我们解决社会问题、重视社会建设提供了理论指导和实践方法。值得注意的是，产生当代社会问题的主要根源是不平等，特别是机会的不平等、权利的不平等；应对社会风险，不能光靠事后被动地补救，不能只治标不治本，必须扩大社会投资，加快社会建设；社会建设的目标是以保障和改善民生为重点实现包容性发展，使每个社会成员都能分享经济社会发展的成果，这既是发展的动力，也是发展的权利。

（一）马克思主义的有关论述

社会有广义狭义之分：广义的社会，包括了经济、政治、文化等活动；狭义的社会，则是相对于经济、政治、文化的社会领域，类似社会组织、社会体制、社会力量的讨论范围。马克思文本里的"社会"，大多数场合是广义的社会概念，包括有关"市民社会"（Civil Society）的讨论。马克思早期思想是从黑格尔法哲学那里引申出来的，他对近代以来政治国家与市民社会的关系做过相当精彩而敏锐的批判，特别是认为市民社会"是受生产力制约又制约生产力的交往方式"、"市民社会决定国家"的观点表明了他的独到理解。但马克思这里讲的是广义的社会，与"共同体"（community）比较接近，也包括经济政治文化的社会关系（交往，communicate）。其实，"共产主义"（communist）与共同体的词根都是共同（commun+）。在马克思看来，政治革命以后还要进行社会改造和社会建设，为迎接新社会的到来创造有利条件，也是说通过政治革命，有了政权，还要继续进行社会改造和社会建设。

马克思关于社会的论述。一是社会的由来。社会是人们交互活动的产物，是一个由各种社会要素组成的"能够变化并且经常处于变化过程中的

有机体"①。社会充满矛盾，不断运动。"资本主义生产一方面神奇地发展
了社会的生产力，但是另一方面，也表现出它同自己所产生的社会生产力
本身是不相容的。它的历史今后只是对抗、危机、冲突和灾难的历史。"②
我们以前对这些论述的理解比较肤浅，现在更加鲜活了，因为改革开放，
我们和外部世界接触越来越密切，也越来越汇入经济全球化大潮，进而比
较深刻地领教了资本主义生产方式及其社会后果，并真切体会到马克思的
真知灼见。

　　二是社会关系及其异化。社会关系是人的活动的产物，也是人的活动
的前提。脱离了社会关系的发展，任何个人的发展都是不可能的。"这些
社会关系实际上决定着一个人能够发展到什么程度。"③在阶级社会中，由
于阶级地位、社会身份、受教育程度和社会分工等方面的差别，人的实践
活动和社会交往只能限制在狭窄范围内。资本主义一方面创造了无与伦比
的生产力，另一方面又制造了无与伦比的社会分化。因此，在资本主义秩
序下共同体是异化的，而且是全方位的、渗透到各个领域的异化。异化是
资本主义的常态。只要社会力量的发展与个体的发展不一致，异化就一直
存在。

　　三是社会和人的解放。"只有当现实的个人把抽象的公民复归于自身，
并且作为个人，在自己的经验生活、自己的个体劳动、自己的个体关系中
间，成为类存在物的时候，只有当人认识到自身'固有的力量'是社会力
量，并把这种力量组织起来因而不再把社会力量以政治力量的形式同自身
分离的时候，只有到了那个时候，人的解放才能完成。"④"解放"（liberate）
的意思就是挣脱异化，争取自由。马克思的思想，包括对资本的批判、对
劳动的关爱、对国家的超越和对自由的向往，理想目标是从无产阶级解放

---

① 《马克思恩格斯文集》第5卷，人民出版社2009年版，第10—13页。
② 《马克思恩格斯全集》第19卷，人民出版社1963年版，第443页。
③ 《马克思恩格斯全集》第3卷，人民出版社1960年版，第295页。
④ 《马克思恩格斯文集》第1卷，人民出版社2009年版，第46页。

到人类解放，实现"这样一个联合体，在那里，每个人的自由发展是一切人的自由发展的条件"①。但这个新社会必须以生产力的普遍发展和与此相联系的世界交往为前提；只有摆脱个体的、地域的和民族的狭隘性，广泛地参与社会生活，才能形成丰富的社会关系，并在此基础上实现人的全面发展。

马克思还论证了人类发展总体上经历了"人的依赖关系"（前资本主义）、"物的依赖关系"（资本主义），终将走向人的全面发展的共产主义。资本主义打破了人身依附和等级制度，产生了"以物的依赖性为基础的人的独立性"，人对物的依赖性甚至使人与人的社会关系也要通过与物的关系才能表现出来，财富（物）被视为人从事生产的目的，一方面，使人的能力受到资本占有关系的束缚和物的统治；另一方面，使得人的自由个性和全面发展成为可能。但要使人的自由个性和各种能力真正释放出来，就必须有适合这种发展的社会形态，即建立公有制基础上，生产力高度发达、消除了剥削和两极分化，实现了共同富裕的共产主义社会。对共产主义不能仅仅理解为共同生产，还要有共同致富共同分享的意思，也就是我们现在常说的，既要把蛋糕做大，又要把蛋糕分好。没有"做大"，无从"分好"，这就必须通过解放生产力发展生产力，不断增加财富的总量，为社会成员共享创造必要的物质基础；没有"分好"，"做大"了未必是好事情，这就必须通过社会变革，限制导致社会不公的因素。

在马克思看来，人的发展意味着"使每一个社会成员都能够完全自由地发展和发挥他的全部力量和才能"②，进而才能够保证"个人的独创的和自由的发展不再是一句空话"③。后来阿玛蒂亚·森从能力角度深化了关于社会权利的"赋权"认识。社会的发展与能力的提高是联系在一起的，而能力的提高又有赖于自由的实现。发展应该使我们生活得更充实，拥有

---

① 《马克思恩格斯文集》第 2 卷，人民出版社 2009 年版，第 53 页。
② 《马克思恩格斯文集》第 1 卷，人民出版社 2009 年版，第 683 页。
③ 《马克思恩格斯全集》第 3 卷，人民出版社 1960 年版，第 516 页。

更多的自由；"发展必须更加关注使我们生活得更充实和拥有更多的自由。扩展我们有理由珍视的那些自由，不仅能使我们的生活更加丰富和不受局限，而且能使我们成为更加社会化的人、实施我们自己的选择、与我们生活在其中的世界交往并影响它。"① 中国特色社会主义理论与实践把马克思主义社会思想与中国所处的社会主义初级阶段基本国情联系起来，强调必须从维护最广大人民根本利益和实现国家长治久安的战略高度抓好社会建设，推动社会建设与经济建设、政治建设、文化建设以及生态文明建设的协调发展。社会和谐是中国特色社会主义的本质属性，只有正确处理改革发展稳定关系，团结一切可以团结的力量，最大限度增加和谐因素，增强社会创造活力，才能确保人民安居乐业、社会安定有序、国家长治久安。发展为了人民、发展依靠人民、发展成果由人民共享，特别是要着力解决好人民最关心最直接最现实的利益问题。完善保障和改善民生的制度安排，把促进就业放在优先位置，加快发展教育、社会保障、医药卫生、保障性住房等各项社会事业，推进基本公共服务均等化，加大收入分配调节力度，坚定不移走共同富裕道路，努力使全体人民学有所教、劳有所得、病有所医、老有所养、住有所居。

（二）关于当代社会问题

当代世界存在一些共同的社会问题，各国国情不同，社会问题表现各异，当代社会问题主要有人口问题、就业问题、贫困问题、犯罪问题、公共突发事件、教育问题，还有精神疾患问题，激烈的竞争使许多人心理压力增大，充满了不安全感，导致各种心理疾病多发并滥用精神药品，精神问题其实是社会问题。此外，还有种族问题、暴力问题、性别问题、家庭问题等也都是值得关注的社会问题。

① ［印］阿玛蒂亚·森：《以自由看待发展》，任赜、于真译，中国人民大学出版社 2002年版，第 10 页。

　　资本主义在消灭各民族闭关自守状态的同时，也在制造更大范围更深程度的不平等，穷国和富国之间、穷人和富人之间的鸿沟因此而不断扩大。在经济全球化过程中，世界经济总量增长迅速，财富积累相当惊人，但仍有近十亿人生活在贫困线以下，处境艰难。贫富差距不但反映在经济指标上，还反映在人类发展指数，以及分享信息和掌握话语权的能力上。相当部分群体没有在经济全球化中受益，反而处于被排斥的状态。除了经济收入差距拉大外，弱势群体在生存条件、教育机会、医疗卫生等方面受到排斥的现象尤为明显。旧的社会排斥还没有消除，新的社会排斥又产生了。任何社会，受到排斥的群体都会积累起愤懑情绪，甚至因为绝望铤而走险，对社会稳定构成严重威胁。近年由美国次贷危机引发席卷全球的金融危机、在欧洲多国蔓延成灾的主权债务危机所伴生的"占领"等抗议运动，就为这些被排斥的剥夺感提供了新注脚。

　　另外，经济全球化还为跨国犯罪活动提供了条件。这些犯罪活动包括毒品、枪支、假冒产品、被盗文物和资源破坏、人口贩运、海盗交易和网络攻击等，非法移民也成为非常棘手的社会问题。各种杀伤性武器扩散为有组织犯罪和恐怖活动打开了方便之门，增强了一些社会问题的暴力倾向和处置难度。

　　从根本上说，私有制仍然是当今世界所有社会问题（其实是广义的社会问题）的最终根源。只要有阶级对立，就有社会分化，人类创造出来的东西并没有为全人类所共享，就肯定会出现这样那样的社会问题。私有制的存在，必然与阶级社会的不平等相伴。财富分配失衡、两极分化等主要产生于生产资料占有的不平等，以及由此产生的参与竞争的机会不平等、权利不平等。不平等撕裂了各种社会关系，激发了许多社会问题。这些不平等既有对地位、身份、族群、性别、地域、文化的体制性歧视，剥夺了公平参与竞争的机会；也包括缺乏有效的利益协调机制，弱势者要改变困境走投无路；还包括垄断机构选择性的制度安排，资源配置方式的行政性偏好等。

经济全球化时代，人类的行为方式和交往方式都在发生很大调整，社会生活也处于剧烈变动状态中。既有的价值观念、行为规范、法律制度面临着挑战，或者过时无用，或者改革乏力，这就使得新旧社会问题纷至沓来，交织在一起，特别是有些社会问题一旦与民族问题、宗教问题联系起来，就变得非常复杂非常敏感。近年来，不少国家发生的社会动荡都和这种情况有关，如果再加上外部势力渗透甚至干预，就很容易酿成大规模公共事件。

经济全球化在给各国带来发展机遇的同时，也加剧了解决当代社会问题的难度。20世纪80年代所谓"有增长而无发展"问题的提出，意味着蛋糕做大了，但这个蛋糕中看不中吃，比如说没有增加就业机会（"无工作的增长"）、没有政治参与能力（"无声的增长"）、没有文化根基（"无根的增长"）、收入差距不断扩大（"无情的增长"）、环境持续恶化（"无未来的增长"）等。解决这些问题，就现阶段中国而言，就是要坚持社会主义初级阶段的基本经济制度，深入贯彻落实新发展理念，创新驱动促进发展转型。不仅仅关注物质财富的增长，还要关注与社会建设相联系的各种增长，包括能力、心理、文化、环境的成长，这就与推动科学发展，促进社会和谐，促进经济社会与人的全面自由的发展联系起来。

各国发展经验表明，随着国民收入从中等水平向较高水平的迈进，如果不能转变以往的发展模式，很容易造成经济的停滞和徘徊，发展不协调不均衡所聚积的矛盾会集中爆发，而原有的社会体制机制无法应对由此产生的系统性风险，经济社会将出现大幅度波动陷入困境，这也就是所谓"中等收入陷阱"（Middle Income Trap）。

我国改革开放以来相当一段时期保持了相当高的经济增长率，取得举世瞩目的经济业绩；但代价也是沉重的，主要是经济增长方式粗放、产业能级与文化含量都比较低。又快又"重"积累起来，使得我国的资本结构有一定程度的扭曲，物质资本的强劲扩张，劳动力质量来不及提高，劳动收入过低，进而导致内需不足；自然资源消耗过猛，环境压力越来越大，发展的可持续性面临巨大挑战；与市场经济相适应的信用体系、交往方式都还比较滞后，影响社会不和谐的因素在增加。由于世情、国情、党情继续发生深刻变化，我们面临的发展机遇和风险挑战前所未有。继续推动科学发展、促进社会和谐，继续改善人民生活、增进人民福祉，就更加督促我们加快社会建设的步伐。

我国社会建设不能闭门造车，要充分吸收别国的经验教训，同时注意利用与社会建设有关的思想资源，可以借鉴和运用的包括社会保障理论、社会资本理论、风险社会理论、社会治理理论，等等。

1. 社会保障理论

社会保障是指国家通过立法，动员社会各方面资源，保证个人和家庭在遭遇工作意外、失业、疾病和老年时期获得维持基本生活的收入以及各种补助。根据经济和社会发展状况，逐步增进公共福利水平，提高国民生活质量。社会保障作为国民收入再分配的形式要通过一定的制度来实现，由于各国国情不同，社会保障制度的具体内容也很不同。一般来说，社会保障包括社会保险、社会救济、社会福利、优抚安置等内容，其中，社会保险是最重要的。近年来，强化个人责任已经成为全球社会保障制度改革的共识。社会保障是现代国家社会稳定和社会安全的"稳定器"，也是人类文明进步的重要标志。

2. 社会投资理论

经济全球化条件下各国竞争加剧，被动应对式的保险或福利体制越来越入不敷出，因此必须扩大社会投资，从消极的失业福利转向所谓"积极的"工作福利。一是促进就业，扶助弱势群体，改革救济性的福利政策，用更灵活的劳动政策激励人们投入工作，减轻政府负担、促进经济增长；二是加大教育投入，增强人力资本，政府、社会力量、企业都要在承担相应责任与风险的福利政策中扮演积极角色，促使工作者提高素质和能力；三是国家、社会和个人共同支撑社会保障伞，通过鼓励投资、引进竞争、开发企业、商业保险等市场化改革，提高社会福利供应的服务水平。

3. 风险社会理论

这一理论认为现代风险是一种结构性风险：现代性既不断改进社会经济生活，同时也在不断产生新的风险，由此出现了风险分析、风险研究、风险评估、风险治理等概念，并与现代人的决策和行为预期联系起来。风险社会的突出表现是人为的不确定性空前增加了，使得以往的保险手段相继失灵；与之相关的，则是风险责任分配的缺位，甚至出现了"有组织的不负责任"现象。无论是技术性风险、还是制度性风险，如果得不到控制，都会给社会带来一系列连锁反应。在风险社会中，不是过去决定现在，而是未来的风险决定今天的选择。因此，这也提供了一种防患于未然的方法论。

4. 社会治理理论

在经济全球化大背景下，传统的国家管理方式也发生了变化。社会治理是政府与社会形成的权力结构及其互动过程，与政府权威垂直运作的统治方式不同，社会治理是在确立共同目标的前提下，政府与社会力量和机构通过合作、协商和伙伴关系，更有效率地管理公共事务。伴随着市民社会运动的兴起，大量非政府非营利组织出现了，成为与政府、企业界鼎立的"第三领域"或"第三部门"，这些组织往往具有跨国网络和全球性规模，活动能量与日俱增，是一股不能忽视的社会力量。社会治理特别要求政府明确职能范围，包括界定哪些事情该由政府来做，哪些事情该由私人部门来做，还有哪些事情须两者合作才能做得更好。

（三）关于扩大社会投资①

事实上，人权从理论走向现实，还要借助公共的力量，否则人权就只具有道义的正当性，而不能构成主权国家及其治下的法律秩序，从这个意义上说，尊重、保障和实现人权必须依赖国家的公权力，当然这种公权力也必须来自合法的授权并进行有效的分权和制衡。"因为一个国家可以通过公权力的行使获得人力、财力，并通过这种公权力为在此国之内的所有的个人平等地提供保障和救济。公权力对其国内的财力的强制性获得可以更多地来自较富裕的人们，对于较贫困的人则可以少收甚至不收。这实际上是富人通过掌握公权力的机关在间接为穷人提供救济，从而对在其国内的人与人之间的贫富过度分化起到一定的抑制作用，至少可以使这个国家的基本秩序得以维续，个人的自由和平等得到保护和救济。"②

中国传统的家国天下观念，国家社会不分。新中国成立以来，我们讲的建设、发展都是国家建设、国家发展，而较少关注社会建设、社会发展，直到最近才有所改观。由于社会建设、社会发展相对迟缓，积累起来就出现了一些新情况新问题，主要表现为传统发展方式的后遗症、并发症。扩大社会投资，加快社会建设，就是要补上这个缺口。

社会多样化，利益诉求多样化，既激发了社会活力，也可能催生社会不稳定。人们的价值选择、社会意识、生活方式日趋多样化，个体活动的独立性、复杂性和多变性不断增强，这也给维护社会秩序和稳定带来许多新问题：多元价值观对社会认同感产生强烈干扰；社会需求多样化、社会组织迅速发展使公共事务越来越复杂；社会阶层分化使传统社会交往和联系方式出现不同程度的失灵；流动人口、社会老龄化对公共服务构成了巨

---

① "社会投资"（social investment），就是向社会进行的投资。20世纪90年代，欧洲左翼社会党及其理论家推行福利国家改革，提出责任与权利均衡的积极福利政策，以及更关注提高就业能力的"社会投资国家"概念。

② 钱继磊：《全球化：人权及其保障的陷阱》，《上海交通大学学报》（哲学社会科学版）2011年第3期。

大压力；高度开放的社会还经常面对各种风险的传播与扩散；发达的网络技术也使传统信息管理方式越来越力不从心。

中国特色社会主义进入新时代，我国从全面建成小康社会的重要战略机遇期已经到了决胜全面建成小康社会的冲刺阶段，但同时也正处于各种矛盾、问题和风险相当尖锐复杂的时期。由于发展不平衡、不协调、不可持续问题短期内难以根本解决，人民内部各种利益矛盾会经常性地表现出来。我们必须根据国情和现阶段发展特点，"前移"解决社会问题的姿态，扩大社会投资，加快社会建设。社会投资就是向社会建设和管理进行投入，增强主动性，未雨绸缪，防患于未然，将被动的"事后"救济转向主动的"预先"防范。社会投资不仅仅是资金问题，更重要的是能力建设，这就是社会投资为什么特别重视人力资本的投入，注重培训。防患于未然，就是有效预防民怨燃烧的"患"，待麻烦大了烧起来再怎么补救都勉为其难。所以，社会建设的重点是保障和改善民生，就是积极主动地抑制各种风险隐患。

扩大社会投资，加快社会建设，意味着政府引导资源投入结构的调整。社会体制改革的实质就是调整国家、社会与个人的责任和权利关系，在国家、社会和个人之间建立一种和谐关系。政府工作和政策应放在消除风险的源头上，维护公众享有公共资源、公共服务的均等权利，尽可能保证人们的机会平等。这不但是矫正社会不平等的基础条件，也是风险治理最重要的制度安排。政府还要改变大包大揽的习惯，推进社会投资的多元化。政府的作用主要体现在积极推动立法，提供更多的公共服务上；各级政府、社会组织乃至每个人都要勇于承担责任，并在相互尊重的基础上进行合作。

扩大社会投资，加快社会建设，是促进"包容性发展"（Inclusive development）的最主要手段。

实现包容性增长，根本目的是让经济全球化和经济发展成果惠及所有国家和地区、惠及所有人群，在可持续发展中实现经济社会协调发展。我们应该坚持发展经济，着力转变经济发展方式，提高经济发展质量，增加社会财富，不断为全体人民逐步过上富裕生活创造物质基础。我们应该坚持社会公平正义，着力促进人人平等获得发展机会，不断消除人民参与经济发展、分享经济发展成果方面的障碍。我们应该坚持以人为本，着力保障和改善民生，努力做到发展为了人民、发展依靠人民、发展成果由人民共享。[①]

包容性发展是所有人参与、负责的发展。社会经济的健康发展来自每个人的勤奋工作。人和人的能力不同、机遇各异，对经济发展的贡献有大小之别，但是每个人必须承担为经济发展做出力所能及贡献的责任，实现分享发展成果的权利与推动发展的责任相匹配。包容性发展还要求不同国家、民族与公民共同发展、平等参与、共享发展成果；要求发展更具有开放性、普遍性、可持续性，缓解以往由于发展机会不平等造成的发展结果不平衡，做到权利公平、机会均等、规则透明、分配合理。

这就意味着我们要将更多的注意力转向提高国民收入，实现共同富裕。国家强大和人民幸福并不是自动吻合的，要靠社会建设来推进，我们要以新的发展眼光来看待现在面临的各种社会问题。没有稳定，什么事情也办不成，已经取得的成果也会失去。"维稳"，最重要的是稳住广大人民群众对中国特色社会主义能够维护公平正义的坚定信心，而不是为政绩、为面子、为维稳而维稳，这才是我们用发展的办法切实解决前进中的问题的根本大计，最大限度地激发社会创造活力、最大限度地增加和谐因素、减少不和谐因素；认真解决影响社会稳定的源头性、根本性、基础性问题，从源头上预防、化解和减少社会矛盾。

社会建设体现了社会主义的要求，也就是社会主义要花更大力气让发

---

① 《胡锦涛文选》第 3 卷，人民出版社 2016 年版，第 432 页。

展成果由人民共享，而不是某些人某些集团多享，大多数人少享。比较好地解决邓小平提出的"发展起来以后的问题"。"逐步建立以权利公平、机会公平、规则公平为主要内容的社会公平保障体系，努力营造公平的社会环境，保证人民平等参与、平等发展权利。"①加快社会建设，一定要发挥政府的主导作用，同时也要充分调动社会力量和各方面的积极性。第一，社会建设必须从本国国情出发而不能照搬他国做法。随着国际交往日益频繁，各国社会问题的相似性增加，社会治理可以相互学习借鉴的事物也在增加。第二，社会建设不能简单地强化政府权力，而是改善政府与社会的协同合作关系。扩大社会参与，既避免了政府干预过多、负担过重的弊端，也发挥了社会力量的积极性创造性。第三，社会建设要维护公民权利，促进社会包容和团结，让人民共享改革的成果。既要为每个公民提供均等的公共产品、公共服务，还要创造条件，使公民真正参与到社会治理中，承担起社会责任。第四，社会建设要为化解社会矛盾、缓和社会冲突提供有效的对话渠道和制度保障。各级政府应积极推动改革，履行自己的职责，改进与民众的关系，提高政府公信力。第五，社会建设还需要强有力的技术手段，以网络为代表的新技术已经充分展示了其介入治理的特殊价值。随着人们需求日益多样化，交往方式、组织方式也发生了很大改变，通过技术创新完善社会管理和服务还有很大空间。所有这些，都表明国家和社会共同"给力"，才能比较好地解决当代社会问题，有效应对社会风险。

二、发展的权利首先是反贫困

发展，不仅仅指经济增长，还包括了社会、文化与政治的全面进程，

---

① 《胡锦涛文选》第 3 卷，人民出版社 2016 年版，第 624 页。

这同时又与实现每个人和各国人民的发展权利联系在一起，成为新一代人权的集体诉求。"发展权"的提出，以及国际社会聚焦人类发展的过程，均强调包括中国在内发展中国家必须把反贫困战略当作落实发展权的首要任务。如果没有消除贫困的权利，促进发展的权利，其他人权就无从谈起。这也可以从国际社会对发展概念，及其与人权关系的理解逐渐深化发现端倪。为了实现发展权，反贫困就不是简单的救济行动，必须在国际国内两个层面推进改革，大力提高穷人摆脱贫困的能力。

（一）"发展权"的提出

"发展权"（the right to development）这个概念最早是在阿尔及利亚正义与和平委员会的报告《不发达国家的发展权利》（1969）提出的。1977年，联合国人权委员会（联合国人权理事会的前身）通过决议要求联合国将发展权作为一项基本人权；1979年，人权委员会重申发展权既是国家的权利，又是个人的权利，而且发展机会均等；同年，联合国大会通过了反映这个观点的34/46号决议。1981年，人权委员会设立一个由15国专家组成的工作组研究发展权问题，并着手起草《发展权利宣言》。1986年第41届联合国大会以压倒多数通过了《发展权利宣言》，《宣言》对发展权的主体、内涵、地位、保护方式和实现途径等作了阐述，并呼吁有力促进发展中国家的发展，促进国际新秩序的建立。此后历届联合国大会均以决议形式重申发展的权利。

发展权被认为是"第三代人权"的代表，发展权与和平权、环境权、人道主义援助权一道体现了维持和平、保护环境和促进发展的强烈权利诉求。对于广大发展中国家来说，它们面临的主要问题是消除贫困，促进发展。冷战时期，许多发展中国家虽然获得了政治独立，但落后地位并没有发生多少变化，它们强烈要求改变这种状况。从人权角度看，也就是把争取平等的发展权利摆在了突出的位置。第一届国际人权会议《德黑兰宣言》

（1968 年）就指出，"经济上发达国家与发展中国家日益悬殊，导至妨碍国际社会人权的实现"①。为了克服实现前两代权利的障碍，就必须建立新型的、有连带的国家秩序、国际秩序及其合作。《发展权利宣言》认为，发展权是一项不可剥夺的人权，所有人都有权单独地和集体地参与这种人权的充分实现。"所有的人单独地和集体地都对发展负有责任，这种责任本身就可确保人的愿望得到自由和充分的实现，他们因而还应增进和保护一个适当的政治、社会和经济秩序以利发展"；"各国对创造有利于实现发展权利的国家和国际条件负有主要责任"。《宣言》还责成在国家一级采取必要措施实现发展权利，"各国有义务单独地和集体地采取步骤，制订国际发展政策，以期促成充分实现发展权利"②。而实现民族自决、维护国家独立，拥有处置它们所有自然资源和财富发主权，促进并享受经济、社会、文化和政治发展，维护并加强国际和平与安全，显示了更为迫切的集体意义。

发展权是一个包括一切国家、民族和所有人的权利，是发展中国家普遍的不发达状况和不断扩大的南北差距，使它们要求发展权的呼声高涨，并日益成为国际社会优先考虑的事项。

　　发展权作为拥有发展过程的权利可以被认可为一项"基本权利"。此概念是指基本权利作为最小的权利集合，是国际社会衡量社会文明程度的标准。所谓基本权利就是指只有先享有此项权利才有可能再享有其他权利。当然，基本权利未必就优于或凌驾于其他权利之上，但是如果人们想要享有或行使别的权利，那么基本权利要先于其他权利而得到保护和实现。……由此可知，相对于其他权利，如公民权、政治权、经济权、社会权和文化权，拥有发展进程的权利则是一项基本

---

① 《德黑兰宣言》，北京大学法学院人权研究中心编：《国际人权文件选编》，北京大学出版社 2002 年版，第 39 页。
② 《发展权利宣言》，北京大学法学院人权研究中心编：《国际人权文件选编》，北京大学出版社 2002 年版，第 304 页。

的权利。不实现基本权利，其他权利也就不可能真正有效实现。①

发展权又是一项综合人权，渗透各项具体人权中，推动各项具体人权的实现；发展权构成了实现各项具体人权的必要条件，而各项具体人权实现与否、实现的程度，又影响着发展权的实现。各国、各民族对人权的认识有所不同，对人权的具体要求也不同。体现在一系列国际准则的人权普遍性，仍然要通过各国行动的特殊性才能实现。

> 现在人们一般都同意，所有各类人权，公民、政治、经济、社会和文化权利，个人的权利和集体的权利，社会的权利和国家的权利，都是相互联系和不可分割的。这就意味着，应以一种统一的和平衡的方式对所有这些权利都予以促进和保护，而那种只注重一类权利却忽略另一类权利的做法是完全错误的。同样，在对各国特别是发展中国家的人权状况进行评估时，国际社会应考虑到所有各类人权方面的情况。②

发展权既是个人人权，也是国家、民族的集体人权。在国家范围，发展权首先是一项个人人权，每个人都有权平等自由地参与经济、社会、文化与政治的发展，并分享发展所带来的利益。个人的发展权，其诉求指向是国家。在国际社会中，发展权则表现为每个国家、民族的集体权利，而实现这种权利不仅是本国、本民族的事，还要依靠国际社会的共同努力，特别是建立国际新秩序，消除妨碍发展的各种障碍。

发展权是实现其他人权的前提，发展权的主体是个人也是集体，正是其作为一项新型人权的基本标志。人是发展的主体，也是发展权的积极参与者和受益者；而国家、民族又是实现发展的组织形式，也是发展

---

① ［印］艾君·森古布达：《作为人权的发展》，《经济社会体制比较》2005 年第 1 期。
② 印度尼西亚外长阿拉塔斯在维也纳世界人权会议上的发言，见 http://www.humanrights. cn/cn/rqlt/rqll/fzzgjrqg/t20061023_166455.htm。

权的行为主体和受益者。对集体人权的确认，开始是关注某些弱势集体（少数人、种族和土著人）的人权状况，后来扩展到更大范围。国家、民族，对于个人来说是集体，而对于国际社会来说，则又是个体。个体的发展状况反映了国家、民族实现发展权的水平，也构成了评价国家、民族发展状况的一个尺度，因此国家、民族的发展权最终应落实到个体的发展权之中。①

但是，如果不改变现行国际经济政治秩序，发展中国家的发展进程仍将受到遏制，这些国家的人权就不可能充分实现。实现发展权的条件，对一个国家而言，一是创造有利于发展的稳定政治和社会环境；二是对本国的自然资源和财富享有永久主权，并有责任制定适合本国国情的发展政策；三是使全体人民和所有个人积极、自由和有意义地参与发展，不断改善全体人民和所有个人的福利。对国际社会而言，一是坚持主权平等、相互依赖、各国互利与合作的原则；二是在此基础上建立公正合理的国际政治经济新秩序，使特别是发展中国家能平等、自由地参与国际事务，真正享有均等的发展机会；三是消除影响发展的各种国际性障碍。然而时至今日，某些国家往往无视发展中国家更为紧迫的生存问题、发展问题，把它们的人权标准强加于人，或以此作为提供援助的附加条件，甚至借口人权干涉别国内政。

（二）发展的首要目标是消除贫困

《发展权利宣言》指出："发展是经济、社会、文化和政治的全面进程，其目的是在全体人民和所有个人积极、自由和有意义地参与发展及其带来的利益的公平分配的基础上，不断改善全体人民和所有个人的福利。""每个人和所有各国人民均有权参与、促进并享受经济、社会、文化和政治发

---

① 尽管各国的发展实践对作为人权的发展权形成了某种共识，但迄今无论国家层面还是国际层面都还没有形成具有法律约束性的权利与义务。

展，在这种发展中，所有人权和基本自由都能获得充分实现。"① 这就清楚地表明，发展不仅仅指经济增长，更重要的是在权利框架下实现人的尊严与自由，不断增进人的福利的过程。"发展的进程必须以尊重权利的方式来推进，通过政府和其他行为主体以参与和非歧视的方式实施符合人权标准的政策和行动，以公正合理地实现所有的发展结果。"②

冷战结束和经济全球化进程，促使各国竞相吸引投资，无论国际还是国内，资本流动性增强使得各国金融机构不断放松监管和限制，充满投机和风险的"赌场资本主义"（casino capitalism）大行其道，某些利用现行体制漏洞形成的"暴利"行业迅速膨胀，在"赢者通吃"政治的控制下，财富也急剧向它们集中。③ 不少发展中国家不得不采用"社会倾销"（Social Dumping）手段，牺牲劳动者利益或降低人道标准来博得所谓竞争力。这种"竞相趋劣"（race to the bottom）的做法，不但使各国劳动者的收入水平增长缓慢，还加剧了贫困的发生。④

贫困现象不仅是穷国人民的灾难，也是许多种族冲突、恐怖主义、社会动荡和环境恶化的深层原因，并深刻影响人类发展的进程。根据国际劳工组织（ILO）《世界就业和2016社会前景趋势报告》，尽管自1990年来，全球极端贫困率减少了超过一半，但全球贫困状况依旧不见好转。许多劳动者即使拥有全职工作，仍然难以摆脱贫困。目前，近三分之一的新兴经济体和发展中国家的极端贫困和中等贫困人口有了工作，但这些工作使他们感到非常脆弱，有时甚至需要无薪加班工作。据估计，全球有近20亿

---

① 《发展权利宣言》，北京大学法学院人权研究中心编：《国际人权文件选编》，北京大学出版社2002年版，第304—305页。

② ［印］艾君·森古布达：《作为人权的发展》，《经济社会体制比较》2005年第1期。

③ ［美］雅各布·S.哈克、保罗·皮尔森：《赢者通吃的政治：华盛顿如何使富人更富，对中产阶级却置之不理》，陈方仁译，格致出版社、上海人民出版社2015年版。

④ 即使在发达国家，经济结构调整也引发了许多新的贫困问题，某些"夕阳产业"的劳动者失业陷入贫困，他们在劳动力市场和其他社会参与机会中遭到排斥或歧视，这也促使很多人加入反全球化运动中。

人口每天生活费不足 3.10 美元，而在新兴经济体和发展中国家，这一比例更是超过了 36%。特别是非洲和部分亚洲地区的贫困率居高不下。ILO 社会和经济问题特别顾问表示，现在世界上约有 30% 的穷人只占有世界上 2% 的收入。而且，在部分发展中国家减贫工作取得成效之时，发达国家贫困人数的增加已达到历史最高纪录，尤其在欧洲，2012 年发达国家贫困人数已超过 3 亿。这与近年欧洲的大批难民有关。妇女和儿童是遭受贫困影响最严重的两大人群，在新兴经济体和发展中国家，一半以上 15 岁以下的儿童生活在极端贫困和中度贫困状态中，发达国家约有 36% 的儿童生活在相对贫困线以下。①

在 2000 年千年峰会上，当时的联合国秘书长就指出："很少有人、团体或政府反对全球化本身。他们反对的是全球化的悬殊差异。首先，全球化的好处和机会仍然高度集中于少数国家，在这些国家内的分布也不平衡。第二，最近几十年出现了一种不平衡现象：成功地制定了促进全球市场扩展的有力规则并予以良好实施，而对同样正确的社会目标，无论是劳工标准，还是环境、人权或者减少贫穷的支持却落在后面。更广义地说，全球化对许多人已经意味着更容易受到不熟悉和无法预测的力量的伤害，这些力量有时以迅雷不及掩耳的速度造成经济不稳和社会失调。"② 为此，各国领导人承诺必须在国家和全球范围创造有助于发展的条件，促使每个人实现发展权，并使全人类免于匮乏。"千年发展目标"（MDGs）应运而生，但要实现这个目标，政治意愿和政策理念还必须转化为各国可以诉诸发展实践的战略。

"千年发展目标"第一项就是消除极端贫困和饥饿，即以 1990 年数字为参照，到 2015 年使每天不到 1 美元维持生存的人口比例减半，使遭受

---

① 全球贫困问题依旧严峻：发达国家贫困人口逆势增加，http://finance.sina.com.cn/world/gjcj/2016-05-19/doc-ifxsktvr0947733.shtml。

② 联合国文件：安南：《我们人民，角色和作用》，http://www.un.org/chinese/aboutun/prinorgs/ga/millennium/sg/report/。

饥饿的人口比例减半。全世界都要共同应付贫困问题，"解决饥饿、疾病、贫困和教育匮乏的许多办法是清楚明确的。所需要的是为这些努力更合理地提供资源，更公平有效地分配服务。除非每个国家，无论是穷国还是富国，承担起对世界上几十亿贫困人口的责任，否则这将无法实现"①。2001年"9·11"事件使得全世界更多的人对造成恐怖主义的全球分裂和贫困根源忧心忡忡，"除了作为一个道义方面的问题外，人们认识到贫穷削减工作是保证和平和安全所必需的"②。世界贸易组织（WTO）、国际货币基金组织（IMF）、世界银行等国际机构也改变了一些策略和运作方式来支持扶贫。南北双方在承认相互依存的前提和必须改革现行国际秩序方面取得了一定共识，并纷纷有所行动。

根据联合国《2015年千年发展目标报告》③，"千年发展目标"完成得比较好的是消除极端贫困和饥饿目标、促进性别平等并赋予妇女权利目标、饮用水安全和贫民窟人口比例等部分目标，其中在消灭贫穷方面取得了最成功的进展，极端贫困的人口减少了一半多。在男女平等方面，大多数国家都实现了小学教育男女平等。在儿童死亡率方面，全球5岁以下儿童的死亡率15年下降了一半多……但是，各国各地区实现"千年发展目标"的进展很不均衡。至今仍然有近8亿人生活在极度贫困中，来自最贫穷的20%家庭的儿童发育迟缓可能性是富有的20%家庭的儿童的两倍以上，失学可能性是后者的四倍，等等。

2015年"千年发展目标"到期，但世界范围消除贫困状况、提高发展质量依然还是全球发展的优先议题。经过多年准备和谋划，2015年联合国发展峰会通过了《2030年可持续发展议程》，《议程》包括17个"可持续发展目标"（SDGs），第一个就是在世界各地消除一切形式

---

① 联合国开发计划署：《2003年人类发展报告——千年发展目标：消除人类贫困的全球公约》，中国财政经济出版社2003年版，第12—13页。
② 国际货币基金组织：《金融与发展》（中文版），2002年3月号，第5页。
③ 联合国文件：《2015年联合国千年发展目标报告》（中文版），http://www.un.org/zh/millenniumgoals/pdf/MDG% 202015% 20Press% 20Release_Chinese.pdf。

的贫穷；第二个是消除饥饿，实现粮食安全，改善营养和促进可持续农业……所有目标均致力于将短期的消除极端贫困与长期的包容性发展、可持续发展结合起来，要求各国尽力保证将千年发展目标"转轨"到更广泛也更具变革性的《议程》规定的可持续发展目标，"建立和平、公正和包容的社会，所有人都能平等诉诸法律，人权（包括发展权）得到尊重，在各级实行有效的法治和良政，并有透明、有效和负责的机构"①。关于《议程》的报道和讨论都十分强调克服既有发展方式的弊端，努力协调经济增长、社会进步和环境保护的可持续发展进程；为了应对人类面临相互牵连而又深刻的挑战，还要建构一个更有效的全球发展合作体系。

（三）反贫困重在能力赋权

20世纪80年代以后，联合国大会先后通过了援助最不发达国家的行动纲领，前者包括促进体制改革以克服他们的极端经济困难；为穷人提供充分的、适当的、国际承认的最低生活标准；确定并支持主要的投资机会和优先项目；尽可能减少自然灾害的不利影响；对最不发达国家提供的援助一般采取赠予方式。后者要求债务国与债权国共同努力，制定一项国际债务战略，以利于最不发达国家的经济增长和发展。《发展权利宣言》正式确认发展权利是一项不可剥夺的人权，发展机会均等是国家和组成国家的个人的特有权利。发展权包括两个方面：第一，它意味着充分实现民族自决权，包括对他们的所有自然资源与财富有行使不可剥夺的完全主权；实现发展权需要充分尊重有关各国依照《联合国宪章》建立友好关系和合作的国际法原则，各国有义务在确保发展和消除发展的障碍方面相互合

---

① 联合国文件：《变革我们的世界：2030年可持续发展议程》，http://www.un.org/ga/search/view_doc.asp?symbol=A/69/L.85&referer=http://www.un.org/sustainabledevelopment/sustainable-development-goals/&Lang=C。

作，并在实现其权利和履行义务时着眼于国际新秩序的建立；第二，它意味着每个个人都有参与发展的权利，具体到应保证工作权利和组织工会及工人协会的权利；促进充分就业，消除失业和就业不足；为所有人创造公正、有利的工作条件；保证公平的劳动报酬；消除饥饿、营养不良和贫困；实现较高健康水平；扫除文盲，保证享受免费初级义务教育的权利以及为所有人提供充足的住房和社区服务等。国际社会的援助也有助于发展权的实现，包括拓展更广泛的业务，提供资金、技术和市场准入，修改贸易及金融运行规则、知识产权保护规则，以及建立新的国际机制以满足发展中国家的特殊需要。

在发展中国家，贫穷是妨碍享受人权的主要障碍之一。世界上几乎四分之三的人口遭受营养不良、疾病和贫困这样一个事实应该成为我们关注的问题。在发展中国家以及最不发达国家，由于资源转用于偿还外债和国际贸易中的不平等所造成的落后的社会经济条件不仅阻碍了发展的进程，而且阻碍了人权的实现。……发展不仅仅是促成经济增长的手段，而且是扩大人民选择的进程。一个持续长时期的基础广泛的发展进程本身，有助于满足人们基本的社会经济需要，并在这一进程中增强民主制度。我们确实认为，发展权是一项不可剥夺的人权，经济和社会发展对于充分享受人权的极端重要性应当进一步得到承认和强调。为了人权的普遍实现，所有国家必须在消灭贫穷这个重要任务方面进行合作……既然发展不充分是实现和享有人权的主要障碍，是贫穷的主要根源，那么发展和人权之间的关系就需要放在首要的位置。在人权清单上。发展权必须被放在一个仅次于生命权和自决权的位置上。[①]

---

① 亚非法律协商委员会秘书长法良克·X.恩赞加在维也纳世界人权会议上的发言，见 http://www.humanrights.cn/cn/rqlt/rqll/fzzgjrqg/t20061023_166449.htm。

　　发展机会均等既是国家的权利，也是组成国家的个人的权利。国家有责任创造有利于个人实现发展权利的国内条件，又有责任创造有利于各国实现发展权利的国际条件。《维也纳宣言和行动纲领》（1993 年）进一步指出："国际社会应促进有效的国际合作，实现发展权利，消除发展障碍。为了在执行发展权利方面取得持久的进展，需要国家一级实行有效的发展政策，以及在国际一级创造公平的经济关系和一个有利的经济环境。"①为了纪念《发展权利宣言》10 周年，联合国大会 51/99 号决议（1996 年）再次重申发展权利作为基本人权的组成部分对于每个人、所有国家、特别是发展中国家所有人民的重要性。

　　2000 年联合国大会（联合国千年首脑会议）通过《联合国千年宣言》，各国承诺将不遗余力，促进民主和加强法治，并尊重一切国际公认的人权和基本自由，包括发展权（第 24 条）。还承诺将不遗余力地帮助 10 亿多男女老少同胞摆脱目前凄苦可怜和毫无尊严的极端贫穷状况。决心使每一个人实现发展权，并使全人类免于匮乏（第 11 条）。为此必须在国家及全球范围创造一种有助于发展和消除贫困的环境。而实现这些目标的路线图——"千年发展目标"，其中第一项就是消除极端贫困和饥饿，即以1990 年数字为参照，到 2015 年使每天不到 1 美元维持生存的人口比例减半，使遭受饥饿的人口比例减半。

　　显然，只有通过发展，才能保障人民的基本权利，才能为消除贫困、改善民生提供基础性条件。但是发展并不会自动成为反贫困的"法宝"，反贫困还是要靠增强穷人的能力。世界银行贫困问题研究小组《穷人的呼声》（*Voices of the Poor*）系列报告指出，穷人需要的不是慈善而是发展的机会。一个成功的摆脱贫困策略应包括以下要素：从穷人的现实出发；投资于穷人的组织能力；变革社会规范；支持那些能够带领穷人发展的领导

---

① 《维也纳宣言和行动纲领》，北京大学法学院人权研究中心编：《国际人权文件选编》，北京大学出版社 2002 年版，第 43 页。

者。① 扶贫战略必须动员穷人的能力，采取有效措施使他们成为发展中最重要的合作者。并建议政府进行重新定位，深化防范贫困的经济政策；投资于穷人的财产与能力；加强与穷人之间的伙伴关系；关怀性别不平等问题以及儿童的脆弱性；保护穷人的权利。②

习近平主席在 2015 年联合国发展峰会上指出，"对各国人民而言，发展寄托着生存和希望，象征着尊严和权利"，"唯有发展，才能消除冲突的根源。唯有发展，才能保障人民的基本权利。唯有发展，才能满足人民对美好生活的热切向往"。③ 摆脱贫困，就必须谋求发展，实现最基本的人权，这已经成为世界各国的普遍共识。以往人们大多是以物质匮乏来理解贫困的，但"贫困不仅仅指收入低微和人力发展不足，它还包括人对外部冲击的脆弱性，包括缺少发言权、权利和被社会排除在外"④。也就是说，贫困是经济、社会、文化和政治落后的综合表现即发展不足。

事实上，造成贫困的真正原因是贫困人口创造收入的能力剥夺（capability deprivation）以及机会的缺乏。贫困必须被视为是一种对基本能力的剥夺，而不仅仅是收入低下。⑤ 相对于人类发展及其指标，"人类贫困"（human poverty）概念及其指标体系（HPI，即人类贫困指数）被用以测量人们有关寿命、知识水平和生活体面程度的短缺情况。⑥ 联合国开发计划署《2000 年人类发展报告》以"人权与人类发展"为主题，明确提出"消

---

① ［印］迪帕·纳拉扬等：《谁倾听我们的声音》，付岩梅等译，中国人民大学出版社 2001 年版，第 315 页以下。

② ［印］迪帕·纳拉扬等：《在广袤的土地上》，崔惠玲等译，中国人民大学出版社 2004 年版，第 523 页以下。

③ 习近平：《谋共同永续发展　做合作共赢伙伴——在联合国发展峰会上的讲话》，《人民日报》2015 年 9 月 28 日。

④ 世界银行：《2000/2001 年世界发展报告》，中国财政经济出版社 2001 年版，第 11 页。

⑤ ［印］阿玛蒂亚·森：《贫困与饥荒》，王宇、王文玉译，商务印书馆 2001 年版，第 73 页。

⑥ 贫困的具体表现并不相同。根据人类贫困指数，在发展中国家，贫困是由未存活到 40 岁的人的百分比、文盲率、缺乏保健服务和安全饮用水的人所占的百分比，以及 5 岁以下的儿童体重不足的人所占的百分比来衡量的；而发达国家则是由未存活到 60 岁的人的百分比，功能性文盲率、收入低和长期失业来衡量。

除贫困是 21 世纪的主要人权挑战"。人权运动有助于穷人获得权利，增强个人能力和摆脱贫困。"体面的生活水平、足够的营养、医疗以及其他社会和经济进步不仅仅是发展的目标。他们是与人的自由和尊严紧密相连的人权。但这些权利不是印刷品所能赋予的。它们要求一系列的社会安排，如准则、制度、法律和能发挥作用的经济环境等，以便最好地保障享受这些权利。""资源分配和经济增长模式必须是有利于穷人、有利于人类发展并有利于人权的。由经济增长所创造出来的资源需要投向消除贫困、促进人类发展和保障人权。"① 各国必须尽最大努力推进这个过程，包括实行能帮助大多数穷人实现权利的合适政策，以及推行有穷人参与的决策进程；而贯彻这样的政策和取得进展不仅仅取决于国家的行动，还取决于有一个使各国都这样做的国际环境，并把制定支持穷人的国际秩序的义务和责任视为"全球正义"的内容。

国际反贫困战略突出了超越经济行为的治理结构和创新机制。世界银行继 1980 年、1990 年两部关于贫困的发展报告，又推出主题是"与贫困作斗争"（Attacking Poverty）的《2000/2001 年世界发展报告》，要求各国政府、国际社会和有关国际机构实施消除贫困的战略和行动，一是扩大机会：通过刺激全面增长，以市场和非市场行为结合的方式来强化贫困人口自身的资本（如土地和受教育程度），进而提高这些资本的回报来扩大穷人的经济机会。二是促进赋权：使各国的机构和制度更为负责任，更及时迅捷地回应穷人的意见和建议，推动穷人参与政治程序和地方决策，消除由区分性别、民族、种族、地区和社会地位而造成的社会障碍。三是加强社会保障：减少穷人在遭遇以下情况时的脆弱性，疾病、经济打击、歉收、政策性混乱、自然灾害和暴力等；同时在发生上述情况时帮助他们应对所出现的负面冲击；主要是确保以有效的安全保障体系来减轻个人和国家灾难所造成的影响。这三个方面共同行动，"为

① 联合国开发计划署：《2000 年人类发展报告》，中国财政经济出版社 2001 年版，第 71 页；第 79 页。

改变贫困面貌带来新的推动力，这将使解决人类贫困与建立社会公正，同时又具有竞争和生产力的社会成为可能"①。由于各国国情不同，国家减贫行动必须依据各国情况制定综合减贫战略和优先事项；国际社会也必须在促进全球金融稳定、架起数字鸿沟的桥梁、为国际公共物品提供资源、增加援助和减免债务、赋予穷国和穷人更大发言权方面采取联合行动。

联合国开发计划署《2003 年人类发展报告》（主题是"千年发展目标：消除人类贫困的全球公约"）指出，有关发展的讨论主要集中在一是通过经济改革建立稳定的宏观经济的必要性，二是通过强有力的制度和治理来实行法治、抑制腐败的必要性，三是建立社会公正、使人民参与到影响他们及他们的社区和国家的决策中去的必要性；但如果一个国家无法迈过某些门槛，仍有可能落入贫困陷阱。摆脱贫困陷阱要求相关国家在卫生保健、教育、营养、基础设施和良好治理等方面迈过关键门槛，以实现可持续经济增长的起飞。为此，就必须有一系列政策组合，包括投资于社会部门；投资提高农业生产率；投资于基础设施；支持私人活动的产业发展政策；强调全社会各方面的公平；强调环境的可持续性和城市管理。由于穷国无力承担这些投资，国际社会（国际机构、双边援助机构、私人机构以及公民社会组织）应通过增加援助帮助它们这样做，条件是这些国家有良好的经济治理、保护人权并奉行透明而有效的政策。

震惊世界的"9·11"事件以后，南北双方在承认相互依存的前提和改革现行国际经济秩序方面取得了一定共识，并有所行动。②2002 年，联

---

① 世界银行：《2000/2001 年世界发展报告》，中国财政经济出版社 2001 年版，第 12 页。

② 2005 年，联合国发表的"千年发展目标"实施情况中期报告指出，贫困问题仍然是当今世界的主要问题。估计目前仍有 10 亿人生活在极端贫困线以下。发展中国家极端贫困人口的比例已从 1990 年的 28% 降至 2001 年的 21%，按这个速度，2015 年底前将贫困人口减半的目标将提前实现。2005 年 6 月八国集团财长达成协议，决定清理 38 个国家共 550 亿美元债务，并全部取消 18 个重债穷国的 400 亿美元债务。

合国发展筹资会议形成《蒙特雷共识》（Monterrey Consensus），主要内容包括：动员各种资源在世界范围促进经济增长、消除贫困和实现可持续发展；国际贸易在发展中应发挥发动机的作用；发达国家应在贸易、投资、债务等方面给予发展中国家支持、援助与合作；各国政府的官方发展援助（ODA）应在筹资发展问题上发挥基本作用，特别是发达国家应兑现使援助达到国民总收入（GNI）的 0.7% 的水平。[1]

然而，任何救济和援助都只能"救急"，而不可能"救穷"，不可能从根本上解决贫困问题。通常政府主导的反贫困战略重点是物质资本和基础设施的投资，但这种战略与往往贫困人口的偏好相距甚远（还不包括政府"寻租"引起投资效率低下的情况）。贫困的根源不仅在于物质资本的不足，而更在于穷人的能力不足（capability failure）或人力资本的短缺，这就必须加大对教育和人力资本的投资，"投资于基本能力和法律上保障权利是一种强有力的结合，它赋予穷人为脱贫而斗争的权利"[2]。

各国的反贫困实践表明，国家（政府）的扶持是决定性的。这种扶持，除了政府施加直接救济外，还要通过各种渠道，以多种方式增加对贫困地区的基础设施和生产性投资；同时在财政、金融等方面实行优惠政策。从长远看，教育和人力资源开发是提高穷人能力、减轻贫困的根本性措施，为此国家还必须大力重视教育和人力资源的开发，尤其是初等教育和技术培训。国际援助（包括国际组织援助及国家间的双边援助）在减轻发展中国家的贫困方面发挥了重要作用。冷战结束以来，世界银行及其附属国际开发协会（IDA）加大了对社会部门，特别是教育和健康部门的援助力度，而这种援助是否能起到积极作用，除了项目类型和援助规模外，很大程度上还取决于受援国的管理和使用。

[1] 经济合作发展组织（OECD）2010 年提供的 ODA 达到 1287 美元，占成员国 GNI 的 0.32%，这是历年的高水平（1992 年以来与 2005 年持平）。
[2] 联合国开发计划署：《2000 年人类发展报告》，中国财政经济出版社 2000 年版，第 72 页。

（四）中国"精准扶贫"方案

中国在 20 世纪 90 年代中期制订了国家扶贫攻坚计划；2001 年又制定了《扶贫开发纲要（2001—2010 年）》，走的是一条"政府主导、社会参与、自力更生、开发扶贫"的扶贫道路。中国的"开发式扶贫"着眼于增强贫困人口脱贫能力，积极引导和帮助贫困地区的人民参与扶贫开发；同时通过加强基础设施建设、普及农村义务教育、农村医疗卫生体系建设和医疗体制改革，以及广泛动员社会力量，使我国贫困人口大幅度下降。

> 我们依靠自己的力量，解决了几亿贫困人口的温饱问题，使他们的生存权和发展权得到保障，为他们享受其他各项权利创造了有利条件。这是我们党和政府在发展人权事业方面取得的最重要、最伟大的成果，也是对世界人权事业的重大贡献。[1]

2015 年，联合国"千年发展目标"在中国基本实现。中国是全球最早实现"千年发展目标"中减贫目标的发展中国家，为全球减贫事业做出了重大贡献。2012 年以来，我国贫困发生率从当年 10.2%下降到 2016 年的 4.5%[2]，这是中国全面建成小康社会的必然要求，也是落实联合国《2030 年可持续发展议程》的重要步骤。如果从 2015 年算起，未来 15 年消除贫困依然是世人所面临的最大全球性挑战，同时对中国和其他发展中国家都是发展的关键时期。中国领导人倡议，着力加快全球减贫进程，着力加强减贫发展合作，着力实现多元自主可持续发展，着力改善国际发展环境，

---

[1] 《十五大以来重要文献选编》中，人民出版社 2001 年版，第 846—847 页。

[2] 我国现行贫困标准是以 2011 年 2300 元不变价为基准进行调整的：2016 年 3000 元（2015 年 2800 元）。按照这个口径，中国当时的贫困人口 7000 多万。世界银行目前贫困标准是每人每天收入 1.9 美元（大约年 4600 元），但若按购买力平价（PPP）计算，我国贫困标准已超过每人每天 2 美元。

为共建一个没有贫困、共同发展的人类命运共同体而不懈奋斗。① 这充分展示了中国反贫困的伟大业绩和进一步推进的路线图。

我国反贫困迄今多半是政府行为而不是社会行为，还没有充分发挥市场和社会力量的作用；相对于物质资源的开发援助，人力资源的开发和再配置相对落后。进一步解决贫困问题亟待这些方面的制度创新和机制创新。事实上，市场经济体制越完善，基于能力的个人机会就越大。反贫困的能力供给主要取决于教育和提高人力资本。然而，不合理的公共资源配置导致了社会成员能力的差异，在市场经济的竞争中，他们面临极大的机会不平等，并不得不接受不公平竞争的一系列结果。

摆脱贫困，发展是第一位的，经济增长是人类发展的必要因素，但不是充分条件，在人均收入差不多的地方可能有很不一样的贫困率，因为还存在某些非收入的，有的是利益集团作梗，有的是官僚主义无效率甚至腐败（包括挤占挪用、虚列支出、转移资金和私设"小金库"，等等）引起的贫困因素。而且由于边际效应，当贫困人口低于2%时（我国目前是5%），减贫的难度大大增加。贫困的集中度也反映一些地区的贫困代际传递问题非常突出。存在一些顽固性贫困，有的地方有的人群即便脱了贫，一有风吹草动就又返了贫（我国农村返贫率约20%，有的地方有的年份甚至高达50%以上）。这就必须关注形成这些问题的制度因素，特别是如何分配资源的公共政策。中国坚持开发式扶贫，并已进入攻坚阶段，将大幅增加扶贫投入，出台更多惠及贫困地区、贫困人口的政策措施，在扶贫攻坚工作中实施精准扶贫方略，坚持中国制度的优势，注重扶持对象精准、项目安排精准、资金使用精准、措施到户精准、因村派人精准、脱贫成效精准，坚持分类施策，广泛动员全社会力量。② 但也要看到，各种不

① 习近平：《携手消除贫困 促进共同发展——在2015减贫与发展高层论坛的主旨演讲》，《人民日报》2015年10月17日。
② 习近平：《携手消除贫困 促进共同发展——在2015减贫与发展高层论坛的主旨演讲》，《人民日报》2015年10月17日。

利条件使得已经脱贫的一部分人口，因病、老龄，以及女性返贫的可能性随时存在——创造机遇、赋权和安全保障这三方面的共同采取行动仍然十分必要。

"行百里者半九十"，如何进一步明确精准思路、强化精准责任，采取更大力度、更有针对性、更有效更可持续的措施，是反贫困攻坚战的"利器"。打好脱贫攻坚战也是党的十九大提出的三大攻坚战之一，这场攻坚战最集中的要求就是"精准"。"扶贫开发贵在精准，重在精准，成败之举在于精准。……要坚持因人因地施策，因贫困原因施策，因贫困类型施策，区别不同情况，做到对症下药、精准滴灌、靶向治疗，不搞大水漫灌、走马观花、大而化之。要因地制宜研究实施'四个一批'的扶贫攻坚行动计划，即通过扶持生产和就业发展一批，通过移民搬迁安置一批，通过低保政策兜底一批，通过医疗救助扶持一批，实现贫困人口精准脱贫。"①值得注意的是，有的政府机构和官员把扶贫款项转移到能够为其提供更多"回扣"的投资项目上，这就不但降低了扶贫基础设施的质量，还损害了公共服务的供给，打击了全社会反贫困的信心。为了减少腐败发生率，必须将扶贫资源直接瞄准（targeting）贫困对象，使他们能够从合适途径获得信贷支持；引导和鼓励他们建立经济合作组织，通过组织内部的互助、合作增强反贫困能力；建立促使贫困人口参与反贫困决策和计划的有效渠道，并监督其运作，从制度安排、技术培训、资金投入、产品开发、咨询服务等多方面提升穷人获取生存和发展资源的能力。"关键是要找准路子、构建好的体制机制，在精准施策上出实招、在精准推进上下实功、在精准落地上见实效。"②另外，还可能出现这样的情况，制度（譬如保护弱者的法律）很好，但是穷人利用它却困难重重，法律的复杂

---

① 《习近平在贵州召开部分省区市党委主要负责同志座谈会上的讲话》，《人民日报》2015 年 6 月 20 日。
② 《习近平谈治国理政》第 2 卷，外文出版社 2017 年版，第 84 页。

性阻碍了他们对自身权利的认识和维权行为的判断。法律制度如何更好地发挥作用，在反贫困领域，如劳动争议、土地登记、人身虐待和执法暴力等方面提供法律援助要尽快提上议事日程，并付诸可操作的行动。

从根本上说，"授人以鱼，不如授人以渔"。要阻止贫困的代际传递，就必须提高贫困人口的生存与发展能力，提供比较顺畅的流动机制和获得就业和保障的机会。在至今仍然很贫困的那些地方，工作和政策重点要放在消除贫穷的根源上，坚决清理那些不符合贫困标准的对象、不符合扶贫资质的企业、不符合扶贫要求的项目，使反贫困资源更好地惠及目标人群，帮助他们实现发展权利。

使贫困人口享受公共教育的均等权利，尽可能保证他们的起点平等，是矫正社会不平等的基础条件，也是扶贫开发最重要的制度安排之一。我国目前城乡之间、地区之间仍存在的巨大发展差异，与对人的发展最具基础性、根本性的教育资源配置不均衡有关。"扶贫必扶智，让贫困地区的孩子们接受良好教育，是扶贫开发的重要任务，也是阻断贫困代际传递的重要途径。"[1] 但是现在教育的不菲投入与未来不确定性形成不小的反差，许多低收入家庭往往不愿承担这种"高风险投入"，这就很容易陷入贫困代际传递。反贫困的能力供给主要取决于教育和提高人力资本，政府在财力有限，不可能进行大量教育培训投资的情况下，除了动员社会力量加大对贫困地区的教育投入外，还必须从两方面增进人力资本积累：建立能激励贫困人口改变现状的资源分配方式；还要强制贫困人口的子女接受义务教育职业教育，促使他们提高就业和脱贫能力。

所有这些，都是为了切实保障和实现中国人民的生存权、发展权。

---

[1] 《习近平给"国培计划（2014）"北京师范大学贵州研修班参训教师的回信》，《人民日报》2015年9月11日。

链接 2.1：《发展权利宣言》

联合国大会 1986 年 12 月 4 日第 41/128 号决议通过

大会：

铭记《联合国宪章》中有关促成国际合作以解决属于经济、社会、文化或人道主义性质的国际问题，且不分种族、性别、语言或宗教，增进并激励对全体人类人权和基本自由的尊重的宗旨和原则，承认发展是经济、社会、文化和政治的全面进程，其目的是在全体人民和所有个人积极、自由和有意义地参与发展及其带来的利益的公平分配的基础上，不断改善全体人民和所有个人的福利，认为根据《世界人权宣言》的规定，人人有权要求一种社会的和国际的秩序，在这种秩序中，本宣言所载的权利和自由可得到充分实现，忆及《经济、社会、文化权利国际公约》和《公民权利和政治权利国际公约》的规定，还忆及联合国及其各专门机构关于个人的全面发展和各国人民的经济及社会进步和发展的有关协议、公约、决议、建议及其他文书，包括关于非殖民化、防止歧视、尊重和遵守人权和基本自由、根据《宪章》维护国际和平与安全并进一步促进各国间友好关系与合作的文书，忆及各国人民的自决权利，由于这种自决权利，各国人民有权自由决定他们的政治地位和谋求他们经济、社会和文化的发展，还忆及各国人民有权在关于人权的两项国际公约有关规定的限制下对他们的所有自然资源和财富行使充分和完全的主权，念及各国按照《宪章》的规定有义务促进对全体人类人权和基本自由的普遍尊重和遵守，而不分种族、肤色、性别、语言、宗教、政治或其他见解、民族本源或社会出身、财产、出生或其他身份等任何区别。

认为消除大规模公然侵犯受到下列情况影响的各国人民和个

人人权的现象，将有助于创造有利条件，以利人类大多数的发展，这些情况是由于新老殖民主义、种族隔离、一切形式的种族主义和种族歧视、外国统治和占领、侵略、对国家主权、国家统一和领土完整的威胁以及战争的威胁等所造成的，关注继续存在着阻碍发展和彻底实现所有个人和各国人民愿望的严重障碍，这是除其他事项外由于剥夺了公民、政治、经济、社会和文化等权利所造成的，认为所有人权和基本自由都是不可分割和相互依存的，为了促进发展，应当一视同仁地重视和紧急考虑实施、增进和保护公民、政治、经济、社会和文化等权利，因而增进、尊重和享受某些人权和基本自由不能成为剥夺其他人权和基本自由的理由，认为国际和平与安全是实现发展权利的必不可少的因素，重申裁军与发展之间关系密切，裁军领域的进展将大大促进发展领域的进展，裁军措施腾出的资源应用于各国人民的经济及社会发展和福利，特别是发展中国家的这些发展和福利，承认人是发展进程的主体，因此，发展政策应使人成为发展的主要参与者和受益者，承认创造有利于各国人民和个人发展的条件是国家的主要责任，认识到除了在国际一级努力增进和保护人权外，同时还必须努力建立一个新的国际经济秩序，确认发展权利是一项不可剥夺的人权，发展机会均等是国家和组成国家的个人一项特有权利，兹宣布《发展权利宣言》如下：

第 1 条

1. 发展权利是一项不可剥夺的人权，由于这种权利，每个人和所有各国人民均有权参与、促进并享受经济、社会、文化和政治发展，在这种发展中，所有人权和基本自由都能获得充分实现。

2. 人的发展权利这意味着充分实现民族自决权，包括在关于人权的两项国际公约有关规定的限制下对他们的所有自然资源和财富行使不可剥夺的完全主权。

第 2 条

1. 人是发展的主体，因此，人应成为发展权利的积极参与者和受益者。

2. 鉴于有必要充分尊重所有人的人权和基本自由以及他们对社会的义务，因此，所有的人单独地和集体地都对发展负有责任，这种责任本身就可确保人的愿望得到自由和充分的实现，他们因而还应增进和保护一个适当的政治、社会和经济秩序以利发展。

3. 国家有权利和义务制定适当的国家发展政策，其目的是在全体人民和所有个人积极、自由和有意义地参与发展及其带来的利益的公平分配的基础上，不断改善全体人民和所有个人的福利。

第 3 条

1. 各国对创造有利于实现发展权利的国家和国际条件负有主要责任。

2. 实现发展权利需要充分尊重有关各国依照《联合国宪章》建立友好关系与合作的国际法原则。

3. 各国有义务在确保发展和消除发展的障碍方面相互合作。各国在实现其权利和履行其义务时应着眼于促进基于主权平等、相互依赖、各国互利与合作的新的国际经济秩序，并激励遵守和实现人权。

第 4 条

1. 各国有义务单独地和集体地采取步骤，制订国际发展政策，以期促成充分实现发展权利。

2. 为促进发展中国家更迅速的发展，需采取持久的行动。作为发展中国家努力的一种补充，在向这些国家提供促进全面发展的适当手段和便利时，进行有效的国际合作是至关紧要的。

第 5 条

各国应采取坚决步骤，消除大规模公然侵犯受到下列情况影响的各国人民和个人人权的现象，这些情况是由于种族隔离、一切形式的种族主义和种族歧视、殖民主义、外国统治和占领、侵略、外国干涉和对国家主权、国家统一和领土完整的威胁、战争的威胁及拒绝承认民族自决的基本权利等造成的。

第6条

1.所有国家应合作以促进、鼓励并加强普遍尊重和遵守全体人类的所有人权和基本自由，而不分种族、性别、语言或宗教等任何区别。

2.所有人权和基本自由都是不可分割和相互依存的；对实施、增进和保护公民、政治、经济、社会和文化权利应予以同等重视和紧急考虑。

3.各国应采取步骤以扫除由于不遵守公民和政治权利以及经济、社会和文化权利而产生的阻碍发展的障碍。

第7条

所有国家应促进建立、维护并加强国际和平与安全，并应为此目的竭尽全力实现在有效国际监督下的全面彻底裁军，并确保将有效的裁军措施腾出的资源用于发展，特别是发展中国家的发展。

第8条

1.各国应在国家一级采取一切必要措施实现发展权利，并确保除其他事项外所有人在获得基本资源、教育、保健服务、粮食、住房、就业、收入公平分配等方面机会均等。应采取有效措施确保妇女在发展过程中发挥积极作用。应进行适当的经济和社会改革以根除所有的社会不公正现象。

2.各国应鼓励民众在各个领域的参与，这是发展和充分实现所有人权的重要因素。

第9条

1.本宣言规定的发展权利的所有各方面都是不可分割和相互

依存的，各方面均应从整体上加以解释。

2.本宣言的任何部分，不得作违背联合国宗旨和原则的解释，也不得暗示任何国家、集体或个人有权从事旨在侵犯《世界人权宣言》和有关人权的两项国际公约中所规定的权利的任何活动或任何行为。

第 10 条

应采取步骤以确保充分行使和逐步增进发展权利，包括拟订、通过和实施国家一级和国际一级的政策、立法、行政及其他措施。

三、维护"体面劳动"的权利

实现发展权包含丰富的内容，劳动权（right to work ，或工作权）就是一个重要方面。保障广大劳动者经济、政治、文化、社会权益是我国社会主义制度的根本要求，也是发挥他们积极性、主动性、创造性最重要最基础的工作，以实现体面劳动。体面劳动，内在地要求提高劳动者素质，促进就业、提升产业、实现转型发展的根本大计是增强劳动者的能力建设；外在的必须通过组织起来，才能切实维权。劳动关系的和谐稳定在很大程度上就取决于劳资双方力量的大致平衡，这就要求我国工会组织更加注重"独立自主地开展工作"及其有关职能的转变，并进一步落实改革路线图。

（一）关于"体面劳动"

劳资关系构成了现代社会最主要的社会关系，是现代社会的晴雨表；在我国语境中，"劳资关系"与"劳动关系"这两个概念往往混用，没有和谐稳定的劳动（资）关系，就谈不上和谐稳定的社会关系。①

改革开放以来，我们习惯理解的劳动关系基本面逐渐转变为劳资关系，主要表现在：第一，劳动关系的市场化基本完成。由国家作为全社会的代表的利益一体化的劳动关系，转变为用人单位和劳动者两个独立的利益主体所构成的雇佣劳动关系。运行机制也将逐步由以政府为主体的行政手段的控制，转变为以用人单位为主体的市场机制的调节。劳动关系双方的利益差别、利益分化乃至利益冲突将会不断扩大和加强。雇佣的弹性化导致非正规劳动关系大量增加，对劳动者权益保障提出新的挑战。第二，劳动关系的法制化逐步加强。调整劳动关系的模式以国家规制为主，劳资自治为辅，劳动关系在构成、运行和处理等方面进一步走向法制化。强化国家对劳动关系的积极干预，力图通过宏观层面上的法规建设，来规范劳动关系双方的权利与义务，实现公平正义。第三，劳动关系的全球化初显端倪。我国劳动关系在主体结构、劳动标准、调整方式等方面也出现了国际化趋向，即劳动关系的存在和调整已不仅是一国内部事务，直接受到国际经贸规则、国际劳工标准及公司社会责任运动的影响和制约，推动"体面劳动"的发展已成为中国和世界各国劳动关系协调的共识。构建和谐劳动关系，主要体现在劳动关系的双方在根本利益一致的基础上，尊重和承认利益差别，追求合作共赢。②

"体面劳动"（Decent work）概念，是国际劳工组织（ILO）总干事胡安·索马维亚在 1999 年国际劳工大会上提出的。

> 这一概念的提出是基于这样一个共识，即劳动是获得个人尊严、实现家庭稳定、促进社区平安、向人民宣扬民主政治、推动经济增长

---

① 在劳动（资）关系中，劳动者或劳方（labourer），也称为工人（worker）、员（职）工（personnel）、雇员（employee）；资方（雇主、用人单位，employer），或称为资本家（capitalist）、企业主（business owners）、经营者（operators）。而"权益"（rights & interests）往往与"权利"（rights）混用，好在中文权利之"利"本来就有利益的意思。
② 《改革开放 30 年的工人阶级和工会》，见 http://www.21ccom.net/articles/zgyj/ggzhc/article_2010052810447.html.

从而提供更多富有成效的就业岗位和促进企业发展的根本源泉。在相对短暂的时间内，政府、雇主组织、工会和社会团体就在这一概念的引导之下达成了一个国际共识，即富有成效的就业和体面劳动是实现公平的全球化和减少贫困的至关重要的因素。①

为了实现这个目标，ILO 还提出了就业、权利、保护、对话四大战略（"体面劳动议程"）；并把落实议程与联合国"千年发展目标"联系起来。"我们把体面劳动作为一种社会稳定性机制，通过该机制可以将冲突变为对话和社会共识。首先，体面劳动是一个重要的政治性目标，因为他对各国人民的普遍需求做出了反应。体面劳动是一个真正的全球目标。"②2005 年联合国 60 周年首脑会议，世界各国领导人一致赞成将实现充分和富有成效的就业和体面劳动作为相关的国家和国际政策的一个核心内容。

作为联合国属下劳资加政府（三方机制）处理劳动事务的专门组织，ILO 通过的国际劳工公约（标准）具有约法性质。1998 年国际劳工大会《国际劳工组织关于工作中的基本原则和权利宣言》，将关于结社自由和集体谈判、消除强迫劳动、废除童工、消除就业和职业中的歧视等 4 个方面 8 项公约列为具有道义和法律约束力的"核心劳工标准"。ILO 还会同各国对应机构制订了体面劳动国别计划（DWCP），根据各国发展框架确立优先工作领域和目标，实施有效项目，解决重大体面劳动赤字问题。③《中

---

① 国际劳工组织关于"体面劳动"的论述，见 http://www.ilo.org/public/english/region/
asro/beijing/download/factsheet/decentwork_cn.pdf. 值得注意的是，decent 是得体、像样
和合适的意思，与中文"体面"所包含的荣耀（Honorable）还是有所差异的。

② 国际劳工组织总干事索马维亚在中国就业论坛上的主旨报告（2004 年 4 月 28 日），
http://www.labournet.com.cn/jylt/0428-00.htm.

③ 体面劳动"赤字"主要表现为：失业和不充分就业、工作岗位的质量和生产力低下、
工作不安全、收入无保障，正当权利被剥夺以及性别不平等；形成了就业缺口（em-
ployment gap）、权利缺口（rights gap）、社会保护缺口（social protection gap）和社会
对话缺口（social dialogue gap）。这些问题在流动工人这一群体当中表现尤为突出，他
们更容易受到剥削，缺乏代表来反映他们的利益和心声。

国体面劳动国别计划》（2007 年）是在原劳动和社会保障部与 ILO 共同签署的合作备忘录和中国"十一五"规划（2006—2010）基础上拟议而成，并考虑了联合国发展援助框架（UNDAF）、中国就业论坛上达成的《北京共识》及其在中国开展的技术合作项目和活动经验，经与多方伙伴广泛深入磋商，由中国的三方代表通过并实施。

我国领导人多次提出，实现体面劳动，是以人为本的要求，是时代精神的体现，也是尊重和保障人权的重要内容。进一步保障劳动者权益，为促进社会和谐奠定坚实基础，切实发展和谐劳动关系，建立健全劳动关系协调机制，完善劳动保护机制，让广大劳动群众实现体面劳动；进一步提高劳动者素质，为推动科学发展提供强有力的人力资源支持，这是实现人的全面发展的必然要求，也是推动经济社会发展的重要保证。并把统筹协调各方面利益关系，充分考虑广大劳动群众利益和承受能力，认真解决广大劳动群众反映的热点难点问题与实现体面劳动联系起来。① 全社会都要维护和发展劳动者的利益，保障劳动者的权利。"要坚持社会公平正义，排除阻碍劳动者参与发展、分享发展成果的障碍，努力让劳动者实现体面劳动、全面发展。"②

中华全国总工会、世界工会联合会、非洲工会统一组织和阿拉伯工人工会国际联合会在 2004 年发起举办"经济全球化与工会"（Economic globalization and trade unions）国际论坛，到 2014 年围绕"经济全球化对国际工会运动的影响与对策"和"国际工会运动的发展趋势"（2004 年）、"提高工会组建率的对策与措施"和"经济全球化条件下的工会与消除贫困"（2005 年）、"构建和谐劳动关系"和"维护移（农）民工人权益"（2006 年）、"可持续发展、体面劳动和工会的作用"（2008 年）、"科学发展、体面劳动和职工权益"（2009 年）、"国际金融危机与工会作用"（2010 年）、"转变经济发展方式与提升劳动者素质"和"体面劳动与社会保障"（2011 年）、"尊重劳动创造，维护职工权益"（2012 年）和"共享机遇、共促发展"

---

① 《胡锦涛文选》第 3 卷，人民出版社 2016 年版，第 369—370 页。
② 《习近平谈治国理政》，外文出版社 2014 年版，第 46 页。

（2013年）、"促改革、谋发展、共圆美好梦想"（2014年）等颇具主办国色彩的议题展开讨论与合作——"体面劳动"在我国已不再陌生，并进行能够与国际对话的实施阶段。

（二）劳动者能力是最重要的权利保障

我国改革开放伊始，面对相当低下的经济发展水平，举国上下都意识到即使有再多的劳动力，没有资本和技术，就无法释放能量创造财富；所以要解放思想，招商引资，对资本采取倾斜政策，优惠待遇，想方设法请进来。改革开放以来的巨大变化表明，这些措施不但有效，而且是必须的。今天的情况是，我们的财富蛋糕已经做得足够大，但是这个蛋糕的分配严重不均。劳动者收入占经济总量比重持续下降，20世纪80年代中期以来，差不多每年负一个百分点，而资本所得占比却节节攀升，积累起来，形成了相当明显反差。由于合理的工资决定机制没有完全形成，工资增长率也明显低于劳动生产率。另外，我国还有2.88亿农民工（其中异地务工173亿，2018年数字），他们的就业和生存状况也不容乐观。要使体面劳动成为可能，我国劳动者素质和工作待遇必须有明显提高。

值得注意的是，我国近年就业人口有所下降（约7.8亿，2017年），技能劳动者达到1.7亿（其中高技能人才4800千万，占就业人口6%）；全国私营企业达1500千万户，个体工商户近5000万户，全国互联网创业就业人员超过1000万人。但我国产业结构仍以劳动密集型为主，比较廉价的劳动力不仅是"中国制造"获得比较优势的主要来源，也是吸引资本的主要因素，这个局面还会持续相当一段时间，相应地资本利润与劳动时间、劳动强度、小时工资、生产环境之间的关系也将继续紧张下去。我国积极融入全球化，劳动（资）关系与国际劳工运动格局相衔接也是应有之义。我国劳动力资源占世界比重甚大，其收入水平和劳动条件也在很大程度上也决定着世界劳动者的相应水平和条件；如果我们在这个领域不及格，势必助长全球劳动者待遇的"趋劣竞争"（race to the bottom），因此面临越来越大的国际压力。

相对于物资资源的开发投入，我们在人力资源方面的开发投入非常落后。正如造成贫困的真实原因是"能力剥夺"（capability deprivation）以及机会缺乏一样，内需不足、收入不足的根本因素是人力资本匮乏，劳动者素质低下。在全球化竞争条件下，知识和技能缺乏是最大的风险；只有扩大社会投资，提高劳动者素质和应变能力，才能消除产生"能力剥夺"的根源，这也是促进就业、提升产业的根本大计。必须把投资重点转移到人力资本上来，帮助劳动者自我解困，实现体面劳动。"对人类潜能的开发应当在最大程度上取代'事后'的再分配。"① 而职业教育和培训是提高就业素质、适应能力和改变社会排斥的决定性机会，是对"有效就业"进行再分配的重要机遇。

这个问题，邓小平早就注意到了。"一个十亿人口的大国，教育搞上去了，人才资源的巨大优势是任何国家比不了的。"② 但我国教育发展城乡、区域之间很不平衡，教育投入不足和农村教育薄弱状况没有根本改变，数以亿计农民工的培训雷声大雨点小。我国目前城乡、区域、群体之间劳动绩效存在的巨大差异，与对人的发展最具基础性的教育资源配置不公平有极大关联。国家对于农民和农民工职业教育的支持薄弱，中央财政用于补贴"阳光工程"的经费几近杯水车薪；而以升学为目标的教育模式又很难适应产业结构调整和劳动力市场不断刷新的需求。近年许多地方出现"用工荒"和"就业难"并存的局面正是这种困境的写照。③

---

① ［英］安东尼·吉登斯：《第三条道路：社会民主主义的复兴》，郑戈译，北京大学出版社、生活·读书·新知三联书店 2000 年版，第 107 页。

② 《邓小平文选》第 3 卷，人民出版社 1993 年版，第 120 页。

③ 我国教育资源过分密集地投在高等教育上，而高教质量下降与高教投入攀升恰成反差，学生才具与文凭不匹配，教育与就业市场不对口，高级蓝领、技术工人奇缺；许多家庭节衣缩食供养子女上大学，毕业了却找不到工作或者学无所用，加重了社会负担，还浪费了教育资源。

随着近年"互联网＋"新经济新业态的出现，灵活就业方式日益活跃，互联网公司或平台通过信息配置劳动力资源，使劳动者以更灵活的方式获得工作，似乎比传统的劳动力市场提供了更多的机会，同时也拥有了更大规模的产业后备军，而资方也不再对劳动者的各种福利、保险、培训等负有责任。新的问题是，灵活就业也突破了基于标准劳动关系（单一雇主、全职和工资收入）的劳动法规约束，出现了劳动保护的灰色地带，近年越来越多的劳动争议已经暴露有关制度法规供给的明显不足，既无法实现劳资利益的平衡并保护劳动者，而且因为法制短板还将导致互联网企业不能健康发展。①

面对全球化条件的就业竞争，以及"互联网＋"技术和产业更新换代，"可雇佣性"（employability）这个概念受到了重视。"可雇佣性是关于获得最初就业、维持就业和获取新的就业所需要的能力。"② 一般认为，可雇佣性包括就业技巧、胜任能力、宏观环境和用人单位的态度要求等因素。"可雇佣性的前提是个人需要具备具有相应的知识、技能和态度，与职业需要的匹配状况决定了个人是否适合选择某种职业，是否具备如愿的可能性。"③ 可雇佣性不仅仅取决于劳动者自身，还要关注宏观环境（主要是劳动力市场供需结构）和组织态度（用人单位的管理文化等），这就要求具

---

① 国际劳工组织将非标准工作缺少的基本保障概括为：劳动力市场保障（由宏观经济政策保障的充分就业机会）；就业保障（对雇主单方解雇的保障、有关解雇和雇佣的规定、与经济变动相应的职业保障）；工作保障（包括合适的职业规划、有机会通过提升能力来发展职业意识）；劳动保障（职业安全卫生保障、全面的职业安全卫生规则、对工作时间的限制）；技术再生产保障（获取技术与保持技术的全面机会、全面的技术更新手段、全面的学徒和就业培训）；收入保障（收入受到法律的保障）；代表保障（可以通过工会以及社会对话机制发出集体声音）。国际劳工大会第90届会议（2002年），报告六：《体面劳动与非正规经济》，http://www.ilo.org/public/english/standards/relm/ilc/ilc90/pdf/rep-vi.pdf.

② 谢晋宇编：《可雇佣性能力及其开发》，上海：格致出版社、上海人民出版社2011年版，第14页。

③ 宋国学：《基于可雇佣性的职业选择：理念、框架与趋势》，《中国人力资源开发》2007年第6期。

备对环境变化和组织需要有所预测并有相应准备的能力，包括终身学习的能力。"工作岗位对技能的要求更加多样性和复杂化，岗位之间的职责界限变得模糊，工作地点及时间弹性化，这些变化更依赖于员工主动性工作行为。可见，员工的可雇佣能力越强，其人力资本和社会资本越丰富，其选择和转换的空间越广，就业的灵活性更强，提升可雇佣能力是培养灵活性和适应性员工的关键。"[①]

灵活的劳动力市场产生了积极的就业效果，但总有相当一部分人因为可雇佣能力较弱而无法就业。为灵活就业劳动者提供包括地方就业计划、专业技能培训、法律援助和求职帮助服务等公共平台就十分重要了，这些举措都是为了促进灵活就业的意愿、机会和能力。如果说，传统的灵活就业主要集中在低技能的辅助性领域，从业者往往是因为缺乏技能而被迫选择灵活就业，新业态则要求有更高的适应"互联网＋"时代的专业知识、技能水平和交往能力，这就对增强可雇佣性提高可雇佣能力的培训内容和服务方式有很大的主动性需求。

近年来，世界各国纷纷推出更宽松更灵活的劳动力市场政策，转向更积极的人力资源投入，当代中国也不例外，我国劳动力市场新旧矛盾交织在一起，一方面，计划经济痕迹未除，仍然存在城乡有别、体制内外有别的劳动力市场；另一方面，市场经济体制改革不断推进，劳动力供需的结构性矛盾越来越尖锐。但无论如何，要进入劳动力市场的劳动者只有具备较强的可雇佣能力，才能促进充分就业，并在实现就业灵活性同时增强他们应对风险的能力。中国新经济、新业态的灵活就业发展势头强劲，有些技术应用还走到了世界前列，但在有关管理、监督和法制等领域还有许多工作亟待改进，当前主要是积极寻求与世界银行、OECD 等国际组织合作，构建并不断完善中国技能调查与监测系统；高度重视"互联网＋"灵活就业的职业技能培训和人力资源开发，提高灵活就业劳动者的就业和职业转

[①] 凌玲：《新型雇佣关系背景下雇佣关系稳定性研究——基于可雇佣能力视角》，《经济管理》2013 年第 5 期。

换能力。考虑到平台企业往往缺乏人力资本投入的积极性，灵活就业就更需要公共就业服务特别是公共性职业培训的服务，包括建立与平台企业合作的公共服务机制，安排有平台企业参与的服务筹资计划，开发"互联网+"灵活就业的平台信息服务品种，等等。在制度层面，要抓紧制定适应新型劳动关系的劳动法规，认定不同业态主体的责权利边界，加强监管力度，保障灵活就业劳动者的合法权益。

（三）切实发挥工会维护劳动者权益的作用

随着我国体制改革、结构调整与社会转型，劳动（资）关系变化的一个突出表现是劳资矛盾激化，劳动纠纷剧增，而适应这些变化的调节机制却没有很好地建立起来。有关职工权益保护、农民工待遇、清欠工资、工会不作为等报道屡见不鲜。特别是在企业改制过程中，一些地方、部门和企业擅自决定企业破产、出售、转让、兼并事项，乃至贱卖国有资产；一些企业随意改制，没有履行法定程序，有关劳动政策无法落实。许多群体性事件，就是因为职工解除劳动关系补偿金过低、改制重组人员分流下岗等处置不当；许多罢工性质的集体行动，大多也是员工要求增加工资或改善工作条件却未被理睬所致。

我国劳动者数量大，劳动力处于比较"充沛"的供给状态，普遍缺乏议价能力。[①] 国际劳工运动经验表明，大多数劳资冲突可以通过制度化的社会保障、工会组织和集体谈判，以及劳资争议处理等方式加以缓解乃至平息。企业不签订劳动合同、不缴纳社会保险、拖欠工资、劳动安全无保障等侵权情况，劳动者凭一己之力根本无法进行抗争，而有关利益协调机制和维权手段又非常缺乏，或者有机制手段却无法行使，这就产生了对

---

① 但随着我国人口"红利"降低，并处于从劳动力过剩向供给相对有限的过渡时期，劳动关系博弈逐渐倾向对劳动者有利，这也是劳动关系调整的有利时机。但仅靠劳动力市场的自发力量，仍不足以形成稳定和谐的劳动关系。

"组织起来，切实维权"的强烈预期。

1988年，中国工会十一大提出工会具有维护、建设、参与、教育四项社会职能，维护被列为首要。1990年代，劳动关系日益市场化，工会要求把贯彻《劳动法》作为向市场经济转变的切入点，把维护劳动者的合法权益作为自己的基本职责，把集体合同作为工作的重点。2001年修改《工会法》，确定"维护职工合法权益"是工会的基本职责。2004年全总十四届二次执委会议确立了"组织起来，切实维权"的工作方针，2005年全总十四届六次主席团（扩大）会议作出决议，明确中国特色社会主义工会发展道路的基本内涵之一就是坚持切实表达和维护职工群众的合法权益。全总十四届三次执委会议作出《关于加强协调劳动关系切实维护职工合法权益推动构建社会主义和谐社会的决定》（2005年），提出工会新形势下加强维权工作的指导思想、主要原则、基本任务、制度机制和组织保障等。① 全总十四届十一次主席团（扩大）会议提出"以职工为本，主动依法科学维权"的维权观，全总十四届四次执委会议强调以发展和谐劳动关系为着力点，以解决职工群众最关心最直接最现实的利益问题为重点进行维权。2008年工会十五大通过《中国工会章程（修正案）》把上述内容写入总则，反映了中国工会新一轮改革的基本思路。2018年工会十七大进一步明确了中国工会认真履行维护职工合法权益、竭诚服务职工群众的基本职责；提出了包括"推动构建和谐劳动关系，切实维护职工合法权益"和"提高服务工作质量，更好满足职工群众美好生活需要"等主要任务。

我国工会规模可谓世界第一，会员已达3亿人（其中1.4亿为农民工会员），基层工会组织281万个，覆盖单位655万家（2019年数字），但工会在适应劳动关系的深刻变化，在集体合同的制订与履行中发挥积极作用，有力维护劳动者权益仍存在较大的发展空间。有的地方迫于压力成立的工会组织，往往徒具形式，对于工会是否履职，组织机构是否合法并没

---

① 该决定明确的维权任务是，维护职工的劳动就业权利、劳动报酬权利、社会保障权利、劳动安全卫生权利、民主权利、精神文化权利和社会权利。

有实质性推进；有的地方为了政绩和财政，迁就企业利润目标而压制工会发展和职工权益。

根据我国《工会法》，工会既是企业发展的推动者，也是职工利益的表达者、职工权益的维护者；工会既要参与有关劳动法律法规的制定，还要以劳动关系协调者的身份开展工作，指导职工与用人单位签订劳动合同，代表职工与企业签订集体合同，帮助职工提高维权意识，开展职工法律援助活动，等等。没有组织的劳动者，不可能提出响亮的利益诉求，更谈不上进行有效的维权。因此，工会改革必须着力于最广泛地把职工群众组织到工会中来，最充分地把工会组织的活力激发出来；工会要赢得职工群众的信赖和支持，就必须做好维护职工群众合法利益的工作，反映职工群众的利益诉求，为职工群众做好服务。这就要求对我国工会的组织体制、干部产生、会员权利以及工会与党和政府的关系，等等，进行既符合我国现阶段实际又能与国际有关规则接轨的系统性改革。

"集体谈判权"（collective bargaining right）是劳动者通过自己的组织实施的集体权利，工会必须通过谈判来提升自己的博弈能力，体现有组织的力量。实现体面劳动，离不开这种组织化的力量，独立自主地表达自己的权益，维护自己的权益，坚持在发展中维权、在维权中发展。事实上，在合法正规的组织形式下，也比较容易达到维权的目的。集体谈判既是工会维权的基本手段，也是协调劳动关系的核心运行机制，为平衡劳资关系提供了一个制度性框架。1990年，我国政府批准了国际劳动组织(ILO)《三方协商促进履行国际劳工标准公约》（第144号公约），承诺实施三方协调机制的义务；2001年，国家协调劳动关系三方会议成立，各级地方及产业工会也纷纷建立以集体谈判（官方的表述是"集体协商"①）为核心的三方协调机制。

我国虽然确立了三方机制，但有关集体谈判的游戏规则很不健全，因

---

① "集体协商"（collective negotiation）与集体谈判有所不同，最突出的就是对退出机制的态度，即是否承认罢工权。

此出现了许多"（资方）不愿谈"、"（职工）不敢谈"、"（工会）不会谈"的尴尬。即便签订了集体合同，也往往是原则性强可操作性弱，缺乏明确的考核目标和监督措施，违约了也没有什么处罚；不少地方的集体协商其实被企业行政或雇主控制，形同虚设。

> 不可否认，今天的中国工会依然处在传统计划经济体制下的工作模式向市场经济体制转变的过程中，在多元的目标之间工会突出维护职责受到社会政治经济环境的多重约束。但当现实的劳动关系状况不仅使得社会经济运行付出高额的成本，而且也影响到工会自身的生存时，工会就必须调整自己的工作思路，适应市场经济体制的要求。[①]

工会维权，"组织"和"谈判"是两个关键词。从这个意义上说，"组织起来，切实维权"将越来越聚焦于"怎么谈"。另外，由于新经济新业态的从业条件发生了不小变化，"互联网＋"灵活就业劳动者即便处在同一平台也很少与同事交流，很难形成身份认同，他们对组织工会权、集体谈判权、劳动争议权比较陌生，普遍缺乏体现集体力量的表达渠道和维权机制，集体谈判、集体行动更是无从谈起，一旦发生严重纠纷，容易引发出现一些无序乃至可能失控的抗争活动——这些都是要认真对待的新情况。

（四）工会还要强化服务职能

《中国工会章程》（2018 年、2018 年修正）开宗明义："中国工会是中国共产党领导的职工自愿结合的工人阶级群众组织，是党联系职工群众的桥梁和纽带，是国家政权的重要社会支柱，是会员和职工利益的代表。"[②]

[①]　常凯主编：《劳动关系学》，中国劳动社会保障出版社 2005 年版，第 191 页。

[②]　尽管《中国工会章程》曾经多次修改，但工会的性质定位是一贯的，只在表述上略有差异。

我国工会组织基本上通过自上而下的推动组建，基层工会负责人的人事关系在企业和事业单位，对行政领导、企业老总或雇主有很强的依附性，有的本身就是套用某个行政级别的公务人员，这些都使他们很难独立自主地开展工作。如何切实改变工会组织难有作为的现状，真正成为"会员和职工利益的代表"，是工会改革的关键。

在计划经济时代，国家（政府）自动"代表"劳动者的利益（权益），同时负责监督和惩罚侵权者，当然也无须劳动者另行维权；但在市场经济条件下，政府再难直接充当那样的角色，而是通过行政和法律手段，包括规制、政策为平衡劳资权益进行干预、调节和监督。① 其中最重要的就是监督《劳动法》的执行，"完善劳动关系协调机制，全面实行劳动合同制度和集体协商制度，确保工资按时足额发放。严格执行国家劳动标准，加强劳动保护，健全劳动保障监察体制和劳动争议调处仲裁机制，维护劳动者特别是农民工合法权益"。② 在劳动者权益遭到侵害时，公权力应提供及时、有力和低成本的援助，这些援助必须具体化、明确化并具有可操作性。

我国《工会法》（2001 年、2008 年修正）和《中国工会章程》（2008年、2018 年修正）总则都有工会"独立自主地开展工作"和依法行使权利履行义务的内容。2009 年 7 月，全总发布《关于积极开展行业性工资集体协商工作的指导意见》，要求在同行业企业相对集中区域，由行业工会组织代表职工与同级企业代表或企业代表组织，就行业内企业职工工资水平、劳动定额标准、最低工资标准等事项开展集体协商、签订行业工资专项集体合同。2010 年，全总要求到 2012 年基本在各类已建工会的企业实行集体合同制度，全面扎实推进工资集体协商；对未建工会的

---

① 政府在劳动关系中扮演的角色被概括为 5P，即劳动者基本权利的保护者（Protector）、集体谈判与雇员参与的促进者（Promoter），劳动争议的调停者（Peace-maker），就业保障与人力资源的规划者（Planner）和公共部门的雇佣者（Public sector employer）。见程延园："政府在劳动关系中的角色思考"，《中国劳动保障报》2002 年 12 月 10 日。
② 《十六大以来重要文献选编》下，中央文献出版社 2008 年版，第 654 页。

小企业，通过签订区域性、行业性集体合同努力提高覆盖比例。在提高工资集体协商建制率的同时，各级工会要进一步提高工资集体协商的规范化水平。

早在 1978 年，邓小平在工会九大致辞中提出："使广大工人都感到工会确实是工人自己的组织，是工人信得过的、能替工人说话和办事的组织，是不会对工人说瞎话、拿工人的会费做官当老爷、替少数人谋私利的组织。工会要为工人的民主权利奋斗，反对形形色色的官僚主义，它本身就必须是民主的模范。"[①]1988 年全总十届六次执委会提出《工会改革的基本设想》，拟议的改革内容："一是理顺工会的外部关系，主要是理顺工会与党的关系，理顺工会和政府与行政方面的关系，使工会依法独立自主地开展工作；二是密切工会与群众的联系，以增强基层工会活力为中心环节，深入进行工会的自身改革，明确工会的社会职能和工作方针，改革组织制度与活动方式，克服和防止行政化倾向，实现工会组织的群众化、民主化。"[②]

可以预期，劳动者维权在未来一段时间将经常化、群体化和扩大化，对此不必讳疾忌医。政府除了还利于民（增加社会投资）和让利于企（减轻企业负担），还应该鼓励劳动者"组织起来，切实维权"，支持他们通过自主选举产生有代表性的工会，并在此基础上强化已经建立起来的三方机制，引导维权行动有序化规范化。迄今我国几乎所有的劳工事件都是围绕着经济待遇展开的，劳资双方和政府都没有必要把维权强扯上什么政治动机。一定要破除工会集体行动就是向政府示威、破坏社会稳定的成见，是什么性质的维权就以什么性质论处，在这个问题上完全不必作茧自缚。

---

① 《邓小平文选》第 2 卷，人民出版社 1994 年版，第 138 页。

② 游正林：《60 年来中国工会的三次大改革》，《社会学研究》2010 年第 4 期；以及《工会改革的基本设想》（1988 年，全总第十届执委会第六次会议和工会十一大先后通过），编辑组编：《中国工会重要文件选编》（1990 年）。

值得注意的是，"互联网＋"灵活就业及其尚未定型的新劳动关系对我国工会组织依法协调劳动关系，维护劳动者合法权益也带来了许多新课题。特别是要为灵活就业劳动者提供有法可依的组织性保护，包括失业保险、医疗保险、工伤保险以及各种劳动保障，帮助他们在发生争议时能够有效取证和维权；建立线上线下相辅相成的利益表达渠道、维护机制和维权途径；支持与各级工会合作的各种行业联合会，探索适合灵活就业劳动者的集体谈判和代表诉讼方式；工会更要创新组织形态，创新服务与维权相结合的工作机制，并充分利用网络集思广益，通过行业工会、社区工会提高他们的组织化程度。

事实上，分散的灵活就业劳动者更加需要有组织的渠道和保护。我国目前参加工会的资格是"以工资收入为主要生活来源或者与用人单位建立劳动关系"，这里的"工资收入"就应该包括灵活就业劳动者的劳动收入，而"用人单位"和"劳动关系"的内涵还有待扩展。互联网技术的发展和应用使大量工作从内容到方式更加灵活，雇佣关系更加复杂，灵活就业更加多样，劳动关系的"从属性"更加模糊，因此很有必要根据劳动力市场供求和就业结构新变化，在宪法和专门法所确立的最基本劳动权利（这些权利必须得到严格保护）之外，扩大权利主体的含义，充分认识这种新型劳动关系的特点及其与传统劳动关系的关系，调整现行劳动法规政策的适用范围。

作为中国所有劳动者的代言人，中国工会还要"强化服务意识，提升服务能力，挖掘服务资源"[1]，创新工会组织形态，创新服务与维权相结合的工作机制，并利用网络平台优势，把灵活就业劳动者吸收到各级工会及开展的活动中来，或通过行业工会、社区工会等形式提高他们的组织化程度。中国正在走向法治国家，任何组织的建立和运作都必须纳入法制的轨道，工会当然也不例外。

---

[1] 《习近平谈治国理政》第 2 卷，外文出版社 2017 年版，第 309 页。

四、社会保障权的实现

我们加快推进以保障和改善民生为主要内容的社会建设，其中一个重要任务就是建设使国民安居乐业的社会保障（福利）体制。今天，社会保障已不仅仅作为一项临时性救济性的事务，如同"以人为本"的发展伸张了权利诉求，社会保障权（福利权）也充实了中国人权事业的内容。在这个过程中，政府的角色是主导性的，其行为包括大幅度增加社保投入，加强监管力度，堵住制度性漏洞，支持社会力量参与建设，等等。我们既要审时度势，推出普惠的"发展型福利"，又必须量力而行，避免道德风险。

（一）重视"社会保障权"

社会保障权（social protection rights），或福利权（welfare rights）[1]，是指国民依据法律普遍享有的、由国家予以平等保障的社会权利。这项权利要求政府和社会提供这样的保障，即个人和家庭在遭遇工作意外、失业、疾病和老年时期获得维持基本生活的收入以及各种补助。18世纪欧洲资本主义鼓吹人性解放，反抗专制，推崇生命、自由、财产权利，同时也提及安全（保障）权利。[2] 但这个权利真正得到重视，还是20世纪以后的事情。

---

[1] 社会保障，原来对应的西语是 social security，但近年有关国际组织与机构多使用 social protection 这个概念，更强调了保护（障）的积极性。考虑到我国"社会保障"和"社会福利"这两个概念经常混用，以下讨论相关问题时也会有所交替。

[2] 例如美国《弗吉尼亚州权利法案》（1776）第1条："一切人生而同等自由、独立，并享有某些天赋的权利，这些权利在他们进入社会的状态时，是不能用任何契约对他们的后代加以剥夺的；这些权利就是享有生命和自由，取得财产和占有财产以及对幸福和安全的追求和获得。"法国《人权与公民权利宣言》（1789）第2条："任何政治结合的目的都在于保护人的自然和不可动摇的权利这些权利就是自由、财产、安全和反抗压迫。"（1793年，这些权利又被概括为"平等、自由、安全和财产"）

《世界人权宣言》（1948 年）重申"对基本人权、人格尊严和价值以及男女平等权利的信念，并决心促成较大自由中的社会进步和生活水平的改善"，"以促进对人权和基本自由的普遍尊重和遵行"（序言）；规定："每个人，作为社会的一员，有权享受社会保障，并有权享受他的个人尊严和人格的自由发展所必需的经济、社会和文化方面各种权利的实现，这种实现是通过国家努力和国际合作并依照各国的组织和资源情况。"（第 22 条）人人有权享受为维持他本人和家属的健康和福利所需的生活水准的必要社会服务；在遭到各种不能控制情况下丧失谋生能力时，有权享受保障（第 25 条）。作为最重要的国际人权文书，《经济、社会及文化权利国际公约》（以下简称《公约》）在很大程度上改变了只承认个人权利、强调公民权利和政治权利的西方人权观诉求，集中反映了发展中国家要求同样重视经济、社会及文化权利的呼声。《公约》还体现了所谓"渐进性原则"，要求缔约国尽最大能力个别采取步骤或经由国际援助和合作，"以便用一切适当方法，尤其包括用立法方法，逐渐达到本公约中所承认的权利的充分实现。"（第 2 条）即允许各国依据自己国情逐步实现相关权利，这就为处于不同经济社会发展水平的国家准备了比较充足的履约空间，对切实推进国际人权事业发展具有积极意义。

《经济、社会及文化权利国际公约》（1966 年）第 9 条："缔约各国承认人人有权享受社会保障，包括社会保险。"相应条款还有："承认人人有权为他自己和家庭获得相当的生活水准，包括足够的食物、衣着和住房，并能不断改进生活条件。"（第 11 条）"承认人人有权享有能达到的最高的体质和心理健康的标准。"（第 12 条）在国际劳工组织（ILO）倡导组织下，推出了一系列社会保障公约，综合性的有《社会保障（最低标准）公约》（第 102 号决议，1955 年）、《社会保障同等待遇公约》（第 118 号决议，1962 年）和《维护社会保障权利公约》（第 157 号决议，1983 年）。其中，最低标准公约被认为"标志着关于社会保障国际标准的一个里程碑，至今仍不失为各国尤其是发展中国家确立其社会保障制度并规划其进一步发展的重要参考和依据"①。

"社会保障"这个概念最早见于美国《社会保障法》(Social Security Act，1935 年)。美国罗斯福新政期间，罗斯福本人发表有"第二权利法案"(Second Bill of Rights)之称的著名演讲(1944 年)。1960 年代民权运动高涨，肯尼迪政府提出"向贫困宣战"，约翰逊政府描绘"伟大社会"蓝图，都强调社会福利作为公民法定权利的确认。《欧洲社会宪章》(1961 年通过，1965 年生效，1996 年修订)增加了公民的经济、社会和文化权利，弥补了早先《欧洲人权公约》(1951 年)的缺失。《〈美洲人权公约〉补充议定书》(1988 年)也增加了有关社会保障权的内容。20 世纪 80 年代以来，福利改革声势渐起，但谁也不能动摇社会保障权或福利权的人权地位，但是其实现方式必须变革。由于经济社会发展水平相对低下和人权问题的敏感性，发展中国家比较强调人权问题的差异性阶段性。承认人权的差异性，并不妨碍人权的正当性；各国的人权实践，也应有助于而不是抵制人权状况的改善。我们既不应照搬人权的普遍概念来表达自己的诉求，同时也不必把人家的问题当成我们的问题。

重要的是，社会保障不是施舍，而是权利。社会保障广义地是指公民享有国家(地区)为满足全体社会成员物质文化需要，改善其生活质量，具有普适性的制度安排，即"体制型福利"(institutional welfare)；狭义地是针对某些困难人群提供的救济或援助，具有应急性、补充性的特点，即"补缺型福利"(residual welfare)。"社会福利是一个国家或地区经济社会发展的结果，也是社会进步的重要象征。社会福利的水平、构成和分配取决于国家的政治权力模式，也取决于经济的再分配模式和社会中的意识形态。"②我国对社会保障长期采取了比较狭义的理解，宪法规定："国家通过

① 最低标准公约"菜单"有医疗保健、疾病补助、失业补助、老年补助、工伤补助、家庭补助、生育补助、残废补助和遗属补助九个方面。

② 熊跃根：《如何从比较的视野来认识社会福利与福利体制》，《社会保障研究》2008 年第 1 期。

各种途径，创造劳动就业条件，加强劳动保护，改善劳动条件，并在发展生产的基础上，提高劳动报酬和福利待遇。"（第 42 条）"劳动者有休息的权利。国家发展劳动者休息和休养的设施，规定职工的工作时间和休假制度"（第 43 条）；"国家依照法律规定实行企业事业组织的职工和国家机关工作人员的退休制度。退休人员的生活受到国家和社会的保障"（第 44 条）；"公民在年老、疾病或者丧失劳动能力的情况下，有从国家和社会获得物质帮助的权利"（第 45 条）。这些权利其实都属于社会保障权。在 2004 年宪法修正案中，第 14 条就增加了"国家建立健全同经济发展水平相适应的社会保障制度"的条款。"尽管宪法规范的内容和方式有所不同，但是，无论是何种规定，都对国家保障福利权益抑或生存权的义务做了强调。这是因为，此类权利本身就是一种要求国家积极作为的权利，更需通过国家义务的履行而实现。"①

就人权性质而言，一方面，社会保障权是国家和社会提供保障的积极权利，所谓"积极权利"，要依靠国家的积极行动来实现。这种权利必须由国家权力进行干预，并通过法律制度转化为现实权利，是一种更注重结果的权利。每个社会成员都应该也能够获得社会保障的权益，社会保障权因此也被认为是具有社会主义色彩和集体权利性质的"社会和经济权利"（social and economic rights）。另一方面，社会保障权又是使个人和家庭免于某种困窘的消极权利，所谓"消极权利"，是指个体免遭因为身份、地位、族群、性别、地域、文化乃至能力等因素所受到束缚或限制的权利，束缚或限制造成了各种不平等，特别是机会的不平等，而社会保障权则意味着某种抵消或弥补社会不平等的权利。尽管各国谋求发展的目标有所侧重，但无论采取怎样的发展战略和政策，都希望在公平和效率之间保持

---

① 胡敏洁：《福利权研究》，法律出版社 2008 年版，第 31 页。我国社会保障事业被分散到民政部、社会保障部、教育部、卫生部、住房与城乡建设部、人口与计划生育委员会等政府部门，工会、妇联、共青团、民族宗教事务委员会也承担了某些社会保障功能。社会保障研究也与社会福利、社会工作、社会政策、民政学、公共管理等领域相交织。

尽可能的平衡，而非顾此失彼。"权利是公共物品：是纳税人资助、政府管理的社会工作，计划促进集体和个人的福利。所有的权利都是积极权利。"① 事实上，社会保障权正是罗尔斯"差别原则"（Difference principle）的体现，即促使社会受惠最少者（弱势群体）的利益最大化。② 对于那些由于各种原因导致的、在社会生活中权利欠缺或实现障碍处于不利地位的人群，社会保障的再分配功能，缩小了社会分配的结果不平等。也可以说，社会保障或福利体制是抑制社会不平等的一个重要制度安排，社会保障权也就这样从每个个体享有均等的保障机会的形式权利（资格），转变为缩小不平等程度的实质权利。

社会保障权之于社会公平、政治稳定和国民尊严的特殊价值，使各国越来越重视这项权利，中国当然更不例外，从党的十八要求"坚持全覆盖、保基本、多层次、可持续方针，以增强公平性、适应流动性、保证可持续性为重点，全面建成覆盖城乡居民的社会保障体系"③；到党的十九大进一步提出"按照兜底线、织密网、建机制的要求，全面建成覆盖全民、城乡统筹、权责清晰、保障适度、可持续的多层次社会保障体系"④；努力促使全民幼有所育、学有所教、劳有所得、病有所医、老有所养、住有所居、

---

① [美] 史蒂芬·霍尔姆斯、凯斯·R.桑斯坦：《权利的成本——为什么自由依赖于税》，毕竞悦译，北京大学出版社 2004 年版，第 30 页。一般认为，消极权利保护自由，积极权利促进平等。前者对国家（政府）行为的要求是消极的，即国家应避免施加某些能力使人免遭某些情况；后者相反。但事实上这种划分很难明确，任何权利都可能同时具备积极与消极两个方面，要求国家（政府）有所为有所不为。

② 罗尔斯认为，所有社会的基本财富，包括自由和机会、收入和财富、自尊的基础都应该平等地分配，除非对任何或者所有财富的不平等的分配能够有利于增加最少受惠者的利益。由此形成正义两原则，第二原则即差别原则，是说社会和经济的不平等应该满足的条件：第一，它们必须在机会的公平的条件下，职务和地位向所有人分开开放；第二，它们应该有利于社会的最少受惠者的最大利益。亦即所谓"最大最小规则"（maximin rule）。

③ 《胡锦涛文选》第 3 卷，人民出版社 2016 年版，第 642 页。

④ 习近平：《决胜全面建成小康社会 夺取新时代中国特色社会主义伟大胜利——在中国共产党第十九次全国代表大会上的报告》，人民出版社 2017 年版，第 47 页，

弱有所扶就是着力于社会保障权的实现。

面对日益增多的灵活就业情况，许多灵活就业劳动者的权益保障就成了难题。冷战结束后不久，欧盟峰会（EU summits）就协调就业的灵活性与安全性提出所谓"灵活安全性"（Flexicurity）概念①，并以此作为21世纪促进欧洲就业的一个战略目标。2006年，欧洲理事会（Council of Europe）将灵活安全性列为制定劳动力市场新政策的基本原则。灵活安全性既要增进劳动力市场、企业组织和劳动关系的灵活性，又要加强弱势劳动者的就业安全性和社会保障，进而有助于提高工作质量和企业竞争力，增强企业和劳动者抵御经济波动的能力；灵活安全性还意味着着眼于劳动力市场的长期利益，在希望劳动力市场规制更加灵活的雇主与希望能够维护自身权益的劳动者之间寻求某种"权衡"，或通过一定的社会补偿来抵消灵活规制所产生的不利影响。推进灵活安全性是一个非常复杂的过程，不仅需要有相关制度和政策的配合，包括有关政策的同步、协调和弱势群体保护，还需要来自立法机构、政府部门、雇主组织和工会的共同努力。

劳动力市场改革的趋势是为企业提供更大的灵活性，但同时要求在企业之外为劳动者提供更多的社会保障。"通过一系列制度安排不仅保障劳动力雇用与解雇、工作组织、薪酬安排等方面所涉劳动关系的适度灵活化，而且提高工作安全、就业安全和社会保障水平，尤其是提高弱势群体在就业等社会保障方面的安全性。"②还要看到，我国劳动法规和社会保障体系仍然带有计划经济的痕迹，对于各种非标准劳动关系还不适应，大多数灵活就业劳动者游离于劳动法规及其调整范围之外，进而也被建立在劳

---

① 灵活性与安全性是一对矛盾，灵活性主要是指劳动力市场适应经济变化而减少管制，而安全性则表现为实现就业，包括获得合理的工资、良好的工作环境、免遭不公平的歧视，以及包括失业后能尽快重返劳动力市场等各种保障措施。

② European Commission（欧盟委员会）. Employment in Europe 2006. Luxembourg, Office for Publication, 2006. 转引自谭金可：《我国劳动力市场灵活性与安全性的法制平衡》，《中州学刊》2013年第6期。

动法规基础上的社会保障体系排除在外。

国际劳工组织提出，实现体面劳动的政策干预，也要使非标准工作体面化，政策应支持和保护所有劳动者，不论他们以何种方式工作。一是填补政府规制的漏洞，对多方参与的工作要明确责任和义务，保证所有劳动者自由结社和集体谈判的权利；二是加强集体谈判机制，培养工会在组织非标准工作者方面的能力，使工会和其他社会组织联合起来对非标准工作做出集体性回应；三是加强社会保护措施，消除或者降低获得社会保障资格的门槛，提高社会保障项目的可随身转移性，利用补充社会保险项目为所有就业者提供最基本的保障；四是制定应对社会风险和劳动力市场转型的就业和社会政策，支持创造就业机会和减少失业的宏观经济政策，重新设计促进技术与职业发展的失业保险政策。① 实现灵活性与安全性的平衡，既有利于用人单位的灵活用工需求，盘活资源，提高效率，又能满足劳动者的安全愿望，保障他们的合法权益。从各国实践看，灵活性与安全性平衡的重心就是要从标准劳动关系转移到实现体面劳动。当然，增强灵活就业劳动者的安全性是社会保障的长期目标，劳动法规调整要坚持倾斜保护弱势劳动者，无论什么形式的就业，只要是劳动者（不仅仅是雇员）他或她就应享有劳动权益。

我国劳动法承载着保护劳动者权益和社会保障的双重功能。社会保障体制改革的目标应该是建立劳动法、民法和社会保障法共同支撑的社会保障体系；还要改变"个人—单位—社会保障"模式，早日实现"个人—社会保障"模式；并充分利用"互联网＋"条件，提高包括灵活就业劳动者的社会保障管理和服务质量，对社会保险的缴费方式和缴费基数、比例、年限等做出适合灵活就业特征有利灵活就业劳动者缴费的改革举措。

---

① 国际劳工组织（2016 年）. 世界范围的非标准就业：了解挑战，塑造愿景［R/OL］，http://www ilo org/wcmsp5/groups/public/—dgreports/dcomm/—publ/documents/publication/wcms_534326.pdf.

（二）实现社会保障权的政府行为

21 世纪初，我国批准了《经济、社会及文化权利国际公约》（1997 年签署，2001 年批准），并认真履行该公约所要求的各项义务，在推进精准扶贫脱贫，健全公共服务体系，稳步提高基本公共服务均等化水平，保障公民的经济、社会和文化权利等方面取得了明显进步。联合国《关于实施〈经济、社会及文化权利国际公约〉的林堡原则》（1987 年）敦促缔约国"逐渐达到权利的充分实现"，"无论如何不得解释为各国无限期延缓确保充分实现之努力的权利"（第 21 条）。关于逐渐实现，"不仅可以靠资源的不断增长去实现，而且还可以靠人人实现公约所确认的各项权利所必需的社会资源的发展去实现"（第 24 条）。① 我国 2004 年宪法修正案列入了"国家建立健全同经济发展水平相适应的社会保障制度"（第 23 条）条款。

社会保障所包括的就业、教育、健康、养老、居住等事关社会发展和国民福祉，是涉及国计民生的事业。各国发展经验表明，经济增长不会自动带来社会福利，也不会自动实现社会保障权。社会福利水平和社会保障权的实现并不是财富积累到一定程度就水到渠成的；相反，财富积累却很可能与社会公平南辕北辙，两极分化、政府不作为或者乱作为、腐败横行都可以成为社会动荡乃至政治暴乱的"温床"。"经济增长的影响，很大程度上取决于经济增长的成果是如何使用的。"② 相对于财富积累（做大蛋糕），公平的分配体制（分好蛋糕），包括社会保障权的实现更体现了社会主义价值。

在建设社会保障体制实现社会保障权益方面，政府扮演了最重要的角色。

---

① ［挪］A.艾德、C.克洛斯、A.罗萨斯主编：《经济、社会和文化的权利教程》（修订第二版），中国人权研究会组织编译，四川出版集团、四川人民出版社 2004 年版，附录四。

② ［印］阿玛蒂亚·森：《以自由看待发展》，任赜、于真译，中国人民大学出版社 2002 年版，第 36 页。

政府是唯一拥有权力和资源并代表公共利益开展综合性行动的社会机构。唯独政府能（通过税收）使市民为广大社区的利益服务，保证被排斥的个人在困难时得到援助，保证没有人的福利水准降到最低标准之下，以及重新分配资源和促进平等。①

随着国力增强和民生问题凸显，我国颁行了不少社会保障法规条例和指导意见，特别是《社会保险法》于 2011 年 7 月 1 日生效。但是，作为测量社会保障水平的两个主要指标，大多数国家社会保障支出占 GDP 的比重（表示经济资源用于国民社会保障支出的指标）在 10% 以上，我国约占 8%（2015 年）；社会保障支出占财政支出的比重（表示社会保障在公共财政支出中的地位指标），福利国家为 40%—50%，新型工业化国家和部分发展中国家占 20%—30%，我国约 27%（2015 年）。② 但几乎所有的社会问题，内需不足、劳资冲突、未富先老、医患矛盾、教育乱象、城乡差距贫富差距持续扩大都与社会保障不足、国民对未来缺乏安全感有关，也已成为我们推动科学发展、促进社会和谐的"短板"。

扩大社会投资，是建设社会保障体制实现社会保障权益的重要内容。"如果社会投资及时而充分，所实施的战略较为妥当，将会产生较大的社会激励；如果投资偏少，经济发展与解决主要社会矛盾方面依然脱节，则经济建设与社会矛盾将呈现胶着状态；而如果依然维持当前的社会投资格局，把社会建设作为经济建设的补充，投入格局不变，完全有可能使社会矛盾逐步激化。"③ 我国社会保障供求满足还须与缓释社会冲突、促进社会稳定与和谐的功能结合起来，包括满足基本的物质生活资料，社会福利的

---

① Neil Gilbert，Paul Terrell：《社会福利政策导论》，黄晨熹、周烨、刘红译，华东理工大学出版社 2003 年版，第 72 页。

② 柯卉兵：《中国社会保障支出水平与结构：1998—2015 年》，《地方财政研究》2017 年第 11 期。

③ 王振耀：《社会投资的量与质将影响中国"十二五"前途》，《中国发展观察》2010 年第 8 期。

供给与特定的经济发展水平相适应，从救济型福利走向普惠型福利；体现我们的文化特征，把社会福利当成家庭福利无法满足的补充，进而成为促进社会和谐的手段；强调福利供求的"社会认同感"，努力实现个人主观需求和社会客观可能的有机统一。① 随着社会投资的增加，相应地公共部门也在扩张。近年我国各级经办机构迅速膨胀，服务对象和工作量急剧扩大，管理负荷日益加重，但人们普遍感受到的却是财政投入与服务质量的非正相关——社保经办系统越来越不能满足公众实现社会保障权益的需要。

我国的地域文化特征，以家庭为中心的社会结构、以人情为纽带的传统观念根深蒂固，再加上前几十年计划体制的深刻烙印，政府的保障功能被寄与厚望。而且我国人口众多，各地发展差距很大，构建普惠的发展型福利体系的难度可想而知。② 我们的社会保障制度设计既要尽量兼顾各方面的利益，又要考虑"上有政策、下有对策"可能出现的各方面反应，及时填补各种漏洞和可乘之机。

首先，政府必须把加大监管力度纳入权利要求。政府在多方动员社会参与，实现社保基金来源多元化的同时，必须对国企预算公开及其财务执行情况有更切实的要求和监管，否则根本无法保证国有资产作为社会保障"蓄水池"的作用，如果不能克服这些体制性的"流失"，冲破既得利益阶层的阻力，社会保障体制建设势必事倍功半，社会保障权实现也就困难重重。其次，堵住侵吞社会保障权的制度性漏洞。2007 年上海社保案被指监管不力，更深刻地还是制度本身存在缺陷。此案再次表明，社保基金信托制的市场化投资转型势在必行。而导致基本养老保险资金风险的主要原

---

① 高和荣：《社会福利分析视角的转型：从政治、经济到社会》，《南京大学学报》2009 年第 11 期。

② 我国社会保障体系的一大特点是各自为政的地方管理。2010 年通过的《社会保障法》提出社保资金应在国家层面加以建设，但并没有具体措施配套。毫无疑问，社会保障体系"碎片化"不利于市场经济条件下的人员流动，但由于各地发展水平存在明显差距和地方财政与社会保障之间的强关联，要统一起来也的确非常困难。这也是我国社会保障体系建设的困境。

因，一是统筹层次太低，统筹既以县市级为主，风险源星罗棋布；二是投资回报率太低，社保基金投资按规定只能购买国债或协议存款，但这两条路都不通畅，投资回报率很低，这就促使县市级政府热衷于打擦边球，铤而走险，结果不是导致坏账，就是腐败丛生，甚或两者兼有。这些制度性问题不解决，社保风险还会不断酝酿发酵。第三，支持社会力量督促社会保障权的实现。社会力量参与是社会保障事业健康发展的有效途径和必然趋势。政府应该把提供福利服务的大部分业务从公共部门转移给私营部门，政府只要负责后者不能提供的福利。这既有利于缓解政府财力不足的矛盾，也有利于建立政府与社会的合作机制。通过改革，调整国家、社会与个人的责任和权利关系，减轻政府负担、激发企业活力和增强个人责任感，共同支撑起社会保障伞。一些国家鼓励投资、引进竞争、开发企业保险和商业保险等市场化措施和经验也值得我们借鉴。

（三）社会保障的权利与责任

当年，西方"福利国家"（Welfare state）的提出本身具有强烈的政治和伦理意味。贝弗里奇福利设想就包含了实现社会保障权的要求：普遍性（Universality），所有社会成员都应享有社会保障，不应有人被排斥（exclusion）；统一性（Unity），社会保障是由国家统一管理的公共事业；一致性（Uniformity），全体成员享有相同的权利，对风险的承担和获得救济的标准应当一致，而非以个人情况和贡献大小为依据。① 福利国家的实践，缓和了劳资矛盾和社会冲突，但也逐渐酝酿了"道德风险"，出现了"福利依赖"（welfare dependence）群体。针对这些弊端，福利国家纷纷进行改革，强调国家提供社会保障，必须与工作激励和责任分担联系在一起。但即便是右翼政府，也不可能抛弃福利国家的根本，即"政府维持国民最低

---

① 郑秉文：《合作主义理论与现代福利制度》，[加] R. 米什拉：《资本主义社会的福利制度》，郑秉文译，法律出版社 2003 年版，译者跋。

标准的责任的制度化"①。

经济全球化是充满风险的时代：企业重组或者非本地化；金融市场和汇率不稳定；某个产业萎缩或某种专业技能过时，等等。在经济全球化冲击下，具有保险性质的事后救济式传统福利供给越来越入不敷出。

高福利国家面临双重打压：低福利国家的劳动力涌入和本国资本的蜂拥而出，政府背上了沉重的财政包袱。福利改革旨在建立更强调效率的工作福利制，激励人们的积极性，规避过分依赖福利的风险。

福利改革最重要的内容就是事先"积极地"（positive，或主动的）预防困境，而不是事后"消极地"（negative，或被动的）去补救，这就是所谓"积极福利"（positive welfare）的主张，"积极"意味着福利不仅仅是发放救济金，而是扩大社会投资，创造就业机会和岗位，使"福利国家"转变为"社会投资国家"。社会安全网也须从政府包揽转向每个个体寻求"自主与自我发展"，转向支持主动（积极）性的"对可能性的再分配"（redistribution of possibilities）。"福利国家如何促进（经济）增长、（社会）发展和个人活力及自我责任，而不是培养惰性，福利国家如何才能确保为每个人提供长期可持续的有尊严的最低生活标准。"②"积极福利"的改革措施特别强调"责任"，并提出"无责任即无权利"（no rights without responsibilities）的口号。福利不能用简单地以国家或社会行为去代替个人责任，而是通过改善社会促进每个人自我完善的实现；相应地，每个人也必须为社会承担责任。政府的作用更应该引导公共资源用于激励和承诺支付私人努力，使福利接受者成为潜在的生产者，而不是施舍的对象。③ 也就是通过"加强责任创设权利"（creation of rights by imposition of responsibilities）。

---

① ［加］R.米什拉：《资本主义社会的福利国家》，郑秉文译，法律出版社 2003 年版，第 40 页。

② ［德］托马斯·迈尔：《现代社会民主主义：共同的基础和争论的问题》，《当代世界社会主义问题》2003 年第 1 期。

③ ［美］史蒂芬·霍尔姆斯、凯斯·R.桑斯坦：《权利的成本——为什么自由依赖于税》，毕竞悦译，北京大学出版社 2004 年版，第 160 页。

改革的具体措施，一是重新明确社会福利的定位。改革集中在改变受援者的行为上，引导人们保持工作热情，而对受援者，则强化了受援资格的限制。新定位表明，要取得福利受益资格必须履行个人职责，这有助于塑造弱势群体的社会责任感。① 二是工作导向型的福利政策。通过人力资源投资提高劳动者就业能力，并以政策导向激活失业者。也就是必须以工作换取福利，不能去养活可工作却不工作的懒汉。三是扩大人力资本的社会投资。对于劳动者来说，知识和技能缺乏是最大的风险，被动的事后保险不足以抵消这种风险，必须通过"社会投资"（social investment），主要是培训和教育增强劳动者的能力。四是削减过高的福利救济。研究表明，就业率与福利津贴水平之间存在反比关系，每增加福利津贴，低技能工作就业率就会降低。② 这就必须寻求这样的平衡：既向失业者提供必要的补贴，又要避免他们对这种待遇的过分依赖。五是逐步推迟领取养老金的年龄，摊薄福利供应成本，减少政府财政的养老负担。

福利制度往往被认为具有"慵懒"色彩。改革揭示了传统福利体制的缺陷：第一，强调社会公正往往与追求结果公平相混淆，后果是忽略了积极奋斗和责任意识，缺乏对创新性、差异性和卓越性的鼓励；第二，不断增加公共开支以实现社会公正，而没有考虑这些开支的实际作用；第三，政府权力扩张以及由此滋生的官僚主义，使公民的重要价值观（个人成就和个体责任、企业精神和集体精神）成为附庸；第四，权利超越义务，忽略个人对家庭和社会的义务；第五，夸大了国家调控经济的能力，低估了个体和企业创造财富的重要性。③ 尽管福利制度是现代文明社会的重要指

---

① 尼尔·吉尔伯特编：《社会福利的目标定位——全球发展趋势与展望》，郑秉文等译，中国劳动社会保障出版社 2004 年版，第 121 页。

② ［美］罗伯特·索洛、格特路德·希梅尔法尔：《工作与福利》，陆云航、黄雪蒙译，中国社会科学出版社 2010 年版，序言一。

③ ［荷］K.佩德森、J.克思勃根、A.赫姆里克：《新自由主义，第三条道路还是其他?》，载欧阳景根选编：《背叛的政治——第三条道路理论研究》，上海三联书店 2002 年版，第 111 页。

标，但由于权利是有成本的，特别是统一而公平地实施，就必须伴随着责任。这些教训应该引以为戒。

尽管不排除有各种因素的干扰，我们没有任何理由延迟社会保障权的实现；但也必须承认"逐渐实现"并非一蹴而就。我国要全面建成覆盖全民、城乡统筹、权责清晰、保障适度、可持续的多层次社会保障体系任务还相当艰巨，包括实施全民参保计划，完善城镇职工基本养老保险和城乡居民基本养老保险制度，完善统一的城乡居民基本医疗和大病保险制度，完善失业、工伤保险制度，统筹城乡社会救助体系，保障妇女儿童合法权益等等都有许多事情要做。加快推进以保障和改善民生为重点的社会建设，谋划尽可能兼顾公平和效率的"发展型福利"（developmental welfare）[1]，不但要尽力做到制度上没有缺失，覆盖上没有遗漏，衔接上没有缝隙，同时也要体现激励和引导原则，坚持权利与义务相适应。我国福利体制的构建是一个渐进发展过程，不能急于求成，特别是要把传统的补偿型福利模式转变为一种与经济发展相互促进的福利模式：实现社会福利的共享性，逐步消除因各种身份差别所导致的不平等；社会福利水平要与经济发展水平和社会各方面承受能力相适应；就业是最大的社会保障，是避免贫困和消除个人对政府依赖的可靠途径；政府应发挥主导作用，同时发挥基于市场经济体制的激励作用，调动社会组织资源和各方面积极性，形成共同承担责任的社会保障机制，防范过度依赖政府和社会的道德风险。[2]

我国现在处于并将长期处于社会主义初级阶段，提高社会保障水平也不能脱离这个最大实际。要根据经济发展和财力状况逐步提高社会保障水

---

[1]　"发展型福利"强调提高社会福利的成本效益，借助教育等渠道促进人力资本，强化社区合作发展社会资本，以建立个人发展账户等方式鼓励资产积累，通过生产性就业和自我就业促进经济参与；也更强调社会问题的预先防范，主张通过提供必要的支持和援助，为服务对象自立自强创造条件。方巍：《中国社会福利的新发展主义走向》，《社会科学》2011年第1期。

[2]　中国发展研究基金会：《中国发展报告2008/09》，中国发展出版社2009年版。

平，不能做那些现实条件下还做不到的事情。我们谋求的普惠，不能提出过高要求，只能从较低水平（以保证温饱为标准）起步，不断增进的发展型福利。由于长期福利短缺，公众的预期比较强烈，我们的社会保障体制建设，一定要"治未病"（福利糖尿病）① 防范于未然，一定要避免不可持续的过度承诺，避免社保缴费率继续过高（我国社保缴费率已超过 40%，在世界上名列前茅），还要谨慎探索推迟退休年龄和实行新人口政策，等等。我们推进社会保障权的实现，必须使每个企业、个人都承担应尽的责任，劳动者为自己做了力所能及的保险储备，就应当获得相应的回报；而对于弱势群体，则理应由社会统筹给予救助。

---

① 有数据表明，20 世纪 60 年代初我国困难时期出生的人群，糖尿病发生率比之前之后出生的人群明显偏高，究其原因，乃经济供应情况好转后，许多人因为"恶补"营养摄入过度，内分泌失调。见 http://www.tnbz.com/a/redian/2013/6373.html.

第三章　发展与文化权利

　　"权利决不能超出社会的经济结构以及由经济结构制约的社会的文化发展。"

——马克思:《哥达纲领批判》(1875 年)

　　人类活动既创造了文化形态,同时又为文化形态所塑造。以人为中心的发展当然也离不开具体的文化形态,人们选择适合自己的生产生活方式、尊重、保障和实现各项权利都与文化有千丝万缕的联系,解决不平衡不充分发展也意味着促进与人的经济社会权利同步的文化权利。因为无论在发展意义还是人权意义上,文化权利都是人的发展的重要体现,是用以衡量发展水平的一个积极指标。作为一项基本人权,文化权利指在一定的社会历史条件下每个人所享有或应享有的文化待遇和文化机会,以及可以采取的文化态度和文化习惯。重要的是,文化权利也既是个体的权利、还是集体的权利,而且与公民和政治权利、经济权利、社会权利具有同等重要的地位,同样不可分割、相互依赖、相互渗透。文化权利的实现需要经济条件、政治条件、社会条件和思想条件的支撑。在我国,发展促进文化权利的过程,是与中国特色社会主义文化建设,推动文化大繁荣大发展同步的;围绕强化中华民族文化的认同,通过人权教育增强文化权利意识,通过法制建设切实保护文化权利,通过文化事业与文化产业相辅相成,更好地尊重、保障和实现人民的基本文化权益。

一、发展的文化权利

人类发展的历史培育了文化形态，文化的进步又推动了人类发展。人也是在获得、创造与享有文化的过程中参与经济社会发展的进程，文化权利因此与经济社会权利在人权谱系中具有等量齐观的地位。1966 年，联合国大会通过《经济、社会及文化权利国际公约》，并于 1998 年成立经济、社会和文化权利委员会专门负责这些权利的落实。文化权利问题郑重其事地进入世人的视野。

（一）文化权利的内涵

从联合国有关文件对"文化权利"（Cultural Rights）的规定看，文化权利主要是指参加文化生活、享有文化的权利、科学研究和创造自由、享受科学进步及其成果的权利以及著作者权利等。由于这些权利牵涉某种定义的"文化"理解，而文化界定的复杂性使文化权利成为一个极其争议性的话题，甚至有人认为"根本就不存在什么文化权利"[①]。

墨西哥社会学家斯塔文哈根（Rodolfo Stavenhagen）从三个不同的层面界定文化权利：当作为资本的文化，文化权利意味着个人平等使用这种积累起来的文化资本的权利；作为创造力的文化，文化权利意味着个人毫无限制地创作文化作品的权利，以及所有人（通过博物馆、音乐会、剧院、图书馆等）自由地利用这些作品的权利；作为整个生活方式的文化，文化权利就是指特定社会群体区别与其他类似群体的物质和精神活动及其产物的总和。[②] 联合

---

① Chandran Kukaths.Are there cultural rights? Political Theory.Vol.20，No. 1 .Feb. 1992:105。

② ［墨西哥］R. 斯塔文哈根：《文化权利：社会科学视角》，见［挪威］A. 艾德、C. 克罗斯、A. 罗萨斯主编：《经济、社会和文化权利教程》（修订第二版），中国人权研究会组织翻译，四川出版集团、四川人民出版社 2004 年版，第 71—74 页。

国教科文组织（UNESCO）有意为文化权利开列清单，以厘清文化权利的内涵。根据目前有关文件的梳理，大抵包括以下内容：

联合国教科文组织涉及文化权利的文件（部分）[①]

年份	文件	相关文化权利
1950 1952	《教育、科学及文化物品进口协定》 《世界版权公约》	文化交流与合作 知识产权
1954 1956 1958 1960 1962 1964 1966 1971 1972 1972 1972	《关于发生武装冲突时保护文化财产公约》 《关于适用于考古挖掘的国际原则的建议》 《出版物国际交换公约》 《关于使博物馆向所有人开放最有效方法的建议》 《关于保护景观和遗址的风貌与特性的建议》 《禁止和防止非法进出口文化财产和非法转让其所有权的方法的建议》 《国际文化合作原则宣言》 《保护录音制品录制者及防止未经授权复制其制品公约》 《为情报自由流通，扩大教育范围和发展文化交流而使用卫星无线电广播的指导原则宣言》 《保护世界文化和自然遗产公约》 《关于在国家一级保护文化和自然遗产的建议》	文化遗产保护 文化遗产保护 文化交流与合作 文化交流与合作 文化遗产保护 知识产权保护 文化交流与合作 知识产权 文化交流与合作 文化遗产保护 文化遗产保护
1976 1976 1976	《关于文化财产国际交流的建议》 《关于历史地区保护及其当代作用的建议》 《关于人民大众参与文化生活并对之作出贡献的建议书》	文化遗产保护 文化遗产保护 文化服务
1978 1978	《关于宣传工具为加强和平和国际了解、促进人权以及反对种族歧视、种族隔离和反对煽动战争做出贡献的基本原则宣言》 《关于保护可移动文化财产的建议》	文化多样性 文化遗产保护
1982	《关于文化政策的墨西哥城宣言》	文化多样性
1989	《保护传统文化和民俗建议书》	文化服务政策
1998	《文化政策促进发展行动计划》	文化服务政策
2001 2001	《世界文化多样性宣言》 《保护水下文化遗产公约》	文化多样性 文化遗产保护

---

① 联合国教科文组织（官网）http://www.unesco.org/new/zh/culture/

续表

年份	文件	相关文化权利
2003	《保护非物质文化遗产公约》	文化遗产保护
2003	《关于蓄意破坏文化遗产的宣言》	文化遗产保护
2005	《保护和促进文化表现形式多样性公约》	文化多样性
2007	《弗里堡文化权利宣言》	文化权利
2011	《关于城市历史景观的建议书》	文化服务政策

　　有人把 50 多种文化权利分成 11 个类别：物质文化生存权、参与文化社群权、尊重文化认同权、有形与无形文化遗产权、宗教信仰和实践权、表达自由与信息权、教育选择和训练权、参与制定文化政策权、参加与创造文化生活权、文化内在发展权、文化环境权。[①] 波兰法学家哈利纳·尼克（Harry Nick）提出了文化集体权、文化认同权、参与文化生活、教育与训练、信息权、文化遗产权、保护研究、创意活动、智力财产权与文化政策参与权等等。[②] 澳大利亚人权专家林德尔·V. 普罗特（L.V.Prott）认为文化权利包括表达自由、教育权、父母为子女教育选择权、参与社群文化生活权、保护艺术、文学与科学作品权、文化发展权、文化认同权、少数族群对其认同、传统、语言及文化遗产的尊重权、民族拥有其艺术、历史与文化财产权、民族有抗拒外来文化加诸其上的权利、公平享受人类共同文化遗产权。[③] 对于哪些权利属于文化权利恐怕还会争议下去，但有一点是肯定的，那就是文化权利至少应包括文化收益权、文化创作权以及文化保护权等最基本的权利。

---

① Halina Niec: *Cultural Rights. At the End of the World Decade for Cultural Development.* http://kvc.minbuza.nl/uk/archive/commentary/niec.html, 2011-12-10.

② Halina Niec. Casting the foundation for the implementation of cultural rights. in Halina Niec: *Cltural Right and Wrong; A Connection of Essays in Commenoration of the 50 the Anniversary of the Universal Declaration of Human Rights.* Paris UNESCO, 1998: 176-190.

③ L.V. Prott. cultural rights as people's rightsin international law. In James Crawford [ED]. *The rights of peoples.* Oxfor:Clarendon Press, 1992:93-106.

随着文化权利被国际人权机构所确认，国家层面的个人文化赋权问题也就提上了议事日程。

　　文化公民身份最初被看作是文化赋权（cultural empowerment），即有效地、创造性地和成功地参与民族文化的权力。从表面上看，这种公民身份形式与下列方面有关：进入教育机构，掌握一种适当的"活的"语言，通过民族公民身份的成员资格而有效地拥有文化身份，以及继承并把丰富的民族文化遗产传承到下一代的能力。例如，博物馆的作用与功能、遗产政策的制定对这种文明传承模式至关重要。①

文化权利还意味着文化生产的意义控制与所有权问题，包括公民权参与如何由文化商品生产、流通与消费表达出来。②"作为文化的产物，个人寻求保护熏陶他们的文化。人的特性的根源常常在他或她所生长的文化传统中找到。保护那些特性对康乐和自尊极为重要。从这个角度上看，'文化权利'应该优先考虑享受和教育自身的文化以及参与复制和进一步发展那种文化的权利。"③④可见文化权利的内涵可以有相当丰富的理解。

文化身份、成员资格和共享价值被认为是构成文化权利的三要素。

"文化身份"（cultural identity）是指隶属于某一族群、部落或民族的标志。大抵是指一种共有的文化，集体的"一个自我"，这种认同具有相

---

① [英]布赖恩·特纳：《文化公民身份的理论概要》，[英]尼克·史蒂文森主编：《文化与公民身份》，陈志杰译，吉林出版集团有限责任公司2007年版，第26—27页。

② [英]布赖恩·特纳：《文化公民身份的理论概要》，[英]尼克·史蒂文森主编：《文化与公民身份》，陈志杰译，吉林出版集团有限责任公司2007年版，第26—27页。

③ [挪威] A.艾德：《作为个人人权的文化权利》，[挪威] A.艾德、C.克罗斯、A.罗萨斯主编：《经济、社会和文化权利教程》（修订第二版），中国人权研究会组织翻译，四川出版集团、四川人民出版社2004年版，第237页。

④ Rainer Bauböck 主讲自由主义政治理论中的多元文化主义之争，http://www.sirpa.fudan.edu.cn/s/56/t/134/43/fc/info17404.htm.

当强的连续性，使得我们和祖先能够找到许多相同点，并因此产生对一个群体或文化的身份认同（感）；又指个人受其所属的群体或文化的影响，对该群体或文化产生的认同（感）。文化身份与文化多样性往往联系在一起。文化自由要求承认不同文化身份，尊重文化多样性、自由选择自己所认同的生活方式、自由地表达自己选择的身份，这就是文化自由的要求与表现。反之，对不同文化身份的歧视与排斥则是对文化多样性的否定。

在人类发展过程中，文化身份是通过"成员资格"所赋予的，这也是促使文化权利受到国家保护的一个前提。自有民族以来，文化就往往以民族的形式出现。一个民族使用共同的语言，遵守共同的风俗习惯，养成共同的心理素质和性格，就是民族文化的突出表现。人类学研究者均认为，对文化的研究，实际上是对人和社会本质的研究。在社会中，人占有一个身份，就必须扮演与此相关的"角色"，角色是身份的行为期待，角色所包容的内涵就是文化。它告诉人们应该如何如何，不应该如何如何，这样，文化便成为人类行为选择的标准。这样的角色认同其实就是人的"文化公民资格"，即在文化上，个人作为"公民"的若干特征。作为积极权利，文化权利就是指需要国家积极履行义务才能实现的权利。这种义务也是通过确认成员资格进行的，没有这个成员资格，文化保护就无从谈起。当然，这种成员资格既不是被"发现"，也不是被"选择"，确切说是通过某一群体成员资格的赋予而实现的，是国家通过积极保护的义务来实现的。这也是文化权利的特殊之处，它与其他人权不同，不是自然天生的。

就文化权利的实现而言，"共享价值"至关重要。在个人文化权利层面，对于文化权利的认识须有深刻的共同理解；在集体文化权利层面，对于所属群体的文化价值有着共同的认可。就文化权利的内涵而言，实现文化权利必须基于发展的共识：认识到发展是一个非常复杂的任务，它不仅包括占有物质生活资料（如商品或者服务），也包括人类有机会选择完整、满意的生活方式及人类整体的生存方式的繁荣和昌盛。从这个意义上说，发展是促进人类选择自由的过程，人们有自由、有能力寻求他们自己认为有价值的东西。① 人类发展的根本目的就是实现人们的自由，让人们过上他们自己所选择的生活，并且为他们提供可进行选择的条件。

文化权利的核心价值还包括保持文化多样性的共识。文化多样性是文化选择与文化自由的前提，没有文化多样性，也就失去了选择的前提，进而失去了选择的自由。经济、社会与文化权利委员会第 21 号一般性意见指出：保护文化多样性是一种道德义务，与尊重人权密不可分。它意味着对人权和基本自由的承诺，并要求充分落实文化权利，包括参加文化生活的权利。② 人们必须意识到文化多样性的价值，"文化多样性的价值——即在由有多元文化的群体组成的社会中共存的意义。这种多样性不仅在于它们丰富了我们的生活，还在于它们为社会的更新和适应性变化提供了资源"③。

促进文化多样性是联合国教科文组织在文化领域开展行动的优先事项。多样性必须建立在认可他人及其文化并开展对话的基础上，以便相互了解和欣赏。联合国教科文组织《世界文化多样性宣言》（2001 年）重申：坚信文化多样性是发展的源泉之一，它对于人类的重要性就如同生物多样性对于大自然的重要性一样；必须坚决摈弃文化和文明间的冲突不可避免的观点。《宣言》还把文化多样性与发展联系起来，是"发展的因素"，认为"文化多样性增加了每个人的选择机会；它是发展的源泉之一，它不仅是促进经济增长的因素，而且还是享有令人满意的智力、情感、道德精神生活的手段"④。

---

① Amartya Sen. Culture. Economics and Development.See also Mahbub ul Haq. Reflections on Human Development. New York. Oxfors University Press.1995.

② 联合国教科文组织：《世界文化多样性宣言》，http://www.un.org/chinese/hr/issue/docs/62.pdf.

③ ［美］P.K. 博克：《多元文化与社会进步》，余兴安等译，辽宁人民出版社 1988 年版，序言。

④ 联合国教科文组织：《世界文化多样性宣言》，http://www.un.org/chinese/hr/issue/docs/62.pdf.

（二）人的发展与文化权利

1. 人的自由全面发展与文化权利

文化与人类发展息息相关，它通过各种想象、创作和再生产过程，借助于物质的和非物质的混合体传播，影响人们的思想和行为方式。文化既能够从人们选择的衣食住行、交往方式，以及信仰的宗教中等得到反映，也可以表现为某个人与父母、孩子、亲属、朋友、陌生人以及周围世界的关系。所有这些文化都渗透着某种价值观，并融合在一起传承给后代。正如联合国教科文组织《文化政策促进发展行动计划》（1998 年）指出："人的发展的主要目的之一是使个人在社会和文化方面得到充分发展"；"文化创造力是人类进步的源泉，文化多样性则是人类的财富，因此对促进发展是一个不可缺少的因素。"[①]

人类除了物质生产物质交往活动以外，还从事着精神生产精神交往活动，并随着生产力不断提高社会不断进步，从事精神生产精神交往活动越来越多越来越广泛，这种活动也就更需要人们在文化精神生活领域有全面而自由的发展。当然，这种需求未必呈现出特别的阶段特征或明显的迹象。但是当人们的物质生活得到某种满足后，对于精神发展的需求也就水涨船高了。从这个意义上说，正是发展促使文化权利的意识得以启蒙、发展、生成和实现，发展即意味着为世界上每一个人提供机会，使人们能够彻底行使他或她的经济、社会、政治和文化权利，发展也使文化权利问题呈现在世人面前。

[①] 联合国教科文组织：《文化政策促进发展行动计划》，http://www.unesco.org/new/filead-min/MULTIMEDIA/HQ/ERI/pdf/stockholmcultureconferencecn.pdf.20 世纪 90 年代，联合国教科文组织加强了对文化（权利）问题的关注和研究。1991 年，成立世界文化和发展委员会，专事研究世界范围文化与发展的关系问题。1995 年，该委员会发布题为《我们创造的多样性》（*Our Creative Diversity*）报告。为了落实该报告提出的建议，1998 年，在瑞典斯德哥尔摩召开文化政策促进发展政府间会议，讨论了文化多样性、文化与发展、文化权利、国际文化合作等问题，通过了《文化政策促进发展行动计划》。

人的全面发展，涉及人的文化精神方面的发展，其中就包括文化权利的实现。首先，意味着每个人通过现实生活的文化实践认同和拥有文化权利，并通过社会交往以使自我同社会文化生活达成一种全面的联系。一方面，人通过现实的文化权利实践，依照人的主体目的要求实现对象世界向属人世界的转化，并在这种转化中使主体的能力得到确认，使主体活动的内容和形式丰富化；另一方面，个体借助于文化实践不断超越，实现人的内在（精神）尺度与外部（物质）尺度在生产方式、生活方式和观念形态等多方面的统一，促使自由从潜能变为现实。这个过程也正体现了人的文化创造性，并在更广泛的实践活动中自觉地激发创造力量，丰富人类的文化特性。

其次，在个体（不一定是个人）的类实践基础上，要求个体合理地建构自身所拥有的社会关系和文化视野，完整协调地发展自我的全部特性。人的需求不能忽视人的内在精神的教化和修养，否则人的文化意识发生只能是"外迁"式的漂移，就会失去对自我的认知、失去对文化身份的认同。人生活在群体中的事实也要求他建立比较完整的社会关系的文化视野，作为人的自我完善的一种表达。一方面，个体借助实践活动与他人交往，将自身内在多层面关系作为反思的对象，通过反思达到某种平衡，并形成稳定的文化心理结构，实现自我超越和对人类文化成果的认同；另一方面，个体通过社会的普遍联系，互相把联系方作为自身发展所要求的对象，彼此交流知识经验，使原本属于个人的文化认知成为社会成员分享的东西，实现集体文化权利。

再次，在更高意义上，是个体按照自己的目的和意愿，自由地充分地展现个性的魅力和丰富性。这是个体向完善人性的发展，以实现主体文化意识的自由和自觉。每个个体、每个民族都具有自身的独特性，这种独特性往往要通过文化习俗、文化价值表现出来，这是一种个体通过文化积淀和历史承传积聚起来的特殊主体性，而且只有在发展中才不致萎缩和消亡。因此，个体的全面发展必然要求人的发展是自由的。个性自由既是人类文化创造的结果，又是人生新的追求的动力，也是行使文化权利的核心。

2. 发展与文化权利相互依存

发展不但为每个人提供机会，而且也是不断扩大选择权的过程，是人们能按照他们选择的方式生活和做人的权利选择过程。发展的首要含义就是：尊重文化的统一性和各国人民享有自己文化的权利。[①] 从这个意义上说，文化权利正好体现发展与人权、与文化之间的关系。文化权利既是一种人权，也是关于文化自由和文化多样化的权利。尊重和全面增进文化权利，对于维护人的尊严以及保持在一个多样化的、多种文化的世界里个人和社群之间积极的社会互动十分重要，也是认识自我以及实现自我发展的基本条件。

把实现文化权利看作发展的应有之义，也是对经济全球化带来的文化同质化的一个回应。随着传播与信息网络技术的兴起，各国经济关系日益紧密，跨国市场不断壮大，各类文化接触不断增多，这些都对世界文化多样性构成了新的挑战，文化侵蚀问题俨然成为全球关注的焦点。[②] 经济全球化最大的影响在于削弱某种文化现象与其地理位置之间的关联，将遥远的事件、影响或体验带到我们身边。这种削弱有时会创造机遇，有时却会造成不确定性和身份的迷失。人们会感到自己本民族的文化、传统、语言、宗教和价值观在经济全球化中慢慢变弱。然而，一个民族的文化权利通常是人（通过其需要和能力）及其生存的环境（包括其资源和限制）相互作用的积极成果，也是各种知识、技术、价值、愿望、信仰、立场态度、行为准则乃至与周围一切的关系之总和。对于个体发展而言，对拥有共同价值观和文化纽带的群体产生认同和归属感是不可或缺的，伸张民族

---

① 联合国教科文组织：《内源发展战略》，社会科学文献出版社 1988 年版，前言。

② 见联合国联合国教科文组织：《世界报告 2009：着力文化多样性与文化间对话》，http://unesdoc.unesco.org/images/0018/001852/185202c.pdf.

或群体的文化权利也就这样成为全球化时代的权利诉求。

　　把实现文化权利看作发展的应有之义，也是对人的文化本质的一种深思。联合国教科文组织《我们创造的多样性》（1995年）阐述了文化在发展中的重要的作用。认为文化是国家和民族发展的重要基础："当文化被理解为发展的基础……文化政策的概念就必须相应地扩大。任何针对发展的政策都必须对文化本身保持敏感，并受到文化的激发……文化是人类的存在方式，文化的繁荣应当成为发展的最高目标。"[①] 发展的目的就是人的发展，发展是提高人类选择能力和自由的过程，人们有自由、有能力寻求他们自己认为有价值的东西。联合国前秘书长，文化与发展委员会总干事德奎利亚尔（Javier Perez de Cuellar）感叹道："我忽然认识到，许多发展项目之所以最终失败，根本原因在于它们忽视了人的因素的重要性，忽视了由人际关系、信仰、价值观和各种动机所组成的复杂网络——这正是文化的核心。"[②]

　　在联合国教科文组织召开的政府间文化政策促进发展会议（斯德哥尔摩，1998年）上，通过《文化政策促进发展行动计划》赞同以下原则：（1）可持续发展和文化繁荣是相互依存的；（2）人的发展的主要目的之一是使个人在社会和文化方面得到充分发展；（3）鉴于享受和参与文化生活是每个社区中所有人的一项固有权利，因此各国政府有义务创造一个有助于充分行使《世界人权宣言》第27条规定的这项权利的环境；（4）文化政策的基本目的是确定目标，建立结构和争取得到适当的资源，以创造一个充分发展的人文环境；（5）文化间对话可视为现代世界的主要文化和政治挑战之一，它是和平共处的一个必不可少的前提；（6）文化创造力是人类进步的源泉，文化多样性则是人类的财富，因此对促进发展是一个不可缺少

---

①　Our Creative Diversity: *Report of the world Commissionon Culture and Development*. IJ-NESCO，Paris.1995.

②　世界文化与发展委员会：《文化多样性与人类全面发展——世界文化与发展委员会报告》，张国玉译，广东人民出版社2006年版，前言。

的因素；（7）各种新趋向，特别是世界化，可使各种文化之间建立比任何时候更为紧密的联系，并可进一步扩大文化之间的相互作用，但也可对我们的创造多样性和文化的多元性产生不利影响，因而相互尊重已成为更加必不可少的需要；（8）使文化与发展相协调，尊重文化特性，在多元民主价值观、社会经济公平合理及尊重领土统一和国家主权的范围内，对文化差异持宽容态度都是实现持久与公正和平的必要前提；（9）接受文化多样性有助于确定和巩固那些与本国社会中不同社会文化群体有着共同价值观的社区之间的联系；（10）社会的创造力有助于创作，而创作者首先应是一项个人的承诺。这一承诺对我们未来财产的构成是至关重要的。因此必须保护和促进这种创作的条件，特别是在每个团体内享有创作的自由；（11）维护那些受到世界流通文化威胁的地方和地区文化时，不应将受到这种影响的文化转变为失去发展动力的遗产；（12）因此，我们必须促使所有的个人和所有的社区都能发挥各自的创造力，寻求和巩固共同相处的各种手段，从而促进人的真正的发展及向和平与非暴力文化的过渡。确定了五个行动目标：使文化政策成为发展战略的主要内容之一；促进创作和参与文化生活；强化维护、发展文化遗产（有形和无形的，可动和不动的）与促进文化产业的政策和实践确认了；在信息社会的范围内并为信息社会促进文化和语言的多样性；为文化发展调拨更多的人力和财力。①

　　发展促进文化权利的实现，发展为文化权利提供一个长期、动态的视角。虽然各国各民族发展并不平衡，但文化总是不断发展变化的，很难说哪种文化是先进还是落后的。每种文化的发展终归是以所在民族的形成和发展为前提的，所谓先进文化与落后文化的区别不过是在某个阶段上某种文化在发展过程中先走了一步或几步。而且，发展还能系统评估实现文化权利的经济和制度限制，以及克服这些限制的资源和政策，有助于为实现文化权利建立长期的发展战略。发展对文化权利的实现来说意义深远，它

① 联合国教科文组织政府间文化政策促进发展会议：《文化政策促进发展行动计划》，http://unesdoc.unesco.org/images/0011/001139/113935eo.pdf.

不仅能够带来有关文化权利的定量和定性分析方法，而且可以就各种政策选择对权利的实现产生的影响进行具体评价，比如引入不平等、性别平等、贫困等维度来测量权利的实现，得出了许多新颖和深刻的见解，对文化权利发展有许多值得思考的启迪。[①]

（三）增进文化权利（益）推动发展

20 世纪 60 年代起，人类对文化的权益需求得到制度层面的肯定，逐渐发展为一系列权利——文化权利。作为一项人权，文化权利体现了人的文化需求与国家公共权力之间的紧张关系[②]，即人的文化需求随着社会经济的发展不断增长，而国家公共权力是在社会、经济及文化等多因素背景下运作的，并非以文化需求为核心展开的。这种文化需求与权力运行的冲突和协调反映了文化权利的本质，也就是现实生活中通过增进文化权利（益），推动人类社会的发展。

"文化权益，"（Cultural rights and interests）是文化权利和文化利益的集合概念，是指人们在法律规定所拥有的文化权利中，已经真实获取、支配和享有的那部分文化利益。也就是在现实社会制度框架下人们已实际占有、支配和享有的文化性成果和资源，是已给人们带来实际利益和效用的文化权利和实现了的文化需求。在文化权利背后，是对于相关政治和经济利益的两种诉求：一是面对政府，不仅要求政府承认个体（不一定是个人）

---

① 见联合国开发计划署：《2010 年人类发展报告》，http://hdr.undp.org/en/reports/global/hdr2010/chapters/cn/.其中不平等维度包括实现文化（权利）的具体途径：教育发展的指标；性别不平等的测量新方法给予我们了解弱势群体的文化权利实现程度以及由此限制的经济和政治限制；贫困的多维测量也反映着教育以及生活方式受到排斥的现状。这些测量方式显然更有助于考察如何促进文化（权利）的实现，并为世界各国的文化研究和理论建设提供启示和政策依据。

② 陈佑武：《文化权利的内涵及其保障的国家义务》，杨松才等：《〈经济、社会和文化权利国家公约〉若干问题研究》，湖南人民出版社 2009 年版，第 334 页。

所拥有的文化权利，不能侵犯它，而且要求政府保障个体文化权利的实现，这体现了人的政治人格尊严和独立性的需要；第二是面对社会上的其他人，希望自己能具有意志选择的自由与任何人的自由并存，能够获得实现自身精神文化需要所指向的各种资源，而这些资源必须以物质利益为基础，因此包含了对经济利益公平性的要求。从这个意义上说，文化利益也是对政治和经济利益的一种委婉表达。

享有文化权利与实现文化利益并不是一回事。文化权利只是使人具有一种资格，获得一种机会，享有一种假定的利益，在理论上拥有满足利益的可能性和应得性，但在实践中，文化权利并非时刻能为人所用。往往由于外在条件缺乏与不成熟，就会出现人们拥有文化权利却没有办法在现实社会关系中获得利益。事实上，文化权利在大多数情况下恰恰是人们为了维护自己的文化利益（这种利益的获得与现实发生了冲突）使用的。可以说，文化利益的冲突就是文化权利冲突的外在表现。

马克思认为，"人们为之奋斗的一切，都同他们的利益有关"①。利益是主体文化自由活动的内在推动力，同时也是权利的代名词。"某人的利益也许能证明他对某事物的权利，拥有这项权利的某人可以选择要求义务承担着履行义务，也可以选择解除义务承担的义务。就行动而言，拥有某项权利就可以进行某种选择。"②作为一种人权，文化权利毕竟是人们现实利益的某种反映，是人们基于现实文化需求提出的精神资格。

毫无疑问，文化权利只有同现实利益相结合，才能取得发展的动力。一方面，文化权利（益）为发展增添价值，使人们尊重、保护文化遗产以及少数群体的文化权利。文化权利是度量发展的精神生产活动的维度。虽然直接用文化权利来衡量发展比较困难，但还是可以从教育发展水平、文化机会公平度、文化产品质量、语言文化的多样性和纯度性的比率、宗教

① 《马克思恩格斯全集》第 1 卷，人民出版社 1995 年版，第 187 页。
② ［英］A.J.M. 米尔恩：《人的权利与人的多样性——人权哲学》，夏勇等译，中国大百科全书出版社 1995 年版，第 170 页。

信仰自由的程度、文化政策法规及公共文化服务体系完善度等方面来进行衡量。比如作为基本文化权利的受教育权，就可以通过对受教育人数占国民比率、入学率等指标加以衡量。另一方面，文化权利（益）的实现是发展的标志所在。在文化权利方面受到排挤的人在社会上也同样处于弱势，他们的文化权利（益）易更容易受到损害难以实现。"在一个有理性的存在者里面，产生一种达到任何自行抉择的目的的能力，从而也就产生一种使一个存在者自由地抉择其目的之能力的就是文化。"① 如果用这个标准来衡量发展，社会的发展和进步的目的就是文化权利的实现。人类发展不仅仅需要物资、医疗、教育、体面的生活和政治自由，人的文化身份还必须得到国家的承认和包容，他必须能够自由地表达其个性而不会受到歧视。因为在一个文化多元的国度里，人们可以利用不同的文化促进自由的发展，在发展的过程中，人们可以选择保留或改革自己的生产生活方式，选择保留或改革自己的社会结构和制度，选择保留或改革自己的群体文化及其特色，这时候，发展就是文化权利的实现。

冷战结束后不久，《联合国千年宣言》（2000 年）就提出："人类有不同的信仰、文化和语言，人与人之间必须相互尊重。不应害怕也不应压制各个社会内部和社会之间的差异，而应将其作为人类宝贵资产来加以爱护。应积极促进所有文明之间的和平与对话文化。"联合国《2030 年可持续发展议程》（2015 年）为未来 15 年实现世界经济增长、社会进步和环境保护的可持续发展目标加入了文化支持："我们承诺促进不同文化间的理解、容忍、相互尊重，确立全球公民道德和责任共担。我们承认自然和文化多样性，认识到所有文化与文明都能推动可持续发展，是可持续发展的重要推动力。"在优质教育的可持续发展目标（目标 4）中，并要求"确保所有进行学习的人都掌握可持续发展所需的知识和技能，具体做法包括开展可持续发展、可持续生活方式、人权和性别平等方面的教育、弘扬和

---

① ［德］康德：《判断力判断》，宗白华等译，商务印书馆 2010 年版，第 85 页。

平和非暴力文化、提升全球公民意识，以及肯定文化多样性和文化对可持续发展的贡献"①。为了落实《议程》，联合国教科文组织重申这些工作的重要性：为实现可持续发展目标而实行全面全纳、优质的教育②；保护文化遗产，打击非法贩运文物；解决当今世界面对的 STEM（科学、技术、工程和数学）教育危机；投资青年和优质教育机会对抗暴力极端主义；言论自由的和接触信息、知识的机会在可持续发展中的角色；性别平等和为女性赋权对可持续发展和持久和平的作用。强调"将文化置于发展政策的核心位置是对世界未来的关键性投资，也是包含文化多样性原则的全球化进程成功的先决条件"③。这些内容，都体现了发展促进文化权利的时代要求。

链接 3.1：《世界文化多样性宣言》

（联合国教科文组织第三十一届会议于 2001 年 11 月 2 日在巴黎通过）

大会：

重视充分实现《世界人权宣言》和 1966 年关于公民权利和政治权利及关于经济、社会与文化权利的两项国际公约等其他普遍认同的法律文件中宣布的人权与基本自由；

忆及教科文组织《组织法》序言确认"……文化之广泛传播以及为争取正义、自由与和平对人类进行之教育为维护人类尊严

---

① 联合国文件：《变革我们的世界：2030 年可持续发展议程》（中文版），http://www.un.org/ga/search/view_doc.asp?symbol=A/69/L.85&referer=http://www.un.org/sustainabledevelopment/sustainable-development-goals/&Lang=C.

② 全纳教育（inclusive education）是《世界特殊需要教育大会》（1994 年）提出的新的教育理念及过程，就是容纳所有学生，反对歧视排斥，促进积极参与，注重集体合作，满足不同需求的教育，强调的是一种没有排斥、没有歧视的教育。

③ 联合国教科文组织："联合国教科文组织与可持续发展目标"，https://zh.unesco.org/sdgs

不可缺少的举措，亦为一切国家关切互助之精神，必须履行之神圣义务"；

还忆及《组织法》第一条特别规定教科文组织的宗旨之一是，建议"订立必要之国际协定，以便于运用文字与图像促进思想之自由交流"；

参照教科文组织颁布的国际文件中涉及文化多样性和行使文化权利的各项条款；

重申应把文化视为某个社会或某个社会群体特有的精神与物质，智力与情感方面的不同特点之总和；

除了文学和艺术外，文化还包括生活方式、共处的方式、价值观体系，传统和信仰；

注意到文化是当代就特性、社会凝聚力和以知识为基础的经济发展问题展开的辩论的焦点；

确认在相互信任和理解氛围下，尊重文化多样性、宽容、对话及合作是国际和平与安全的最佳保障之一；

希望在承认文化多样性、认识到人类是一个统一的整体和发展文化间交流的基础上开展更广泛的团结互助；

认为尽管受到新的信息和传播技术的迅速发展积极推动的全球化进程对文化多样性是一种挑战，但也为各种文化和文明之间进行新的对话创造了条件；

认识到教科文组织在联合国系统中担负着保护和促进丰富多彩的文化多样性的特殊职责；

宣布下述原则并通过本宣言：

特性、多样性和多元化

第1条文化多样性——人类的共同遗产

文化在不同的时代和不同的地方具有各种不同的表现形式。这种多样性的具体表现是构成人类的各群体和各社会的特性所具有的独特性和多样化。文化多样性是交流、革新和创作的源泉，对人类来讲就像生物多样性对维持生物平衡那样必不可少。从这个意义上讲，文化多样性是人类的共同遗产，应当从当代人和子孙后代的利益考虑予以承认和肯定。

第 2 条从文化多样性到文化多元化

在日益走向多样化的当今社会中，必须确保属于多元的、不同的和发展的文化特性的个人和群体的和睦关系和共处。主张所有公民的融入和参与的政策是增强社会凝聚力、民间社会活力及维护和平的可靠保障。因此，这种文化多元化是与文化多样性这一客观现实相应的一套政策。文化多元化与民主制度密不可分，它有利于文化交流和能够充实公众生活的创作能力的发挥。

第 3 条文化多样性——发展的因素

文化多样性增加了每个人的选择机会；它是发展的源泉之一，它不仅是促进经济增长的因素，而且还是享有令人满意的智力、情感、道德精神生活的手段。

文化多样性与人权

第 4 条人权——文化多样性的保障

捍卫文化多样性是伦理方面的迫切需要，与尊重人的尊严是密不可分的。它要求人们必须尊重人权和基本自由，特别是尊重少数人群体和土著人民的各种权利。任何人不得以文化多样性为由，损害受国际法保护的人权或限制其范围。

第 5 条文化权利——文化多样性的有利条件

文化权利是人权的一个组成部分，它们是一致的、不可分割的和相互依存的。富有创造力的多样性的发展，要求充分地实现《世界人权宣言》第二十七条和《经济、社会、文化权利国际公约》第十三条和第十五条所规定的文化权利。因此，每个人都应当能够用其选择的语言，特别是用自己的母语来表达自己的思想，进行创作和传播自己的作品；每个人都有权接受充分尊重其文化特性的优质教育和培训；每个人都应当能够参加其选择的文化生活和从事自己所特有的文化活动，但必须在尊重人权和基本自由的范围内。

第6条促进面向所有人的文化多样性

在保障思想通过文字和图像的自由交流的同时，务必使所有的文化都能表现自己和宣传自己。言论自由，传媒的多元化，语言多元化，平等享有各种艺术表现形式，科学和技术知识——包括数码知识——以及所有文化都有利用表达和传播手段的机会等，均是文化多样性的可靠保证。

文化多样性与创作

第7条文化遗产——创作的源泉

每项创作都来源于有关的文化传统，但也在同其他文化传统的交流中得到充分的发展。因此，各种形式的文化遗产都应当作为人类的经历和期望的见证得到保护、开发利用和代代相传，以支持各种创作和建立各种文化之间的真正对话。

第8条文化物品和文化服务——不同一般的商品

面对目前为创作和革新开辟了广阔前景的经济和技术的发展变化，应当特别注意创作意愿的多样性，公正地考虑作者和艺术家的权利，以及文化物品和文化服务的特殊性，因为它们体现的是特性、价值观和观念，不应被视为一般的商品或消费品。

第9条文化政策——推动创作的积极因素

文化政策应当在确保思想和作品的自由交流的情况下，利用那些有能力在地方和世界一级发挥其作用的文化产业，创造有利于生产和传播文化物品和文化服务的条件。每个国家都应在遵守其国际义务的前提下，制订本国的文化政策，并采取其认为最为合适的行动方法，即不管是在行动上给予支持还是制订必要的规章制度，来实施这一政策。

文化多样性与国际团结

第 10 条增强世界范围的创作和传播能力

面对目前世界上文化物品的流通和交换所存在的失衡现象，必须加强国际合作和国际团结，使所有国家，尤其是发展中国家和转型期国家能够开办一些有活力、在本国和国际上都具有竞争力的文化产业。

第 11 条建立政府、私营部门和民间社会之间的合作伙伴关系

单靠市场的作用是做不到保护和促进文化多样性这一可持续发展之保证的。为此，必须重申政府在私营部门和民间社会的合作下推行有关政策所具有的首要作用。

第 12 条教科文组织的作用

教科文组织根据其职责和职能，应当：

（a）促进各政府间机构在制订发展方面的战略时考虑本宣言中陈述的原则；

（b）充任各国、各政府和非政府国际组织、民间社会及私营部门之间为共同确定文化多样性的概念、目标和政策所需要的联系和协商机构；

（c）继续在其与本宣言有关的各主管领域中开展制定准则的行动、提高认识和培养能力的行动；

（d）为实施其要点附于本宣言之后的行动计划提供便利。

二、作为人权的文化权利发展

根据《经济、社会及文化权利国际公约》，人人有权参加文化生活，享受科学进步及其应用所产生的利益，对其本人的任何科学、文学或艺术作品所产生的精神上和物质上的利益，享受被保护之利。"为充分实现这

一权利而采取的步骤应包括为保存、发展和传播科学和文化所必需的步骤";"承担尊重进行科学研究和创造性活动所不可缺少的自由";"认识到鼓励和发展科学与文化方面的国际接触和合作的好处"。① 文化权利既是人类历史发展的产物，也是人类文明进步的体现。人们对文化权利的诉求由来已久，但是作为人权的文化权利却是近代以来的发展结果，它的发展本身也是在不断演进的。

（一）文化权利发展的早期表现

文化权利作为一种社会现象古已有之。早期文明的崇拜图腾可能就是最早的文化权利表现形式。在古希腊，"公共文化空间"对公民的文化权利十分重要。阿戈拉市场是苏格拉底辩论和传道的地方，那里的交流和辩论促使古希腊哲人的思想得以展现；雅典剧场的演出不仅仅是晚间休闲，还是传统酒神节庆典活动的组成部分；奥林匹克运动让更多的公民能够参与到公共文化生活中来；亚历山大图书馆建造在文化权利发展史上更具有里程碑的意义。古希腊人在古代文化领域所取得的惊人成绩，以及所享有包括文化创造与文化享受在内的广泛权利，令人惊叹。

然而，近代以前的文化权利，不是一切人都能享有的。在古代，文化权利是奢侈的权利，是特权，表现了古代社会和中世纪领主对奴隶、国家对臣民的控制关系。在古希腊思想家那里，教育也不是人人享有的文化权利，奴隶和妇女不享有教育权。亚历山大图书馆也属于帝国统治者所有，广大民众只能可闻而不可见。繁华的雅典，奴隶是没有资格问津那些公共文化娱乐休闲活动的。祭司掌握着最原始的记录历史方式，借助迷信的力量出现了宗教意味的禁止的各种典章制度，如禁止同一氏族内部互相残杀；在某些场合必须使用手势语言，等等。

---

① 《经济、社会及文化国际公约》，北京大学法学院人权研究中心编：《国际人权文件选编》，北京大学出版社 2002 年版，第 11—12 页。

再往后，人们通过反抗文化特权来表达文化权利的诉求，也可以说文化权利的发展就是反抗文化特权的历史。大学的出现就有反抗教会对思想文化控制的效果，中世纪的大学成为争取文化自由、反抗文化压制的场所。创办于 11 世纪末的意大利波洛尼亚大学，不仅教师成分复杂，学生也来自四面八方。早期大学享有那个时代比较充分的学术自由，而且多次试图在组织上脱离教会。① 大学在反抗教会控制斗争中形成的独立、自主和学术自由特征后来演变为不可干预的文化自由权。中世纪后期，随着思想解放运动、罗马法复兴和商品经济的发展，"天赋人权"以及近代自然法思想应运而生。文艺复兴对人的地位论证，所确立的正是文化权利的理论前提与基础。近代人权从"解放"人的本性出发，强调以自由为核心的自由权，发展成为"第一代人权"，即免于政府干预的消极的公民和政治自由权。但其实那时候，后来被列入"第二代人权"（国家和社会积极推动的权利，经济、社会与文化权利就是典型）的文化权利也经历了激烈的争论，被部分宪法化和法律化。

潘恩（Thomas Paine）在《人权论》的第二部分提出了不少文化权利。他强调穷人应该享有各种文化权利，尤其是教育权利。他还认为公立学校不符合穷人的一般要求，这些学校设在城中，乡镇和农村的儿童不得入学，入了学也可能造成时间上的浪费。为了保证受教育权利的平等，潘恩建议给每个儿童每年十先令的补助，供为期六年的上学费，另外每人每年发半克朗的费用以购买学习用品。洛克（John Locke）有关文化权利的思想包括："法律按其真正含义……不是废除或限制自由，而是保护和扩大自由。"②"自由而智慧的人"是追求利益的主体，也是前提。他把"智慧"解释为"使得一个人能干并有远见，能很好地处理他的事务，并对事务专心致志"③，这种"智慧"是"坦白、公正、明智的人则人人都会为他让路，

---

① [法] 雅克·勒戈夫：《中世纪的知识分子》，张弘译，商务印书馆 1999 年版，第 64 页。
② [英] 洛克：《政府论》下篇，叶启芳、瞿菊农译，商务印书馆 1964 年版，第 35—36 页。
③ [英] 约翰·洛克：《教育漫话》，傅任敢译，教育科学出版社 1999 年版，第 117 页。

他可以直接去做他的事"。教育是实现"自由而智慧"的重要途径，是为了让个人获得自由。成功的教育就是让个人既保有自我支配的权利，又能压制支配别人的欲望。①

在文化权利实践中，图书馆和博物馆的"公共性"转变值得称道，它使得更多的民众能够参与文化活动和文化成果的共享。以法国百科全书派为代表的欧洲资产阶级启蒙文化运动兴起，1792 年，法国公共教育委员会提议开放博物馆，博物馆的社会化，是民众欣赏、学习、研究等文化权利的一个突破。1850 年，英国通过《公共图书馆法》，此后 30 多年英国建立了 150 多所公共图书馆，到 1900 年增加到 300 所。② 图书馆的公共化，促使知识共享成为可能，为更多的人实现终身教育、自主决策以及文化发展提供了基本条件。

（二）文化权利发展的制度依托

争取文化权利不仅是自由思想的体现，也表现为争取法定权利的斗争。文化权利的发展，经历了从应有权利到法定权利的过程。在罗马法中就可以看到类似文化权利的法律规定，比如承认并保护外邦人的权利，体现个人平等和自由的法律原则，涉及信教自由、言论自由和出版自由，等等（这些自由并没有奴隶的份）。近代社会为正式形成文化权利奠定了立法实践。1555 年《奥格斯堡和约》（Peace of Augsburg）中就有保护宗教的相关规定，1710 年英国《安妮女王法》（the Stalute of Anne）更被认为是知识产权和作者创作权利保护的重要法典，它把作者创作权处于权利阶位的核心地位，书籍出版权利是关于书籍的财产权，第一次确立了保护文化创造在精神上（创作权）和物质上（获益权）利益的法律形式。1793年《人权宣言》第 22 条规定："教育是个人所必需的。社会应尽其一切可

---

① ［英］约翰·洛克：《教育漫话》，傅任敢译，教育科学出版社 1999 年版，第 118 页。

② 艺衡、任珺、杨立青：《文化权利：回溯与解读》，社会科学出版社 2004 年版，第 66 页。

能来赞助公共理智的发展，并使各个公民都得到享受教育。"1849 年《德意志帝国宪法》用了 7 个条款规定与教育有关的权利。

20 世纪，国际人权文件纷纷将文化权利纳入其中，除了"国际人权宪章"重要的还有：1960 年《反对教育歧视公约》、1966 年《关于国际文化合作原则的宣言》、1970 年《关于禁止和防止非法进出口文化财产和非法转让其所有权的方法的公约》、1976 年《关于人民普遍参与文化生活并为之贡献的建议》、1979 年《消除所有形式对妇女歧视公约》、1980 年《关于艺术家地位的建议》、1989 年《儿童权利公约》，等等，均对文化权利的内容进行了不同角度的阐发。为了保证人权文件中规定的文化权利获得有效的保护，国际社会还设立了专门的监督实施机制。根据《经济、社会及文化权利国际公约》，公约的缔约国应定期向公约的监督机构——联合国经济、社会和文化权利委员会提交实施公约的报告，接受委员会的监督审查。2008 年，联合国大会正式通过《经济、社会及文化权利国际公约的任择议定书》，建立了经济、社会和文化权利的个人申诉和调查机制（并于第 10 个国家批准时生效）。

伴随着战后反殖民和民族解放运动的兴起，"第三世界"① 在谋求独立的过程中提出了新的人权诉求。与西方人权不同，第三世界国家强调维护种族平等、国家主权、民族文化权利等集体人权的优先地位，认为一切形

---

① 1973 年 9 月，不结盟国家在阿尔及尔通过《政治宣言》正式使用"第三世界"（Third World）这个概念。这些国家普遍面临肃清殖民主义残余、发展民族经济、巩固民族独立的历史任务。1974 年，毛泽东会见外宾时说："我看美国、苏联是第一世界。中间派，日本、欧洲、加拿大，是第二世界。——第三世界人口很多，亚洲除了日本都是第三世界。整个非洲都是第三世界，拉丁美洲是第三世界。"随后邓小平在联合国第六届特别会议上阐述了毛泽东关于三个世界划分的思想，"从国际关系的变化来看，现在的世界实际上存在着互相联系又互相矛盾的三个方面，三个世界。美国、苏联是第一世界。亚非拉发展中国家和其他地区发展中国家是第三世界。处于这两者之间的发达国家是第二世界。"中国既是一个社会主义国家，也属于第三世界。但 20 世纪 80 年代中期我国逐渐放弃了"三个世界"的提法，也不再强调中国属于"第三世界"，而代之以"发展中国家"。

式的种族主义、殖民主义、帝国主义和文化霸权主义都构成了对各国人民及其基本人权的大规模侵害。第三世界人权观的一个重要表达就是提出了"集体权利"。特别是从文化权利发展角度看，对少数人文化权利的保护经历了从对宗教领域到人种（土著）、种族领域再到少数民族领域，从宗教群体扩展到语言、文化、种族等少数群体的普遍化过程。在保护形态上，也从单纯的文化保护向更大范围文化生态保护的方向发展。[①]

　　到了新世纪，联合国教科文组织特别就有关文化多样性和文化保护问题通过一系列新的保护公约，如 2001 年《世界文化多样性宣言》和《联合国土著人权利宣言》2003 年《保护非物质文化遗产公约》和 2005 年《保护和促进文化表现形式多样性公约》。"确认文化多样性是人类的一项基本特性"；"认识到文化多样性是人类的共同遗产，应当为了全人类的利益对其加以珍爱和维护"；"意识到文化多样性创造了一个多姿多彩的世界，它使人类有了更多的选择，得以提高自己的能力和形成价值观，并因此成为各社区、各民族和各国可持续发展的一股主要推动力"；"强调需要把文化作为一个战略要素纳入国家和国际发展政策"；"这种多样性体现为人类各民族和各社会文化特征和文化表现形式的独特性和多元性"；"认识到需要采取措施保护文化表现形式连同其内容的多样性"；"强调文化对社会凝聚力的重要性"；"意识到文化多样性通过思想的自由交流得到加强，通过文化间的不断交流和互动得到滋养"；"重申思想、表达和信息自由以及传媒多样性使各种文化表现形式得以在社会中繁荣发展"；"认识到文化表现形式，包括传统文化表现形式的多样性，是个人和各民族能够表达并同他人分享自己的思想和价值观的重要因素"；"重申教育在保护和促进文化表现形式中发挥着重要作用"；"强调文化互动和文化创造力对滋养和革新文化表现形式所发挥的关键作用，他们也会增强那些为社会整体进步而参与文化发展的人们所发挥的作用"；"认识到知识产权对支持文化创造的参与

---

① 司马俊莲：《少数民族文化权利研究》，民族出版社 2009 年版，第 166 页。

者具有重要意义"；"确信传递着文化特征、价值观和意义的文化活动、产品与服务具有经济和文化双重性质"；"注意到信息和传播技术飞速发展所推动的全球化进程为加强各种文化互动创造了前所未有的条件，但同时也对文化多样性构成挑战，尤其是可能在富国与穷国之间造成种种失衡"等等①；强调基于文化多样性的认知来保护文化权利，涉及范围也从民族、宗教、语言、习俗到知识产权、文化遗产保护和文化服务政策，等等，标志着文化权利的发展越来越普遍化多样化。

（三）文化权利发展的马克思主义解读

尽管马克思主义创始人并没有专门研究文化权利问题，但是他们的论述中也包含着丰富的有关思想。

1.具体的文化权利

马克思认为从来就没有抽象的权利，只有具体的权利。文化权利的具体内容应包括受教育权、出版自由权和传播信息权。马克思主义创始人非常重视工人阶级使用语言和文字的能力，即工人阶级的教育问题。任何人想要实现文化权利，首先必须学会认字、阅读和使用本民族的语言。恩格斯指出，英国工人阶级由于受到的教育少的可怜，统治阶级控制了一切知识的来源，他们向工人灌输的只是宗教的狂热和偏见，严重地忽视了一切理性的、精神的和道德的教育，根本谈不上智力的、精神的及道德的教育。② 有鉴于此，争取教育权成为工人阶级不可或缺的文化权利之一，是实现工人自我解放的一个载体。

出版自由集中体现了言论自由和发表意见的自由。马克思猛烈批评书

---

① 联合国教科文组织：《保护和促进文化表现形式多样性公约》（中文版），https://unes-doc.unesco.org/ark:/48223/pf0000142919_chi.

② 《马克思恩格斯文集》第 1 卷，人民出版社 2009 年版，第 423 页。

报审查制度，认为书报检查是一种以当事人的思想为衡量标准的法律制度，造成思想恐怖、破坏法的基础、造成了社会精神的普遍虚伪，阻碍了社会、民族和个人的精神发展。[①] 与之相对应的是争取新闻出版自由的努力。马克思认为出版自由可以成为衡量社会自由的尺度。"没有新闻出版自由，其他一切自由都会成为泡影。"[②] 工人必须获得信息权，因为信息是工人自我解放的工具，工人必须有阅读报纸获得信息的权利。他不仅把报纸视为精神文化产品，还将这类媒介比作"物化的知识力量"，自由报刊的人民性，"以及它所具有的那种使它成为体现它那独特的人民精神的独特报刊的历史个性——这一切对诸侯等级的辩论人说来都是不合心意的"[③]。大众媒介被认为是影响权利的重要因素，这对我们认识文化权利具有重要的启示意义。

2. 文化权利的特点

在马克思主义创始人看来，资产阶级文化权利具有虚伪性和狭隘性，实际上是资产阶级的特权。对资产者来说，只有剥削关系才有意义，其他一切关系都只有在归结到这种关系中才有意义，"这种利益的物质表现就是金钱，它代表一切事物，人们和社会关系的价值。"[④] "工人比起资产阶级来，说的是另一种习惯语，有另一套思想和观念，另一套习俗和道德原则，另一种宗教和政治。"[⑤] 反抗文化特权、反抗资产阶级在文化上的压迫、限制，就是工人阶级对资产阶级特权的抗诉。但资产阶级在为自己谋利和辩护的同时也给这个世界带来了巨大变化。"过去那种地方的和民族的自给自足和闭关自守状态，被各民族的各方面的互相往来和各方面的互相依赖所代替了。物质的生产是如此，精神的生产也是如此。各民族的精

---

① 陈力丹：《马克思主义新闻观教程》，中国人民大学出版社 2011 年版，第 44 页。
② 《马克思恩格斯全集》第 1 卷，人民出版社 1995 年版，第 201 页。
③ 《马克思恩格斯全集》第 1 卷，人民出版社 1995 年版，第 153 页。
④ 《马克思恩格斯全集》第 3 卷，人民出版社 1960 年版，第 480 页。
⑤ 《马克思恩格斯全集》第 2 卷，人民出版社 1957 年版，第 410 页。

神产品成了公共的财产。民族的片面性和局限性日益成为不可能，于是由许多种民族的和地方的文学形成了一种世界的文学。"①

马克思主义追求的是全面人权、追求实质权利，而不仅仅是满足人们物质生活消费和储备的权利。

> 在所有的人实行明智分工的条件下，不仅生产的东西可以满足全体社会成员丰裕的消费和造成充足的储备，而且使每个人都有充分的闲暇时间去获得历史上遗留下来的文化——科学、艺术、社交方式等等——中一切真正有价值的东西；并且不仅是去获得，而且还要把这一切从统治阶级的独占品变成全社会的共同财富并加以进一步发展。②

经过恩格斯修正的英国北方社会主义联盟纲领（1887年）中提出："我们的目的是要建立社会主义制度，这种制度将给所有的人提供健康而有益的工作，给使用的人提供充裕的物质生活和闲暇时间，给所有的人提供真正的自由。"③ 这里的"闲暇时间"就是文化权利的范畴，是获得真正自由的前提条件。

保护民族文化（权利）必须平等对待每一个民族的文化。马克思重视民族平等，主张民族之间不存在优劣之分。"古往今来每个民族都在某些方面优越于其他民族。……任何一个民族都永远不会优越于其他民族"④。每个民族文化都有其优越性，每个民族都为人类文明做出独特的贡献。保护民族（文化）必须保护少数民族的文化权利，而民族语言保护就是文化权利保护的一项重要内容。十月革命以前，列宁在1913年《关于民族问题的批评意见》中提出："国内各民族无条件地一律平等，属于一个民族

---

① 《马克思恩格斯文集》第2卷，人民出版社2009年版，第35页。
② 《马克思恩格斯文集》第3卷，人民出版社2009年版，第258页。
③ 《马克思恩格斯全集》第21卷，人民出版社1965年版，第570页。
④ 《马克思恩格斯全集》第2卷，人民出版社1957年版，第194—195页。

或一种语言的任何特权都应被认为是不能容许的、违背宪法的。"① 在 1914 年《关于民族平等和保护少数民族权利的法律草案》中提出："各个少数民族根据平等的原则，有权要求无条件地保护本民族语言的权利，例如，要求国家机关和社会团体用来访来函的语言作答复的权利，等等。地方自治机关、市政当局等等不论在财政或行政、司法以及任何其他方面破坏少数民族语言平等的措施应被认为无效，必须根据国家公民提出的抗议予以废除。"②

（四）文化权利发展在中国

早在 1954 年，新中国第一部《宪法》就涉及文化权利的内容。例如第 95 条规定，"中华人民共和国保障公民进行科学研究、文学艺术创作和其他文化活动的自由。国家对于从事科学、教育、文学、艺术和其他文化事业的公民的创造性工作，给以鼓励和帮助。"现行《宪法》不但明确了"国家尊重和保障人权"的原则，而且在诸多条款中对文化事业管理、少数民族地区文化发展、文化生活改善、文化教育及普及、文学艺术事业发展、历史文化遗产保护、公民的科学研究、文学艺术创作和其他文化活动的自由、民族自治地方的文化事业管理、民族文化遗产保护和民族文化繁荣、国家对文化建设事业的支持等问题作了明确规定。

以《宪法》为依据，各种与保护文化权利相关的具有法律效力的规范性文件相继诞生。我国已制定数以百计有关文化的法律、行政法规和文化行政规章法条。为了向世界表明中国尊重、保障和实现人权的姿态，进一步促进与发展密切相关的经济、社会和文化权利保护，1997 年 10 月，中国代表签署《经济、社会及文化权利国际公约》，并于 2001 年 3 月，获得

① 《列宁全集》第 25 卷，人民出版社 2017 年版，第 143 页。
② 《列宁全集》第 25 卷，人民出版社 2017 年版，第 144 页。

全国人大正式批准。中国政府采取积极主动措施认真履行国际义务，2003年提交了执行《公约》情况的第一次报告，2010年提交了第二次报告。中国社会科学院2011年法治蓝皮书发布《中国经济、社会和文化权利保障现状与展望》指出，改革开放30多年来，中国的经济、社会和文化权利保障取得了长足进步，达到了或者基本达到了《经济、社会及文化权利国际公约》的要求：根据《公约》，"每一缔约国家应尽最大能力承担个别采取步骤，或经由国际援助和合作，特别是经济和技术方面的援助和合作，采取步骤，以便用一切适当方法，尤其包括用立法方法，逐渐达到本公约中所承认的权利的充分实现"（第2条第1款），表明文化权利的实现和保护除了受制于国家的经济发展水平之外，更多地取决于国家的主动性和自觉性。

党的十七届六中全会作出这样的判断：当代中国，文化越来越成为民族凝聚力和创造力的重要源泉、越来越成为综合国力竞争的重要因素、越来越成为经济社会发展的重要支撑，丰富精神文化生活越来越成为我国人民的热切愿望；并提出自觉把文化繁荣发展作为坚持发展是硬道理、发展是党执政兴国第一要务的重要内容，作为深入贯彻落实科学发展观的一个基本要求。全会通过《中共中央关于深化文化体制改革推动社会主义文化大发展大繁荣若干重大问题的决定》提出，"既要让人民过上殷实富足的物质生活，又要让人民享有健康丰富的文化生活"，宣示了中国进一步实现文化权利的前景。"（这个《决定》）是我们党在文化法治建设取得现有成绩的基础上，为进一步增强中华民族的文化认同，满足人民群众日益增长的文化需求，加强公民文化权利保护的重要举措，体现出了一种高度的文化自觉。这种高度的文化自觉同时也体现了一个负责任的大国在文化权利保护中应具有的主动性和自觉性。文化作为以人为载体加以积累、传承和发展的特别形式的社会现象，其发展离不开法治。提高文化建设法制化水平，是推动社会主义文化大发展大繁荣，建设社会主义文化强国的必然选择。而无论是文化大发展大繁荣，还是建设社会主义文化强国，其必然结果都将是公民的文化权利获得更加充分的实现和保障。"①

近年来，中国继续深化文化体制改革，解放和发展文化生产力，激发全民族文化创造活力，人民的社会文化生活更加丰富多彩，公民基本文化权益保障不断取得新进展。国家对构建体现时代发展趋势、适应社会主义初级阶段基本国情和市场经济要求、符合文化发展规律、具有中国特色的现代公共文化服务体系，促进基本公共文化服务标准化、均等化，推动社会主义文化大发展大繁荣，提高全民族文化素质，增强民族凝聚力；以及统筹推进公共文化服务均衡发展，增强公共文化服务发展动力，加强公共文化产品和服务供给，推进公共文化服务与科技融合发展，创新公共文化管理体制和运行机制，加大公共文化服务保障力度等事项作出全面部署。② 国家还大力支持少数民族地区文化事业发展，通过实施万里边疆文化长廊建设、文化信息资源共享工程等，完善民族地区公共文化服务体系。中国人民享受文化成果的权利、参与文化活动和文化事务管理的权利、开展文化创造的权利以及文化成果受法律保护的权利，均得到前所未有的提高。

1.保障公民文化权利成绩斐然

根据《改革开放40年中国人权事业的发展进步》政府白皮书，关于文化权利保障方面，全国文化事业费投入持续快速增长，由1978年的4.4亿元增至2017年的855.8亿元，增长193倍，年均增长14.4%。建立国家基本公共文化服务标准制度，制定《国家基本公共文化服务指导标准（2015—2020年）》。发展公共文化设施，实施免费开放。2017年，全国共有公共图书馆3166个，每万人拥有公共图书馆面积为109平方米，是1978年的12.1倍；公共图书馆共藏书9.7亿册，总流通人次7.5亿次，

① 王祯军：《作为权利的文化》，《学习时报》2012年4月9日。
② 中共中央办公厅、国务院办公厅《关于加快构建现代公共文化服务体系的意见》（2015年），http://www.gov.cn/xinwen/2015-01/14/content_2804250.htm.

分别比 1979 年增长 438.9%、856.7%；博物馆 4721 个，比 1978 年增长 12.5 倍；博物馆收藏文物 3662.3 万件（套），参观人次达 9.7 亿。推进基本公共文化服务均等化。截至 2017 年，全国已建成文化馆（站）44521 个、村（社区）综合性文化服务中心 340560 个。创新公共文化服务方式，数字文化服务能力快速提升。2017 年，公共图书馆电子图书达 10.3 亿册，计算机 22.1 万台，其中供读者使用的电子阅览终端 14.43 万台；截至 2017 年，广播、电视节目综合人口覆盖率分别达 99.8% 和 99.1%；全国文化信息资源共享工程和数字图书馆推广计划资源总量近 700TB。制定《全民科学素质行动计划纲要(2006—2010—2020 年)》、《中国公民科学素质基准》，加强科普工作，提升公民科学文化素质。[1]

2. 不断创造新的文化产品

为加快文化产业发展，创造出更多为人民喜欢的文化产品，党中央制定《关于深化文化体制改革推动社会主义文化大发展大繁荣若干重大问题的决定》，中国政府提出《国家"十二五"时期文化改革发展规划纲要》、《文化产业振兴规划》以及其他与文化发展相关的政策措施，大力推进文化发展和文化创新。目前，包括演艺、动漫、游戏和数字文化服务等文化产业体系框架初步形成。2017 年，中国文化及相关产业增加值 3.47 万（2011 年为 1.35 万亿）亿元，占 GDP 的 4.2%（2011 年为 2.8%）。21 世纪初国家实施舞台艺术精品工程，国家昆曲艺术抢救、保护和扶持工程、国家重点京剧院团保护和扶持规划、中国民族音乐发展和扶持工程等相继实施，民族优秀文化艺术得到保护和弘扬。成功举办中国艺术节、优秀保留剧目大奖评选、全国民营艺术院团优秀剧目展演、全国现代戏优秀剧目展演等艺术活动。

---

[1] 国务院新闻办公室：《改革开放 40 年中国人权事业的发展进步》（白皮书），《人民日报》2018 年 12 月 13 日。

3. 推进公共文化服务均等化

广泛开展针对特殊群体的公共文化服务，加强对进城务工人员、老年人、未成年人、低收入人群、残障人群文化权益的保障。实施中国少儿歌曲推广计划，举办中国少年儿童合唱节、中国老年合唱节等活动。2011年，国家有关部门联合下发《关于进一步加强农民工文化工作的意见》，提出了以公共文化服务体系为支撑，逐步形成"政府主导、企业共建、社会参与"的农民工文化工作机制的总体思路。从2010年开始，文化部积极开展全国文化志愿者边疆行活动。推动电视节目加配字幕和手语，利用互联网对重大活动开展文字视频无障碍网上直播服务，惠及听障人群达7万多人次。2012年，文化部联合中央文明办印发了《关于广泛开展基层文化志愿服务活动的意见》，提出重点依托公共文化设施，文化惠民工程，重要节日纪念日和内地对口支援工作，广泛开展文化志愿服务活动。

4. 保障公民宗教信仰自由权利

中国坚持宗教信仰自由政策，从保障人权的高度保障公民宗教信仰自由权利，依法管理宗教事务，维护宗教界合法权益，促进宗教关系和谐，发挥宗教界人士和信教群众在促进经济社会发展中的积极作用。政府积极推进宗教领域依法行政，规范行政权力。继续帮助全国性宗教团体和宗教院校改善办公办学条件。妥善解决宗教教职人员社会保障问题，基本实现应保尽保。依法处理伤害信教群众宗教感情的事件，妥善处理城市建设中涉及拆迁宗教团体、宗教活动场所房产的问题。重视保护宗教文物和优秀宗教文化的传承。支持宗教经典、宗教类期刊等宗教出版物依法印制流通。支持宗教界开展宗教交流。

5. 少数民族文化权益保障

截至2015年年底，布达拉宫等9项自然、文化遗产被列入《世界文化遗产名录》。新疆维吾尔木卡姆艺术等 14 项和羌年等 4 项少数民族项目入选联合国教科文组织《人类非物质文化遗产代表作名录》、《急需保护的非物质文化遗产名录》，在民族地区建成 10 个文化生态保护实验区。在已经公布的四批国家级非物质文化遗产代表性项目名录和四批国家级非物质文化遗产代表性项目代表性传承人名单中，共有 479 项少数民族非物质文化遗产代表性项目、524 名非物质文化遗产代表性项目传承人入选。全国少数民族古籍解题书目套书《中国少数民族古籍总目提要》全部出版（2014年）。国家支持建设中国少数民族濒危语言数据库，设立并实施"中国语言资源保护工程"。2015 年年底，全国有 54 个少数民族使用 80 余种本民族语言，21 个少数民族使用 28 种本民族文字。

6. 文化遗产保护和传承重要进展

全国人大常委会先后制定了《文物保护法》（1982 年，2015 年修改）、《非物质文化遗产法》（2011 年）等，将文化遗产保护和传承纳入法制化轨道。2011 年，国家完成了第三次全国文物普查，2018 年启动第四次全国文物普查。截至 2013 年，国务院已公布七批全国重点文物保护单位，总数为4296 处。2019 年又核定了第八批 762 处新的全国重点文物保护单位，包括古遗址、古建筑、近现代重要史迹及代表性建筑等。关于非物质文化遗产，国务院先后公布了四批国家级项目名录（2006 年、2008 年、2011 年和 2014 年，前三批名称为"国家级非物质文化遗产名录"，第四批改为"国家级非物质文化遗产代表性项目名录"），共计 1372 个国家级非物质文化遗产代表性项目，按照申报地区或单位统计有 3154 个子项。并从第二批国家级项目名录开始，设立了扩展项目名录。截至 2018 年底，国家文化主管部门先后命名了五批国家级非物质文化遗产代表性项目代表性传承人共计 3068 人，共设立国家级文化生态保护实验区 21 个，涉及省份 17 个；中国列入联合国教科文组织非物质文化遗产名录（名册）项目 40 项，总数位居世界第一。

三、文化权利的实现条件

《经济、社会及文化权利国际公约》要求缔约国应尽最大能力采取各种步骤和一切适当方法，逐渐达到所承认的权利的充分实现，也就是说文化权利的实现不是一朝一夕的事情，而必须依赖于某些条件。联合国开发计划署《2000 年人类发展报告》指出："光靠法律不能保证人权，也需要支持法律程序的制度，以及一种加强法律结构而不是威胁法律结构的社会规范和道德文化，此外还必不可少的是一个充满活力的经济环境。除政府外，许多社会团体也能加强所有这些社会安排。"[①] 可以将文化权利的实现条件概括为四个方面：经济条件、政治条件、社会条件和思想条件。

（一）经济条件

实现文化权利的经济条件是指为了实现文化权利需要提供文化产品和文化服务所必备的经济基础，既包括国家整体的经济发展水平，也包括公民个体的经济能力。近代以前，欧洲封建制国家不但要维护封建主的土地垄断，而且要维护封建主阶级的统治和特权，形成森严的封建等级制度，教士与贵族享有特权，平民则处于无权地位；随着资产阶级的兴起和资本主义生产方式的变革，城市工商业的发展促使市民阶层出现，"市民阶级最不可少的需要就是个人自由。没有自由，那就是没有行动、营业与销售货物的权利，这是努力所不能享有的权利。没有自由，贸易就无法进行"[②]。资产阶级迫切要求摆脱封建等级和特权。也就是由于这种经济背景

---

① 联合国开发计划署：《2000 年人类发展报告》，中国财政经济出版社 2001 年版，第 6 页。

② ［比］亨利·皮朗：《中世纪欧洲经济社会史》，乐文译，上海人民出版社 1964 年版，第 46 页。

条件，欧洲经过文艺复兴、宗教改革和启蒙运动，逐渐形成了近代意义上的人权观。

> 大规模的贸易，特别是国际贸易，尤其是世界贸易，要求有自由的、在行动上不受限制的商品占有者，他们作为商品占有者是有平等权利的，他们根据对他们所有人来说都平等的、至少在当地是平等的权利进行交换。……社会的经济进步一旦把摆脱封建桎梏和通过消除封建不平等来确立权利平等的要求提上日程，这种要求就必定迅速地扩大其范围。只要为工业和商业的利益提出这一要求，就必须为广大农民要求同样的平等权利。……另一方面，也不能不要求废除封建特惠、贵族免税权以及个别等级的政治特权。由于人们不再生活在像罗马帝国那样的世界帝国中，而是生活在那些相互平等地交往并且处在差不多相同的资产阶级发展阶段的独立国家所组成的体系中，所以这种要求就很自然地获得了普遍的、超出个别国家范围的性质，而自由和平等也很自然地被宣布为人权。①

美国法哲学家霍尔姆斯和桑斯坦也认为，权利是需要成本的，自由依赖于税收。权利只有从道德的虚空落入法定的凡间时，才能被切切实实地享受。而一旦进入法定层面，权利的实现就会有成本。"事实上，当且仅当有预算成本存在时，法律权利才存在。"②说的都是一个意思：权利必须有经济活动来"兑现"。虽然一个社会的经济发展水平未必与人权保障状况有直接的联系，但是"有些跨国研究表明，在人均国内生产总值和人权表现之间，存在着一种中等程度的关联"③。权利的成本决定了经济发展对

① 《马克思恩格斯文集》第9卷，人民出版社2009年版，第110—112页。
② ［美］史蒂芬·霍尔姆斯、凯斯·R.桑斯坦：《权利的成本——为什么自由依赖于税》，毕竞悦译，北京大学出版社2004年版，第6页。
③ ［美］阿里森·布莱斯基、周静："区域特征、区域制度与人权"，《环球法律评论》2005年第4期。

人权保护和实现肯定是有利的，而贫困和社会衰落，则是严重的危险。经济的贫困会导致权利的贫困。

正是由于经济的快速发展，中国才具备了更好地实现经济社会文化权利的条件。随着经济实力和财政能力的增强，国家在扶贫、教育、医疗、社会保障和文化建设投入方面有了大幅度增加。文化权利之所以被认为是一种积极的权利，正是因为与公民权利与政治权利相比，其实现更依赖于经济基础。为了保障所有人受义务制初等教育的权利，必须免费为公民提供教室、教材和教师；为了让每个人都享有参与文化生活的权利，必须提供一定的文化场所、文化设施和文化服务；为了实现公民的信息权，必须要提供公民获取信息的途径，如网络、电视台、广播台等；为了保障文化创造权、作者物质和精神利益的权利，必须设立专门的行政机关或立法机关、聘请专门的工作人员来监督这些权利的实现。国家（政府）所作出的上述努力都需要经济基础的支持。

文化权利的实现依赖于经济条件，在一般情况下，文化权利的实现程度会随着经济发展水平的提高而提高。以受教育权为例，据联合国教科文组织的统计资料显示，在低收入国家中，孟加拉国的义务教育年限为5年；在中等收入国家中，南非的义务教育年限为9年；而在高收入国家中，德国的义务教育年限已达到12年。由此可见经济越发达，受教育权等文化权利的实现程度就越高。再如，虽然我国在过去的几十年里一直倡导和推行义务制教育，但是由于国家经济实力尚未达到中等发达水平，以及社会投资不足等原因，所以中小学生的学杂费未免，导致西部地区、农村地区有相当部分儿童无法享有受教育权。从2007年起，中国农村中小学义务教育阶段学生全部免收学杂费，使近1.5亿名农村中小学生可以全免上学。毫无疑问，这一举措是以我国经济能力为支撑的。

同其他权利一样，实现文化权利的经济成本也由政府财政支出和公民个人支出两部分组成。政府财政支出是用来支付文化权利的社会化消费的，提供公共文化产品和文化服务体系，它保护的主要是作为集体权利的文化权利。比如，建造学校、图书馆、博物馆、歌剧院，拍摄电视、电影，出版书籍、刊物，聘请教师、管理员等。由政府财政支出所提供的产品和服务往往表现为对所有人免费开放。《经济、社会及文化权利国际公约》阐发"人人有受教育的权利"时提出"初等教育应属义务性质并一律免费"，"各种形式的中等教育，包括中等技术和职业教育，应以一切适当方法，普遍设立，并对一切人开放，特别要逐渐做到免费"，等等（第13条第2款）。但其实这里的"免费"并不是没有成本，背后仍然隐藏着经济成本，只是成本的承担对象不表现为个人，而表现为公民共同体即国家。政府的财政支出使得每个公民的文化权利受到同等水平的保护。一般来说，用于文化建设的财政支出越多，作为集体权利的文化权利受保护程度也越高；反之亦然。

公民的私人支出主要用于实现作为个体权利的文化权利。个人支出成本的多少往往决定了公民个体实现文化权利的机会和程度。以看电影为例，个人投入多，就可以看到较多的电影；个人投入少，只能看到有限的电影。再以受教育为例，富人家的孩子可以在贵族学校、私立学校接受高质量的教育，而穷人家的孩子只能在普通学校接受质量一般的教育。实现文化权利的这部分成本会使公民经济上的贫富差距转化为文化权利实现程度上的差异性，决定了在社会达到共同富裕之前，文化权利的实现只能是逐步提高的。文化权利实现程度的差异性还会降低社会阶层的流动，影响社会稳定。因此，文化权利的实现要以实现集体的文化权利为主。

（二）政治条件

实现文化权利的政治条件是指在文化权利实现过程中，国家、区域和国际社会所提供的政治环境，包括国家之履行义务、出台政策，区域和国际社会之间达成的共识和形成的法律约定等。"国家"是人权保护义务主体，在"具体行使国家权力的国家机关的活动，包括国家立法机关、司法机关与行政机关，以及与公权力活动有关或实际上行使公权力的机关活动"中[1]，从这个意义上说国家可等同于政府。

在权利背景下定义的国家，公权力是公民赋予的，作为交易条件，国家必须保护公民的各项权利。"为了保障这些权利，人们才在他们之间建立政府"。"无论是国家的元首、政府官员还是立法机关和司法机关的成员，都必须在他们的日常工作中认真地看待权利。"[2] 反过来，权利的保护和实现也必须依赖于国家。如果没有政权乐于并能够干预，许多权利都只能是乌托邦式的幻想。国际人权宣言和条约公开承认的法律权利均是以国家为基本行为主体，必须有签署国政府的切实支持（经济上的和立法上的）、承担一定的义务才能真正得到保护。

一般认为，国家在公民权利和政治权利方面的义务是一种消极的义务，即国家不作为；而在经济、社会和文化权利方面的义务是一种积极的义务，即需要国家的积极干预。但其实国家的义务不可简单地这样划分，无论是在公民权利和政治权利方面，还是在经济、社会和文化权利方面，国家的义务都存在着两面性。比如，《公民权利和政治权利国际公约》规定"每一儿童应有权享受家庭、社会和国家为其未成年地位给予的必要保护措施"（第 24 四条第 1 款），这里国家就承担了积极的义务；而为了保障《经济、社会及文化权利国际公约》中的文化创作权，国家应该采取不干预的消极义务。

不妨对国家义务做较深层次的划分（第二级别划分）。有三分法：避免（avoid）剥夺的义务、保护（protect）的义务、向被剥夺者提供帮助（aid）的义务；有新三分法：尊重（respect）的义务、保护的义务和实现（fulfill）的义务；有四分法：尊重的义务、保护的义务、满足或确保（ensure）的义务和促进（promote）的义务。四分法把三分法中的"避免

---

[1]　韩大元："国家人权保护义务与国家人权机构的功能"，《法学论坛》2005 年第 6 期。

[2]　[瑞士] 托马斯·弗莱纳：《人权是什么》，谢鹏程译，中国社会科学出版社 1999 年版，第 10 页。

剥夺的义务"改为了尊重的义务，把"帮助的义务"细分出了满足或确保和促进两类。"人权尊重的义务是指国家避免和自我控制对个人自由的侵害；保护的义务是指国家防止和阻止他人对个人权利侵害的义务；满足的义务是指国家满足个人通过努力也不能实现的个人所需、希求和愿望的义务；促进的义务是指国家为在整体上促进上述人权而应采取一定措施的义务。"① 尊重是国家在人权方面最基本的义务，是其他义务的前提和基础，但这是一种消极的义务，是自由国家的基本理念。当自由主义国家向社会福利国家转变后，尊重的义务范围扩大，具有积极的意义，表现为保护、满足、促进。

当国家按照第二级别的划分来履行义务时，就会遇到国内与国际的区别、行为与结果的区别。这又需要对国家义务做更深入的划分（第三级别划分）。国家在国际法上所承担的义务亦可分为实质性义务和程序性义务。实质性义务是指"国家依据公约（《国际人权公约》）承担的、采用适当方式具体实现公约第 1 条所承认的民族自决权和公约第二部分所承认的个人所享有的各项经济、社会和文化权利的义务"，主要关涉公约在缔约国境内的实施。程序性义务是指"国际社会为了保障和监督公约的实施而对国家做出的要求"，关涉公约的国际实施机制和运作②。联合国人权委员会教育权特别报告员卡塔琳娜·托马斯瑟夫斯基（Katarina Tomasevski）提出了一种"4—A"模式（4As Scheme）来分析国家在经济、社会和文化方面的义务：在于使这些权利可提供（Availability）、可获取（Access）、可接受（Acceptability）、可调适（Adaptability）。

联合国国际法委员会（UNILC）提出了"行为义务"（obligations of conduct）和"结果义务"（obligations of result）之划分，每一种义务都包

---

① ［日］大沼保昭：《人权、国家与文明》，王志安译，生活·读书·新知三联书店 2003 年版，第 217 页。
② 柳华文：《〈论国家在《经济、社会和文化权利国际公约》下义务的不对称性》，北京大学出版社 2005 年版，第 8 页。

含了行为义务和结果义务两个元素。"行为义务要求采取合理权衡的行动以实现对特定权利的享有……结果义务要求缔约国达到具体目标以满足某一具体实质标准"①。对于文化权利来说，国家的行为义务就是遵守国际社会的规则，在国境内提供文化权利的基本要素，如各种文化设施、保护文化权利的法律法规、文化政策，等等，在国际上参与文化交流、提交履约报告等。国家的结果义务就是要使文化权利可提供、可获取、可接受和可调适。可提供要求国家保证能提供满足公民实现文化权利的基本条件。可获取要求在缔约国范围内，政府能保证人们不会因为经济状况、种族等被歧视。可接受要求政府能保证所提供的文化权利基本要素在文化上和宗教上都能被接受。可调适要求政府提供的文化权利基本要素是与时俱进的，能够符合各种社会和文化环境的人的需求。

如何监督国家是否履行了对文化权利的义务呢？经济、社会和文化权利委员会认为，要建立促进和保护人权的国家机构，机构的形式可以各不相同，如独立的国家人权机构、申诉调查官办事处等。按照联合国经济、社会和文化权利委员会第十九届会议（1998 年）第 10 号一般性意见，国家人权机构的职能有：推广教育和宣传方案，提高大众和公务员、司法机构、私营部门和劳工运动等特定群体对文化权利的认识；认真审查现有法律和行政法令以及发案草案和其他提案，以确保这些文书符合《经济、社会及文化权利国际公约》的要求；为政府当局或其他有关机构提供文化权利方面的调查、咨询；确定可以衡量履行《经济、社会及文化权利国际公约》义务的国家一级的标准；在全国范围内调查研究文化权利的实现程度；

---

① 《关于执行〈经济、社会和文化权利国际公约〉的林堡原则》和《关于违反经济、社会和文化权利的马斯特里特指导方针》，[挪] A.艾德、C.克洛斯、A.罗萨斯主编：《经济、社会和文化的权利教程》（修订第 2 版），中国人权研究会组织翻译，四川出版集团、四川人民出版社 2003 年版，第 706 页。如果从行为义务和结果义务的角度看，实质性义务和程序性义务主要是行为的义务；可提供、可获取、可接受和可调适是结果的义务。当我们分析国家在文化权利方面的义务时，以行为义务、结果义务的划分为主，结合其他划分是有益的。

监督文化权利的遵守情况，并向政府当局和民间社会提交报告；审查关于文化权利标准遭到侵犯的控诉。

国家人权委员会有两种类型，一种是以国家为主导，主要靠国家的权力来集中人权保护的资源，另一种是以社会为主导，主要依靠公民社会的力量来保护人权。国家担负的角色：一方面，必须接受各种文化，保护作为集体权利的文化权利；另一方面，又必须在不妨碍个体文化权利实现的基础上，保证本国文化的生存。除此之外，定期向联合国递交的履约报告，全球性、区域性和国家内部立法也可以监督国家在实现文化权利方面所履行的义务。

（三）社会条件

实现文化权利的社会条件谁指在文化权利的实现过程中，社会力量的积极参与和有效作为。社会力量参与社会建设、文化建设已经成为世界各国的普遍做法，特别是在生态危机、人权、妇女、贫困与发展、艾滋病等方面存在着政府管理缺失或失效的领域。经济全球化时代的国际政治不仅包括了国家之间的政治，也包括了大量的跨国政治和非国家行为体之间的政治空间。在国家行为体外，还存在着大量由社会力量构成的非国家行为体，最主要的就是各种国际非政府组织（INGOs）。在实现文化权利的过程中，它们作为辅助力量发挥着相当重要的作用。

早在 1946 年，联合国经济及社会理事会（经社理事会，Economic and Social Council，ECOSOC）就建立了正式的非政府组织咨商地位（consultative status）。拥有咨商地位的非政府组织能够代表其活动所涉及的主要人群以及在理事会一些活动领域具有特别能力的群体。这种特别能力分为三类，第一类是全面咨商地位或一般咨商地位，可以参与理事会所有领域的活动；第二类为专门咨商地位，仅仅与理事会的少数领域有关；第三类为名册咨商地位，关注一个或多个具体问题或偶尔关注理事会的活动。与此同步，联合国新闻部也设立了一个非政府组织科，将非政府组织看作是重要的合作者。1950 年，联合国经社理事会决定，关心人权的非政府组织，如国际法学家协会、大赦国际等可以向它提交提议、递交书面陈述、派观察员出席公开会议等，这标志着非政府组织活动被逐步纳入正规化。《联合国宪章》第 71 条规定："经济及社会理事会得采取适当方法，俾与各种非政府组织会商有关本理事会职权范围内之事件。"1992 年，获得联合国经社理事会咨商地位的国际非政府组织是 744 家，到 2010 年已达到 3743 家①，后续还在不断增加。"联合国既是全球民间社会高速发展的见证人，又是积极的参与者。越来越多的非政府组织和民间社团成为了联合国系统的合作伙伴。民间社会组织在联合国主要会议均扮演重要角色，成为联合国在国家层面工作的不可或缺的伙伴。非政府组织为联合国提供政策或活动组织方面的参考。"②

　　1993 年，世界人权大会通过《维也纳宣言和行动纲领》，第一部分呼吁"各国和各国际组织有必要同非政府组织合作，为在国家、区域和国际各级确保充分和有效地享受人权创造有利的条件"（第 13 条）；"真正从事人权领域工作的非政府组织及其成员应当享有世界人权宣言承认的权利和自由，并受到国内法的保护"（第 38 条）。③"非政府组织应可在国家法律和《世界人权宣言》的框架内不受干涉地自由进行其人权活动"④。进一步确认了非政府组织在人权领域的地位。2000 年，联合国经济、社会和文化权利委员会规定，允许非政府组织参与三类工作：对国家政党报告的讨论；一般讨论日的讨论；起草一般的申明。在对国家政党报告讨论这项工

---

① Integrated Civil Society Organizations System，见 http://esango.un.org/civilsociety/display-ConsultativeStatusSearch.do?method=search&sessionCheck=false.

② 联合国与民间社会，见 http://www.un.org/zh/civilsociety/.

③ 《维也纳宣言和行动纲领》，北京大学法学院人权研究中心编：《国际人权文件选编》，北京大学出版社 2002 年版，第 44 页；第 48 页。

④ 国际人权法教程项目组：《国际人权法教程》（第二卷，文件卷），中国政法大学出版社 2002 年版，第 97 页。

作中，非政府组织可以通过委员会与条约的参与国取得联系，并向委员会提供一切相关信息。[①]

国际非政府组织在人权领域活动非常踊跃，与文化权利相关的有：大赦国际（Amnesty International，简称 AI），旨在让每个人享有人权宣言中所记载的人权。其研究和活动领域主要在保护人身体与精神的完整，防止受到严重的肉体和精神虐待；保护思想自由和表达自由；免受歧视等。国际人权联盟（International League for Human Rights），以保护个人人权提倡者为主要任务。人权观察（Human Rights Watch），前身是根据 1975 年赫尔辛基国际协议成立的"自由言论基金会"，关注妇女权利、儿童权利、表达自由等。人权网络（Human Rights Internet，HRI），开创了国际人权领域互相交换信息的模式，主要致力于通过政府机构和政府间机构开展关于人权和公民社会的教育。国际法学家协会（International Commission of Jurists），主要关注宣扬和保护经济、社会和文化权利，通过国际和地区机构加强人权保护，进行人权教育。国际笔会（International PEN），旨在促进世界各地作家的友谊与智力合作，表达为自由而战，并代表着世界文学的良心。这些非政府组织对文化权利的保障及其运行有三个特点：

第一，大部分非政府组织对文化权利的保障还没有放到与保障公民权利、政治权利相平等的地位。因此，这些组织对文化权利的保障是不全面的，它们所关注大多是一些和公民权利、政治权利相交叉的文化权利，如儿童的受教育权、表达自由、思想自由等，但对于其他文化权利少有论及。国际笔会可以算是一个专门保护文化权利的非政府组织，但它所保护的文化权利也不是齐全的。

第二，非政府组织主要采取监督的形式保障文化权利。他们和政府、联合国直接对话、提供决策咨询的形式，监督文化权利的保护，促进文化权利保护措施和法律的制定。非政府组织观察各国文化权利的保护状况，

---

① "Participation of non-governmental organizations in the Committee on Economic, 见 Social and Cultural Rights", http://www.ohchr.org/english/bodies/cescr/NGOs.htm.

一旦有侵犯现象出现，就会直接或间接地与该国政府联系，影响这些国家的政策方针。非政府组织也会通过广泛的调研或与协助联合国人权观察员，为联合国制定文件提供咨询。尽管非政府组织不具备针对侵犯人权的审判职能，但可以通过"政治蒙羞"给予那些侵犯者惩戒。

第三，非政府组织主要凭借互联网与世界各地联系。非政府组织的活动范围遍及全世界，它们与世界其他地区的机构或个人的网络联系，有利于讯息能在最短时间内向最广大范围的人传达，方便了国际交流与合作，并对地方保障文化权利形成压力效应。

但是，对非政府组织活动也时有非议。主要是现有非政府组织大多注册在西方国家，依靠一些大财团的赞助，这就使得它们对广大发展中国家缺乏比较深刻的了解，他们的主张和建议也难免受到西方文化背景和价值观，甚至赞助势力的影响，从而妨碍其客观性和公正性。

（四）思想条件

实现文化权利的思想条件是说在实现文化权利的过程中，国家整体和公民个体所应具有的心理准备和知识准备，主要是文化权利意识。

尽管人生而平等地享有权利，但是权利本身却不是生而平等的，也不是所有权利一开始就受到了普遍重视：权利意识的产生有先后。一般来说，西方人权意识演变从古至今经历了四个阶段：第一个阶段是罗马时代，出现了人权的范畴，主要是财产权利意识；第二个阶段是 17 至 18 世纪欧洲近代革命（也被称为 3R 运动，即文艺复兴运动、宗教改革运动和罗马法复兴运动）的权利意识，主要是政治权利意识；第三个阶段是 19 世纪后，在西方自由主义、保守主义和马克思主义三大意识形态影响下，表现为经济权利意识；第四个阶段是 20 世纪 70 年代以后，西方社会出现庞大的中产阶级，他们在经济权利、财产权利已合法化之后，更加关注社会权利。

　　可见，文化权利意识的出现比政治权利意识、经济权利意识和社会权利意识都要晚。尽管根据《经济、社会及文化权利国际公约》的表述，文化权利应该是和公民权利、政治权利、经济权利和社会权利并重的，但实际上文化权利一直没有获得其应有的地位，被看作是其他权利的"穷亲戚"。联合国人权委员会（2006 年后为人权理事会）每年都要讨论《世界人权宣言》和《经济、社会及文化权利国际公约》中各类权利的实现问题，但是讨论的重点主要集中在经济和社会权利。而成员国的履约报告中也表现出同样的情况。1998 年，经济、社会和文化权利委员会计划中也只有关于全球化对经济和社会权利的影响，却没有对文化权利的影响。即使是权威的《国际人权法教程》中也没有专门论述文化权利的篇章，而在阐述联合国经济、社会和文化权利公约项下的实体性权利时也仅提到工作权、享受适当生活水准权、健康权和受教育权。

　　冷战结束后，人们开始比较密集地关注文化权利，把它称作是"赋权的权利"（empowering rights，或"赋权权"），可以看作文化权利意识的兴起。文化权利意识的兴起是人权发展的必然结果。随着经济全球化、政治民主化的推进，各国发展模式和世界文明多样性问题也成为热门话题，人类越来越重视经济、社会和文化的协调发展，重视自身的全面发展，进而产生越来越多的权利诉求。

　　文化权利意识的兴起也源于文化已成为维护世界和平稳定的重要因素。在全球化进程中，各种文化之间的交流、对话和碰撞，以及对少数群体文化的尊重，已越来越成为民族团结、社会稳定和国家安全不容回避的内容。许多国家内部或国家之间发生的冲突都有文化认同危机、文化权利得不到保障的阴影在作祟，除了文化认同权，文化信息权也被一再提及，因为文化信息权的缺失，国家之间、民族之间、不同群体之间、政府和民众之间的信息不对称，就容易导致误会、误解，产生蒙蔽恐慌，甚至酿成大规模公共事件等安全隐患。

　　发达的经济状况对文化权利具有强有力的推进效果，这也就是为什么经济越发达的地方，公益性的文化资源越多，文化权利的实现程度也越高。当今世界，无论是发达国家还是发展中国家，在经济建设的同时必须有与之相适应的社会建设、文化建设已是共识，实现经济权利、社会权利同样会提出与之相适应的实现文化权利的要求。正如人们满足了物质方面的需求、交往方面的需求，就会产生精神方面的需求，文化权利也因此越来越受到重视。

从主体看，国家（政府）和公民都要有具备文化权利意识，为实现文化权利作好思想准备；从对象看，集体文化权利意识和个体文化权利意识都应纳入具备范畴，尽管国家（政府）更必须为实现与保障集体文化权利负责担当，个体更关心如何实现和保障自己的文化权利（益）。与公民和政治权利、经济和社会权利相比，文化权利的实现与保障更依赖于思想条件。文化权利之受到侵犯往往不会像公民和政治权利、经济和社会权利之受侵犯那样比较明显、比较敏感，似乎也不是依靠什么强制的手段强加于人的，因而不容易察觉。侵害文化权利的后果是严重的，其危害性甚至超过了其他侵权行为，它造成的伤害更深刻、更持久、更根本。如果说，文化是人的本质体现，那么，文化权利的剥夺和侵害就是对人权最本质的侵犯。在这个意义上，文化权利意识就是公民精神的一个精神武装。

列宁有一段名言："宪法就是一张写着人民权利的纸。真正承认这些权利的保证在哪里呢？在于人民中那些意识到并且善于争取这些权利的各阶级的力量。"[①] 无论一个地方经济多么发达，有关权利的立法多么完善，国家和社会组织为实现权利付出了多大力气，倘若公民不具备权利意识，不积极争取自身的权利，那么权利的实现与保障就无从谈起。也就是说，只有具备了充分的文化权利意识，才能利用经济的、政治的、社会的力量来实现它。

文化权利意识的思想条件对发展中国家实现与保障文化权利尤为重

---

① 《列宁全集》第 12 卷，人民出版社 2017 年版，第 50 页。

要。一般说来，发展中国家的权利文化起步晚，权利意识本来就比较薄弱。经济全球化浪潮对发展中国家如何在西方文化冲击下实现自己的文化权利（益）、维护文化安全，保障文化生命力提出了新的挑战，对这些问题的妥善应对越来越成为发展中国家的重大文化事项。

四、文化权利的实践途径

实现文化权利，前提是文化自觉。对于个体来说，文化自觉就是文化权利意识的表达；对于作为集体的国家来说，就是文化主权的把握。此外还有几个问题必须认真对待：如何提高公民的文化权利意识；如何进一步完善立法、执法和司法制度，切实保护文化权利；如何利用文化产业的发展机遇保障文化权利（益）。这些内容既是为了不断满足人民日益增长的美好生活需要，着力实现高质量发展的应有之义，也是认真履行《经济、社会及文化权利国际公约》的责任。

（一）民族认同与尊重文化权利

众所周知，民族之间的对立和争端往往肇始于文化差异，但文化有差异并不一定导致对立和争端，这取决于持有差异的双方或多方如何看待彼此的文化，特别是能否欣赏、认可彼此的文化，也就是能否尊重彼此的文化权利。

"九族既睦，平章百姓，百姓昭明，协和万邦"（《尚书·尧典》），中华民族的形成源远流长，中华民族的和谐繁荣建立在各民族特别是汉民族与少数民族团结和睦基础上。如今汉民族与少数民族之间的武力冲突很罕见了，但是汉民族与少数民族之间的文化认同仍然是关系到国家统一、民族团结和社会稳定的重大问题。

中华文化五千年生生不息、绵延不断的重要原因，在于她是发生于上古时代多个区域、多个民族、多种形态的文化综合体。她不但有自强的力量，而且有兼容的气度、灵变的智慧。当是时也，我们应当与时俱进，反思自己的传统文化，学习和吸收世界各国文化的优长，以发展中国的文化。我们接受自由、民主、公正、人权、法治、种族平等、国家主权等价值观。我们确信，中华文化注重人格、注重伦理、注重利他、注重和谐的东方品格和释放着和平信息的人文精神，对于思考和消解当今世界个人至上、物欲至上、恶性竞争、掠夺性开发以及种种令人忧虑的现象，对于追求人类的安宁与幸福，必将提供重要的思想启示。[①]

文化自觉不是自发或自动产生的。"文化自觉是一个艰巨的过程，首先要认识自己的文化，理解所接触到的多种文化，才有条件在这个已经在形成中的多元文化的世界里确立自己的位置，经过自主的适应，和其他文化一起，取长补短，共同建立一个有共同认可的基本秩序和一套各种文化能和平共处，各舒所长，联手发展的共处守则。"[②]并提出人类文化的发展愿景是："各美其美，美人之美，美美与共，天下大同"。这就包含了深厚的文化权利意蕴：坚守文化自信，尊重其他文化，促进文化共处，寻求文化和谐。文化自觉的目的是为了加强对文化转型、文化取舍、文化选择和文化改造的自主能力，弘扬和培育适应新时代的民族精神。中华民族文化必须与时俱进，既保持自己民族文化的传统，挖掘传统文化的现代价值和世界意义，又必须学习、借鉴外来文化，保持中华民族文化的创新能力和先进性。当代中国的文化自觉应该以世界文化的发展态势和经济全球化潮

[①] 《甲申文化宣言》，这个宣言是 2004 年 9 月，70 多位文化界知名人士响应许嘉璐、季羡林、任继愈、杨振宁、王蒙等发起人的提议，应中华民族文化促进会邀请，在北京举行的"2004 文化高峰论坛"，向海内外同胞和国际社会表达的文化主张。见 http://www.people.com.cn/GB/paper81/13119/1176605.html.

[②] 费孝通：《反思·对话·文化自觉》，《北京大学学报》1997 年第 3 期。

流为大背景，认真反思传统文化的优势和弱项。"立足于当代中国的现实国情，继承民族文化遗产，发扬传统文化的精华部分，加以时代的改造，使之与时俱进，'大力弘扬以爱国主义为核心的民族精神和以改革创新为核心的时代精神'，推进当代中国文化的转型，这就是我们在新的时代面前应该具有的文化自觉。"①

重要的是，我们讲的文化自觉是中华民族的文化自觉，而不仅仅是汉民族，更不是一部分汉族人的文化自觉。中华民族是一个整体，是以汉民族为主体多民族友好团结和睦相处的民族共同体、文化共同体。我们既要抵制"文化霸权主义"，也要不能搞"我族中心主义"，摒弃妄自菲薄的文化自卑感和盲目狭隘的文化排外情绪。只有这样，我们才能在经济全球化背景下形成强大的民族认同文化认同，以及中华民族文化与其他民族文化在相互尊重基础上的交流、对话和交融，在世界文明多样化的发展趋势中，保持开放心态，平和理性地对待各种文化。

汉民族与少数民族的文化认同具有强烈的政治意义，对于国家统一和民族团结功莫大焉。"少数民族问题是对国家基础的一种挑战，也是对人权本身的挑战。"② 现代国家的国家（民族）认同更多的是依靠对所属各民族文化权利的尊重和保护，赢得他们的积极认同，保证国家的安全和统一。同样的道理，中华民族是中国各民族文化融合的产物，不能用汉民族及其文化来代替中华民族及其文化。只有各民族真正认同中华民族及其文化，才能产生由衷的归属感和忠诚，中华民族才能成为一个强大的民族共同体、自觉的文化共同体。

汉民族和少数民族之间的文化认同也是文化多样性发展的要求。各民族在以地缘为基础的长期共同生活中形成了一种独特的民族意识和文化，

---

① 吴海江：《时代精神与文化自觉》，《当代中国马克思主义研究报告（2011—2012）》，人民出版社 2013 年版，第 191 页。

② ［瑞士］托马斯·弗莱纳：《人权是什么》，谢鹏程译，中国社会科学出版社 1999 年版，第 66 页。

对自己的文化有强烈的民族自豪感。某个少数民族文化面对汉民族文化和其他民族文化的影响，难免产生某种特殊和复杂的情感，而且由于以往少数民族的文化往往是在比较封闭的条件下产生的，因此也不可避免地带有某种排外因素。我国少数民族文化还处于比较弱势的地位，在同等条件下其发展所受到的制度、历史和环境因素制约较多，因此必须给予特别的保护。"人类文化的进步取决于社会群体是否有机会汲取邻近的其它的社会群体的经验……那些与世隔绝或奉行闭关守国政策的民族，其文化和社会发展多半停滞不前。"①在城市化进程中，有更多的少数民族流动人口特别是年轻人进入城市，原本相对稳定的少数民族文化也逐渐感受到着民族文化一元化的威胁。所谓民族文化一元化是指在各民族文化融合过程中，多民族的文化由于生活相似性而形成文化样态的趋同现象。这种文化一元化会导致民族文化特征的消亡，危及少数民族及其文化的生存。②

应该承认，我国汉民族与少数民族在文化权利实现程度上还有很大差距。以受教育权为例，"迄今为止，我国多民族'混居'自治区域基本上没有一所像样的大、中、小学。不少地方隔三差五地拖欠中、小学教师的工资，不少中、小学教室摇摇欲坠，不少中、小学生流落在田野或街头，他们连9年义务教育都不能完成，其教育质量就更谈不上。"③2007年，我国已基本实现了"两基"（基本普及九年义务教育，基本扫除青壮年文盲）攻坚目标，但当时全国仍然有42个县没有实现"两基"（其中41个县属于民族地区，37个县是民族自治县）；到2014年，全国各级各类学校少数民族在校学生2500多万人、少数民族专任教师129万人，705个民族自治地方县级行政区划实现"两基"目标。但是汉民族与少数民族在实现文

---

① ［美］斯塔夫里阿诺斯：《全球通史——1500年以前的世界》，吴象婴、梁赤民译，上海社会科学院出版社1999年版，第48页。

② 因此，特别需要国家通过专门立法来落实对少数民族文化权利的保护。但目前我国法律体系中只是笼统地提及少数民族文化保护，也只有云南、贵州、福建等省制定了少数民族文化保护条例。

③ 朱兴文：《权利冲突论》，中国法制出版社2004年版，第193页。

化权利方面的差距仍然不小，还要想方设法帮助少数民族实现包括受教育权在内的文化权利，尽快弥补这些差距。

（二）人权教育与文化权利意识

我国迄今颁布了三个《国家人权行动计划》（2009—2010 年；2012—2015 年；2016—2020 年），引起各方关注。但毋庸讳言，我国人权研究主要还是在学术领域，许多人有维权意识，但对究竟什么是人权，如何正确看待人权的认识还相当模糊，许多人也不知道如何利用人权手段来维护自己的合法权益，甚至今天仍有不少领导干部和专业人员认为人权问题在政治上敏感而故意回避。这些其实都是人权意识缺失的表现。

促进我国文化权利事业发展首先要做的就是培养人权和文化权利意识。教育是传播思想的最好途径。"教育的目的是为了自由。因为人若是缺乏自主，就会成为易于侵犯他人权利和愿意放弃自己权利的人。"[1] 人权意识的培养在很大程度上依赖于人权教育。人权教育对于形成人权文化、实现人权可做出根本性的贡献。《维也纳宣言和行动纲领》第二部分提出"必须开展人权教育、培训和宣传，以便促进和实现社区与社区之间的稳定和谐关系，促成相互了解、容忍与和平"（第 78 条）；"应努力消除文盲，使教育目标针对充分发展人格，加强对人权和基本自由的尊重。"（第 79 条）"人权教育应包括各项国际和区域人权文书所载的和平、民主、发展和社会正义，以便达成共识和了解，从而增强对人权的普遍承诺。"（第 80 条）[2] 并呼吁各国和所有机构将人权、人道主义法、民主和法治纳入所有教学机构的课程，且人权教育应包括各项国际和区域人权文书所提出的和平、民

---

① 艺衡、任珺、杨立青：《文化权利：回溯与解读》，社会科学文献出版社 2005 年版，第 25 页。
② 《维也纳宣言和行动纲领》，北京大学法学院人权研究中心编：《国际人权文件选编》，北京大学出版社 2002 年版，第 57 页。

主、发展和社会正义等内容，以求达成共同的谅解和认识，加强对人权的普遍承诺。

1994 年联合国大会指出"人权教育应是一个全面性的终身过程"，在《1995—2004 年联合国人权教育十年行动计划》中，人权教育被定义为"努力开展培训、传播和信息，目的是通过传授知识及技能和塑造态度，建立普遍的人权文化"。2011 年联合国大会通过《人权教育与培训宣言》重申："人人均有受教育的权利，教育的方向应是人的个性和尊严的全面发展，使所有人都能切实成为自由社会的一分子，增进各民族和所有种族、族裔或宗教群体之间的理解、容忍和友谊，推进联合国维持和平、安全、促进发展和增进人权的活动"；这个《宣言》还提出"人权教育和培训是促进人人享有的所有人权和基本自由得到普遍尊重和遵守的关键"；"人权教育和培训包括一切旨在促进所有人权和基本自由得到普遍尊重和遵守的教育、培训、信息、宣传和学习活动，因而这些活动主要通过为人们提供知识和技能，帮助他们了解和形成正确的态度和行为，有助于防止侵犯和践踏人权的行为，使他们能够为营造和促进普世人权文化做出贡献"。一是开展人权方面教育，介绍和讲解人权规范和原则、其所依据的基本价值以及其保护机制；二是借助人权开展教育，采用尊重施教者和学习者双方权利的教学方法；三是为人权而开展教育，使人们具备享受和行使自身权利并尊重和维护他人权利的能力。[①]

就我国三个《国家人权行动计划》进展情况看，第一个人权行动计划（2009—2010 年）要求在中小学进行人权和公民权的授课，鼓励高等院校开展人权理论研究和教育，对公职人员进行人权教育培训，并且鼓励新闻媒体开设人权专栏和专题，支持民间人权网站发展。第二个人权行动计划（2012—2015 年）增加了"鼓励并推动企事业单位普及人权知识，形成尊重和保障人权的企业文化"；"发挥国家人权教育与培训基地的作用。到

---

① 《联合国人权教育与培训宣言》（中文版），https://www.un.org/zh/documents/treaty/files/
　　A-RES-66-137.shtml.

2015 年，至少新增 5 个国家人权教育与培训基地"的内容；而且更强调人权教育的普及性和全覆盖，可以借助学校、大众传媒和非政府组织三大载体开展人权教育。第三个人权行动计划（2016—2020 年）进一步要求加大人权教育与培训力度，提高全社会人权意识；搭建人权研究平台，为人权事业发展提供智力支持。包括把人权教育作为加强国家工作人员学法用法工作重要内；把人权知识纳入国民教育内容，以灵活多样的形式将人权知识融入中小学教育教学活动中；继续支持高校开展人权通识教育，加强人权方面的人才培养，提升开展人权重大理论与实践问题研究的能力；支持和鼓励企事业单位加强人权教育、培训，培育人权文化，在境内外投资中将尊重和保障人权作为决策的重要考虑因素；规范国家人权教育与培训基地工作，到 2020 年，再增加 5 家人权教育与培训基地，建设中国特色新型高端人权智库；开展设立国家人权机构必要性与可行性研究；支持新闻和网络媒体设立人权专题或栏目，普及人权知识，传播人权理念。

1.学校是人权教育的主体

联合国以多种方式确认学校在人权教育中的主体地位。《世界人权宣言》中阐明，作为所有人拥有的普遍的人权，人权知识应当在每一所学校都被讲授。1994 年，联合国大会通过决议将 1995 年到 2004 年定为人权教育十年，要求所有国家和机构将人权、人道主义法、民主和法治作为学科纳入所有正式和非正式教学机构的课程。2005 年，联合国大会发起了"全球人权教育计划"，第一阶段是从 2005 年到 2007 年在世界各国中小学进行人权教育，帮助人们了解自己的权利，掌握保护权利的手段，学习在日常生活中如何使用这些权利。

建立人权教育机构是国家履行人权教育方面国际法律义务的重要措施，既体现了中国作为一个负责任大国认真履约的严肃态度，也是对健全人权的法律保障体系，提升全社会尊重和保护人权的意识，促进人权事业健康发展的有力推动。为此，中国部分高等院校开设了人权问题专业课程，但授课范围仍然偏小，教学内容和方法也有较大改进空间。一些高等院校和研究机构设立了人权研究中心（院），但研究成果还未产生明显的社会效果。近年教育部批准在若干高校设立人权教育与培训基地，基地的主要任务包括，推动大学人权教育和理论研究，开展中小学人权教育及方式方法的研究实验，编写教材，组织师资培训和各类相关社会培训，为社会提供咨询，特别是向国家有关部门定期提供咨询报告，以及开展人权领域的国际交流与合作等。国家还应把人权教育纳入学校的公民教育，尤其是国民教育体系的义务教育中，以有利于在基础层面上提高有关人权素养。

2. 大众传媒是传播文化权利的有效途径

1991 年 11 月，国务院新闻办公室发表我国第一份人权白皮书——《中国的人权状况》，并自 1995 年起不定期发表《中国人权事业的发展》和人权专题白皮书。人权教育和传播日益为中国公众所熟悉。

1993 年，中国人权研究会（CSHRS）成立，这是中国人权领域第一个全国性学术团体，也是在联合国经社理事会享有特别咨商地位的非政府组织，并被列入联合国教科文组织"世界人权研究和培训机构名录"。研究会的宗旨是：研究中外人权理论、历史和现状，普及和宣传人权知识，开展国际交流与合作，促进中国和世界人权事业的健康发展。1998年，研究会开通"中国人权网"（www.humanrights.cn）；2006 年，研究会主办的《人权》杂志创刊；2009 年，研究会开通"西藏人权网"（www.tibet328.cn）。研究会（后联合中国人权发展基金会）举办了多届"北京人权论坛"，与会国际人权领域的官员、专家和学者分别就"安全、发展与人权"（2008 年），"和谐发展与人权"（2009 年），"人权与发展：概念、模式、途径再思考"（2010 年），"文化传统、价值观与人权"（2011 年），"科技、环境与人权"（2012 年），"建设可持续的人权发展环境"（2013 年），"中国梦：中国人权事业的新进展"（2014 年）等主题展开充分讨论，集思广益，扩大共识。

自 2004 年起，我国将每年 4 月 20 日至 26 日确定为"保护知识产权宣传周"，利用报刊、电视、广播、互联网等媒介，通过举办研讨会、知识竞赛以及制作公益广告等多种形式，在全社会开展知识产权保护宣传教育活动。2005 年 1 月，中国人权研究会与人民日报社联合在《人民日报》开辟"人权知识百题问答"专栏。同年 7 月，中国人权发展基金会主办的"人权网"（www.humanrights.com.cn）开通。2006 年 11 月，我国举办以人权为主题的大型综合性展览"中国人权展"……《国家人权行动计划（2009—2010 年）》要求"充分利用广播、电视、报刊、网络等大众传播媒体对公众进行人权知识的普及。鼓励中央新闻媒体和地方新闻媒体开设人权专栏、专题。支持《人权》杂志、'中国人权网'和其他民间人权网站的发展，充分利用互联网等新媒体开展人权知识普及教育"。《国家人权行动计划（2012—2015 年）》提出"鼓励新闻媒体传播人权知识。提高全民人权意识，形成全社会重视人权的舆论氛围"。《国家人权行动计划（2016—2020 年）》的提法是："支持新闻和网络媒体设立人权专题频道或栏目，普及人权知识，传播人权理念"；"鼓励新闻媒体广泛宣传《行动计划》的内容，并在《行动计划》的实施中发挥监督作用。"

3. 非政府组织是维护文化权利的重要力量

与国际非政府组织不同，我国境内的社会团体、民办非企业单位、基金会等社会组织是非政府组织的主体，各类非政府组织在以生存权和发展权为核心的中国人权事业中发挥了积极作用。它们积极支持扶贫救助，促进了贫困群体基本民生的解决；广泛参与慈善公益事业，促进了公民发展权的维护；及时反映社会诉求，努力培育公民意识，促进了社会自治功能的增强。但我国有关人权的非政府组织，由于各种条件限制还处在很不成熟阶段，其中致力于人权教育很少，且通常只开展一些宣传活动而不是教育活动。

《国家人权行动计划（2016—2020 年）》在实施和监督部分，要求国家人权行动计划联席会议机制开展阶段性调研、检查和评估，引入第三方评估机制，及时公布评估报告；创新社会治理机制，发挥社会组织在实施《行动计划》过程中的建设性作用。随着我国非政府组织发展壮大，参与人权领域的活动也将不断拓展，在实现和保障文化权利所起的作用也将不断增强。一方面，要加强人权非政府组织的研究，包括有关法律规制、资金来源和筹资能力、人力资源，以及与党和政府、社会团体的关系，明确揭示非政府组织在人权领域所具有的优势和限度。另一方面，可以充分利用高等院校和研究机构的学术资源，建立一些准学术重传播的非政府组织，开展人权项目的教育和培训；积极参与国际非政府组织举办的人权教育活动；并与相关非政府组织开展合作，积累人权教育的经验。

（三）法制建设与保护文化权利

"国家尊重和保障人权"载入我国宪法，表明"人权"作为法律概念而不仅仅被解读为政治概念，但人们对权利的关注较多的是经济、社会、政治等权利，文化权利未曾得到应有的重视。事实上，文化权利也只有纳入法制体系才能获得切实的保护，把文化权利保护以法律文本形式加以确认，建立起相应的立法、执法和司法制度是十分必要的。《国家人权行动计划（2012—2015 年）》在"文化权利"部分也指出："加强文化立法。研究制定公共图书馆法、博物馆条例等法律法规，修改著作权法、文物保护法等法律，制定完善与非物质文化遗产法配套的法规和规章。"《国家人权行动计划（2016—2020 年）》进一步要求："加快推进公共图书馆法、文化产业促进法、公共文化服务保障法、电影产业促进法立法。修订文物保护法、著作权法及其配套行政法规。"

1. 文化权利的可诉性与有关立法

文化权利是逐步实现的。由于经济、社会和文化权利委员会没有权力接受个人或群体的申诉，目前文化权利的实现还仅受一般国际监督程序和控制机制的约束，比如报告制度等，而缺乏国际准司法性质的监督。经济、社会和文化权利委员会为此向联合国大会提交提案说："只要大多数的盟约不在国际水准上进行细致的法律审查，也就不可能在国家水平上得到相应的审查。"1995年，联合国教科文组织文化与发展问题世界委员会曾建议成立一个"文化权利独立调查办公室"，以听取受到权利侵害的个人或群体的申诉，代表他们和相关国家的政府进行斡旋，纠正错误，并在适当时候进行司法或立法的赔偿以及侵害的补偿。但这样一个办公机构既要独立于政府又要独立于商业，既要有利益的保护，又能获得足够的财政支持，难以操作。

文化权利是可诉的。比如近年来不断出现的受教育权案例、知识产权案例。区域性的人权保护机制已在实践文化权利保护的司法监督。《美洲人权公约附加议定书》第14条关于受教育权利，第15条关于教育自由的权利，第16条关于文化权利，明确规定美洲人权法院有权受理并审查国家间有关侵犯上述权利的条文。虽然《经济、社会及文化权利国际公约》不能直接作为司法审判的依据，它对人权保护还只能起到不那么"刚性"的强制力，但这个《公约》仍有较硬的规制作用，"对已加接受的各缔约国有拘束力"。考虑到亚洲地区尚缺乏具有实际效用的区域性人权制度，作为《经济、社会及文化权利国际公约》的缔约国，中国可率先在国内建立起实现与保障文化权利的监督机制，而不能只依赖于国际上现有的监督程序和控制机制，这些国际程序发挥的仅仅是辅助和补充的作用，无法替代国内的法律机制和措施。我国宪法确立了"国家尊重和保障人权"的原则，签署并批准了《经济、社会及文化权利国际公约》，但这些原则性、纲领性的规定必须法律规制的配合才具有可操作性。我国文化建设方面的法律规制本来就不多，涉及权利保护的则更少了。切实保障文化权利，必须有专门的法律规制，特别是文化法律和文化行政法规。

2. 文化权利的救济与司法保护

立法固然重要，但严格执法，保证文化权利立法得以实施更为重要。除了要立法保障文化权利之外，我们还要建立文化权利的行政救济和司法救济。前者是指行政机关通过行政处罚、行政复议等行政手段对文化权利受侵犯者进行的救济，后者是指司法机关通过司法程序对文化权利受侵犯者进行的救济。文化权利的司法救济在保障和实现文化权利中应被置于更重要位置。

在世界范围，国际人权监督机构如人权事务委员会和消除种族歧视委员会，都有相关案例法对文化权利进行保护。由于我国文化资源分配不公的现象仍然存在，这些问题如果不能得到有效解决也会影响社会和谐和稳定。尽管我国目前以《民事诉讼法》、《刑事诉讼法》、《行政诉讼法》三大诉讼法为核心的诉讼法体系中，还没有文化权利的司法救济专门内容，但某些文化权利，如文化知识产权纠纷可以通过法律诉讼获得司法救济，并对公众产生了深刻印象和良好效果。"受多种因素制约，文化权力的实现不会一蹴而就，这一过程需要良好的法治环境、完备的法律体系、有效的行政保障机制和完善的司法救济机制。在立法保护方面，应有权利只有通过立法转化为法定权利，才能获得国家强制力的保障，进而转化为现实权利。在行政保障方面，严格执法有助于使纸上的权利变成现实得权利，行政保障对于文化权利的真正实现有着重要的意义。在司法救济方面，没有救济就没有权利，要想切实保障文化权利，除了为其提供法律依据之外，还要在其受到侵害时为其提供有效的救济，司法救济为文化权利保障设置了最后一道屏障。"① 也就是在这个意义上，我国有关文化权利的救济意识

---

① 王丽娜：《文化权利法律保障研究》，《中国政法大学学报》2018 年第 3 期。

与机制还有很大改进空间。

除了国内的立法、司法制度外，中国还应努力推动区域人权包括文化权利司法保护机制。目前美洲、欧洲、非洲都已经建立了人权法院，美洲人权法院和欧洲人权法院都有对文化权利保护的司法监督机制，而亚洲在这方面还处于"空白"。只有通过区域文化权利保护司法机制的建立和推广，才能建立起国际上具有司法性质的文化权利保护制度，才能使文化权利保护获得与经济、社会、公民和政治权利保护同等的重视地位。

（四）文化产业与增进文化权利

根据联合国教科文组织的意见，文化产业的未来发展应该是：（1）可以更接近文化；（2）可以提高大众交流的质量并发展独立的公共媒介；（3）可以促进创造性的工作；（4）可以使传统文化机制现代化；（5）可以加强民族文化生产；（6）并且可以保护国家的文化出口。[①] 可以看出，文化产业的发展有赖于文化权利的充分享受，而文化产业的发展又必须以实现文化权利为目的。我国目前的文化产业发展，还存在着一些妨碍文化权利享受的因素，导致文化产业发展还很不充分，而文化产业的不充分发展，会延滞实现文化权利的步伐。

1. 文化产业的经济贡献

文化产业发展对文化权利实现具有显而易见的积极作用。我国文化产业的发展已经成为国民经济发展的重要组成部分，增强了实现文化权利的经济基础。根据国家统计局数据，改革开放 40 多年来，文化产业增加值占 GDP 比重逐年提高，从 2005 年到 2017 年年均增长比同期 GDP 高 6.3 个百分点。2017 年文化产业固定资产投资额达较 2005 年增长 12.7 倍。从

[①] 张胜冰等：《世界文化产业概要》，云南大学出版社 2006 年版，第 5 页。

对国民经济增长的贡献看，文化产业增加值占 GDP 的比重由 2004 年的 2.15％提高到 2017 年的 4.29％，对 GDP 增量的贡献年平均达到 4.7％。由于文化产业资源消耗低、环境污染少、科技含量高，具有低碳经济、绿色经济的特点，进而为经济转型升级和提质增效提供了有力支撑。

尽管我国文化产业总量还不大，但是在拥有的资产、营业收入、实现增加值等方面，经营性产业单位都大大高于公益性事业单位。文化产业的发展提高了国家整体的经济水平，为公民增加了就业机会，无论是为国家整体还是为公民个体实现文化权利奠定了经济基础。其次，文化产业发展为民众享有文化权利提供了前所未有的机会。文化产业的发展往往与大众文化相连，极大地丰富了大众文化产品，创造了文化服务的公共领域，使得公民在文化产品、文化服务等方面有了更多的选择，进而使文化权利的普遍实现成为可能。

但是，文化产业发展也会对实现文化权利产生某些消极作用。20 世纪中期法兰克福学派对此就有尖锐的批评，依靠西方技术和机器提供的竞争优势，文化产业被大规模商业化，通过含糊的意识形态功能来充当统治的工具，形成支配社会的力量；这样的文化产业就会使文化出现"单向度的"发展，产生新的文化"压迫机制"，即强势文化压迫、取代弱势文化，世界文化面临同质化、单一化的威胁，比如电影必定是好莱坞的好，大学必定是美国的强，文化的多样性发展因此而受到严重损害。

文化生产中一些创作者往往偏重追求商业价值而忽视艺术、社会价值的创造，把文化生产变成纯粹对商业价值的追逐，如果这种商业化的文化产品占据了较多的空间和时间，迫使人们不得不去接受"文化供应商"提供的东西，人的自由选择文化的权利就被无情地剥夺了，人的真正文化需求难以得到满足。

文化的产业化、商品化还使经济领域的贫富差距转移成文化领域的贫富差距。世界上文化产业均主要集中在发达的大城市，中国的文化产业也明显表现为东西部发展不平衡、城乡发展不平衡的态势，使西部地区、农村地区成为文化上的贫困地区，这些地方的居民文化权利实现程度与东部地区、城市地区呈现出显著的差序格局。这种文化权利实现程度上的差序格局所造成的伤害甚至要大于经济上的贫富差距，文化的不平等意味着精神的不平等，是非常顽固的不平等。

2.消除实现文化权利的不利因素

要消除这种文化不平等，就必须把文化事业和文化产业的发展放在同样重要的位置。"发展文化事业主要是为广大人民群众提供良好的公共文化服务，保障公民的基本文化权益。发展文化产业是社会主义市场经济条件下增强我国文化实力和竞争力、满足人民群众精神文化需求的重要途径。"[①]文化事业和文化产业的发展对于实现文化权利都至关重要，不能偏废。"发展文化事业和文化产业，都是为了满足人的精神需求，实现人的文化权利，都是为了提高人的文化素质，促进人的全面发展。"[②]当文化产业发展比较成熟，文化产品和文化服务极大丰富，个体文化消费能力差不多的时候，文化事业发展的分量或许可以减轻。但我国文化产业的发展现在并不充分，文化资源还十分有限，个体文化消费能力存在明显差异，就必须通过文化事业发展来消除文化产业发展所带来的消极效应。特别是我国西部、农村等文化产业不发达的地区，应该通过政府的宏观调控，加大对这些地区文化事业的投入，为他们提供更多的公共文化服务。还值得注意的是，并非所有的文化都可以产业化。有些文化必须是事业或产、事业结合的方式来经营，比如与义务教育相关的中小学，比如博物馆、图书馆、歌剧院等要通过定期免费开放的形式，保证所有公民都有机会享受这些文化场所。因此，我们还是要大力发展公益性文化事业。

---

① 孙家正：《以繁荣和发展为中心积极推进文化体制改革》，《文化研究》2005 年第 8 期。
② 孟晓驷：《发展中国文化产业的三大战略举措》，《文化研究》2005 年第 7 期。

要坚持把社会效益放在首位、社会效益和经济效益相统一，推动文化事业全面繁荣、文化产业快速发展。发展哲学社会科学、新闻出版、广播影视、文学艺术事业。加强重大公共文化工程和文化项目建设，完善公共文化服务体系，提高服务效能。促进文化和科技融合，发展新型文化业态，提高文化产业规模化、集约化、专业化水平。构建和发展现代传播体系，提高传播能力。增强国有公益性文化单位活力，完善经营性文化单位法人治理结构，繁荣文化市场。扩大文化领域对外开放，积极吸收借鉴国外优秀文化成果。①

文化产业发展的理念，既要重视创意，又不能割裂传统。创新固然重要，但不必为了创新而创新，不能抱着"你有，我也要有"的心态去"追赶"人家。创新的关键不是形式，而是内容。我们更不能一味强调形式上的"创新"而忽略了优秀的传统。文化传统是文化产业发展的思想发源地，也是文化产业发展的灵魂所归。如若缺乏文化传统的坚强支撑，文化产业发展势必难以体现文化的深刻性、独特性和多样性，也难以在世界文化市场真正居于一席之地，进而为世界文化之林贡献令人羡慕的硕果。从个体来说，自由地选择文化产业领域无可厚非，但从政府的主导角色看，仍然要坚持文化领域的宏观视野，建设优秀传统文化传承体系。"要全面认识祖国传统文化，取其精华、去其糟粕，古为今用、推陈出新，坚持保护利用、普及弘扬并重，加强对优秀传统文化思想价值的挖掘和阐发，维护民族文化基本元素，使优秀传统文化成为新时代鼓舞人民前进的精神力量。"②

中国文化产业的发展必须有明确的价值导向，使文化产业发展的经济效益与社会效益相辅相成，防止文化产业发展的艺术、社会效益被经济效益所遮蔽。在文化生产中，既有生产与需求的良性循环，也可能出现不良

---

① 《胡锦涛文选》第 3 卷，人民出版社 2016 年版，第 639—640 页。
② 《十七大以来重要文献选编》下，中央文献出版社 2013 年版，第 572 页。

循环。所谓良性循环就是优良的文化、艺术品成为市场的主流产品，塑造出消费群体健康的文化心态，引起对文化良品需求的扩大，从而又促进文化良品的生产扩大。这时文化生产的经济效益和社会效益成正比关系。所谓不良循环就是文化次品、劣品大量充斥市场，导致消费群体产生畸形的文化心态和不良偏好，文化次品、劣品的需求增大，有进一步刺激这些产品生产的扩大，这时文化生产的经济效益和社会效益成反比关系。

3. 提升增进文化权利的文化产业质量

我国的文化产业发展在市场运作的同时，政府还不能放松对文化产业发展的引导和调控，促使文化产业往良性循环方向发展。"坚持把社会效益放在首位，坚持社会效益和经济效益有机统一，遵循文化发展规律，适应社会主义市场经济发展要求，加强文化法制建设，一手抓繁荣、一手抓管理，推动文化事业和文化产业全面协调可持续发展。"[①]

根据《国家"十三五"时期文化发展改革规划纲要》（2017 年）完善现代文化市场体系和现代文化产业体系的要求，一是发展壮大文化市场主体，发展骨干文化企业，推动国有文化企业联合重组，推动跨所有制并购重组；整合报刊资源，对长期经营困难的新闻出版单位实行关停并转；降低社会资本准入门槛，鼓励和引导非公有制文化企业发展；支持中小微文化企业发展。二是推进文化市场建设，着力构建统一开放、竞争有序的现代文化市场体系，完善准入退出机制；加快文化产品市场建设，发展基于互联网的新型文化市场业态；健全文化要素市场，完善文化资产评估体系；创新文化投融资体制，推动文化资源与金融资本有效对接；鼓励国有文化企业利用资本市场发展壮大；加强文化消费场所建设，开发新型文化消费金融服务模式；发展文化旅游，扩大休闲娱乐消费，等等。三是优化文化产业结构布局，加快发展网络数字创意等新兴产业，推传统产业转

---

① 《十七大以来重要文献选编》下，中央文献出版社 2013 年版，第 563 页。

型升级，鼓励传统业态实现线上线下融合；开发文化创意产品，扩大中高端文化供给，推动现代服务业发展；围绕国家战略加强重点文化产业带建设；发掘城市文化资源，推进城市文化中心建设；支持中西部地区、民族地区、贫困地区发展特色文化产业。四是强化文化科技支撑，落实中央财政科技计划管理改革的有关要求，通过优化整合后的科技计划支持符合条件的文化科技项目；运用新科技成果催生新型文化业态；加强虚拟现实技术的研发与运用；制定文化产业领域技术标准，深入推进国家文化科技创新工程；依托国家级示范基地，加强文化科技企业创新能力建设；加强文化资源的数字化采集、保存和应用。① 这些举措，有望为不断满足人民日益增长的美好生活需要，包括精神文化需要和文化权益实现提供优良文化产品。

链接 3.2：大力发展公益性文化事业，保障人民基本文化权益

　　满足人民基本文化需求是社会主义文化建设的基本任务。必须坚持政府主导，按照公益性、基本性、均等性、便利性的要求，加强文化基础设施建设，完善公共文化服务网络，让群众广泛享有免费或优惠的基本公共文化服务。

　　（一）构建公共文化服务体系。加强公共文化服务是实现人民基本文化权益的主要途径。要以公共财政为支撑，以公益性文化单位为骨干，以全体人民为服务对象，以保障人民群众看电视、听广播、读书看报、进行公共文化鉴赏、参与公共文化活动等基本文化权益为主要内容，完善覆盖城乡、结构合理、功能健全、实用高效的公共文化服务体系。把主要公共文化产品和服务项目、公益性文化活动纳入公共财政经常性支出预算。采取政府

---

① 　中共中央办公厅、国务院办公厅印发《国家"十三五"时期文化发展改革规划纲要》，http://www.gov.cn/zhengce/2017-05/07/content_5191604.htm.

采购、项目补贴、定向资助、贷款贴息、税收减免等政策措施鼓励各类文化企业参与公共文化服务。鼓励国家投资、资助或拥有版权的文化产品无偿用于公共文化服务。加强文化馆、博物馆、图书馆、美术馆、科技馆、纪念馆、工人文化宫、青少年宫等公共文化服务设施和爱国主义教育示范基地建设并完善向社会免费开放服务，鼓励其他国有文化单位、教育机构等开展公益性文化活动，各类公共场所要为群众性文化活动提供便利。统筹规划和建设基层公共文化服务设施，坚持项目建设和运行管理并重，实现资源整合、共建共享。加强社区公共文化设施建设，把社区文化中心建设纳入城乡规划和设计，拓展投资渠道。完善面向妇女、未成年人、老年人、残疾人的公共文化服务设施。引导和鼓励社会力量通过兴办实体、资助项目、赞助活动、提供设施等形式参与公共文化服务。推进国家公共文化服务体系示范区创建。制定公共文化服务指标体系和绩效考核办法。

（二）发展现代传播体系。提高社会主义先进文化辐射力和影响力，必须加快构建技术先进、传输快捷、覆盖广泛的现代传播体系。要加强党报党刊、通讯社、电台电视台和重要出版社建设，进一步完善采编、发行、播发系统，加快数字化转型，扩大有效覆盖面。加强国际传播能力建设，打造国际一流媒体，提高新闻信息原创率、首发率、落地率。建立统一联动、安全可靠的国家应急广播体系。完善国家数字图书馆建设。整合有线电视网络，组建国家级广播电视网络公司。推进电信网、广电网、互联网三网融合，建设国家新媒体集成播控平台，创新业务形态，发挥各类信息网络设施的文化传播作用，实现互联互通、有序运行。

（三）建设优秀传统文化传承体系。优秀传统文化凝聚着中华民族自强不息的精神追求和历久弥新的精神财富，是发展社会主义先进文化的深厚基础，是建设中华民族共有精神家园的重要支撑。要全面认识祖国传统文化，取其精华、去其糟粕，古为今用、推陈出新，坚持保护利用、普及弘扬并重，加强对优秀传统文化思想价值的挖掘和阐发，维护民族文化基本元素，使优秀传统文化成为新时代鼓舞人民前进的精神力量。加强文化典籍整理和出版工作，推进文化典籍资源数字化。加强国家重大文化和自然遗产地、重点文物保护单位、历史文化名城名镇名村保护建设，抓好非物质文化遗产保护传承。深入挖掘民族传统节日文化内涵，广泛开展优秀传统文化教育普及活动。发挥国民教育在文化传承创新中的基础性作用，增加优秀传统文化课程内容，加强优秀传统文化教学研究基地建设。大力推广和规范使用国家通用语言文字，科学保护各民族语言文字。繁荣发展少数民族文化事业，开展少数民族特色文化保护工作，加强少数民族语言文字党报党刊、广播影视节目、出版物等译制播出出版。加强同香港、澳门的文化交流合作，加强同台湾的各种形式文化交流，共同弘扬中华优秀传统文化。

（四）加快城乡文化一体化发展。增加农村文化服务总量，缩小城乡文化发展差距，对推进社会主义新农村建设、形成城乡经济社会发展一体化新格局具有重大意义。要以农村和中西部地区为重点，加强县级文化馆和图书馆、乡镇综合文化站、村文化室建设，深入实施广播电视村村通、文化信息资源共享、农村电影放映、农家书屋等文化惠民工程，扩大覆盖、消除盲点、提高标准、完善服务、改进管理。加大对革命老区、民族地区、边疆地区、贫困地区文化服务网络建设支持和帮扶力度。深入开展全民阅读、全民健身活动，推动文化科技卫生"三下乡"、科教文体法律卫生"四进社区"、"送欢乐下基层"等活动经常化。引导企业、社区积极开展面向农民工的公益性文化活动，尽快把农民工纳入城市公共文化服务体系。建立以城带乡联动机制，合理配置城乡文化资源，鼓励城市对农村进行文化帮扶，把支持农村文化建设作为创建文明城市基本指标。鼓励文化单位面向农村提供流动服务、网点服务，推动媒体办好农村版和农村频率频道，做好主要党报党刊在农村基层发行和赠阅工作。扶持文化企业以连锁方式加强基层和农村文化网点建设，推动电影院线、演出院线向市县延伸，支持演艺团体深入基层和农村演出。中央、省、市三级设立农村文化建设专项资金，保证一定数量的中央转移支付资金用于乡镇和村文化建设。

——摘自《中共中央关于深化文化体制改革推动社会主义文化大发展大繁荣若干重大问题的决定》（2011 年）

第四章　发展与环境权利

联合起来的生产者，将合理地调节他们和自然之间的物质变换，把它置于他们的共同控制之下，而不让它作为一种盲目的力量来统治自己，靠消耗最小的力量，在最无愧于和最适合于他们的人类本性的条件下来进行这种物质变换。

——马克思:《资本论》第 3 卷（1894 年）

保障和实现发展权不但要考虑经济社会权利、文化权利，还必须兼顾环境权利，当代中国马克思主义发展观的一个重要内容就是推进经济、社会与环境的可持续发展。联合国有关机构在 20 世纪 90 年代相继提出了"人类发展"和"可持续发展"概念，如果说人类发展强调的是发展不能仅仅归结于增长，那么可持续发展就是把促进发展与保护环境联系在一起，是环境能够支撑的发展，它们反映了世界发展观念的拓展和延伸，并日益获得各国特别是广大发展中国家的认可和支持。重要的是，可持续发展不能仅仅归结于去解决环境问题。从"人类环境大会"（斯德哥尔摩，1972 年）到"环境与发展大会"（里约，1992 年），再到"可持续发展世界峰会（约翰内斯堡，2002 年），然后是"里约 +20 峰会"（"世界可持续发展大会"，里约，2012 年），联合国这些会议的名称沿革清楚地表明，可持续发展总是围绕着发展与环境的关系，或者发展权与环境权的实现展开的，这也构成了当代中国特别强调推进可持续发展的一个国际背景。

一、一个新的发展观

"发展"（development），本义是开发，似乎被认为是从前工业社会向工业化社会的转变过程，并由此建立起促进增长的经济形态、社会结构和贸易模式，以及与之相应的文化心理。20 世纪 70 年代以来，发展观念经历了从注重 GNP（或 GDP）的经济增长观，到考虑多项社会生活指标的社会发展观，再到体现经济、社会与环境相互协调的可持续发展观，可以说是发展观演变的三部曲。

（一）发展观念的拓展

第二次世界大战结束以后，许多国家，特别是摆脱了殖民地、半殖民地状况的亚非拉国家都经历了恢复、重建和发展的过程，尽管各国基本国情和文化传统不同，但"发展"是一个普遍性的主题，人们都把注意力集中在发展和如何发展上。

那时有关"发展"的主要理论形态是"现代化理论"（对发展中国家来说，就是"发展理论"）。它的基本思路是，所谓"现代化"（modernization）过程就是实现从"传统"社会向"现代"社会的转变，而转变的主要标志就是以工业化（industrialization）为特征的经济增长。人们愿意相信一切经济活动均旨在增进国民财富，通过对资源的有效配置谋取经济增长的最大化，因此也往往把"增长"（growth）与"发展"（development）混为一谈。发展理论的"重镇"发展经济学探讨发展中国家如何摆脱不发达、进入发达的途径，而所谓发展经济学（实际上并非产生于发展中国家）实际上是增长经济学，当时也经常把这两个概念作为同义词来使用或相提并论，如刘易斯（W.A.Lewis）的《经济增长理论》（1955 年）、罗斯托（W.W.Rostow）的《经济增长阶段》（1960 年）、阿德尔曼（I.Adelman）的《经济增长和发展理论》（1961 年）等。

为了实现以国民生产总值（GNP，或人均 GNP）增长为目标的发展战略，必须同时进行社会经济体制方面的改革，但这些改革都是经济增长的手段，联合国"第一个发展十年（1960—1970）"计划开始时，当时的联合国秘书长就概括出了一个"发展＝经济增长＋社会变革"的公式，反映了时人对"发展"的理解和认识。

20 世纪 60 年代后期，一些发展中国家在模仿西方现代化（工业化）的发展过程中，出现了有（经济）增长而无（社会）发展，或被称为"无发展的增长"（growth without development）[①] 的现象，主要表现为单一经济畸形发展与整个社会系统的失调，盲目追求经济规模量的扩大，而忽视了质的优化，致使这些国家原有的贫困、失业等问题还没有解决，新的问题，特别是贫富两极分化、价值体系失范，以及生态环境恶化等又接踵而至。发展中国家与发达国家的差距非但没有缩小，反而日益扩大了。人们开始意识到，发展并不能简单地归结为经济增长，它具有比后者更广泛的社会变化内容，初步的教训是："（1）经济发展包括经济增长，但又不限于经济增长。经济发展的目标，应当包括国民生产总值的持续的稳定的增长及其公平的合理的分配。（2）为了促进生产力的发展，在分配制度上必须有一定的差别，但是差别不宜过大。一方面要克服分配上的平均主义，另一方面也要克服和防止收入差距悬殊的现象。"[②]

20 世纪 70 年代，国际社会逐渐形成了"经济—社会必须协调发展"的共识。由于西方出现持续的经济衰退，反战、民权等新社会运动此起彼伏，国际右翼势力和反共思潮受到遏制，左翼思想也逐渐影响到发展理论，包括对传统工业化模式及其所造成的后果和弊端进行反思，并批评了只重经济增长而忽视社会发展的畸形资本社会。

---

① 一些国家忽视了经济社会发展的协调性和质量，出现了没有增加就业机会的"无工作的增长"，民众无法参与公共事务的"无声的增长"，收入差距不断扩大的"无情的增长"，没有文化根基的"无根的增长"，环境被严重破坏的"无未来的增长"，概括起来就是"有增长而无发展"或"无发展的增长"。

② 陈宗胜等:《新发展经济学：回顾与展望》，中国展望出版社 1996 年版，第 292 页。

　　较之于经济增长，发展无疑应包含社会状况的改善和政治体制的进步。衡量一个国家（地区）的发展程度，除了经济指标之外，还应包括许多其他指标：营养、衣物、居住、保健、教育、闲暇、安全、社会环境变化等。这些观点在联合国有关会议和文件中也都得到了体现。联合国"第二个发展十年（1970—1980）"战略，设定了反映社会状况和社会生活质量的多项指标。与此同时，许多国家制订发展规划，不再只搞"国民经济发展计划"，也增加制订"经济社会发展计划"。1975 年，国际劳工组织（ITO）将"基本需求战略"作为发展中国家的发展战略向国际社会推荐，这个战略致力于优先发展社会公众的基本需求满足，注重提高贫困阶层最低收入、增加就业、兴办有关社会福利事业，并强调应给予公众更多参与社会活动的机会。这就向着发展目标的社会化迈进了一步。

　　关于"发展"与"增长"的讨论主要针对发展中国家，对于社会发展的关注也主要集中在反贫困、失业和不平等分配等问题。法国发展经济学家佩鲁（Francois Perroux）认为，必须以人为中心确立发展研究的视野，从人的活动及其发展看待社会经济发展问题；经济活动从来就不是孤立的，"经济现象和经济制度的存在依赖于文化价值；并且，企图把共同的经济目标同他们的文化环境分开，最终会以失败告终"①。他提出的"新发展哲学"将发展理解为是整体的、内生的和综合的发展，包括经济增长、政治民主、社会转型、文化变迁、自然协调、生态平衡等多方面的内容；但"发展这一概念恰恰造成了我们时代一个重要的自相矛盾的事实：向往进步但又对其后果心存疑虑"②。类似地，罗马俱乐部的创始人佩切伊（Aurelio Peccei，又译佩西）也指出，除了对基本物质需求的满足，人还发展了有关他的安全、舒适、信念、成就、社会地位，以及一般称之为生活质量的需要、欲求和愿望。"发展就是指一般用来使所有这些人的要求得到

① ［法］弗朗索瓦·佩鲁：《新发展观》，张宁、丰子义译，华夏出版社 1987 年版，第165 页。
② ［法］弗朗索瓦·佩鲁：《新发展观》，张宁、丰子义译，华夏出版社 1987 年版，序。

合理满足而使用的术语，而且发展的概念正在迅速地取代增长的概念。"①

国际社会具有标志性意义的发展观念转变，体现在 1990 年联合国开发计划署（UNDP）提出"人类发展"（human development）概念，并从当年起发表不同主题的年度《人类发展报告》，并用"人类发展指数"（HDI），包括人均寿命（代表社会福利、社会保障）、成人识字率（代表文化水准）和人均国内生产总值（代表生活质量）三个分指标来衡量各国的经济社会发展程度。

（二）转折的契机

第二次世界大战后，人类在享受经济增长所带来的物质文明的同时，也不得不忍受污染、气候变化、酸雨、有毒烟雾、噪声和越来越多垃圾的侵扰；特别是经历了 20 世纪 70 年代两次石油危机，人们对工业化导致的资源匮乏、环境污染和生态失衡的后果有了更直观的感受。地球和人类的未来问题被严肃地提了出来，"未来学"（futurology）应运而生，发展理论也把发展现状的研究与对未来的预测结合起来，综合考察经济活动与人口、资源和环境的关系，预测它们将会发生什么样的后果，并进一步提出趋利避害的发展战略。

1972 年，美国麻省理工学院梅多斯（Dennis L.Meadows）小组向罗马俱乐部提交了研究报告《增长的极限》（*The Limit to Growth*），报告详尽分析了人口、资本、粮食、不可再生资源和污染这五项影响经济增长的因素，并进行数据处理。结论是：未来几十年，人口和工业仍保持指数增长，但资源（特别是不可再生资源）储量日趋枯竭，逐渐成为制约经济增长速度的条件；与此同时，环境污染也开始对经济增长构成严重的障碍；此后由于粮食短缺和卫生条件恶化，死亡率上升，人口将停止增长，在

---

① ［意］奥雷利奥·佩西：《人的素质》，邵晓光等译，辽宁大学出版社 1988 年版，第 176 页。

2100 年前的某个时期，整个世界体系可能面临崩溃。

报告的基本观点是，人口增加必将导致对经济增长、特别是粮食增长的需求，而经济增长又导致资源耗竭和环境污染，它们都是指数型的，并日益临近极限的"危机水平"，这就是所谓"增长的极限"。梅多斯小组建议应尽早停止这些因素的增长趋势，确立一种可长期保持的经济和人口、资源、环境的稳定条件，在维持零人口增长率、零经济增长率前提下，使全球发展处于某种均衡状态的"稳定世界模式"。

1976 年，美国赫德森研究所卡恩（Brown H.Kahn）等人在《今后200 年——美国和世界的远景》报告中，对"增长的极限"论进行了逐条批驳。他们认为有两种预测环境资源的方法，一是工程师的方法：它首先估计目前地球上某种资源的已知储量，然后用现在的使用率推算将来的使用率，再对还能使用多久作出预测；二是经济学家的方法，即采用某种描述资源使用状况的指标，根据该指标的历史数据所表现的趋势推测未来的资源状况，这就可以发现自然资源的使用成本实际上在下降，某些资源的短缺也不至于对人类构成太大威胁。

在卡恩看来，从工业革命到 22 世纪，这 400 年是工业化的扩展时期，也是人类现代化的过程，可称之为"大过渡"（the great transition）。全球人口最终将稳定在 150 亿以内，发展中国家"后发制人"，南北差距也将不断缩小；由于科学进步和技术创新，人们将通过各种技术创造短缺资源的替代品，未来大部分能源将来自太阳能、地热和核能开发，资源供应并不会出现普遍的匮乏；人类可以借助生物技术使粮食来源多样化，还能用新技术缓解乃至避免工业污染和生态失衡问题。

但无论是悲观的"极限"论，还是乐观的"大过渡"论，都注重以科学态度和方法，探索全球性环境问题的解决方案；对于环境问题的研究也逐渐走出纯学术圈子，开始进入政府决策参考，进入国际社会的视野。

1972 年 6 月，联合国人类环境大会（UNCHE）在瑞典斯德哥尔摩召开。有 113 个国家（地区）和国际组织的代表与会，环境问题第一次被提上全球议事日程，旨在"取得共同的看法和制定共同的原则以鼓舞和指导世界各国人民保持和改善环境"①；大会敦促各国政府和人民重视日益严重的环境问题，开启了有关环境的国际性对话、讨论和合作的大门。为大会提供的基调报告以"只有一个地球"（Only One Earth）提醒世人：环境问题不仅仅是一个技术问题，更重要的是社会经济问题；不是一个区域问题，更重要的是全球性问题。与会国通过了保护全球环境的"行动计划"（其中包括 109 项具体建议），大会通过的《联合国人类环境会议宣言》（以下简称《人类环境宣言》）把"环境权"作为一项基本人权提了出来，"人类享有自由、平等、舒适的生活条件，有在尊严和舒适的环境中生活的基本权利，同时，负有为当代人类及其子孙后代保护和改善环境的庄严义务"。"地球上的各种自然资源，包括空气、水、土地、动植物系以及其他自然生态系统中有代表性的物种，应通过精心的规划及最适当的管理，为了当代人及子孙后代的利益而加以保护。"

> 现在已达到历史上这样一个时刻：我们在决定世界各地的行动时，必须更加审慎地考虑它们对环境产生的后果。由于无知或不关心，我们可能给我们的生活和幸福所依靠的地球环境造成巨大的无法挽回的损害。反之，有了比较充分的认识和采取比较明智的行动，我们就可能使我们自己和我们的后代在一个比较符合人类需要和希望的环境中过着较好的生活。②

大会决定成立联合国环境规划署（UNEP），并以"只有一个地球"作为徽标。

---

① 《联合国人类环境会议宣言》（以下简称《人类环境宣言》），《联合国环境与可持续发展系列大会重要文件选编》，中国环境科学出版社 2004 年版，第 127 页。
② 《人类环境宣言》，《联合国环境与可持续发展系列大会重要文件选编》，中国环境科学出版社 2004 年版，第 127 页。

但大会并没有使各国对环境问题的认识和解决途径达成共识，分歧可以用"地球只有一个，但世界却不是"的说法来表达，发达国家关心的是自然保护，提高生活质量，担心环境污染、世界人口膨胀；而广大发展中国家则认为贫困是它们面对的更为迫切的问题，环境问题还是次要的。

无论如何，人类环境大会唤起了人们对工业文明的反思，使人们对环境、资源、人口和贫困等问题产生了前所未有的关注，这些问题也由知识界的呼吁进入各国发展的决策领域。1980年，国际自然保护同盟（IUCN）受联合国环境规划署（UNEP）委托，在世界野生生物基金会（WWF）的支持下，制定了保护自然资源的纲领性文件《世界自然保护大纲》（以下简称《大纲》），许多国家的政府和非政府组织的代表参加了这个文件的起草工作，并征求了数以千计的科学家和各类组织的意见。《大纲》指出自然保护即保持基本的生态过程和生命支持系统、保存遗传多样性、保证物种和生态系统的永续利用；建议各国采取行动，切实改变当前发展脱离保护的做法，必须把两者紧密结合起来；为了保护全世界共有的自然资源，要求制定相应的国际公约和开展国际合作。各国根据《大纲》要求，纷纷制定本国的自然保护大纲。1982年5月，联合国在肯尼亚内罗毕召开人类环境特别会议，纪念并审议斯德哥尔摩大会十年的成果，确认了《人类环境宣言》的原则和一系列规则。

（三）"可持续发展"的提出

20世纪80年代，世界经济迅速发展，但全球性资源耗竭和环境退化亦越演越烈，世界污染量仍在增长，试图变得工业化的国家，尤其是中国、印度和巴西，它们的污染会赶上甚至超过工业化国家，西欧、北美、日本和东欧所面临的许多污染问题也没有得到控制。[①] 寻找新的发展出路、

①　[英] 克莱夫·庞廷：《绿色世界史——环境与伟大文明的衰落》，王毅、张学广译，上海人民出版社2002年版，第427页。

谋求新的发展战略、选择新的发展模式亦越来越迫切。一个新的提法——"可持续的发展"（sustainable development）开始出现在有关研究和一些国际组织文件中。但这个概念并不等同于看好经济的持续发展（sustained development）。

应联合国秘书长之邀，由挪威首相布伦特兰（Gro Harlem Brundtland）夫人主持的世界环境与发展委员会（WCED）1987 年提出《我们共同的未来》研究报告，将可持续发展规定为"既满足当代人的需要，而又不对后代人满足其需要的能力构成危害的发展"。它包括两个重要概念："'需要'的概念，尤其是世界上贫困人民的基本需要，应将此放在特别优先的地位来考虑；'限制'的概念，技术状况和社会组织对环境满足眼前和将来需要的能力施加的限制。""可持续的发展要求满足全体人民的基本需要和给全体人民机会以满足他们要求较好生活的愿望。"[①] 它既突出了满足人类的基本需要，必须坚持发展；同时强调必须对发展有所限制，即不应以破坏环境资源的方式来谋求发展。

报告认为，环境危机、发展危机、能源危机这些都不是孤立的危机，"它们是一个危机"[②]。环境恶化严重制约了人类经济社会的发展，必须改变传统的发展方式，"我们当中许多人的生活超过了世界平均的生态条件，如我们利用能源的方式。人们理解的需要是由社会和文化条件确定的。可持续发展要求促进这样的观念，即鼓励在生态可能的范围内的消费标准和所有的人可以合理地向往的标准"。对于经济增长所造成的环境压力，"要求决策者必须在制定政策时确保经济增长绝对建立在它的生态基础上，确保这些基础受到保护和发展，以使它可以支持长期的增长。因而环境保护是可持续发展思想所固有的特征，它集中解决环境问题的

---

①　世界环境与发展委员会：《我们共同的未来》，王之佳等译，吉林人民出版社 1997 年版，第 52、53 页。

②　世界环境与发展委员会：《我们共同的未来》，王之佳等译，吉林人民出版社 1997 年版，第 5 页。

根源而不是症状"①。

联合国环境规划署第15届理事会发表《关于可持续发展的声明》（1989年）：

> 可持续发展，系指满足当前需要而又不削弱子孙后代满足其需要能力的发展，而且绝不包含侵犯国家主权的含义。环境规划署理事会认为，要达到可持续发展，涉及国内合作及跨越国界的合作。可持续发展意味着走向国家和国际的均等，包括按照发展中国家的国家发展计划的轻重缓急及发展目的，向发展中国家提供援助。此外，可持续发展意味着要有一种支援性的国际经济环境，从而导致各国特别是发展中国家的持续经济增长与发展，这对于环境的良好管理也是具有很大重要性的。可持续发展还意味着维护、合理使用并且提高自然资源基础，这种基础支撑着生态抗压力及经济的增长。再者，可持续发展还意味着在发展计划和政策中纳入对环境的关注与考虑，而不代表在援助或发展资助方面的一种新形式的附加条件。②

1989年12月，联合国大会通过44/228号决议，内容包括：深为关切环境状况继续恶化，必须采取果断而紧急的全球行动保护地球生态平衡；全球环境不断恶化的主要原因是不可持续的生产和消费方式，特别是发达国家的生产和消费方式；强调贫困与环境退化息息相关；注意到科学技术在环境保护方面的关键作用，特别是必须通过国际合作向发展中国家转让科技成果；必须将新的额外资金引入发展中国家，以保证它们充分参与全球环境保护工作；进一步确认促进发展中国家经济增长对解决环境问题的

---

① 世界环境与发展委员会：《我们共同的未来》，王之佳等译，吉林人民出版社1997年版，第53、49页。

② 《中华人民共和国可持续发展国家报告》（1997年6月），原文见联合国文件 UNEP/GC.15/L.37，Annex Ⅱ，1989。引用时译文有所微调。

重要性；目前环境排放的污染物绝大部分源自发达国家，它们应对防治这些污染负有主要责任；研究环境退化与国际经济环境之间的关系，以确保在有关国际论坛上就环境与发展问题提出综合、全面的解决办法；查明发展中国家有关情况，使国际社会能够根据准确数据适当采取进一步行动；促进人力资源开发，特别是发展中国家的人力资源开发，以保护和改善环境；计算实施拟议中的环境与发展大会各项决定和建议所需的资金数额，并列明额外资金的可能来源……

1991年6月，41个发展中国家部长参加的北京环境与发展部长级会议，并发表《北京宣言》，提出发展中国家愿意尽其所能参与全球保护环境的努力，为了打破贫困与环境退化的恶性循环，必须实现经济的稳步增长。保护环境的成功需要最广泛的国际参与，这取决于发展中国家是否能得到足够的额外资金和以优惠条件向他们转让技术。《北京宣言》认为，对发展中国家直接关心的长远问题采取行动是十分重要的，这些问题包括沙漠化、土地退化和水土流失、水质恶化、滥伐森林和沿海污染；并建议设立"绿色基金"来帮助发展中国家解决这些问题。

1992年6月，联合国环境与发展大会（UNCED）在巴西里约热内卢召开。有约180个国家和地区的代表团（其中有118个国家元首或政府首脑）和联合国及下属机构70个国际组织的代表与会。环境问题被郑重其事地与发展问题联系了起来。《人类环境宣言》提到，"为了这一代的将来的世世代代，保护和改善人类环境已经成为人类的一个紧迫目标。这个目标将同争取和平、全世界的经济和社会发展这两个既定的基本目标共同和协调地实现。"[1] 里约大会通过的《联合国环境与发展宣言》（或《里约环境与发展宣言》，以下简称《宣言》）强调"和平、发展和保护环境是互相依存不可分割的"，世界各国应在环境与发展领域加强国际合作，为"建立一种新的、公平的全球伙伴关系"共同努力。

---

[1] 《里约环境与发展宣言》，《联合国环境与可持续发展系列大会重要文件选编》，中国环境科学出版社2004年版，第123页。

为了公平地满足今世后代在发展与环境方面的需要，求取发展的权利必须实现。（原则 3）

为了实现可持续的发展，环境保护工作应是发展进程的一个整体组成部分，不能脱离这一进程来考虑。（原则 4）

发展中国家，特别是最不发达国家和在环境方面最易受到伤害的发展中国家的特殊情况和需要应受到优先考虑。环境与发展领域的国际行动也应当着眼于所有国家的利益和需要。（原则 6）

各国应本着全球伙伴精神，为保存、保护和恢复地球生态系统的健康和完整进行合作。鉴于导致全球环境退化的各种不同因素，各国负有共同的但是有差别的责任。发达国家承认，鉴于它们的社会给全球环境带来的压力，以及它们所掌握的技术和财力资源，它们在追求可持续发展的国际努力中负有责任。（原则 7）[①]

这几条原则可以被视为《宣言》的"轴心"，即大会的主题，必须把环境与发展联系在一起。

大会通过了全球行动纲领《21 世纪议程》（Agenda 21，以下简称《议程》），这一纲领性文件分为四个部分：第一部分是关于经济和社会的可持续发展；第二部分是可持续的资源利用与环境保护；第三部分是社会公众与团体在可持续发展中的作用；第四部分是可持续发展的实施手段和能力建设。《议程》阐述了有关"环境与发展"的 40 个问题，提出了 120 个实施项目，内容有："为加速发展中国家可持续发展的国际合作"，"克服贫困"，"改变不可持续的消费方式"，"人口"，"保护和促进人类健康"，"促进可持续的人类居住区"，"在决策中把环境与发展结合起来"，"保护大气层"，"土地资源管理的统筹措施"，"克服对森林的破坏"，"克服沙漠化及

---

① 《里约环境与发展宣言》，《联合国环境与可持续发展系列大会重要文件选编》，中国环境科学出版社 2004 年版，第 123—124 页。相比《人类环境宣言》，《里约环境与发展宣言》更强调把环境与发展"绑"在一起。

旱灾"，"山区的可持续发展"，"促进可持续的农业及农村的发展"，"保护生物多样性"，"生物技术的环境无害的管理"，"保护海洋、大洋、沿海地区及合理开发其生物资源"，"保护淡水资源及水质"，"对有毒化学品的环境无害的管理"，"对固体废弃物及污水有关的环境无害的管理"，"对放射性废料的安全而无害于环境的管理"，"加强对各主要社会群体的作用"；还包括"资金与资金机制"，"技术转让"，"科学促进可持续发展"，"促进教育、培训以及提高公众的环境意识"，"加强发展中国家能力的国家机制及国际合作"，"国际机构安排"，"国际法律文书与机制"，"为决策提供信息"等。《21 世纪议程》被认为是"促进可持续发展的新的全球伙伴关系"的一项积极探索，是可持续发展从理论走向实践的重要标志。

大会经过激烈辩论，通过了《关于森林问题的原则声明》，并开放签署《联合国气候变化框架公约》和《联合国生物多样性公约》。① 大会号召各国制定本国可持续发展战略，加强国际合作以推动《21 世纪议程》的落实。为此，成立"联合国可持续发展委员会"（USDC），负责评审大会的后续行动。

里约大会不仅重申了斯德哥尔摩大会的原则和措施，更反映了冷战结束后国际社会对环境与发展问题相关性的新认识，透露出各国保护环境促进发展的共同愿望，堪称世界发展和环境保护史的一座里程碑。1995 年，社会发展世界最高级会议通过《哥本哈根宣言》，再次明确必须把人置于发展的中心，各种经济活动都应最有效地满足人类的需要，通过保证各代人的平等和对环境综合、持久地利用，努力实现对当代和未来各代人应承担的责任。大会的行动计划规定了人类发展不同领域的定量指标，并确定这些领域国际合作的性质和作用；行动计划还提出了全球合作的参考指标。1997 年，第 51 届联合国全体会议通过《发展纲领》强调，经济发展、社会发展与环境保护是相互依存的，在可持续发展中互为补充；持续的经

---

① 《国际环境公约》是国际环境法的主要依据，相当于联合国名义创立的环境条约，一般采用了"框架公约＋议定书＋附件"的形式。

济增长对所有国家，特别是发展中国家的经济社会发展至关重要，只有实现了持续发展，各国才能提高人民生活水平，消灭贫穷、饥饿、疾病和文盲，确保人人就业和保护环境。

中国是一个发展中大国，在谋求经济社会发展的同时，控制人口、保护资源和改善环境亦显得越来越重要。作为落实《21世纪议程》的一个步骤，《中国21世纪议程——中国21世纪人口、环境与发展白皮书》(1994年)提出"建立可持续发展的经济体系、社会体系和保持与之相适应的可持续利用的资源和环境基础"；从我国国情出发，努力寻求一条人口、经济、社会、环境和资源相互协调、既能满足当代人需求而又不对满足后代人需求的能力构成危害的可持续发展道路，这是"中国在未来和下一世纪发展的自身需要和必然选择"。我国领导人在第四次全国环境保护会议(1996年)上就提出："可持续发展的思想最早源于环境保护，现在已成为世界许多国家指导经济社会发展的总体战略。经济发展，必须与人口、资源、环境统筹考虑，不仅要安排好当前的发展，还要为子孙后代着想，为未来的发展创造更好的条件，决不能走浪费资源和先污染后治理的路子，更不能吃祖宗饭、断子孙路。"[1]并决定实施可持续发展国家战略，在制订国民经济和社会发展的"九五"计划和2010年远景规划时，把"实施可持续发展，推进社会事业全面发展"作为战略目标。"实现可持续发展，核心的问题是实现经济社会和人口、资源、环境协调发展。现在，国际上形成了一个越来越明确的共识，就是发展不仅要看经济增长指标，还要看人文指标、资源指标、环境指标。为了实现我国经济社会持续发展，为了中华民族的子孙后代始终拥有生存和发展的良好条件，我们一定要高度重视并切实解决经济增长方式转变的问题，按照可持续发展的要求，正确处理经济发展同人口、资源、环境的关系，促进人和自然的协调与和谐，努力开创生产发展、生活富裕、生态良好的文明发展道路。"[2]"十二五"

---

[1] 《江泽民文选》第1卷，人民出版社2006年版，第532页。
[2] 《江泽民文选》第3卷，人民出版社2006年版，第462页。

（2010—2015 年）规划提出将以科学发展为主题，加快转变发展方式为主线，"坚持把建设资源节约型、环境友好型社会作为加快转变经济发展方式的重要着力点。深入贯彻节约资源和保护环境基本国策，节约能源，降低温室气体排放强度，发展循环经济，推广低碳技术，积极应对气候变化，促进经济社会发展与人口资源环境相协调，走可持续发展之路"①。而在"十三五"（2016—2020 年）规划中，强调实现发展目标，破解发展难题，厚植发展优势，必须牢固树立和贯彻落实新发展理念，包括："必须坚持节约资源和保护环境的基本国策，坚持可持续发展，坚定走生产发展、生活富裕、生态良好的文明发展道路，加快建设资源节约型、环境友好型社会，形成人与自然和谐发展现代化建设新格局，推进美丽中国建设，为全球生态安全作出新贡献。"②

链接 4.1 :《里约发展与环境宣言》

联合国环境与发展大会于 1962 年 6 月 14 日在里约热内卢通过。

序言

联合国环境与发展会议，于 1992 年 6 月 3 日至 14 日在里约热内卢举行了会议，重申 1972 年 6 月 16 日在斯德哥尔摩通过的联合国《人类环境宣言》，并试图在其基础上再推进一步，怀着在各国、在社会各个关键性阶层和在人民之间开辟新的合作层面，从而建立一种新的、公平的全球伙伴关系的目标，致力于达成既尊重所有各方的利益，又保护全球环境与发展体系的国际协定，认识到我们的家乡——地球的整体性和相互依存性，兹宣告：

---

① 《十七大以来重要文献选编》中，中央文献出版社 2011 年版，第 976 页。
② 《十八大以来重要文献选编》中，中央文献出版社 2016 年版，第 792 页。

原则 1

人类处于普受关注的可持续发展问题的中心。他们应享有以与自然相和谐的方式过健康而富有生气成果的生活的权利。

原则 2

根据（联合国宪章）和国际法原则，各国拥有按照其本国的环境与发展政策开发本国自然资源的主权权利，并负有确保在其管辖范围内或在其控制下的活动不致损害其他国家或在各国管辖范围以外地区的环境的责任。

原则 3

为了公平地满足今世后代在发展与环境方面的需要，求取发展的权利必须实现。

原则 4

为了实现可持续的发展，环境保护工作应是发展进程的一个整体组成部分，不能脱离这一进程来考虑。

原则 5

为了缩短世界上大多数人生活水平上的差距，和更好地满足他们的需要，所有国家和所有人都应在根除贫穷这一基本任务上进行合作，这是实现可持续发展的一项不可少的条件。

原则 6

发展中国家、特别是最不发达国家和在环境方面最易受伤害的发展中国家的特殊情况和需要应受到优先考虑。环境与发展领域的国际行动也应当着眼于所有国家的利益和需要。

原则 7

各国应本着全球伙伴精神，为保存、保护和恢复地球生态系统的健康和完整进行合作。鉴于导致全球环境退化的各种不同因素，各国负有共同的但是又有差别的责任。发达国家承认，鉴于他们的社会给全球环境带来的压力，以及他们所掌握的技术和财力资源，他们在追求可持续发展的国际努力中负有责任。

原则 8

为了实现可持续的发展，使所有人都享有较高的生活素质，各国应当减少和消除不能持续的生产和消费方式，并且推行适当的人口政策。

原则 9

各国应当合作加强本国能力的建设，以实现可持续的发展，做法是通过开展科学和技术知识的交流来提高科学认识，并增强各种技术—包括新技术和革新性技术的开发，适应修改、传播和转让。

原则 10

环境问题最好是在全体有关市民的参与下，在有关级别上加以处理。在国家一级，每一个人都应能适当地获得公共当局所持有的关于环境的资料，包括关于在其社区内的危险物质和活动的资料，并应有机会参与各项决策进程。各国应通过广泛提供资料来便利及鼓励公众的认识和参与。应让人人都能有效地使用司法和行政程序，包括补偿和补救程序。

原则 11

各国制定有效的环境立法。环境标准、管理目标和优先次序应该反映它们适用的环境与发展范畴。一些国家所实施的标准对别的国家待别是发展中国家可能是不适当的，也许会使它们承担不必要的经济和社会代价。

原则 12

为了更好地处理环境退化问题，各国应该合作促进一个支持性和开放的国际经济制度，这个制度将会导致所有国家实现经济成长和可持续的发展。为环境目的而采取的贸易政策措施不应该成为国际贸易中的一种任意或无理歧视的手段或伪装的限制。应该避免在进口国家管理范围以外单方面采取对付环境挑战的行动。解决跨越国界或全球性环境问题的环境措施应尽可能以国际协调一致为基础。

原则 13

各国应制定关于污染和其他环境损害的责任和赔偿受害者的国家法律。各国还应迅速并且更坚决地进行合作，进一步制定关于在其管辖或控制范围内的活动对在其管辖外的地区造成的环境损害的不利影响的责任和赔偿的国际法律。

原则 14

各国应有效合作阻碍或防止任何造成环境严重退化或证实有害人类健康的活动和物质迁移和转让到他国。

原则 15

为了保护环境，各国应按照本国的能力，广泛适用预防措施。遇有严重或不可逆转损害的威胁时，不得以缺乏科学充分确实证据为理由，延迟采取符合成本效益的措施防止环境恶化。

原则 16

考虑到污染者原则上应承担污染费用的观点，国家当局应该努力促使内部负担环境费用，并且适当地照顾到公众利益，而不歪曲国际贸易和投资。

原则 17

对于拟议中可能对环境产生重大不利影响的活动，应进行环境影响评价，作为一项国家手段，并应由国家主管当局作出决定。

原则 18

各国应将可能对他国环境产生突发的有害影响的任何自然灾害或其他紧急情况立即通知这些国家。国际社会应尽力帮助受灾国家。

原则 19

各国应将可能其有重大不利跨越国界的环境影响的活动向可能受到影响的国家预先和及时地提供通知和有关资料，并应在早期阶段诚意地同这些国家进行磋商。原则 20 妇女在环境管理和发展方面具有重大作用。因此，她们的充分参加对实现持久发展至关重要。

原则 21

应调动世界青年的创造性、理想和勇气，培养全球伙伴精神，以期实现持久发展和保证人人有一个更好的将来。

原则 22

土著居民及其社区和其他地方社区由于他们的知识和传统习惯，在环境管理和发展方面具有重大作用。各国应承认和适当支持他们的特点、文化和利益，并使他们能有效地参加实现持久的发展。

原则 23

受压迫、统治和占领的人民，其环境和自然资源应予保护。

原则 24

战争定然破坏持久发展。因此各国应遵守国际法关于在武装冲突期间保护环境的规定，并按必要情况合作促进其进一步发展。

原则 25

和平、发展和保护环境是互相依存和不可分割的。

原则 26

各国应和平地按照（联合国宪章）采取适当方法解决其一切的环境争端。

原则 27

各国和人民应诚意地一本伙伴精神、合作实现本宣言所体现的各项原则，并促进持久发展方面国际法的进一步发展。

二、人权语境的可持续发展

伴随着时代变换和发展中国家越来越积极地参与国际事务，发展权、环境权等所谓"第三代人权"问题应运而生，这些权利突出了集体人权的地位，使人权作为一个整体不可分割的观点为人们所熟悉。无论在国家层面还是国际层面，所有发展都应该是以人为中心（或以人为本）的发展，是可持续的发展；从人权角度看，可持续发展概念比较好地体现了发展（权）与环境（权）的统一，但真正把这些权利落实到人，还有很长的路要走。

（一）环境权是第三代人权

在人权发展史上，相对于第一代"消极的权利"（即保护公民自由免遭侵犯的权利），第二代"积极的权利"（即由国家采取积极行动来配合实现的权利），20世纪60年代以来，随着国际格局发生变化，发展中国家地位突起，在反对殖民压迫的民族解放运动中出现了包括民族自决权、发展权、和平权、环境权、自然资源权、人道主义援助权等提法，这些权利从国内保护扩展到国际保护，要求在维持和平、保护环境和促进发展等领域加强国际合作，在这些所谓"第三代人权"中，最具有代表性的是"发展权"。在1997年联合国大会上，77国集团提议将《发展权利宣言》纳入"国际人权宪章"，使之具备与《世界人权宣言》和两个国际人权公约同等重要的地位。

许多原殖民地国家虽然获得了政治独立，但它们的经济文化落后状况并没有发生令人满意的变化，从人权角度看，要求这些国家把争取平等的发展权利摆在更重要的位置。而实现民族自决、维护国家独立，拥有处置其所拥有的自然资源和财富开发权，促进并享受经济、社会、文化和政治发展，维护并加强国际和平与安全，显示了相当迫切的集体诉求。

尽管战争与动荡的喧嚣在褪去，但严重的环境污染和世界性资源稀缺对人类自身的安全，以及各国发展构成的威胁却日益突出。环境权作为新的人权主张在发达国家中提出后，迅速获得了道义和法律上的支持。①

1970 年，在有关公害问题的国际社会科学评议会发表的《东京宣言》中，已有"把每个人享有其健康和福利等要素的环境的权利和当代传给后代的遗产应是一种富有自然美的自然资源的权利，作为一种基本人权，在法律体系中确定下来"的表述。

1972 年，联合国人类环境大会通过的《人类环境宣言》指出：

> 人类环境的两个方面，即天然和人为的两个方面，对于人类的幸福和对于享受基本人权，甚至生存权利本身，都是必不可少的。
>
> ……
>
> 人类有权在一种能够过尊严和福利的生活环境中，享有自由、平等和充足的生活条件的基本权利，并且负有保护和改善这一代和将来的世世代代的环境的庄严责任。②

有关"环境权"的表述还频繁见诸一些国际文件。1992 年，联合国

---

① 其实，环境权正是伴随着人类应对环境危机提出的一种新的权利概念，是道义权利、应然权利的法定化。在不同社会和时代，由于物质生产生活条件和文化传统的差异，人们对环境权的理解也有不同。环境权的主体相当宽泛，既是个体的权利，也是集体的权利；既是代内的权利，也是代际的权利。环境权又表现为环境法律权利和义务的统一，每个环境权主体在享受和利用环境的同时，也承担不对其他主体享受和利用环境造成损害的义务；当代人在享受和利用环境的同时，也承担了不对后代人生存和发展的环境构成危害的义务。因此，法律在确认环境权的同时，也相应规定了环境法律关系主体保护环境的义务。由于这些性质，环境权作为一项新型人权成为可能。

② 《人类环境宣言》，《联合国环境与可持续发展系列大会重要文件选编》，中国环境科学出版社 2004 年版，第 127、129 页。

环境与发展大会把保护环境与可持续发展联系在一起，《里约环境与发展宣言》提出："人类处在普受关注的可持续发展问题的中心，他们应享有以与自然相和谐的方式过健康而富有生产成果的生活权利。"① 并吁请加强国际合作，为建立一种促进可持续发展的新的、公平的全球伙伴关系而共同努力。

在 2012 年"里约 +20"大会（联合国可持续发展大会）通过的正式文件《我们希望的未来》(The future we want) 中："我们认识到，地球及其生态系统是我们的家园，'地球母亲'是许多国家和地区的共同表述，我们注意到一些国家在促进可持续发展的背景下承认自然的权利。我们深信，为了在当代和子孙后代的经济、社会和环境需求之间实现公正平衡，有必要促进与自然的和谐。"②

虽然联合国有关决议一再确认权利不可分割，不容偏废，但各国（民族）对人权的认识并不相同，对人权的具体要求也有轻重缓急之分。20世纪 90 年代以来，联合国机构为环境与发展、人权、妇女、儿童、社会发展、人口、人类居住和粮食安全等领域的目标和行动计划提供了基本框架，但国际社会面临的各种挑战依然严峻，这些挑战包括创立联合国的主要目标：免于匮乏的自由和免于恐惧的自由；还包括在制定《联合国宪章》时，没有人会想到的给予后代一个环境上可持续的未来。③ 应该承认，冷战结束以后各国的人权状况均有了不同程度的改善，国际行动对各国人权状况已经并将继续产生不容低估的影响，但这种影响毕竟不能代替主权国家的行动。"人权最终是一个国家性而非国际性的问题。国际行动充其量

---

① 《里约环境与发展宣言》，《联合国环境与可持续发展系列大会重要文件选编》，中国环境科学出版社 2004 年版，第 123 页。

② 联合国正式文件：《我们希望的未来》（中文版）https://www.un.org/zh/documents/view_doc.asp?symbol=A/RES/66/288.

③ 联合国秘书长安南所做的千年报告《我们人民，角色和作用》(We the Peoples,the Role of the United Nations in the 21st Century)（2000 年）。http://www.un.org/chinese/aboutun/prinorgs/ga/millennium/sg/report/.

也不过是为了促进和支持有利于人权的国家行动。"① 所谓人权普遍性原则仍然要通过各国行动的特殊性来落实。

尤其还要注意无论在国际还是国家层面，与发展权紧密联系在一起的环境权，在很大程度上是指国家（作为社会公共利益的代表）对于环境资源的支配权、管理权，即享有公法意义上的环境资源所有权和管理权，例如我国《宪法》规定："矿藏、水流、森林、山岭、草原、荒地、滩涂等自然资源，都属于国家所有，即全民所有；由法律规定属于集体所有的森林和山岭、草原、荒地、滩涂除外。国家保障自然资源的合理利用，保护珍贵的动物和植物。禁止任何组织或者个人用任何手段侵占或者破坏自然资源。"（第9条）"城市的土地属于国家所有。农村和城市郊区的土地，除由法律规定属于国家所有的以外，属于集体所有；宅基地和自留地、自留山，也属于集体所有。国家为了公共利益的需要，可以依照法律规定对土地实行征收或者征用并给予补偿。"（第10条）。在我国，"国家所有"的管理权一般分别属于各级行政部门，另外还有情况比较复杂的"集体所有"这个层次。

（二）发展权、环境权的集体属性

"第三代人权"具有强烈的集体特征：第一，这些权利的主体不仅仅是个人；第二，这些权利必须通过国际社会的合作来实现；第三，这些权利目前还不具备法律约束力，实施机制也很不健全。② 但是，如果不把它们作为促进和保障权利的基本条件，发展中国家的发展进程将受到遏制，这些国家的人权也不可能充分实现。

---

① ［美］杰克·唐纳利：《普遍人权的理论与实践》，王浦劬等译，中国社会科学出版社2001年版，第250页。

② 尽管对发展权有某种共识，但无论国家层面还是国际层面都还没有形成具有法律约束性的权利与义务。而且在公众理解中，环境权也还远没有获得相称的人权地位，无论国际法还是国内法对环境权的规定都还比较笼统可操作性也比较弱。

在一国范围，发展权首先是一项个人人权，每个人都有权平等自由地参与经济、社会、文化与政治的发展，并分享发展所带来的利益。个人的发展权，其诉求指向是国家。而在国际社会中，发展权则表现为各国（民族）的集体权利，实现这种权利不仅仅是本国（民族）的事情，还必须依靠国际社会的共同努力。《里约环境与发展宣言》对"求取发展的权利"的确认是国际环境法领域的重要进步，"提出发展权的意义在于破除旧的国际经济秩序，承认发展中国家摆脱贫穷和发展经济是世界可持续发展的不可缺少的组成部分，为新的建立在国家平等基础上的全球环境伙伴关系和国际经济秩序创造条件"[1]。

发展，需要有良好的环境支持，没有"环境"（environ 本身就是围绕的意思），也就谈不上人的生存和发展，更谈不上什么人权。人们享有环境的权利也是一种自然（天赋）的权利，不可分割、不可剥夺，不会因为各人的身份、地位，或政治制度文化背景不同而有所不同。环境权也是属人的权利，它的主体并非只是个人或个体，因为环境的最大特点就是公共性或共享性，环境利益为每个生活在特定环境中的个人（体）所享有，同时又不可分割地为生活在这个环境中的集体所拥有。人们在实现环境公益的同时，环境私益也得到了某种程度的满足；而对环境私益的损害，又必须通过调节环境公益来补救。环境权就这样成了一项兼具（个体）私益性与（集体）公益性双重属性的权利。

一般而言，环境权是指特定主体对环境资源所享有的法定权利。在个人（体）意义上，每个公民个人和企业都享有在安全舒适的环境中生存和发展的权利，主要包括环境资源的利用权、环境状况的知情权和环境侵害的请求权。而在集体意义上，环境权就主要是国家的环境资源管理权，国家作为环境资源的所有人，为了公共利益利用各种行政、经济、法律等手段对环境资源进行管理和保护，促进经济、社会和环境的和谐发展。环

---

[1] 王曦：《国际环境法》，法律出版社 1998 年版，第 43 页。

境权的公益性质（公权保护的）还表现为对环境完整性、持续性的保持，但这种完整性、持续性也反映了个体性、当下性的私益性质（私权维护的），是围绕着人（即以人为中心）的，事关人们生存和发展的环境整体效益／长远效益与环境个体效益／眼前效益的统一。环境权既是个人的权利，又是集体的权利，既是代内的（intragenerational）权利，又是代际的（intergenerational）权利。环境权的代际特征决定了其权利主体不仅指当代人，也包括了后代人。甚至可以说，环境权内在蕴涵了代际的可持续发展权。

环境与人的活动的不可分割性（或整体性）意味着它之于全体人的共同利益。前者比较具体，是可以诉诸法律的权利；后者则比较抽象，目前还主要以道义宣示的形式出现。值得一提的是，关于环境权的表述，《人类环境宣言》采用了"man has the fundamental right to"（人类拥有……的基本权利）的措辞，但《里约环境与发展宣言》的措辞发生了变化，对权利的表达是"they are entitled to"（他们享有……），由主动语态转变为被动语态。"应当说，这不是表达或用词的随意，而反映了国际社会经过20年的实践，对环境权当属性有了较为冷静、客观的认识，即环境权不是传统意义上对抗国家的防御权，而对环境权的保障恰恰需要国家的积极干预，这强调了国家的责任。"[1] 各个国家（民族）、群体情况不同，所呈现的环境问题也不一样，但它们都应该根据自己的发展水平，承担"共同而有区别的责任"，提高环境意识，加强环境治理，进而才可能"享有以与自然相和谐的方式过健康而富有生产成果的生活权利"。

对于广大发展中国家来说，发展不充分是实现和享有人权的主要障碍。发展机会均等既是国家的权利，也是个人的权利。国家有责任创造有利于个人实现发展权利的国内条件，又有责任创造有利于各国实现发展权利的国际条件。"国际社会应促进有效的国际合作，实现发展权利，消除

---

① 李爱年、韩广等：《人类社会的可持续发展与国际环境法》，法律出版社2005年版，第103页。

发展障碍。为了在执行发展权利方面取得持久的进展，需要国家一级实行有效的发展政策，以及在国际一级创造公平的经济关系和一个有利的经济环境。"①

在 2000 年联合国千年首脑会议上通过的《千年宣言》，各国领导人承诺将帮助世界上还有 10 多亿同胞摆脱凄苦可怜和毫无尊严的极端贫困状态，使每个人实现发展权，并使全人类免于匮乏，为此必须在国家及全球范围创造一种有助于发展和消除贫困的环境。而实现这些目标的路线图——"千年发展目标"，第一项就是消除极端贫困和饥饿。"千年发展目标"提供了国际社会提高责任的行动指南，但是政治意愿和政策理念要发挥作用，还必须转化为各国的发展战略，并遵循合适的经济理论以及透明、负责的治理原则。

摆脱贫困，就必须谋求发展；但是任何发展都要付出环境代价，有时甚至是沉重的环境代价。没有发展，就既解决不了生存问题，也解决不了环境问题；但环境代价过于沉重又必然导致发展的不可持续。在环境与发展之间，在实现环境权与发展权之间，"世界的领袖们现在面对这样一个现实，不是在摆脱贫困和阻止环境退化这两项任务中进行选择，因为除非在追求一个目标的同时追求另一个目标，否则两个目标就都无法实现。"②尽管事实上并不存在一种全球普适的发展模式，但发展必须是可持续的（sustainable）已经获得了世界各国最广泛的认同，即必须对发展的行为有所限制，不能以造成环境不可逆破坏的方式来谋求发展。发展中国家应尽量避免重蹈工业化走过的弯路（尽管这的确很困难），避免今后付出更大的治理代价。

---

① 《维也纳宣言和行动纲领》，北京大学法学院人权研究中心编：《国际人权文件选编》，北京大学出版社 2002 年版，第 43 页。

② ［美］莱斯特·R.布朗、克利斯托夫·弗莱夫、桑德拉·波斯特尔：《拯救地球——如何塑造一个在环境方面可持续发展的全球经济》，刘华译，科学技术文献出版社 1993 年版，第 7 页。

这些国家没有资金现在实现实现工业化而在以后去修补对环境的破坏，而且在技术迅速进步的情况下，它们也没时间这样做。它们能从工业化国家已经取得的资源和环境管理的经验中得益，从而避免付出昂贵的代价后再去治理。这样的技术能帮助他们减少最终费用并延长稀少资源的使用期限，它们也能从发达国家的失误中吸取教训。①

可持续发展把保护环境与经济社会发展结合起来，致力于人类健康、公平和协调生活的长远未来。可持续发展不仅仅是一个保护环境的权宜之计，而是经济、社会和生态相协调的发展，它要求在发展计划中充分考虑环境因素，充分考虑世代公平地享有发展成果和良好环境的权利；当代人不能为了满足自己的需求而牺牲后代人的权利，每一代人都有责任维护这种权利。当代人作为环境受益人享有环境权，同时作为受托人为后代人行使保护环境的义务，也就是"既满足当代人的需要，而又不对后代人满足其需要的能力构成危害"。当代人也是前代人的后代，环境权利就是这样传承下来的。

迄今为止，发展权、环境权主要表现在"宣言"、"决议"中，还没有严格的法律约束力。"它的各项广泛而一致的准则得到了普遍的认可，但它的国际决策权力却十分有限——也就是一种促进型机制。"②各国的有关立法情况也很不相同，实际操作更存在不少争议，但是"一切人权的享有与环境问题紧密相联。首先不仅生命权和健康权，而且政治权利和公民权利以及其他社会、经济和文化权利，都只能在健康的环境中充分地享有"。这就是必须坚持可持续发展的理由，经济、科技和其他一切领域生态上的健康发展，对于保护环境及进一步促进人权是绝对必要的条件。③

---

① 世界环境与发展委员会：《我们共同的未来》，王之佳等译，吉林人民出版社1997年版，第279页。

② [美] 杰克·唐纳利：《普遍人权的理论与实践》，王浦劬等译，中国社会科学出版社2001年版，第251页。

③ [斯里兰卡] C.G. 威拉曼特里编：《人权与科学技术发展》，张新宝等译，知识出版社1997年版，第229—230页。

（三）可持续发展与人权进步

早在 1972 年，联合国人类环境大会通过的《人类环境宣言》就指出，地球上各种自然资源，都应通过精心规划及最适当的管理，为了当代人及子孙后代的利益而加以保护；然而，我们却可能给我们的生活和幸福所依靠的地球环境造成巨大的无法挽回的损害。但如果有比较充分的认识和采取比较明智的行动，我们就可能使我们自己和后代在一个比较符合人类需要和希望的环境中过比较好的生活。这初步反映了国际社会对全球性环境问题的重视。

"可持续发展"的 sustainable 这个词来自生态学，逐渐见诸各界言论。尽管经济学家、社会学家和生态学家对这一概念的理解各有见地，但都肯定了其维护不止一代人生存和发展利益的主张。世界环境与发展委员会经过广泛取证的报告《我们共同的未来》报告认为，环境恶化对人类的生存与发展构成了严重威胁。"我们当中许多人的生活超过了世界平均的生态条件，如我们利用能源的方式。人们理解的需要是由社会和文化条件确定的。可持续发展要求促进这样的观念，即鼓励在生态可能的范围内的消费标准和所有的人可以合理地向往的标准。"①联合国44/228号决议（1989年）在动员各国采取果断而紧急的行动保护地球生态平衡的同时，指出全球环境不断恶化的主要原因是不可持续的生产方式和消费方式，特别是发达国家的生产方式和消费方式。

1992 年，联合国环境与发展大会重申了 20 年前联合国人类环境大会的承诺：人类享有在尊严的和舒适的环境中生活的基本权利，同时负有为当代人类及其子孙后代保护和改善环境的庄严义务。大会要求在各个层次上加强国际合作，为建立一种新的、公平的全球伙伴关系而共同努力。

就发展的愿景而言，"新的发展形式追求适度，而不是更多。它必须

---

① 世界环境与发展委员会：《我们共同的未来》，王之佳等译，吉林人民出版社 1997 年版，第 53 页。

以人为本，特别是要优先考虑穷人而不是利润的生产，必须强调满足基本需求和确保长期安全的重要性"[1]。联合国提出的新的发展概念，包括"人类发展"和"可持续发展"都与人权概念联系在一起。联合国开发计划署（UNDP）《2000 年人类发展报告》以"人权与人类发展"为主题，提出人权运动有助于穷人获得权利，增强个人能力和摆脱贫困。

> 体面的生活水平、足够的营养、医疗以及其他社会和经济进步不仅仅是发展的目标。他们是与人的自由和尊严紧密相连的人权。但这些权利不是印刷品所能赋予的。它们要求一系列的社会安排，如准则、制度、法律和能发挥作用的经济环境等，以便最好地保障享受这些权利。……
>
> 资源分配和经济增长模式必须是有利于穷人、有利于人类发展并有利于人权的。由经济增长所创造出来的资源需要投向消除贫困、促进人类发展和保障人权。[2]

各国都要尽最大努力推进这个过程，包括实行能帮助大多数贫困人口实现权利的合适政策，推行有贫困人群参与的决策进程；而贯彻这样的政策和取得进展还取决于有一个使各国都这样做的国际环境。

传统发展模式往往忽视了巨大的、不可逆转的环境代价，忽视了经济社会发展与环境支持的联动性和是否可持续性。这种模式不仅使全球环境承受着前所未有的压力，而且至今仍有相当一部分人的基本需要得不到满足，更不用说维护后代人满足其需要的能力了。"所有人权应以均衡的方式予以调整及享有，或以可持续的方式表述得更好。……环境法及与其密

---

① [美] 约翰·贝拉米·福斯特：《生态危机与资本主义》，耿建新、宋兴元译，上海译文出版社 2006 年版，第 75 页。

② 联合国开发计划署：《2000 年人类发展报告》，中国财政经济出版社 2001 年版，第 71、79 页。

切相联的辩证不可分的可持续发展法之迅速发展有助于国际法的发展，特别是有助于人权法的发展。"① 承认人的某些权利，可以促进可持续发展的进展，"例如人们了解和取得关于环境和自然资源现状的资料的权利；与他们协商并让他们参与决定可能对环境有重大影响的行动的权利；以及当他们的健康和环境已经或可能严重地受影响时，有法律赔偿和恢复的权利"②。可持续发展要求兼顾世代人们的环境权益，以体现代际的公平；但如果忽视了造成环境危机的历史原因，忽视了解决环境问题的现实前提，包括人口控制、社会公正、国际合作与全球治理，可持续发展也是无法实现的；代际公平归根结底还是要由当代人来代理，这就必须联系代内的公平，即一部分人的发展不应损害另一部分人的利益。发达国家过去向全球作了最大宗的环境"透支"，它们的发达已经牺牲了别国的环境权益，因此它们在帮助发展中国家实现环境权方面负有特殊的责任。

发展理应优先考虑穷人（国）发展的权利；而公平地分享发展成果之所以重要，不仅仅出于道义，同样对保护人类的环境事关重大。"贫穷本身是一种邪恶，而可持续发展则是要满足所有人的基本需求，向所有的人提供实现美好生活愿望的机会。一个以贫穷为特点的世界将永远摆脱不了生态的和其他的灾难。"③

《人类环境宣言》指出："为了这一代和将来的世世代代，保护和改善人类环境已经成为人类一个紧迫的目标，这个目标将同争取和平、全世界的经济与社会发展这两个既定的基本目标共同和协调地实现。"④《里约环

---

① ［斯里兰卡］C.G. 威拉曼特里编：《人权与科学技术发展》，张新宝译，知识出版社1997年版，第246—247页。
② 世界环境与发展委员会：《我们共同的未来》，王之佳等译，吉林人民出版社1997年版，第431页。
③ 世界环境与发展委员会：《我们共同的未来》，王之佳等译，吉林人民出版社1999年版，第10—11页。
④ 《人类环境宣言》，《联合国环境与可持续发展系列大会重要文件选编》，中国环境科学出版社2004年版，第129页。

境与发展宣言》再次强调，"为了公平地满足今世后代在发展与环境方面的需要，求取发展的权利必须实现"；"为了实现可持续的发展，环境保护工作应是发展进程的一个整体组成部分，不能脱离这一进程来考虑"；"和平、发展和保护环境是互相依存和不可分割的"。[①] 并要求在国际、国内两个级别上进行目标是可持续发展的改革。

20 世纪 90 年代以来，全球饥饿人口减少了 1.3 亿，发展中国家的饥饿人口比例从 23.2％降低到 14.9％，但全球仍有 8.7 亿人处于饥饿状态（占全球总人口 12％）。[②] 反贫困问题之难以解决，归根结底还是发展不足。"9·11"事件促使人们高度重视造成恐怖主义的分裂和贫困根源，南北双方在承认相互依存的前提上就改革现行国际经济秩序取得了一定共识，并已有所行动。2010 年联合国有关报告显示，在过去 10 年里，国际社会执行千年发展目标取得了很大进展，全球贫困人口比例减半的首要目标有望如期实现，但其他多项目标仍有较大差距，尤其是儿童和产妇死亡率指标进展严重滞后。[③]

然而，里约大会以后，全球环境问题有增无减。联合国秘书长安南（Kofi Atta Annan）在《21 世纪议程》执行情况报告（2002 年）中指出，

---

① 《里约环境与发展宣言》，《联合国环境与可持续发展系列大会重要文件选编》，中国环境科学出版社 2004 年版，第 123—124 页。

② 联合国强调农业合作社是与饥饿作斗争的关键，见 http://www.un.org/chinese/News/story.asp?newsID=18620.

③ 联合国"千年发展目标"高级别会议开幕，见 http://news.xinhuanet.com/world/2010-09/21/c_12591814.htm.，联合国千年发展目标高级别会议开幕，2000 年 9 月，189 个国家的代表在联合国千年峰会上通过《千年宣言》，承诺在 2015 年之前实现在 1990 年基础上全球贫困人口比例减半、普及小学教育、促进男女平等、降低母婴死亡率、抗击艾滋病和疟疾、促进环境可持续发展和推动全球合作伙伴关系 8 项目标，即"千年发展目标"（Millennium Development Goals, MDGs）。2005 年，联合国发表的"千年发展目标"实施情况中期报告指出，贫困问题仍然是当今世界的主要问题，估计目前仍有 10 亿人生活在极端贫困线（人均日收入不足 1 美元）以下。发展中国家极端贫困人口的比例已从 1990 年的 28％降至 2001 年的 21％，照这个速度，2015 年年底前将贫困人口减半的目标有望提前实现。2005 年 6 月八国集团财长达成协议，决定清理 38 个国家共 550 亿美元债务，并全部取消 18 个重债穷国的 400 亿美元债务。

过去 10 年来，扭转世界环境恶化，促进人类发展的努力总体上成效不大。其原因是缺少政治意愿、环保资源太少、缺乏协调行动、生产和消费方式严重浪费。人们在金融、投资和技术等方面的政策只考虑短期利益，却很少与可持续发展的要求协调一致。报告提出了保护环境、维持可持续发展的 10 点建议：（1）全球化为可持续发展服务；（2）消除贫困，改善城乡居民的生活；（3）改变目前不可持续的生产和消费方式；（4）改善居民健康状况；（5）改进能源消耗，适用更多可再生的能源；（6）加强生态环境和物种多样化的管理；（7）改进淡水资源管理；（8）增加官方发展援助和私人投资；（9）加强对非洲可持续发展的支持；（10）加强国际合作和协调。①

2002 年 8 月底 9 月初，可持续发展世界首脑会议（WSSD，或可持续发展世界峰会）在南非约翰内斯堡召开。大会就全球可持续发展现状、问题与解决办法进行了广泛的讨论，特别是将消除贫困（也就是生存权、发展权）纳入可持续发展理念之中。根据联合国秘书长提出的"水—能源—健康—农业—生物多样性"（WEHAB）动议，分别设置了工作组和专题会议，以及行动框架准备。大会最后通过《约翰内斯堡可持续发展宣言》和《可持续发展世界首脑会议实施计划》两个文件，重申了对可持续发展的承诺，确立了一系列新的、更具体的环境与发展目标，并设定了相应的时间表，提出"承担起一项共同的责任，即在地方、国家、区域和全球各级促进和加强经济发展、社会发展和环境保护这三个既相互依存又相互加强的可持续发展支柱"②。这次首脑会议在多数项目上确定了行动时间表，特别是要求化计划为行动，把可持续发展与消除贫困结合起来解决环境问题。当然，《实施计划》的落实，还取决于国际社会与各国是否加大了物质方面的救济力度，但更重要的还要看所有行动是否体现了以人为中心的发展理念，是否真正实现了集体和个人的权利。

---

① 《安南发表〈21 世纪议程〉执行报告：世界环境状况堪忧》，《人民日报》2002 年 1 月 30 日。
② 《约翰内斯堡可持续发展宣言》，《联合国环境与可持续发展系列大会重要文件选编》，中国环境科学出版社 2004 年版，第 1 页。

2012 年的联合国可持续发展大会（"里约 +20"大会）是在国际制度与规范层面上推动"可持续发展目标"（Sustainable Development Goals，简称 SDGs）的里程碑。大会主要关注可持续发展框架下的绿色经济和消除贫困问题，最后通过的正式文件《我们希望的未来》所倡导的体制框架是对全球可持续发展的再承诺。这次大会还为推进全球可持续发展合作提供了一个重要契机。在世界经济和国际发展合作面临困难的形势下，为重振国际合作发出积极、明确、有力的信息，统筹经济增长、社会进步和环境保护，采取有力措施解决发展中国家面临的困难和问题，为全球可持续发展进程注入新活力。

三、兼顾发展与环境的权益

环境状况关涉全体人类的权益，特别是当地球成为一个"村庄"（地球村）时，某个"人"（可放大到利益集团、经济体，乃至国家、民族）对环境的所作所为将引起"邻居"的连锁反应，这就绝不是什么"个人"的问题了。事实上，环境冲突往往反映了"人"与"人"的权益之争，协调发展与环境利益的可持续发展"公平"问题因此而引人注目。

（一）可持续发展呼唤公平

尽管环境危机在不同区域、不同时期有不同的表现，但事关人类的生存和发展，全世界都意识到这是一个公共的挑战。人类对环境的掠夺和污染正逼近地球承载的极限，"是世界文明难以持续下去的标志，也是人类不能沿着现有道路继续走下去的明证"[①]。这种状况既违背了自然规律，也

[①]　[美] 莱斯特·R. 布朗：《建设一个持续发展的社会》，祝友三等译，科学技术文献出版社 1984 年版，第 111 页。

违背了人类的根本利益。

可持续发展要求在不同层次，从本地到全球范围比较好地兼顾经济发展与环境保护，比较好地协调有关发展与环境的利益关系。利益的协调，就不是人与自然，而是人与人的关系。在马克思看来，自然史与人类史是交织在一起的，人从来不是孤立地，而是在与他人的交往关系中与自然打交道。人与人的关系使自然界"真正复活"，即"人的实现了的自然主义和自然界的实现了的人道主义"①。也就是说，只有在人与人的关系中，才能理解人与自然的关系，反之亦然。全球性环境危机的出现，正是当今世界发达与不发达之分野，贫富差别之悬殊，以及现代人物欲不断膨胀、消（浪）费无节制的综合症。人们不仅争先恐后开发现在的自然，还放肆地预支未来的自然，这种剧烈的"透支"行为必然破坏人与自然的平衡，并进一步危及人与人的关系。"人与人之间的社会斗争逐渐地同化了人与自然的斗争，或者换句话说，人们用以把自然资源转变为满足需求的物品的机构越来越被视为一种政治冲突的重要对象"；"对自然的控制不可避免地转变为对人的控制以及社会冲突的加剧。这样便产生了恶性循环"。② 是畸形的社会关系造成了畸形的人与自然的关系，而不是相反，环境则成了人类利益纷争的最大牺牲品。环境危机，实际上也是现代社会文化的危机、不可持续的发展模式的危机。

人们追逐各自眼前利益的最大化，却不顾可能对其他人造成的不公平（损害了人类的整体利益），更不顾对后代人造成的不公平（损害了人类的长期利益）。世界人口增长对全球环境施加的压力越来越大，而企图通过减少消费总量来维持资源储量和环境现状，即使在技术上也是行不通的；可持续发展关注的是如何在不危害未来满足需求的能力条件下，协调环境政策与发展战略的关系，并形成促进这种协调的经济社会体制，进而对全

---

① 《马克思恩格斯文集》第 1 卷，人民出版社 2009 年版，第 187 页。

② [加] 威廉·莱斯：《自然的控制》，岳长龄、李建华译，重庆出版社 1993 年版，第 19 页；第 169 页。

人类争取世代延续发展的能力产生深远的影响。但是我们不得不承认，迄今为止解决环境问题的手段和措施要么不得力，要么口惠而实不至，最主要的还是囿于狭隘的利己主义，人们之间的狭隘的关系"又决定着他们对自然界的狭隘的关系"①。

协调人与自然的关系，首先必须协调人与人的关系，"但是要实行这种调节，仅仅有认识还是不够的。为此需要对我们的直到目前为止的生产方式，以及同这种生产方式一起对我们的现今的整个社会制度实行完全的变革"②。尽管在今天，实行这样"完全的变革"还为时过早，但这并不妨碍大家都认同可持续发展的理念，认同协调人与人的关系（主要是局部利益与整体利益、短期利益与长远利益的关系）和协调人与自然的关系应该有更自觉的互动。尽管具体的"人"总是有目标偏好和时间偏好的，其利益也往往表现为局部利益和眼前利益，但可持续发展要求把有利于人类生存与发展这个整体的、长远的利益放在更重要的位置上。"人类不得不重新审视自己的社会经济行为和走过的历程，认识到通过高消耗追求经济数量增长和'先污染后治理'的传统发展模式已不再适应当今和未来的要求，而必须努力寻求一条人口、经济、社会、环境和资源相互协调的、既能满足当代人的需求而又不对满足后代人需求的能力构成危害的可持续发展的道路。"③"随着人口增多和人们生活水平的提高，经济社会发展与资源环境的矛盾还会更加突出。如果不能有效保护生态环境，不仅无法实现经济社会可持续发展，人民群众也无法喝上干净的水，呼吸上清洁的空气，吃上放心的食物，由此必然引发严重的社会问题。"④而要在这些方面取得实质性进展前提是需要一个比较公平的社会前提。

正如社会公平对于可持续发展不可缺少，可持续发展也必须在社会

---

① 《马克思恩格斯文集》第1卷，人民出版社2009年版，第534页编者注。
② 《马克思恩格斯文集》第9卷，人民出版社2009年版，第561页。
③ 《中国21世纪议程——中国21世纪人口、环境与发展白皮书》（1994年）。
④ 《十六大以来重要文献选编》中，中央文献出版社2006年版，第715—716页。

公平的条件下进行。联合国《2030年可持续发展议程》（2015年）要求，"在世界各地消除贫困与饥饿；消除各个国家内和各个国家之间的不平等；建立和平、公正和包容的社会；保护人权和促进性别平等，增强妇女和女童的权能；永久保护地球及其自然资源。我们还决心创造条件，实现可持续、包容和持久的经济增长，让所有人分享繁荣并拥有体面工作，同时顾及各国不同的发展程度和能力。"①可持续发展所追求的公平，当然重视反映可持续性的"代际公平"（intergenerational justice），即不能为了满足当代人的需求而损害后代人满足其需求的能力，以实现当代人与后代人的福利共享；同时前提是强调可持续的公平，"必须合理地将其延伸到对每一代人内部的公正的关注"②，关注"代内公平"（intragenerational justice），即无论穷人（可延伸到穷国）和富人（可延伸到富国）都应拥有平等的生存权、发展权和环境受益权。

无论如何，一个贫富差距悬殊、两极分化的世界是不会有可持续发展的。

（二）"代际公平"与"代内公平"

与可持续发展的提出大致同步，国际社会也把生存权、发展权和环境受益权确认为人权的新内容。可持续发展所推崇的基本人权，是"全人类对能满足其健康和福利的环境拥有基本的权利"；世代人的平等权利，是"各国为了当代和后代的利益应保护和利用环境及自然资源"③。可持续发

---

① 联合国文件：《变革我们的世界：2030年可持续发展议程》（中文版），http://www.un.org/ga/search/view_doc.asp?symbol=A/69/L.85&referer=http://www.un.org/sustain-abledevelopment/sustainable-development-goals/&Lang=C.
② 世界环境与发展委员会：《我们共同的未来》，王之佳等译，吉林人民出版社1997年版，第53页。
③ 世界环境与发展委员会：《我们共同的未来》，王之佳等译，吉林人民出版社1997年版，第454—455页。

展向每个人提供实现美好生活愿望的机会，后代人对于能满足其需要的环境资源应享有与当代人同样的权利，"公平的问题具有新的重要意义。由于今后所强调的，不是经济增长，而是可持续发展，因而在一些社会中和社会间的财富分配问题，也变得越来越不容易回避了。同时，我们这一代对地球资源的过分要求在不断上升，这就产生了我们这一代与下一代之间的公平问题"①，即代际的公平问题。

既然人的生存权和发展权都是平等的，当代人就不能利用他在时间上优先或偏好（time preference）侵占后代人的利益。当代人有责任、也有义务向后代人移交一个对满足其需求的能力不构成危害的环境。

当代人对于发展途径的理解立足于现有的条件，根据当代人的偏好进行选择；而后代人的偏好则取决于在他们所继承的环境中可供选择的东西，如果彼时热带雨林消失了，他们就不会有关于热带雨林的偏好和选择。或者说，当代人的行为能够影响后代人，但后代人却无法改变当代人，也无法阻止当代人对环境资源的浪费和污染。也就是说后代人的权利是当代人赋予的。"我们从我们的后代那里借环境资本，没打算也没有可能偿还。后代人可能会责怪我们挥霍浪费，但他们却无法向我们讨债。"②尽管造成全球环境危机的原因是多方面和很复杂的，但无论"迫于多么紧急的需要，或是一部分人因此而获得多大的眼前利益，也不论是在进步、发展这样堂而皇之的名义下进行的，对于这种持续的大范围的环境破坏，我们和我们的子孙将来都要付出高昂的代价"③。

因此，当代人在确立自己的发展目标时，应尽量避免给后代造成损失的行为，如果这种行为不可避免，那么就必须对这些损失进行补偿。由

---

① ［美］莱斯特·R.布朗：《建设一个持续发展的社会》，祝友三等译，科学技术文献出版社1984年版，第286页。

② 世界环境与发展委员会：《我们共同的未来》，王之佳等译，吉林人民出版社1997年版，第10页。

③ ［日］池田大作、［意］奥锐里欧·贝恰：《二十一世纪的警钟》，卞立强译，中国国际广播出版社1988年版，第49页。

于环境资源的消耗往往是不可逆的（有些环境消耗是不可弥补的，如生物多样性的丧失；或是不可替代的，如至今还没有发现再生某些资源的方法），那就只能用某种"等价的"方式，如采取"储蓄"（saving）、"贴现"（discounting）方式来进行补偿。即便如此，某些环境影响，如美感、舒适感之类的环境效益因为是"无价"的，根本无法用市场价格来计算。

根据美国政治哲学家罗尔斯（John Bordley Rawls）"正义即公平"（justice as fairness）的说法，"代际正义"（即代际公平）就是选择一种"公平的储蓄原则"（just savings principle），作为一种协议，它旨在代际公平地分担维护一个正义社会的责任，而储蓄是全面实现正义体制和公平价值观的一个条件，"遵循这个原则，就能做到使每一代人从上代人那里得到好处，而又为下一代人尽自己应尽的一份力量"①。对当代人来说，尽管存在各种时间偏好（当代人优先），但如果把利用这种优先位置自己谋利当作天经地义，这种狭隘的偏好就不正义了。"代内公平要求自然资源开发利用的收益能公正而平等地分配于国家之间、区域之间和社会集团之间；代际公平则要求保护未来世世代代开发利用自然资源的权利和机会。"②代际正义的伦理问题"也就是在整个社会历史中就正义地对待所有世代的途径取得一致意见"③，而不能仅凭人们在时间上的先来后到进行占有排序。

社会作为一个世代之间的合作体系，需要有这样一种指导储蓄的原则，它应该是每一代人都会采纳，也都会遵循的原则（而不在于他们之间有什么直接协议）；如果能维持某种合理的储蓄，那么每一代人都将得益。

---

① ［美］约翰·罗尔斯：《正义论》，何怀宏等译，上海译文出版社1988年版，第318页。
② 陈静生、蔡运龙、王学军：《人类—环境系统及其可持续性》，商务印书馆2001年版，第323页。
③ ［美］约翰·罗尔斯：《正义论》，何怀宏等译，上海译文出版社1988年版，第316页。并参见他的《作为公平的正义——正义新论》，姚大志译，上海三联书店2002年版，第264页。不过，代际公平又是一个相当复杂的问题，因为它不仅事关道德，而且涉及公平供给的不确定性，譬如当代人如何判断后代人关于需求和短缺的偏好就是不确定的。

"储蓄率的变化大概决定于社会状况。如果人民贫穷而难以储蓄，那么应该规定较低的储蓄率；而在较富有的社会里，由于实际负担较少，可以合理地指望较多的储蓄。"① 对于某个特殊的社会，如果环境储蓄率过高（相当于提高了环境成本），发展就会因负担过重而受到影响，当代人的需要便难以得到满足；反之，如果储蓄率过低（相当于环境成本很低），将刺激当代人的消费，就可能出现只顾眼前利益而置未来于不顾的发展。因此，必须寻找一个"适度的"环境储蓄率，代际公平不仅要求在技术上，而且更要从制度上作出安排，制定合理的储蓄率或公共贴现率。

实现代际公平，地球上可再生资源的再生能力就不至于下降，不可再生资源将得到稳定的开发，或者得到有效的替代；处理环境污染的能力将大于污染的排放程度；生物多样性、生态系统的完整性和持续性将得到有效的保护，人类生存和发展所造成的环境压力将控制在地球可以承载的范围内。至于当代人应作出多少牺牲，为后代人提供多少"储蓄"或"贴现"，这不仅仅是一个经济学问题：市场经济追求的是当代人利益的最大化，而可持续发展则要求每代人的"帕累托改进"②，要求在满足当代人需求的同时对后代人满足需求的能力承担起历史的、道义的责任。后代人与我们一样享有平等的环境权利，我们有责任不让环境恶化构成对后代人生存的威胁，也有义务维护后代人享受应得的来自环境的收益。

之所以强调环境责任和义务的道义性，是因为环境补偿还不能完全通过经济行为来进行调节，至少还应包括环境制度、环境道德的作用。③ 如果忽视造成环境危机的利益背景，忽视解决环境问题的现实社会前提，包

---

① ［美］约翰·罗尔斯：《正义论》，何怀宏等译，上海译文出版社 1988 年版，第 314 页。

② 帕累托改进（Pareto Optimality）与帕累托最优（Pareto Efficiency）是意大利经济学家帕累托（Vil-fredoPareto）提出的博弈论概念，并在多领域有广泛的应用。帕累托最优是指任何改变均已不能使某些人境况变得更好的一种资源分配状态；而帕累托改进是指这样一种变化，在没有其他人境况变坏的前提下，能够促使整体境况的福利，也就是资源分配状态的优化在没有人受损的情况下进行。

③ 肖巍、钱箭星：《环境治理的两个维度》，《上海社会科学院学术季刊》2001 年第 4 期。

括控制人口、谋求社会公正和国际合作等，代际的公平就无从谈起了；也就是说，代际公平归根结底还是要由当代的人们来代理：可持续发展要求当代人的发展不应损害后代人的利益，又必须联系代内的公平，即一部分人的发展不应以损害另一部分人的利益为代价来实现。

（三）体现公平的发展与环境权益

当今世界，仍然充满着许多不平等，不平等既有对地位、身份、族群、性别、地域、文化的体制性歧视，剥夺了人们公平参与竞争的机会；也包括缺乏有效的利益协调机制，弱势者要改变困境往往走投无路；还包括垄断机构选择性的制度安排，资源配置方式的行政性偏好等。这就涉及当代人内部（包括各利益集团、各国各民族之间的关系，就全球环境与发展而言，主要是发展中国家与发达国家之间的关系）在发展机会、支付发展代价和享受发展成果上的公平问题。我们必须承认这样的事实，"按有些国家消耗地球上资源的速度，留给后代的资源将所剩无几。而为数多得多的其他一些国家消耗量远远不足，它们的前景是饥饿、贫困、疾病和夭折"①。发达国家不仅是消耗资源的巨头，而且是排放污染的大户。在历史上，发达国家向全球作了最大宗的、几乎无法偿还的环境"透支"。发达国家利用其先发优势制定、操纵了不平等的国际经济秩序。"在目前的所谓国际分工体系中，第三世界国家的工业和农业，都为国际银行的外援和信贷所控制，所以，它们的生产首先是为了工业国家的需要；它们被迫廉价出卖其产品，反过来又高价购买工业品，从而导致大规模债务。为了支付这些债务，第三世界国家不得不增加出口，这又只能是通过支付饥饿工资；同时，它们的购买力也保持着日益下降的趋势。因此，大规模贫困变

① 世界环境与发展委员会：《我们共同的未来》，王之佳等译，吉林人民出版社 1997 年版，第 31 页。

成了一种完全以外国为目标的经济的基础。"①

　　发展中国家廉价的资源和劳动力被跨国公司用来大发横财，却没有采取措施保护当地的环境；发达国家为了优化自己的环境，不断向国外转移污染产业，甚至向别国倾倒核废料和垃圾，这对缺乏监测手段、又没有安全措施的发展中国家就造成了更严重的危害。

　　发展中国家是今天全球环境问题的主要分布区和承担者，贫困、人口、污染这三个问题（poverty，population，pollution，所谓 3P）往往交织在一起。许多发展中国家一无资金，二无技术，发展之路举步维艰，它们既得不到维护全球生态平衡（如保护热带雨林）的应有补偿，也得不到出售自己环境资源的合理回报，反而要承担人家转移过来的环境成本，这种南北经济结构和环境收益的极大不对称，使得南方国家的环境境遇日益严峻。环境恶化不仅意味着饥饿和死亡的扩大，而且还是引发社会动乱，使成千上万环境难民流离失所的祸根。在那里，一方面，穷人既是环境问题的受害者（富人并不在此列，关于发展中国家内部的不公平，暂且不论），他们缺乏清洁的饮用水，每年有数以百万计的人，特别是儿童死于与水污染有关的疾病；另一方面，穷人又是新的环境破坏的制造者，"贫困和不发达是造成南方环境问题的主要原因"②。贫困驱使穷人滥伐森林、过度垦牧、盲目开发矿产以谋生，"那些最依赖于环境资源和污染最严重的工业发展得最为迅速。那里发展的迫切性比较大，而减少破坏性的副作用的能力却较小"；"穷人为了每日的生存而被迫过度使用自然资源，而环境的恶化使他们进一步贫困化"。③ 这样就形成了贫困—环境退化—贫困加剧的恶性循环。由于贫困而破坏环境的事例俯拾即是、触目惊心。

---

① ［美］弗·卡普拉、查·斯普霍纳克：《绿色政治——全球的希望》，石音译，东方出版社 1988 年版，第 169—170 页。

② 《对南方的挑战——南方委员会的报告》，章启月等译，中国对外翻译出版公司 1991 年版，第 6 页。

③ 世界环境与发展委员会：《我们共同的未来》，王之佳等译，吉林人民出版社 1997 年版，第 6、31 页。

沉重的债务削弱了发展中国家发展经济、摆脱贫困的能力。"如果富国的自然资源贸易的需求方式鼓励了这些资源在穷国的非可持续的管理，那么这种需求模式会损害未来的发展前景。……在这一前提下，国家间的不公平在某种政策环境下，可能会加重非可持续性的发展，换句话说，不仅可持续性会影响公平性，而且不公平性也会影响可持续性。"① 类似地，在一个国家内部，由于穷人比富人更加依赖于自然资源，他们会更快地消耗环境，国内的不公平助长了不可持续性。"这种不平等是地球上的主要'环境'问题，也是主要的'发展'问题。"②

发展的首要目标是满足人类的基本需求，穷人的生存需求无疑应优先于富人的奢侈需求，这是社会公正（公平）的一个起码标准。更广泛地分享发展成果之所以重要，不仅因为它在道义上是正当的，而且它对保护人类所依存的环境事关重大。没有发展中国家的可持续发展也就不可能有全球范围的可持续发展。对于广大发展中国家来说，"真正的敌人是贫穷和社会不平等，怎么能让饥饿的人们在生存都无法保障的情况下来保护资源和环境以及为后代创造财富呢？"③ 消除贫困是代内公平的当务之急，也是可持续发展的应有之义。

里约环境与发展大会比人类环境大会不仅仅是名称上加了一个"发展"的字眼，更重要的是表明解决环境问题必须有赖于发展的实质。"求取发展的权利必须实现"；"环境保护工作应是发展进程的一个整体组成部分，不能脱离这一进程来考虑"；"所有国家和所有人都应在根除贫穷这一基本任务上进行合作，这是实现可持续发展的一项不可少的条件。"④ 环境与发

---

① [英] 戴维·皮尔思、杰瑞米·沃福德：《世界无末日——经济学、环境与可持续发展》，张世秋译，中国财政经济出版社 1996 年版，第 312 页。

② 世界环境与发展委员会：《我们共同的未来》，王之佳等译，吉林人民出版社 1997 年版，第 7 页。

③ 《联合国粮农组织认为贫穷加速环境恶化》，《人民日报》1992 年 6 月 2 日。

④ 《里约环境与发展宣言》，《联合国环境与可持续发展系列大会重要文件选编》，中国环境科学出版社 2004 年版，第 123—124 页。

展不可分割，贫困既是环境恶化的原因又是它的后果，如果没有一个公平的发展，可持续发展就是一句空话。

这个世界的经济形态、政治制度和文化观念充满了多样性，每个国家、民族的发展模式也因此而多元化，但所有多元都应该是既反对贫困、又保护环境，既反对不平等、又讲求合作的可持续发展。"可持续发展的概念为环境政策和发展战略的统一提供了一个基本框架，这里的发展是最广义的发展——这个词往往用来指第三世界的经济和社会变化过程。但是，环境与发展的统一是对所有国家的要求，不管是富国还是穷国，实现可持续发展需要改变每个国家的国内和国际政策。"①说到底，代内公平是代际公平的现实前提，如果连这一代的不公平都无法改变，又怎么谈得上世代公平呢？也只有改善了人与人的关系，才能以全新的姿态去实现人与自然的和谐进化。

（四）"里约+20"的愿景与挑战

1992年里约大会提出《21世纪议程》；2002年可持续发展峰会进一步确立实施目标，并在多数项目上确定了行动时间表；但2008年以来各国应对全球金融危机的经济刺激计划表明，世界至少在有关事项进展速度、深度跟计划的要求还差得很远。《21世纪议程》提出的三项核心指标：气候变化、生物多样性及防治荒漠化均未达标。

2012年6月，联合国可持续发展大会（UNCSD）在巴西里约热内卢召开，这次会议与里约环境与发展大会时隔20年，因此被称为"里约+20"大会。这次大会是继1992年里约大会、2002年约翰内斯堡峰会之后全球可持续发展领域最重要的大会，大会通过了最终文件《我们希望的未来》（*The Future We Want*），决定设立全球可持续发展目标，推出了一

---

① 世界环境与发展委员会：《我们共同的未来》，王之佳等译，吉林人民出版社1997年版，第48页。

系列实际行动计划，包括资金承诺、发展绿色经济、确定超越 GDP 的国家福利评价指标，还建立了高级别论坛来监督履约情况，决定加强联合国环境规划署的功能。

《我们希望的未来》是对《我们共同的未来》（世界环境与发展委员会，1986 年）报告的延续和回应，表明了如下共同愿景。

> 消除贫穷、改变不可持续的消费和生产方式、推广可持续的消费和生产方式、保护和管理经济和社会发展的自然资源基础，是可持续发展的总目标和基本需要。我们也重申必须通过以下途径实现可持续发展：促进持续、包容性、公平的经济增长，为所有人创造更多机会，减少不平等现象，提高基本生活水平；推动公平社会发展和包容；促进以可持续的方式统筹管理自然资源和生态系统，支持经济发展、社会发展、人的发展等等，同时面对新挑战和正在出现的挑战，促进生态系统的养护、再生、恢复和回弹。①

在"重申政治承诺"部分重申了世界各国对有关可持续发展的主要成果文件，以及对发展筹资问题国际会议（《蒙特雷共识》）等发展筹资机制文件的承诺；评估了各国在实现可持续发展方面取得的进展和存在的差距，以及需要解决的新问题；并提出了行动框架。"在可持续发展和消除贫困的背景下发展绿色经济"部分论述了绿色经济对于可持续发展的重要作用，提出了发展绿色经济的政策手段与具体行动，包括建立有关经验分享的国际机制、制定绿色经济发展战略、增加投资、支持发展中国家等，同时提出了评估绿色经济发展进程的时间节点。"建立可持续发展的体制框架"部分论述了推动可持续发展体制框架改革的方法。在机构强化方面提出了加强联合国系统内原有机构能力和建立新机构两种措施。强调国际

---

① 联合国正式文件《我们希望的未来》（中文版），见 http://www.un.org/zh/documents/view_doc.asp?symbol=A/66/L.56.

金融机构对可持续发展的责任，尤其是提供资金支持方面的责任，并提出了针对不同层面的实施要求。"行动措施框架"部分列举了需要采取行动的优先（重点和交叉）问题和领域及相应行动。提出应确定可持续发展目标和相应评估指标的建议，并从资金、科学与技术、能力建设、贸易四个方面提出了具体实施措施。所有这些内容最强调的还是增加资金投入。世界各国都需要增加国内投资，以形成新的技能，促进技术发展、转让和使用，加强能力建设，最终实现绿色经济转型；发达国家要向发展中国家提供新的、额外的、规模更大的筹资资源，履行提供国民生产总值0.7%的官方发展援助承诺；国际金融组织需要重新审视项目规划战略，确保为发展中国家提供更好的资金支持；工商业部门也需要继续进行长期投资，推动绿色经济发展。

在"里约+20"大会上，基于全球可持续发展进程并不平衡，南北差距不断扩大，资源环境问题并未缓解，金融危机、气候变化、能源和粮食安全、地区冲突等因素给可持续发展带来新的严峻挑战。中国领导人明确表态，中国将更加积极地推进国际合作，参与可持续发展全球治理，并逐步增加对其他发展中国家的援助，与国际社会携手并肩、同舟共济，为子孙后代创造更加美好的家园。中国方面认为，携手推进可持续发展，一是应当坚持公平公正、开放包容的发展理念，坚持里约原则，特别是共同但有区别的责任原则，确保在实现全球可持续发展过程中各国获得公平的发展权利；国际社会应当本着开放包容的精神，尊重不同历史文化、宗教信仰、社会制度的国家自主选择可持续发展道路。二是应当积极探索发展绿色经济的有效模式，应当坚持因地制宜，支持各国自主决定绿色经济转型的路径和进程；要注重创造更多就业机会，有助于消除贫困、改善民生；注重互利共赢，不以绿色经济之名行保护主义之实，把发展绿色经济作为各国推动可持续发展、促进世界经济复苏的有效途径。三是应当完善全球治理机制，充分发挥联合国的领导作用，形成有效的可持续发展机制框架，提高指导、协调、执行能力，以更好地统筹经济发展、社会进步和环境保护这三大支柱。应当提出具有导向性的可持续发展目标，既明确今后奋斗的方向，又不限制各国的发展空间。①

中国是可持续发展理念的坚定支持者。中国参加了可持续发展理念形成和发展过程中历次重要国际会议，并做出积极贡献。进入新世纪，我们提出以人为本、全面协调可持续的科学发展观，建设资源节约型、环境友好型社会和生态文明，走新型工业化道路，这些先进理念，充分体现了中国特色，也吸取了有益的国际经验。

中国是可持续发展战略的积极实践者。我们注重统筹兼顾经济发展、社会进步和环境保护。在经济发展方面，中国贫困人口减少 2 亿多，成为最早实现"千年发展目标"中"贫困人口比例减半"的国家。中国实行最严格的耕地和水资源保护制度，用占全球不到 10% 的耕地和人均仅有世界平均水平 28% 的水资源，养活了占全球 1/5 的人口。在社会建设方面，全面实现免费义务教育，不断深化养老保障制度改革，初步建立覆盖城乡居民的基本养老和基本医疗保障体系。在环保领域，全面推进节能减排，近年大幅度降低单位国内生产总值能源消耗，相当于减少二氧化碳排放约 16 亿吨，主要污染物排放总量减少了 15% 左右。建成世界上最大的面积达 62 万平方公里的人工林。中国用行动履行了对本国人民和国际社会的庄严承诺。

中国还是可持续发展国际合作的有力推动者。我国积极开展"南南合作"，为世界可持续发展做出了力所能及的贡献。截至 2015 年，中国累计免除 50 个重债穷国和最不发达国家约 300 亿元人民币债务，对 38 个最不发达国家实施了超过 60% 的产品零关税待遇，并向其他发展中国家提供了 1000 多亿元人民币优惠贷款。我国积极推进南北合作，与发达国家在环境保护、气候变化、能源资源等领域形成了制度化的合作机制。中国积极参与国际组织的活动，认真履行国际公约，承担了与自身能力相符的责任和义务。中国还率先制定实施应对气候变化国家方案（《国家应对气候变

---

① 温家宝：《共同谱写人类可持续发展新篇章——在联合国可持续发展大会上的演讲》，《人民日报》2012 年 6 月 21 日。

化规划（2014—2020 年》），先后向国际社会承诺 2020 年应对气候变化目标任务和 2030 年国家自主贡献，积极采取强有力的政策行动应对气候变化；颁布实施《中国淘汰消耗臭氧层物质国家方案》，超额完成《蒙特利尔议定书》规定的淘汰任务，累计淘汰的消耗臭氧层物质约占发展中国家的一半；在《斯德哥尔摩公约》26 种受控持久性有机污染物中全面淘汰了 17 种的生产、使用和进出口。中国发布实施《中国生物多样性保护战略与行动计划（2011—2030 年)》。中国积极建设性参加气候变化国际谈判，认真履行《联合国气候变化框架公约》，积极推动《巴黎协定》的达成和生效，使《巴黎协定》成为历史上批约生效最快的国际条约之一。为了落实联合国《2030 年可持续发展议程》(2015 年)，我国第一个发布了有关落实的《国别方案》，向联合国交存《巴黎协定》批准文书。我国消耗臭氧层物质的淘汰量占发展中国家总量的一半以上，还同联合国环境规划署等机构一道发起和建立"一带一路"绿色发展国际联盟（2017 年）……所有这些，都为在世界范围促进发展权与环境权的平衡做出了令人称道的贡献。

　　但是，中国可持续发展仍然任重道远。中国人均国民收入还处在低水平位置上，还有 1 亿多人处于贫困线以下，资源环境压力不断增大，发展中不平衡、不协调、不可持续的问题依然突出。我们全面实施"十二五"规划，凝聚全社会力量，采取综合性措施，加快转变经济发展方式，调整优化经济结构，合理控制能源消费总量，大力建设节约资源、保护环境的生产生活方式和消费模式，如期完成单位国内生产总值二氧化碳排放下降 17%、能源消耗下降 16%、非化石能源比重提高到 11.4%、主要污染物排放总量降低 8% 到 10% 的约束性指标。"十三五"期间，中国"以提高环境质量为核心，以解决生态环境领域突出问题为重点，加大生态环境保护力度，提高资源利用效率，为人民提供更多优质生态产品，协同推进人民富裕、国家富强、中国美丽"[①]；包括加快建

[①]　《中华人民共和国国民经济和社会发展第十三个五年规划纲要》，《人民日报》2016 年 3 月 18 日。

设主体功能区，强化主体功能区作为国土空间开发保护基础制度的作用，加快完善主体功能区政策体系，推动各地区依据主体功能定位发展；推进资源节约集约利用，树立节约集约循环利用的资源观，推动资源利用方式根本转变，加强全过程节约管理，大幅提高资源利用综合效益；加大环境综合治理力度，创新环境治理理念和方式，实行最严格的环境保护制度，强化排污者主体责任，形成政府、企业、公众共治的环境治理体系，实现环境质量总体改善；加强生态保护修复，坚持保护优先、自然恢复为主，推进自然生态系统保护与修复，构建生态廊道和生物多样性保护网络，全面提升各类自然生态系统稳定性和生态服务功能，筑牢生态安全屏障；积极应对全球气候变化，坚持减缓与适应并重，主动控制碳排放，落实减排承诺，增强适应气候变化能力，深度参与全球气候治理，为应对全球气候变化做出贡献。

在世界经济充满变数的情况下，饱受经济下行或停滞困扰的世界各国要求中国承担更多的环境与发展义务，是非常自然的事情。国际金融组织也可能减少对中国的援助，要求中国作为捐资方加大投入。发展中国家尤其最不发达国家很可能对中国提出更多诉求。关于可持续发展的国际规则将随着体制框架改革进一步强化，中国也将在其中增加承担与我们发展阶段、进程相符合的国际责任。如何在更好地维护国家发展利益基础上，促进发展权与环境权兼容实现的最大化，更积极参与国际环境治理和国际环境规则的构建，增强在世界可持续发展领域的话语权，将是中国可持续发展的新的重大课题。

四、中国推动可持续发展转型

推动兼顾发展权与环境权的可持续发展，最重要的还是要依靠创新驱动实现发展转型。我国经济发展方式转变已经到了一个重要关头——主要由投资、出口和低端制造业推动的发展模式越来越难以为继，必须逐步解决发展不平衡不充分问题，转向崇尚创新、注重协调、倡导绿色、厚植开放、推进共享的发展，满足人民日益增长的美好生活需要，这个美好生活就包含了保障和实现环境权的需要。我们重温马克思有关"物质变换"（新陈代谢）的观念、对土地粗放还是集约经营的分析，以及人口、经济与自然的平衡思想，对于今天调整经济结构、推进低碳绿色生产，转变发展方式具有相当重要的启示意义。

（一）从"物质变换"到循环经济

马克思在《资本论》中，不仅详尽讨论了资本主义生产中人与人的关系，还揭示了与之交织在一起的人与自然的关系。在分析这种相互交织的关系时，他频繁使用了"物质变换"（英文 metabolism/metabolic interaction；德文 Stoffwechsel= Stoff（物质）+ Wechsel（变换）。《资本论》法文版的中译为"物质循环"] ① 这一概念。"物质变换（循环）"有两层含义：一是通过劳动和技术，实现"人与自然之间的物质变换"，这就是生产的"自然"过程②，譬如人衣食住行的生产和消费来自大自然，然后又以生产和消费的排泄物形式返还大自然；二是在资本主义条件下形成普遍的社会物质变换，这"是在资本循环和构成这个循环的一个阶段的商品形态变

---

① Stoffwechsel 由德国化学家希格沃特（G.C.Sigwart）大约在 1815 年提出，到了马克思时代已广泛用于生理学、化学、农学等领域，主要含义是生命体内部的物质代谢行为，并逐渐扩大到与外部自然界的变换关系，因此亦被译为新陈代谢（metabolism）。但中文新陈代谢有吐故纳新之义，似与马克思要表达的意思并不吻合（见陶在朴：《生态包袱与生态足迹—可持续发展的重量及面积观念》，经济科学出版社 2003 年版，第 16 页）。马克思主要是在《资本论》、《剩余价值理论》和《经济学批判大纲》（1857—1858 年经济学手稿）中，恩格斯则是在《反杜林论》和《自然辩证法》中使用这个概念的。本人认为，"物质变换"（或"物质循环"）的译法更能表现人与自然的关系，也更符合马克思《资本论》的"语境"。

② 《马克思恩格斯全集》第 19 卷，人民出版社 1963 年版，第 422 页。

化中完成的"①。这就意味着物质变换的实现过程，人与人的社会经济关系
与人与自然的生态关系是不可割裂的，社会生产过程既包括经济运行的循
环，还包含着与自然物质的循环。

马克思还特地提出在农村与城市、工业与农业之间建立合理的物质
能量循环思想。19世纪欧洲已经出现城市污染、土壤肥力衰竭和人口过
剩问题。资本主义生产方式在对自然的破坏和对人的摧残的基础上，一
方面创造出巨大的财富，另一方面却使物质变换"造成一个无法弥补的
裂缝"②；并进一步表现为人与自然之间、人与人之间包括城乡之间一系列
"物质变换的断裂"。这些断裂的爆发就是经济危机和生态危机，前者表现
为生产过剩及其商品循环断裂，后者则表现为人与自然的循环发生断裂。
"资本主义积累和危机会导致生态问题，而生态问题（包括环境及社会运
动对这种问题所作出的反应）反过来又会导致经济问题。"③资本主义生产
造成了新的"恶性循环"和城乡联系，但它也意味着另一种可能性："城
市和乡村的对立的消灭不仅是可能的，而且已经成为工业生产本身的直接
需要，同样也已经成为农业生产和公共卫生事业的需要。只有通过城市和
乡村的融合，现在的空气、水和土地的污染才能排除"④。也就是说，全社
会的物质循环不仅仅在各工业部门之间进行，还包括在城乡之间、工业与
农业之间进行。这就要求我们从城乡一体化的视角来探索循环经济方式，
用生态链把工业与农业很好地联结起来。

近年来，"循环经济"概念已为人熟知，循环经济强调经济社会与生
态环境协调发展和循环可持续性。循环经济建立在物质资源不断循环利用
的基础上，把生态设计、清洁生产、资源综合利用、再生资源和可持续消
费融为一体，促进经济循环与生态循环、经济有效性与生态安全性的协调

---

① 《马克思恩格斯文集》第6卷，人民出版社2009年版，第167页。
② 《马克思恩格斯文集》第7卷，人民出版社2009年版，第919页。
③ [美]詹姆斯·奥康纳：《自然的理由——生态学马克思主义研究》，唐正东、臧佩洪译，
南京大学出版社2003年版，第294页。
④ 《马克思恩格斯文集》第9卷，人民出版社2009年版，第313页。

发展。循环经济的"3R"原则，也就是实现"最佳生产、最适消费、最少废弃"经济—生态联动效果。

值得注意的是，马克思对此也有不少论述。关于减量化，就是"把生产排泄物减少到最低限度和把一切进入生产中去的原料和辅助材料的直接利用提到最高限度"[①]。科学技术推动的改进机器质量和新生产工艺比较充分地利用了原料，减少了废料；而原料的质量则部分地取决于原料采掘工艺的发展，部分地取决于它"在进入制造厂以前所经历的过程的发达程度"[②]。关于再利用，注意到"科学的进步，特别是化学的进步，发现了那些废物的有用性质"；"化学工业提供了废物利用的最显著的例子。它不仅找到新的方法来利用本工业的废料，而且还利用其他各种各样工业的废料，例如，把以前几乎毫无用处的煤焦油转化为苯胺染料，茜红染料（茜素），近来甚至把它转化为药品"[③]。关于再循环，马克思发现，"化学的每一个进步不仅增加有用物质的数量和已知物质的用途，从而随着资本的增长扩大投资领域。同时，它还教人们把生产过程和消费过程中的废料投回到再生产过程的循环中去，从而无须预先支出资本，就能创造新的资本材料。"[④]科学技术越发达，减少废料和废料再利用、资源化的功能也就越合而为一，这就是科学技术创新来支撑可持续发展的意思。

实行循环经济，首先就必须对产品有生态设计，从最初原料投入中间生产环节和工艺流程，到产品消费中可能产生的环境问题、再到产品报废时以最便利的方式进行回收，这些在设计阶段都应予以尽可能周全的考虑，以寻找对环境最友好、最经济的生产方法。

我国生态环境长期处于超负荷运行，经济社会发展与资源相对短缺的矛盾日益凸显，土地、水、矿产、大气、生物等资源的严重稀缺都已经敲

① 《马克思恩格斯文集》第 7 卷，人民出版社 2009 年版，第 117 页。
② 《马克思恩格斯文集》第 7 卷，人民出版社 2009 年版，第 117—118 页。
③ 《马克思恩格斯文集》第 7 卷，人民出版社 2009 年版，第 115、117 页。
④ 《马克思恩格斯文集》第 5 卷，人民出版社 2009 年版，第 698—699 页。

响了警钟。近年我国GDP约占全球的一成，但却消耗了世界60%的水泥、近一半的钢铁和1/5的能源，这些行业又大多集中在东部地区。粗放的经济发展方式、不合理的产业布局，迫切要求加快转变经济发展方式，优化产业布局。然而，我国许多地方的经济发展仍未摆脱线性模式。线性、单向性生产方式的主要特点，一是盲目开采资源，二是任意排放废料，在生产过程中产生大量废料，产品消费后又被当作无用垃圾丢弃，有的甚至连末端处理都没有做到。特别是一些落后地方的支柱企业却是污染大户，生产中的"三废"（废气、废水、废渣）和生活垃圾严重污染了生存环境。

我国很多城市的大量生产生活垃圾仍然采用填埋方式处理，许多地方甚至出现了"垃圾围城"的局面，而垃圾焚烧要求严格的技术条件，如果达不到则可能造成更严重的污染。我国矿产资源的平均回收率只有30%（比发达国家要低20%以上），每年约500万吨废钢铁、200万吨废有色金属、1400万吨废纸没有回收利用；可回收但没有回收的再生资源达到300亿元以上。[①] 在许多资源领域出现了供需关系越来越紧张，与利用率低下和浪费严重并存的怪现象。

建设资源节约型、环境友好型社会，是我国节约资源和保护环境基本国策的重要体现，是根据我国国情和可持续发展要求作出的必然选择。否则，资源难以支撑，环境难以承受，经济难以持续。面对资源约束趋紧、环境污染严重、生态系统退化的严峻形势，中国树立尊重自然、顺应自然、保护自然的生态文明理念，将生态文明建设放在更突出的地位，作为全面建成小康社会总体布局的目标之一，努力建设美丽中国，保障公民的环境权益。我们还必须增强危机意识，树立绿色、低碳发展理念，以节能减排为重点，健全激励和约束机制，加快构建资源节约、环境友好的生产方式和消费模式，增强可持续发展能力。循环经济是转变经济发展方式的重要实现形式，科学技术越发达，减少废料和废料再利用、资源化的功能

---

① 燕乃玲、朱远编：《资源节约型、环境友好型社会建设》，人民出版社2010年版，第17页。

也就越合而为一，因此必须依靠科学技术创新支撑可持续发展。

（二）生产从粗放型转向集约型

马克思把剩余价值生产分为绝对剩余价值生产和相对剩余价值生产，把资本扩大再生产分为外延式扩大再生产和内涵式扩大再生产，他还特别注意到农业生产的粗放与集约经营问题。粗放型生产方式，如美国西部的土壤表层积累了许多易溶解的植物养料，只需粗放耕作就能长期获得收成。但是，"这种粗放耕作的可能性，自然会或快或慢地消失，新土地越肥沃，消失得越慢；它的产品出口得越多，消失得越快"①。这就要求"实行集约化耕作"，也就是在同样的土地上连续投资，对土地进行改良和养护。"这种改良通过各种方法来改变土地的物理性质，部分地也改变土地的化学性质，这是要花费资本的，可以看做是把资本并入土地，——几乎可以说，就是使一块位于一定的有限的地段上的土地，拥有另一块位于别的地段（往往就在邻近）上的土地所天然具备的那种属性。"②在马克思看来，生产逐年扩大是由于两个原因："第一，由于投入生产的资本不断增长；第二，由于使用资本的效率不断提高"③，前者即粗放型(外延式)增长，后者即集约型(内涵式)增长，是通过改进生产条件（生产工具和生产工艺）和改善企业管理，提高劳动生产率，创造超额利润。资本的生产效率具体表现在生产资料的效益上，生产效率（益）的提高推动着产业进步和经济转型。

由于我国资源禀赋本来就比较差，人均资源占有率远低于世界平均水平，伴随着经济高速增长，资源消耗速度相当惊人，并已经成为经济社会发展最重要的制约因素。直到21世纪初，我国钢铁、化工、电力、有色金属等8个行业单位平均能耗比世界先进水平高40%以上，工业用水重

---

① 《马克思恩格斯文集》第7卷，人民出版社2009年版，第756—757页。
② 《马克思恩格斯文集》第7卷，人民出版社2009年版，第760页；第843—844页。
③ 《马克思恩格斯文集》第8卷，人民出版社2009年版，第263页。

复利用率比世界先进水平低 15%—25%，矿产资源总回收率比世界先进水平低约 20%，单位建筑采暖能耗也比世界先进水平高 2—3 倍。[①] 我国能源利用率仅为 33%（比发达国家低约 10%），我国每创造 1 美元经济增加值所消耗的能源分别是美国、德国和日本的 4.3 倍、7.7 倍和 11.5 倍。[②] 虽然通过树立和落实科学发展观，这种情况有了比较明显的改观，但长期以来，我国经济发展方式主要偏重数量扩张，追求增长速度，而忽视了经济效益和质量，基本上仍属于拼人力、拼资源的粗放型发展，越来越严峻的资源环境约束和国际舆论压力迫使我们必须尽快向集约型发展转型。

应该看到，经济开放对发展方式具有双重效应：既可以促进发展方式的集约化转变，可能进一步扩大粗放型生产。一方面，激烈的国际竞争要求本国经济转向集约化增长，但如果外部竞争力过于强大，本国经济被迫不得不退出某个生产领域，这是被动的退出。另外还有一种主动的退出，过去一个时期，我国大量廉价出口稀土，美国等国干脆退出本国的稀土开采业，转而从中国进口，这种主动退出对于保护美国的不可再生资源当然比较有利。另一方面，更大的出口市场和"有水快流"的粗放做法势必加快资源枯竭的速度。我国原来的稀土资源储量占世界比重超过 40%，各地纷纷加快开采，竞相压价出口，2005 年我国稀土出口量比 1990 年扩大了近 10 倍，平均价格却只有 1990 年的一半。美国的稀土储量约占世界的13%，其产量却几乎为零，已连续十余年从中国进口稀土。全球稀土市场所需的 90% 由我国供应，而我国的粗放型稀土开采又导致惊人的浪费。[③]

如果为了眼前的利益，采取竭泽而渔、狂采滥挖的手段攫取自然力来谋求发展，一旦某种自然资源枯竭，不但该产业能力衰竭，还将留下一个

---

① 燕乃玲、朱远编：《资源节约型、环境友好型社会建设》，人民出版社 2010 年版，第103—104 页。

② 徐洪才主编：《工资、汇率与顺差：中国经济再平衡路径选择》，科学文献出版社 2011年版，第 143 页。

③ 《中国稀土储量仅够用 15 年日本大量进口存量被曝可用 50 年》，《经济参考报》2011年 2 月 10 日。

千疮百孔的恶劣环境，严重影响当地的可持续发展。一些国家相继发生的"荷兰病"便是前车之鉴。① 马克思对此也有精到的分析。

> 决不能反过来说，最肥沃的土壤最适于资本主义生产方式的生长。资本主义生产方式以人对自然的支配为前提。过于富饶的自然"使人离不开自然的手，就像小孩子离不开引带一样"。它不能使人自身的发展成为一种自然必然性。资本的祖国不是草木繁茂的热带，而是温带。不是土壤的绝对肥力，而是它的差异性和它的自然产品的多样性，形成社会分工的自然基础，并且通过人所处的自然环境的变化，促使他们自己的需要、能力、劳动资料和劳动方式趋于多样化。社会地控制自然力，从而节约地利用自然力。②

良好的自然条件只提供资本主义生产的可能性，而不提供它的现实性，自然条件的多样性决定了产业方式的多样化，也决定了社会发展形态的多样化。而"荷兰病"，以及近年来我国有些资源省份所遭遇的发展困境均表明，某种自然资源的丰裕所代表的自然生产力并不必然成为社会生产力，反而容易形成"资源陷阱"（trap of resource）或"资源诅咒"（curse of resource）。"资源陷阱模式预示着资源丰富国家对初级产品的过度依赖，并伴随着竞争力的下降，因此，其环境决定了其发展轨迹是不可持续的。"③ 这样的教训是非常深刻的。

---

① "荷兰病"（the Dutch disease）指一国特别是中小国家经济的某种初级产品部门异常繁荣，却导致其他部门衰落的现象。20 世纪 60 年代，荷兰发现大量天然气，出口剧增，国际收支顺差扩大。但是，蓬勃发展的天然气业严重打击了农业和其他工业部门，反而削弱了其整体国际竞争力，出现了通货膨胀加剧、制成品出口下降、收入增长率降低、失业率增加等一系列困扰。

② 《马克思恩格斯文集》第 5 卷，人民出版社 2009 年版，第 587 页。

③ ［英］奥蒂主编：《资源富足与经济发展》，张效廉译，首都经济贸易大学出版社 2006 年版，第 178 页。

我国的粗放型经济增长模式之所以长期得不到有力纠正，在很大程度上就是因自然资源价格不能准确反映其稀缺程度，被人为压低了，低廉价格不但"刺激"了浪费，而且使企业对减少废料和提高原料利用率没有积极性，长此以往，就造成了严重的资源"透支"。[①] 因此，只有建立合理的资源价格体系，才能有力抑制稀缺资源的消费，严格控制初级原料和粗加工资源的出口，并激励人们的节约潜力，促使生产者依靠科技创新、完善管理和优化产品结构来提高发展质量和环境效益，大力推动循环经济的运行。

实现经济发展方式的转变，最重要的是要放弃速度偏好，着力提高资源使用效益，谋求"又好又快"的发展。首先，必须依靠市场机制决定资源价格。"原料的价格对产品价格的影响，比固定资本的价格对产品价格的影响要大得多。"[②] 一般说来，原料价格受到资源的稀缺度、供求关系和环境外部成本的影响，稀缺资源的价格和供不应求的资源价格都会上升，而且资源开采提炼中产生的环境负效应也应计入资源价格。只有当原料价格足够高时，人们才会产生开发节约资源的技术和生产工艺的积极性，也才会重视废料的利用，促使循环经济转动起来。因此，许多国家为了保护资源，采取提高资源税的办法来调节资源价格。我国许多生产要素的价格改革仍然处于停滞状态。国内水价仅为世界平均水平的1/3，工业用地的价格低得难以想象几至零地价，资源税在总税收中的比例长期偏低，从20世纪90年代到现在一直下行，近年大约只占1%的份额。这与有关资源开采和利用极不成比例。资源税（费）制的不合理使得我国资源价格整体低廉，客观上容易导致资源浪费和利用率不高。过低的资源价格使企业轻易获得"要素红利"，就不想在节约资源方面下功夫；而破坏环境又缺

---

① 更为普遍的是我国的人均淡水拥有量只有世界平均的1/4，但与缺水情况（尤其北方）并存的是浪费水资源的情况比比皆是，主要原因是水价与水的实际价值严重背离，我国水费在工农业产品成本结构中的比例，居民水费支出占总支出的比例均远远低于世界平均水平。

② 《马克思恩格斯文集》第7卷，人民出版社2009年版，第123页。

乏有效的监管，惩罚的力度也微不足道，企业却由此获得了"环境红利"。要素成本和环境成本的被低估，乃是我国出口产品价格低廉的一个重要原因，实际上还等于为进口国送去了"生态红利"。

其次，加大科技的开发和利用。科学技术改进了机器质量和生产工艺，比较充分地利用了原料、减少了废料，而原料的质量部分地取决于它"在进入制造厂以前所经历的过程的发达程度"①。在生产过程中，还需要清洁生产和纳入循环经济轨道。"机器的改良，使那些在原有形式上本来不能利用的物质，获得一种在新的生产中可以利用的形态；科学的进步，特别是化学的进步，发现了那些废物的有用性质。"②大工业的发展和科学技术的发明运用，为实现循环经济提供了技术可能性。技术选择应当以可持续发展的理念为指导，"无论我们提议使用一种新能源，一种新材料，或一种新的化工产品，我们都必须确定它将怎样改变我们赖以生存的微妙的生态平衡，而且我们必须预测它们对遥远的未来和远方可能产生的间接影响"③。只有充分发挥创新的作用，才能有效提高资源利用率，实现经济效益、环境效益和社会效益的统一。

（三）经济—生态平衡的生态文明建设

共产主义理想境界包括这样的内容："作为完成了的自然主义，等于人道主义，而作为完成了的人道主义，等于自然主义，它是人和自然界之间、人和人之间的矛盾的真正解决"④。尽管这个"真正解决"还有待时日，但有一点是肯定的，那就是人与自然的关系是与人与人的关系交织在一起的，人与自然是紧张还是和谐直接关系到人与人是紧张还是和谐。"大量

---

① 《马克思恩格斯文集》第 7 卷，人民出版社 2009 年版，第 118 页。
② 《马克思恩格斯文集》第 7 卷，人民出版社 2009 年版，第 115 页。
③ ［美］阿尔温·托夫勒:《未来的震荡》，任小明译，四川人民出版社 1985 年版，第486 页。
④ 《马克思恩格斯文集》第 1 卷，人民出版社 2009 年版，第 185 页。

事实表明，人与自然的关系不和谐，往往会影响人与人的关系、人与社会的关系。如果生态环境受到严重破坏、人们的生产生活环境恶化，如果资源能源供应高度紧张、经济发展与资源能源矛盾尖锐，人与人的和谐、人与社会的和谐是难以实现的。"①我国快速发展同时积累起来各种能源资源日趋紧张，各类环境污染呈高发态势，已成为新的民生之患、民心之痛。

> 随着我国社会主要矛盾转化为人民日益增长的美好生活需要和不平衡不充分的发展之间的矛盾，人民群众对优美生态环境需要已经成为这一矛盾的重要方面，广大人民群众热切期盼加快提高生态环境质量。人民对美好生活的向往是我们党的奋斗目标，解决人民最关心最直接最现实的利益问题是执政党使命所在。人心是最大的政治。我们要积极回应人民群众所想、所盼、所急，大力推进生态文明建设，提供更多优质生态产品，不断满足人民日益增长的优美生态环境需要。②

美好生活需要，既包含了人们享有和利用环境的权利，也意味着承担维护人与自然的和谐相处的责任或义务。关于在经济活动中促进人与自然的均衡发展，马克思对当时和未来社会生产的分析还提出了重要的平衡思想。

1. 两大部类生产的平衡

其中包括各部类之间和内部的平衡，生产与消费的平衡，涉及各类产品的价值补偿和实现，以及各类产品的物质补偿。如果经济失去平衡，积累到一定程度就会发生生产过剩的经济危机；对于资源来说，如果只顾消耗而不顾循环利用，资源的不可再生性难以获得必要的补偿，生态失去了

---

① 《十六大以来重要文献选编》中，中央文献出版社 2006 年版，第 715 页。
② 习近平：《推动我国生态文明建设迈上新台阶》，《求是》2019 年第 3 期。

平衡，出现"物质变换的断裂"，就会爆发生态危机。

2. 人口与自然的平衡

马克思关于人口过剩问题的分析大都与资本过剩相关联，是一种相对人口过剩。如果说，马尔萨斯将人口规律描绘为人类存在一般的超历史规则，同等地适用于所有社会类型，并且只表现出一种形式①；马克思则认为，在资本主义生产方式内发展着的生产力与人口相比是惊人巨大的，它只是受制于资本的价值增值条件②。恩格斯也认为在人口、土地（自然）之外还有第三个要素，即科学。"科学发展的速度至少也是与人口增长的速度一样的"③。然而，无论科学技术如何强大，它总要受制于自然条件。我们也不可能坐等共产主义社会来临再来控制人口，必须立刻进行社会主义改革来教育群众，"才能够从道德上限制繁殖本能"④。包括我国实行的计划生育政策，就是人与自然的不平衡迫使在社会主义初级阶段就必须控制人口。

3. 经济利益和生态利益的代际平衡

马克思、恩格斯指出："历史的每一阶段都遇到一定的物质结果，一定的生产力总和，人对自然以及个人之间历史地形成的关系，都遇到前一代传给后一代的大量生产力、资金和环境，尽管一方面这些生产力、资金和环境为新的一代所改变，但另一方面，它们也预先规定新的一代本身的生活条件，使它得到一定的发展和具有特殊的性质。"⑤人与自然之间的物质变换是人类世代传承的过程，自然不属于任何人，人们"应当作为好家

---

① ［意］马塞罗·默斯托主编：《马克思的〈大纲〉——〈政治经济学批判大纲〉150年》，闫月梅等译，中国人民大学出版社2011年版，第145页。
② 《马克思恩格斯文集》第7卷，人民出版社2009年版，第296页。
③ 《马克思恩格斯文集》第1卷，人民出版社2009年版，第82页。
④ 《马克思恩格斯文集》第10卷，人民出版社2009年版，第456页。
⑤ 《马克思恩格斯文集》第1卷，人民出版社2009年版，第544—545页。

长把经过改良的土地传给后代"①。但很遗憾，资本主义生产方式破坏了土地的肥力，浪费了土地资源，却对土地的改良根本没做什么。② 不可再生资源存量有限，而根据历史经验，资源利用率的提高将更加促使资源消耗，当代人不能借口相信后代人的聪明智慧可以解决这些问题，必须为他们的生存和发展预留必要的资源储备和生态环境。

我国经济的不平衡也加剧了人与自然的失衡。一是我国经济增长过分依赖工业，工业产能过剩而服务业特别是生产性服务业供给不足。高消耗、高污染的产业和企业所占比重过高，工业主要依靠廉价劳动力和资源高消耗，缺乏自主知识产权、核心技术和世界知名品牌，特别是现代生产性服务业无论数量还是质量均远不能满足社会需求。二是工业结构偏"重"。改革开放以前，我国优先发展重工业，解决了工业基础问题，但也形成了重积累、轻消费的基本格局。改革开放以后，经济结构和产品结构逐渐趋"轻"，但新世纪开始，我国产业结构又开始了新一轮趋"重"，直接导致我国能源资源消耗过快。三是经济增长速度与可持续发展能力不平衡，我国经济增长在很大程度上依靠高耗能产业推动，出现了 GDP、能耗和污染三同步的高增长，增长速度与节能效率存在尖锐矛盾。四是资源环境开发和保护的不平衡，我国有些地方为了追求眼前的经济增长和财政收入，往往遏制不住粗放式的投资冲动，更倾向于靠较低的环境门槛来吸引资本、开发资源，而这些行为通常又是以"效率优先"或"先开发、后治理（或保护）"名义进行的，进而导致了边治理边破坏、治理速度跟不上破坏速度的情况。任何违背自然规律的行为都要受到惩罚，这也是不以人的意志为转移的。

人类对自然规律的认识和把握，是一个永不停息的过程，规律性的东西往往要通过现象的不断往复和科学技术的不断发展才能更明确

---

① 《马克思恩格斯文集》第 7 卷，人民出版社 2009 年版，第 878 页。
② 《马克思恩格斯文集》第 7 卷，人民出版社 2009 年版，第 705 页。

地被人们认知。只要我们坚定不移地走科学发展道路，锲而不舍地探索和认识自然规律，坚持按自然规律办事，不断增强促进人与自然相和谐的能力，就一定能够不断有所发现、有所发明、有所创造、有所前进，就一定能够做到让人类更好地适应自然、让自然更好地造福人类。①

发展方式转型要求建立与生态承载力相适应的产业结构，每个地方都应当根据当地的资源禀赋确定适合产业，同时还应考虑本地产业发展的适度性，包括可能对周边地区或流域的影响；生态脆弱地区的开发更要谨慎从事，以保证自然生态的休养生息。在调整地方产业结构的同时，还可以利用自然生态服务产生经济效益，实现经济效益和保护环境的共赢。

一段时间以来，"绩效经济"（performance economy）提倡从"正确地做事"（do things right，如循环经济）转变为"做正确的事"（do the right thing）。一是以最少的资源消耗创造经济财富和实现经济增长，这与循环经济的"减量化"原则相一致；二是以最少的资源消耗来创造当地就业机会；三是推动消费者和企业共同转向产品服务寿命的绩效和质量责任，延长耐用品（如基础设施、飞机、汽车、船舶、建筑物、机械设备）的服务寿命，这就相当于以劳动力替代能源和物资的功能服务经济（functional service economy）或功能经济。② 进而要求产业结构从制造业转向制造业本身更多地开发服务功能。绩效经济既降低了资源消耗和碳排放，又创造了经济财富和就业机会，比制造活动本身创造了更多更丰富的价值，这是一个更具有竞争力和可持续性，也更有助于实现环境权益的新经济形态。

21 世纪以来，中国越来越重视生态环境的改善，提出"决不能以牺牲生态环境为代价换取经济的一时发展"，将生态文明建设作为全面建成

---

① 《十七大以来重要文献选编》上，中央文献出版社 2009 年版，第 644 页。
② ［瑞士］瓦尔特·施塔尔：《绩效经济》，诸大建等译，上海世纪出版集团 2009 年版，第 3—6 页。

小康社会总体布局的目标之一，努力建设美丽中国，切实保障公民的环境权益，包括强化政府有关职能，扩大公民环境知情权和环境事务参与权、监督权，给子孙后代留下天蓝、地绿、水净的美好家园。中国现在初步建成了覆盖各环境要素的国家和地方环境监测网，形成了包括污染防治领域、资源保护领域、自然区域和生物多样性保护领域较为完整的法律法规体系，中国公民享有良好环境权益的保障水平正在逐步提高。

> 我们把生态文明建设作为统筹推进"五位一体"总体布局和协调推进"四个全面"战略布局的重要内容，开展一系列根本性、开创性、长远性工作，提出一系列新理念新思想新战略，生态文明理念日益深入人心，污染治理力度之大、制度出台频度之密、监管执法尺度之严、环境质量改善速度之快前所未有，推动生态环境保护发生历史性、转折性、全局性变化。①

根据《改革开放40年中国人权事业的发展进步》政府白皮书，在环境权利保障方面，这40年来，中国将生态文明建设纳入国家发展总体战略，对生态环境的治理力度不断加大，生态环境状况总体持续好转，人民群众的环保权益得到有效维护。1979年，通过第一部环境保护法。1982年，首次将环境保护作为独立篇章纳入国民经济和社会发展计划。1983年，将保护环境确定为基本国策。1994年，通过《中国21世纪议程》，成为世界上第一个制定实施本国可持续发展战略的国家……中国特色社会主义进入新时代，提出新的发展理念，在强调坚持绿色发展，并正以前所未有的力度治理环境污染，推进生态文明建设，美丽中国建设迈出一个又一个坚实步伐。党的十九大明确提出打好污染防治攻坚战的重大战略部署，《中共中央　国务院关于全面加强生态环境保护坚决打好污染防治攻

---

① 习近平：《推动我国生态文明建设迈上新台阶》，《求是》2019年第3期。

坚战的意见》（2018 年）明确了打好污染防治攻坚战的时间表、路线图、任务书。2017 年，煤炭在中国能源消费中的比重为 60.4%，比 1978 年下降 10.3 个百分点；天然气、水、核、风、电等清洁能源消费比重从 1978 年的 6.6% 提升至 2017 年的 20.8%。2017 年，全国 338 个地级及以上城市可吸入颗粒物（PM10）平均浓度比 2013 年下降 22.7%，74 个重点城市细颗粒物（PM2.5）平均浓度比 2013 年下降 34.7%。2017 年，全国完成造林面积 736 万公顷，森林覆盖率达 21.66%；建成 2750 处自然保护区，总面积 147 万平方公里，约占陆地国土面积的 14.86%。中国还积极参与全球环境治理，已批准加入 30 多项与生态环境有关的多边公约或议定书，率先发布《中国落实 2030 年可持续发展议程国别方案》，向联合国交存气候变化《巴黎协定》批准文书，成为全球生态文明建设的重要参与者、贡献者、引领者。[①]

推进经济—生态平衡的绿色发展，要坚持节约资源和保护环境的基本国策，坚持可持续发展，坚定走生产发展、生活富裕、生态良好的文明发展道路，加快建设资源节约型、环境友好型社会，形成人与自然和谐发展的现代化建设新格局，建设生态文明。中国是一个发展中的大国，建设现代化国家，走人家"先污染后治理"的老路行不通，而应探索走出一条环境保护新路。能源资源相对不足、生态环境承载力不强，已成为我国的一个基本国情。发达国家一两百年出现的环境问题，在我国多年快速发展中集中显现，并呈现明显的结构型、压缩型、复合型特点，老的环境问题尚未解决，新的环境问题接踵而至。更加自觉地推动绿色发展、循环发展、低碳发展，协调推进新型工业化、信息化、城镇化、农业现代化和绿色化，走出一条经济发展和生态文明相辅相成、相得益彰的新发展道路，让良好生态环境成为人民生活质量的增长点、成为展现我国良好形象的发力点，让老百姓切实感受到经济发展带来的实实在在的环境效益。

---

① 国务院新闻办公室：《改革开放 40 年中国人权事业的发展进步》（白皮书），《人民日报》2018 年 12 月 13 日。

生态文明建设要融入经济建设、政治建设、文化建设、社会建设各方面和全过程，体现了它在中国特色社会主义"五位一体"总布局中的位置，是这个总布局不可缺少的一个方面，离开生态文明这个方面，其他方面的建设就无以立足。重要的是，生态文明建设离不开制度建设，也需要进行体制改革。2015 年，中共中央、国务院印发的《生态文明体制改革总体方案》进一步要求："坚持节约资源和保护环境基本国策，坚持节约优先、保护优先、自然恢复为主方针，立足我国社会主义初级阶段的基本国情和新的阶段性特征，以建设美丽中国为目标，以正确处理人与自然关系为核心，以解决生态环境领域突出问题为导向，保障国家生态安全，改善环境质量，提高资源利用效率，推动形成人与自然和谐发展的现代化建设新格局。"[1] 生态文明建设还要重点解决新型文明构架等体制核心问题，通过制度设计、政策规定，建立健全国家或区域性生态环境改善的经济社会文化体制。要强化各级政府部门的生态文明意识，依环境功能定位设立不同的考核目标，增加生态文明建设相关指标权重，逐步完善干部考核任用制度。抓紧建立体现生态文明建设要求的目标体系、考核办法、奖惩机制，促使各级政府部门环保责任落实到位。加强法律法规建设，健全生态环境保护责任追究制度和环境损害赔偿制度。加强环境监管，健全最严格的环境执法体系，提高环境违法成本，依靠强有力的法制来调节和规范社会行为，促进全体公民在可持续发展、生态文明建设进程中实现环境权。

在世界现代化进程中，实现工业化的国家不超过 30 个、人口也没有超过 10 亿；而要在社会主义中国这个十几亿人口的最大发展中国家推进生态文明建设，其现实意义与深远影响是巨大的。建设美丽中国，我们每个人都是生态环境的保护者、建设者、受益者。从人权角度看，良好的生态环境就是普惠的福祉和美好的享受，坚持生态惠民、生态利民、生态为民，就是要提供更多优质生态产品以满足人民日益增长的优美生态环境需

---

[1] 中共中央 国务院印发《生态文明体制改革总体方案》，《人民日报》2015 年 9 月 23 日。

要，保障和实现人民的环境权。在国际舞台上，中国作为全球生态文明建设的重要参与者、贡献者、引领者，主张加快构筑尊崇自然、绿色发展的生态体系，共建清洁美丽的世界，积极引导国际秩序变革方向，增强在全球环境治理体系中的话语权和影响力，积极贡献环境保护和可持续发展的"中国方案"。

链接 4.2：生态文明建设的总体要求

生态文明建设是中国特色社会主义事业的重要内容，关系人民福祉，关乎民族未来，事关"两个一百年"奋斗目标和中华民族伟大复兴中国梦的实现。党中央、国务院高度重视生态文明建设，先后出台了一系列重大决策部署，推动生态文明建设取得了重大进展和积极成效。但总体上看我国生态文明建设水平仍滞后于经济社会发展，资源约束趋紧，环境污染严重，生态系统退化，发展与人口资源环境之间的矛盾日益突出，已成为经济社会可持续发展的重大瓶颈制约。

加快推进生态文明建设是加快转变经济发展方式、提高发展质量和效益的内在要求，是坚持以人为本、促进社会和谐的必然选择，是全面建成小康社会、实现中华民族伟大复兴中国梦的时代抉择，是积极应对气候变化、维护全球生态安全的重大举措。要充分认识加快推进生态文明建设的极端重要性和紧迫性，切实增强责任感和使命感，牢固树立尊重自然、顺应自然、保护自然的理念，坚持绿水青山就是金山银山，动员全党、全社会积极行动、深入持久地推进生态文明建设，加快形成人与自然和谐发展的现代化建设新格局，开创社会主义生态文明新时代。

总体要求

（一）指导思想。以邓小平理论、"三个代表"重要思想、科学发展观为指导，全面贯彻党的十八大和十八届二中、三中、四中全会精神，深入贯彻习近平总书记系列重要讲话精神，认真落实党中央、国务院的决策部署，坚持以人为本、依法推进，坚持节约资源和保护环境的基本国策，把生态文明建设放在突出的战略位置，融入经济建设、政治建设、文化建设、社会建设各方面和全过程，协同推进新型工业化、信息化、城镇化、农业现代化和绿色化，以健全生态文明制度体系为重点，优化国土空间开发格局，全面促进资源节约利用，加大自然生态系统和环境保护力度，大力推进绿色发展、循环发展、低碳发展，弘扬生态文化，倡导绿色生活，加快建设美丽中国，使蓝天常在、青山常在、绿水常在，实现中华民族永续发展。

（二）基本原则

坚持把节约优先、保护优先、自然恢复为主作为基本方针。在资源开发与节约中，把节约放在优先位置，以最少的资源消耗支撑经济社会持续发展；在环境保护与发展中，把保护放在优先位置，在发展中保护、在保护中发展；在生态建设与修复中，以自然恢复为主，与人工修复相结合。

坚持把绿色发展、循环发展、低碳发展作为基本途径。经济社会发展必须建立在资源得到高效循环利用、生态环境受到严格保护的基础上，与生态文明建设相协调，形成节约资源和保护环境的空间格局、产业结构、生产方式。

坚持把深化改革和创新驱动作为基本动力。充分发挥市场配置资源的决定性作用和更好发挥政府作用，不断深化制度改革和科技创新，建立系统完整的生态文明制度体系，强化科技创新引领作用，为生态文明建设注入强大动力。

坚持把培育生态文化作为重要支撑。将生态文明纳入社会主义核心价值体系，加强生态文化的宣传教育，倡导勤俭节约、绿色低碳、文明健康的生活方式和消费模式，提高全社会生态文明意识。

坚持把重点突破和整体推进作为工作方式。既立足当前，着力解决对经济社会可持续发展制约性强、群众反映强烈的突出问题，打好生态文明建设攻坚战；又着眼长远，加强顶层设计与鼓励基层探索相结合，持之以恒全面推进生态文明建设。

（三）主要目标

到 2020 年，资源节约型和环境友好型社会建设取得重大进展，主体功能区布局基本形成，经济发展质量和效益显著提高，生态文明主流价值观在全社会得到推行，生态文明建设水平与全面建成小康社会目标相适应。

——国土空间开发格局进一步优化。经济、人口布局向均衡方向发展，陆海空间开发强度、城市空间规模得到有效控制，城乡结构和空间布局明显优化。

——资源利用更加高效。单位国内生产总值二氧化碳排放强度比 2005 年下降 40%—45%，能源消耗强度持续下降，资源产出率大幅提高，用水总量力争控制在 6700 亿立方米以内，万元工业增加值用水量降低到 65 立方米以下，农田灌溉水有效利用系数提高到 0.55 以上，非化石能源占一次能源消费比重达到 15%左右。

——生态环境质量总体改善。主要污染物排放总量继续减少，大气环境质量、重点流域和近岸海域水环境质量得到改善，重要江河湖泊水功能区水质达标率提高到 80%以上，饮用水安全保障水平持续提升，土壤环境质量总体保持稳定，环境风险得到有效控制。森林覆盖率达到 23%以上，草原综合植被覆盖度达到 56%，湿地面积不低于 8 亿亩，50%以上可治理沙化土地得到治理，自然岸线保有率不低于 35%，生物多样性丧失速度得到基本控制，全国生态系统稳定性明显增强。

——生态文明重大制度基本确立。基本形成源头预防、过程控制、损害赔偿、责任追究的生态文明制度体系，自然资源资产产权和用途管制、生态保护红线、生态保护补偿、生态环境保护管理体制等关键制度建设取得决定性成果。

——《中共中央国务院关于加快推进生态文明
建设的意见》（2015 年）

第五章　发展与人权相得益彰

　　时代在发展，人权在进步。中国坚持把人权的普遍性原则和当代实际相结合，走符合国情的人权发展道路，奉行以人民为中心的人权理念，把生存权、发展权作为首要的基本人权，协调增进全体人民的经济、政治、社会、文化、环境权利，努力维护社会公平正义，促进人的全面发展。

　　——习近平致信《联合国人权宣言》发表 70 周年座谈会（2018 年）

　　马克思主义关注"现实的人"，追求人自由而全面的发展，马克思主义理论的彻底性就在于抓住了"人本身"这个根本。中国改革开放之初，邓小平就指出："我们要想一想，我们给人民究竟做了多少事情呢？我们一定要根据现在的有利条件加速发展生产力，使人民的物质生活好一些，使人民的文化生活、精神面貌好一些。"① 并提出要把人民答应不答应、满意不满意、拥护不拥护作为衡量党的路线、方针、政策是否正确的根本标准。中国特色社会主义进入新时代，习近平深情地说，人民对美好生活的向往，就是我们的奋斗目标。我们一定要始终与人民心心相印、与人民同甘共苦、与人民团结奋斗，夙夜在公，勤勉工作，努力向历史、向人民交出一份合格的答卷。② 当代中国马克思主义发展观与人权观相辅相成，发

---

① 《邓小平文选》第 2 卷，人民出版社 1993 年版，第 128 页。

② 《习近平：人民对美好生活的向往就是我们的奋斗目标》，《人民日报》2012 年 11 月 16 日。

展促进人权，人权提高发展，是一个互动的过程。基于人权的发展，要求有利于社会公平、政治民主、文化丰富和环境友好的高质量发展；同时要求全面深化改革扩大开放，不断破除一切妨碍尊重、保障和实现人权的观念和体制障碍。

一、发展促进人权

联合国开发计划署在《2000 年人类发展报告》中指出："所有文明的标志是对人的尊严和自由赋予的尊重。"[①] 发展与人权是人类文明的重要标志，也是现代人追求全面自由发展的两条重要路径。发展权利的提出与发展的人权目标，使发展与人权这两条路径相结合，发展促进人权已为世人所公认。当代中国正在通过贯彻落实新发展理念，着力解决发展不平衡不充分问题，以实现更高质量、更有效率、更加公平、更可持续的发展；同时"尊重和保障人权"原则也已载入《中华人民共和国宪法》和《中国共产党章程》，大幅度提高人民生存权、发展权的保障水平，努力促进经济、社会、文化权利和公民政治权利的实现，走出一条适合中国国情的人权发展之路正当其时。

（一）从人权发展看发展的权利

近代意义上的人权，是以自由、平等、人道为基本理念与普遍信仰的人权，也是资本主义经济社会发展的产物。工场手工业的生产，要求有一定的人身自由，能够与工厂主"权利平等"的工人"自由地"订立契约，出卖自己的劳动力。"大规模的贸易，特别是国际贸易，尤其是世界贸易，

---

① 联合国开发计划署：《2000 年人类发展报告》，中国财政经济出版社 2001 年版，第 1 页。

要求有自由的、在行动上不受限制的商品占有者，他们作为商品占有者是有平等权利的，他们根据对他们所有人来说都平等的、至少在当地是平等的权利进行交换。"①

　　早些时候，文艺复兴时期的人文主义者就开始使用"权利（人权）"概念，进而提出"自然权利"（或"天赋人权"，natural rights），自由、平等被认为是人类的自然本性或天赋的资格。资产阶级革命的胜利，使得自由、平等观念被载入许多政治文献，并以法律形式确定了下来。如英国从《权利请愿书》（Petition of Right，1628 年）到《人身保护法》（*Habeas Corpus Act*，1679 年），再到《权利法案》（*the Bill of Rights*，1689 年）；美国的《独立宣言》（*United states declaration of independence*，1776 年），法国的《人权和公民权宣言》（*Declaration of the Rights of Man and of the Citizen*，1789 年，即《人权宣言》）等。这些文件是世界人权发展的重要标志。②

　　这一时期的人权主要是人身权利和政治权利，认为包括生命、财产、自由、平等及反抗压迫都是不可剥夺的自然权利；剥夺或放弃这些权利，就是剥夺或放弃人的资格。生命权、人身自由权、私有财产权，以及言论、出版、集会、结社等权利着重在形式（法律）上使个人（公民）免遭某些外力的侵犯，以保障个人自由，这就是所谓"消极权利"，即对公民的自由不得横加干涉。这一时期的人权适用主要在国家内部，并不具备国际意义，更没有国际约束力。正因为如此，这些人权法条不可能保障世界

---

① 《马克思恩格斯文集》第 9 卷，人民出版社 2009 年版，第 110 页。

② 1776 年美国《独立宣言》宣告："人人生而平等，他们都从'造物主'那边被赋予了某些不可转让的权利，其中包括生命、自由和追求幸福的权利。为了保障这些权利，所以才在人们中间成立政府。而政府的正当权利，则系得自被统治者的同意。如果遇有任何一种形式的政府变成损害这些目的，那么，人民就有权利来改变它或废除它，以建立新的政府。"1789 年法国大革命时期的《人权和公民权宣言》，第一次将"天赋人权"写了进去："在权利方面，人们生来是而且始终是自由平等的。""任何政治结合的目的都在于保存人的自然的和不可动摇的权利。这些权利就是自由、财产、安全和反抗压迫。"

范围的人权不被侵犯。

20 世纪两次世界大战，特别是第二次世界大战，法西斯残酷杀戮无数平民，肆意践踏各国人民的生命、自由和财产，这就意味着光有"消极人权"是不够的，保护和促进人权必须成为各国政府职责的一部分；而且当面对国家权力侵犯人权之时，一国范围的人权保护已不敷应对，必须建立更为积极的、超越国家的世界性人权保障。

1942 年 1 月 1 日，由中、苏、美、英等 26 个国家签署了《联合国家宣言》，各方承认它们在自己国家以及其他地方都有保护人权和正义的义务。第二次世界大战后，人权保障成为世界各国人民的普遍呼声。1945 年联合国成立，"不分种族、性别、语言或宗教，增进并激励对于全体人类之人权及基本自由之尊重"被确定为联合国的宗旨之一。人权问题已经超越一国范围，成为国际社会普遍关切的重要问题和合作事项。是年 6 月通过的《联合国宪章》就使用了"human rights"（人权）一词，开宗明义即其宗旨提到，"发展国际以尊重人民平等权利及自决原则为根据之友好关系，并采取其他适当办法，以增强普遍和平"；"促成国际合作，以解决国际间属于经济、社会、文化及人类福利性质之国际问题，且不分种族、性别、语言或宗教，增进并激励对于全体人类之人权及基本自由之尊重。"可见当时所强调的人权主要基于维护世界和平的考虑。1948 年 12 月，联合国大会第 217A（Ⅲ）号决议通过《世界人权宣言》，这是联合国第一个人权文献，首次系统地提出了人权的具体内容，以作为所有人民和国家努力实现的共同目标。尽管宣言并非强制性的法律文件，但它为之后的国际人权活动奠定了法约基础。《世界人权宣言》发表日（12 月 10 号）也被定为"世界人权日"。宣言所阐述的内容后来被吸收并融入具有法律约束力的国际文件和各国宪法中，最主要的就是 1966 年 12 月联合国大会 2200A（ⅩⅪ）号决议通过的《经济、社会及文化权利国际公约》和《公民权利和政治权利国际公约》，以及先后通过的涉及种族隔离、酷刑、妇女权利、儿童权利和难民权利等领域的公约。这一时期的人权着重于为个人自由的实现提供基本的各种社会条件，因此具有"积极权利"的特征，被称为"第二代人权"，区别于以"消极权利"为特征的"第一代人权"。[①]

世界各地区也制定了一些区域性人权公约，第一个区域性人权公约是1950 年欧洲委员会支持制定的《欧洲人权公约》（也称《欧洲保护人权与基本自由公约》），它将《世界人权宣言》的权利具体化，并设立欧洲人权委员会和欧洲人权法院，以确保公约得以有效执行；1961 年欧洲理事会通过《欧洲社会宪章》，并创立了报告制度。1948 年美洲国家组织通过《美洲人权利和义务宣言》，1969 年通过具有法律约束力的《美洲人权公约》，并设立了相应的人权委员会和人权法院。1981 年非洲统一组织首脑会议通过《非洲人权和民族权宪章》，重申从非洲根除一切形式的殖民主义，从公民和政治权利，经济、社会和文化权利，集体权利三个方面全面阐发了人权，也相继成立了人权委员会和人权法院。

在世界范围更加集中反映发展中国家（"第三世界"）和人民人权理解的，是以发展权为核心的"第三代人权"。第三代人权是世界人权事业的重要发展，反映了众多发展中国家维护国家独立和人民生存与发展的强烈权利诉求，如民族自决权、发展权、和平权、种族平等权，等等。在那里，原殖民地、附属国人民实现民族自决、维护国家独立的权利，自由处置其自然资源和财富、发展民族经济的权利，以及世界各国人民共享和平与安全的权利，显示了更加重要更加迫切的意义。难怪有人要把第三代人权称为"第三世界的人权"了。

早在 1944 年，国际劳工组织（ILO）《关于国际劳工组织的目标和宗

---

① 人权的积极性与消极性是相对的，一般积极偏重于保障和推动实现，消极更侧重于不得侵犯。而且作为权利的自由平等要求也越来越广泛，一些原来认为是不合法（或合法）的行为可能在新的时代成为合法（或不合法），例如同性恋，非婚生子女和变性等行为过去在许多地方是不合法的，但现在越来越多地被认为是个人自由和人身权利的一部分；例如以前没有法律限制的狩猎，现在就可能属于侵犯环境权的行为。但因此也出现了权利实现中自由与平等、社会目标和个人价值、个人权利同公共利益等关系的再平衡问题。

旨的宣言》（即《费城宣言》，Declaration concerning the aims and purposes of the International Labour Organization）提出，"全人类不分种族、信仰或性别都有权在自由和尊严、经济保障和机会均等的条件下谋求其物质福利和精神发展"；"为实现上述目的而创造条件应构成各国和国际政策的中心目标"[1]。到了 1969 年，阿尔及利亚正义与和平委员会的报告《不发达国家的发展权利》提出"发展权利"概念；1972 年，塞内加尔最高法院院长、联合国人权委员会委员凯巴·姆巴耶（Keba Mbaye）在斯特拉斯堡国际人权研究所发表讲话时进一步强调了发展权问题。1979 年，他在《非洲人权宪章》起草委员会上说："我们关于人权的总体概念是以发展权为标志的，因为它不仅包括了经济、社会和文化权利，而且还包括公民和政治权利。发展首先而且最重要的是改变生活质量，它决不是不惜一切代价的，尤其不是肆无忌惮地压迫个人和全体人民的经济增长。发展权是每一个个人在自己社会里的全面发展。"[2]同年，联合国大会第 34/46 号决议指出，发展权是一项人权，平等发展的机会是各个国家的天赋权利，也是个人的天赋权利。1986 年，联合国大会第 41/126 号决议通过《发展权利宣言》。"发展权利是一项不可剥夺的人权，由于这种权利，每个人和所有各国人民均有权参与、促进并享受经济、社会、文化和政治发展，在这种发展中，所有人权和基本自由都能获得充分实现。"[3]1993 年世界人权大会通过的《维也纳宣言和行动纲领》，根据冷战结束后的国际形势，强调了人权普遍性与特殊性的统一和人权的不可分割性，重申发展权是一项普遍的、不可分割的权利，是人权的基本组成部分。

发展权既是个人人权，也是国家或民族的集体人权。这两方面相辅相成、不可分割。在一国范围，个人只有作为发展权的主体，才能充分

---

① 《关于国际劳工组织的目标和宗旨的宣言》（即《费城宣言》），北京大学法学院人权研究中心编：《国际人权文件选编》，北京大学出版社 2002 年版，第 286 页。

② U.O.乌姆祖里克：《人权与发展》，《国际社会科学杂志》（中文版）1999 年第 4 期。

③ 《发展权利宣言》，北京大学法学院人权研究中心编：《国际人权文件选编》，北京大学出版社 2002 年版，第 305 页。

地、自由地参与政治、经济、社会和文化的发展，并公平享有发展所带来的利益。但是，没有国家或民族的发展，个人的发展也就无从谈起。如果说个人发展权的诉求主要指向国家，那么集体发展权的诉求就是国际社会。实现国家或民族的发展权主要依靠国际社会的共同努力，各国均有促进本国发展的责任。为保障发展权，必须建立国际政治经济新秩序，消除妨碍发展中国家发展的各种障碍。而且，发展权也是实现各项人权的必要条件，只有在发展的全面进程中所有人权和基本自由才能逐步得到实现。实现发展权的条件，对国家而言，一是创造有利于发展的稳定的政治和社会环境；二是每个国家对本国的自然资源和财富享有永久主权，并制定适合本国国情的发展政策；三是每个人和全民族积极、自由和有意义地参与发展进程、决策和管理，并公平分享由此带来的利益。对国际社会而言，一是坚持各国主权平等、相互依存、互利与友好合作的原则；二是建立公正合理的国际政治经济新秩序，使发展中国家能够民主、平等、自由地参与国际事务，真正享有均等的发展机会；三是消除发展的各种国际性障碍。发达国家应采取行动，为发展中国家提供全面发展的便利条件。①

但是，西方某些人否定发展权是一项人权，他们认为发展权无法从传统人权理论中得到证明，只不过是第三世界国家反西方意识形态的激进诉求，并被用作重新分配世界资源、建立新的国际经济秩序、要求对过去的剥削进行补偿的国际斗争工具。其实，《世界人权宣言》就已经鉴于世人对基本人权、人格尊严和价值以及男女平等权利的信念，"决心促成较大自由中的社会进步和生活水平的提高。"② 人权是一个整体，是战后深刻的意识形态分歧导致了人权的被划分，有意无意地破坏了人权的整体性。这

---

① 关于"发展权"，见 http://baike.baidu.com/link?url=g_IQ3W-jWyk_g7QO5cR1Fs-DRpj7QcQCT6GhijS8J1TaxWerGeb375Du8jMYUMoec.

② 《世界人权宣言》，北京大学法学院人权研究中心编：《国际人权文件选编》，北京大学出版社2002年版，第1页。

种情况在 1968 年国际人权会议《德黑兰宣言》和 1977 年联合国大会通过的《关于人权新概念的决议》才得以部分纠正。一切人权和基本自由都是不可分割和互相依存的，对于公民、政治权利以及经济、社会、文化权利应给予同等的关注；"若不同时享有经济、社会及文化权利，则公民及政治权利决无实现之日。"① 这些观点打破了对人权概念的片面解释局面，越来越得到大多数国家和人民的认可。"普遍性的人权终将在我们这个世纪得以在国际范围实施，而实施普遍性人权的关键就是要承认：对大多数人来说，没有经济、社会和文化权利，公民权利和政治权利就没有任何意义；承认这一点是争取实现普遍性人权之方法的关键。"但是迄今为止，国际上贯彻公民和政治权利与贯彻经济、社会和文化权利依然有别。这就特别要求各国全面地实现人权，不能把经济、社会、政治与文化领域分开，"促进和保护人权只能按照一切权利都是相互依存的整体观念来理解和行事。支离破碎的人权观只会导致曲解，遥遥无期地推迟它们的实现"②。

伴随着冷战结束和经济全球化进程，国家作为国际关系主要行为体和权威者的形象有所改变，而与国家（政府）相对的社会、族群、公民，乃至个人的利益受到更多的重视。如果说，战后人权观念的发展，还主要是诉诸国家的理性以及对国家行为提出新的要求，那么，现在国际社会给予个体有更大的关注与保护，国际人权法也因此成为国际法领域最引人注目的话题。联合国于 2006 年 3 月以压倒性多数通过建立人权理事会（Human Rights Council），取代了原来经社理事会的附属机构人权委员会（Commission on Human Rights），成为联合国大会系统的功能委员会，有力加强了国际社会及其组织机构的人权机制作用。

---

① 《德黑兰宣言》，北京大学法学院人权研究中心编：《国际人权文件选编》，北京大学出版社 2002 年版，第 39 页。

② 安东尼奥·A. 坎萨杜·特林达德：《各项人权的相互依存——实现人权的障碍与挑战》，《国际社会科学杂志》（中文版）1999 年第 4 期。

（二）共同的目标

经过战后几十年的努力，人权理论与人权事业取得了很大进步，世界人权状况也有了明显改善。特别是联合国对发展权利的确认和"人类发展"概念的提出，使发展与人权的结合成为可能。发展促进人权，人权体现发展，尽管它们并不是一开始就相提并论的，但现在正日益形成一股合流。

联合国开发计划署《2000 年人类发展报告》以"人权与人类发展"（Human Rights and Human Development）为主题来讨论（人类）发展与人权的关系。"人的自由是人权和人类发展的共同目标和共同动力。"[①] 人权和人类发展的策略和传统汇合到一起就能给争取人类自由的斗争带来新的力量。"促进人类发展和实现人权在很多方面拥有一个共同目的，并反映着促进一切社会中个人的自由、幸福与尊严的基本承诺。""人类发展和人权在目的和关切事项方面比较接近，是相容的、一致的；同时二者在对策和意图方面又有充分的差别，完全能够互补。"[②]

人类发展把人作为发展的中心，把争取人的自由、提高人的能力、扩大人的选择和机会、使每个人都能过着受人尊重和体现自身价值的生活作为自己的目标。它在很多方面与《世界人权宣言》所表达的关切是相同的。

> 人权和人类发展一样具有共同的理想和目的，那就是实现全人类的自由、幸福和尊严，它体现在：
>
> 不受歧视，无论性别、种族、民族、国籍或宗教如何。
>
> 不缺衣少食，享受体面的生活水平。
>
> 挖掘和实现个人潜力的自由。
>
> 消除恐惧，消除对个人安全威胁的恐惧、消除折磨、随意逮捕和

① 联合国开发计划署：《2000 年人类发展报告》，中国财政经济出版社 2001 年版，第 2 页。
② 联合国开发计划署：《2000 年人类发展报告》，中国财政经济出版社 2001 年版，第 18 页。

　　其它暴力行为。

　　　　消除不公正和违反法制行为。

　　　　思想和言论自由，参与决策和结社的自由；

　　　　拥有体面的工作的自由，没有剥削。①

　　20 世纪既充满了动荡和灾难，但也是人类在追求自由过程中取得重大成就的世纪，其中之一就是在人权领域取得的积极进展。经历了两次世界大战的人们，痛定思痛，决定在世界范围建立一个人权保障机制，并明确规定国家和国际社会的责任，以保证人的尊严与自由不受侵犯。《世界人权宣言》宣告："人人生而自由，在尊严和权利上一律平等。""人人有资格享受本宣言所载的一切权利和自由，不分种族、肤色、性别、语言、宗教、政治或其他见解、国籍或社会出身、财产、出生或其他身份等任何区别。并且不得因一人所属的国家或领土的政治的、行政的或者国际的地位之不同而有所区别，无论该领土是独立领土、托管领土、非自治领土或者处于其他任何主权受限制的情况之下。"②宣言所确认的基本人权逐渐家喻户晓，标志着"世界进入了一个新时代，全世界都把人权的实现作为共同关注事项和人类的共同目标"。③

　　《联合国宪章》和《世界人权宣言》问世以来，国际社会强调以全人类平等为中心的人权普遍性；认识到实现人权是人类的集体目标；明确了所有权利的广泛性，包括公民、政治、经济、社会和文化权利；创立了促进实现人权的国际体系，成立了制定标准制定、建立国际法和监控实施情况的组织（但没有执法权），确立了国家对人权义务和承诺的国际法责

---

① 联合国开发计划署：《2000 年人类发展报告》，中国财政经济出版社 2001 年版，第 1 页。

② 《世界人权宣言》，《国际人权文件选编》，北京大学出版社 2002 年版，第 2 页。

③ 联合国开发计划署：《2000 年人类发展报告》，中国财政经济出版社 2001 年版，第 27 页。

任。①《世界人权宣言》与《公民权利和政治权利国际公约》、《经济、社会及文化权利国际公约》和有关任择议定书共同构成了所谓"国际人权宪章"。这两项国际公约成为一系列涵盖人权领域各种问题具有法律约束力的条约基础，并由此产生了 100 多项国际性和区域性人权公约和人权国际文件，包括五项核心人权条约：《消除一切形式种族歧视国际公约》（1965年）；《消除对妇女一切形式歧视公约》（1979 年）；《禁止酷刑和其他残忍、不人道或有辱人格的待遇或处罚公约》（1984 年）；《儿童权利公约》（1989年）；以及《保护所有移徙工人及其家庭成员权利国际公约》（1990 年）。其中，许多条约还有任择议定书，为所关联的条约补充了实质性条款和（或）程序性条款。这些条约通常在"规范"部分提出实质性权利，由此界定条约所涉领域的基本权利和基本自由。由条约设立的一个独立监测机构（委员会）负责监督执行。

曾几何时，人权事业被蒙上了对抗的色彩。"由于冷战的影响，人权的华丽辞藻沦为宣传地缘政治利益的武器。西方强调公民和政治权利，指责社会主义国家否认这些权利。社会主义（还有许多发展中）国家强调经济和社会权利，批评最富裕的西方国家未能为全体公民实现这些权利。"②这也是公民和政治权利与经济、社会及文化权利分别形成了两个国际公约的大背景。冷战降温乃至结束，以及经济全球化、世界民主化浪潮接踵而至，人权普遍性得到了绝大多数国家的认可，人权事业出现了向好的转机。"我们现在已经超越这种对抗性讨论（指公民和政治权利一方与经济和社会权利一方的争论），较为广泛地承认这两类权利密不可分。……大家的目标是实现人人享有一切人权——公民、文化、经济、政治和社会权利。获得基础教育、医疗、住房和就业对于人类自由的重要性不亚于政治和公民权利。"③1990 年，只有两个公约（《消除一切形式种族歧视国际公

①　联合国开发计划署：《2000 年人类发展报告》，中国财政经济出版社 2001 年版，第 2 页。

②　联合国开发计划署：《2000 年人类发展报告》，中国财政经济出版社 2001 年版，第 2—3 页。

③　联合国开发计划署：《2000 年人类发展报告》，中国财政经济出版社 2001 年版，前言。

约》和《消除对妇女一切形式歧视公约》）获得超过 100 个国家的批准。但到 2000 年，除了《禁止酷刑和其他残忍、不人道或有辱人格待遇或惩罚公约》的其他国际公约被 140 个以上的国家批准。

以 1986 年联合国大会通过《发展权利宣言》为标志，反映广大发展中国家意愿的发展权等"第三代人权"更加突出了发展的人权性质。《发展权利宣言》确认发展权是一项不可剥夺的基本人权，发展机会均等，发展既是作为集体人权的国家权利，也是组成国家的个人的权利。"发展是经济、社会、文化和政治的全面进程，其目的是在全体人民和所有个人积极、自由和有意义地参与发展及其带来的利益的公平分配的基础上，不断改善全体人民和所有个人的福利。"①1995 年哥本哈根社会发展世界首脑大会《宣言》和《行动纲领》再次确认，"社会发展的最终目标是改善和提高全体人民的生活质量"，并致力于"建立一个以人为中心的社会发展框架"。

由此可见，每一代人权都承载着具体的时代诉求，人权的概念也将随着历史进步而不断发展变化。国家在尊重、保障和实现人权方面，首先是必须尊重个人拥有的资源和可以满足个人需要的行动自由，然后因消极人权还是积极人权的区别其义务（责任）有所不同：对于消极人权，国家主要是保护人们的行动自由和自己使用资源的自由，以防止更强大、更具扩张性的利益主体妨碍这种自由，并提供资源及相关条件；而对于积极人权，国家则要"最大限度地利用现有资源"，采取步骤或经由国际援助和合作，逐渐达到权利的充分实现。"经济、社会和文化权利要求国家要相对强大，既要增加那些否则会被边缘化的人的收入，以促进机会平等；还要确保那些无法自立的人获得社会保障。"②尽管人权观念在不同阶段具有

---

① 《发展权利宣言》，北京大学法学院人权研究中心编：《国际人权文件选编》，北京大学出版社 2002 年版，第 304 页。

② ［挪］A.艾德、C.克洛斯、A.罗萨斯主编：《经济、社会和文化的权利教程》（修订第二版），中国人权研究会组织编译，四川出版集团、四川人民出版社 2004 年版，第 23 页。

某种特点，但无论是消极权利、还是积极权利，无论是个体人权还是集体人权都是围绕着实现人的自由展开的，与发展的价值目标是一致的。① 发展不仅仅指经济增长或物质财富的积累，更重要的是在权利框架下不断改善全体人民和所有个人的福利。"所有人都有权要求一种社会安排——它能保护他们不受严重的虐待和贫困，也能确保体面生活的自由。""所有这些权利要求都是旨在保障涉及到的那些人的自由，——去做这或做那——用这种方式或那种方式。这样，人权也就最终植根于自由对于人的生命的重要性之中了。"② 人类发展或"以人为中心"的发展不仅是一个价值目标，更重要的还是一个实践问题，是价值的实现问题。这就要在实践中推动人类的发展，并在发展实践中努力实现发展的价值目标。

发展与人权的目标都是为了实现人的自由，在方法论上也具有共同的关切，尽管在战略与对策方面各有侧重。新世纪不但给人类发展，也给世界人权事业带来了新机遇，但同时谁也不能无视，一些国家和地方持续动荡，各种冲突造成重大人员伤亡和大量难民，有些地区的贫困与不平等还在不断加深，最富裕和最贫穷国家的收入差距以及国内贫富差距仍然在扩大，穷国和穷人被进一步边缘化，等等。所有这些既是对世界人权状况的严重威胁，也是对人类发展的巨大挑战。据此，可以提炼出人类共同发展进程中的五项议程：（1）以扩大受教育面和改善健康状况为目的的"社会发展"优先；（2）经济增长从多方面为人类发展提供资源；（3）政治、社会改革以实现民主治理为目的，保障人权、增强集体力量、扩大参与权与自主权；（4）经济、社会、政治政策以公正为目标；（5）全球范围内的体制改革，为欠发达国家参与全球市场、全球科技、全球信息提供更有利的

---

① 有些权利表现为免受他人对自身自由和选择的干涉，即消极的自由实现；有些权利表现为借助各种力量关切、帮助实现自身的自由和选择，即积极的自由实现。前者是"被动"（消极）意义的自由，也就是"免于什么"（liberty from……）的消极自由；后者是"主动"（积极）意义的自由，也就是"做什么"（liberty to……）的积极自由。

② 联合国开发计划署：《2000年人类发展报告》，中国财政经济出版社2001年版，第2、19页。

经济环境。① 这些优先议程主要针对许多发展中国家不如人意的发展与人权状况，特别是经济发展滞后，人民最基本的生存、健康、教育、医疗卫生等需求还得不到满足的情况提出的。

特别值得一提的是，中国领导人在联合国成立 70 周年的第 70 届联大会上提出"全人类共同价值"概念，这个概念体现了当今世界各国人民在解决自身问题和对外交往中形成的基本共识，反映了国际社会的共同愿望，同时也是应对全球性问题的一个现实观照。

> "大道之行也，天下为公。"和平、发展、公平、正义、民主、自由，是全人类的共同价值，也是联合国的崇高目标。目标远未完成，我们仍须努力。当今世界，各国相互依存、休戚与共。我们要继承和弘扬联合国宪章的宗旨和原则，构建以合作共赢为核心的新型国际关系，打造人类命运共同体。②

和平、发展、公平、正义、民主、自由，作为全人类共同价值反映了国际社会普遍承认的人权价值观，是全世界为之共同奋斗的人权普遍性方向。这些价值也是处于不同地域、不同国情、不同政体的人们都认可的。但在全人类共同价值面前，每个国家都是自主的，构成国家的每个人民都是平等的，为了实现这个目标聚集了全人类共同追求的"最大公约数"。

（三）互补的方法

发展与人权所具有共同目标，并不意味着两者可以互相替代，它们的具体实施和方法论毕竟是不同的，但又可以互补。

---

① 〔美〕萨基凯·福库达·帕尔：《人类发展分析路径：检阅、反思和前瞻》，《马克思主义与现实》2002 年第 6 期。

② 《习近平谈治国理政》第 2 卷，外文出版社 2017 年版，第 522 页。

联合国开发计划署提出"人类发展"，所体现的不仅是新的发展思想，也是新的国际发展战略，具有世界意义。"如果说人类发展着重于增强社区成员享有的能力和自由，那么人权就代表个人对其他个人和集体代理人的行为的要求以及对增进或保障这些能力和自由的社会安排的设计的要求。"① 它们的侧重点有所不同，但并不是说人权方法只关注人的政治自由和公民权利，人类发展只关注经济表现、人的预期寿命和教育普及程度。人权方法同样关注人的物质需要的满足、教育权利的获得、社会保障制度的建立等人类发展要素；而人类发展方法也不可能忽略政治自由和公民权利。人类发展和人权互相加强，相辅相成，扩大人们的能力，保护人们的权利和基本自由。

人权能给发展议程增添价值，使人们关注一种责任，即尊重、保护和实现全人类的人权。人权的传统给人类带来了争取自由和人类发展的法律工具和制度，包括法律、司法和诉讼程序等。

人权也赋予人类发展目标以道德合法性和社会公正原则。从人权的角度看问题，可以帮助人们优先考虑最贫困和被社会排除的人，尤其是由于歧视导致的贫困。它同样使人们关注，全人类的信息权和政治权是一个发展问题，而且，公民权利和政治权利也是发展过程不可分割的组成部分。

同样，人类发展给实现人权提供了一个长期的、动态的视角。它使人们关注人权得以实现或受到威胁的社会经济条件。人类发展的概念和工具能系统地评估实现人权的经济和制度限制，以及克服这些限制的资源和政策。因此，人类发展有助于为实现人权建立一个长期战略。

简而言之，人类发展对实现人权至关重要，而人权对人类的全面

---

① 联合国开发计划署：《2000年人类发展报告》，中国财政经济出版社2001年版，第19页。

发展也至关重要。①

重要的是人权和人类发展能从对方中得到什么启示和助益，它们所要达到的目标如何通过两者的融合而得以推进。

1. 人权方法对于人类发展至关重要

尊重和维护人权是实现发展的重要保障。它要求国家和政府必须基于人权实现与保护，在制定发展政策时，平等地看待不同利益的个人和群体，平等地看待所有人的所有权利。对于个体来说，只有当人们平等地享有发展的各种权利时，才能真正分享发展的成果进而实现自由；也只有当人们真切地感受到与发展的休戚相关，才会因为能够分享发展成果而乐于参与发展投入发展。

人权方法可以为人类发展提供新的视野。人类发展主要通过评估和舆论对政府促进人们自由选择的能力产生激励，但却不能在发展的目标与动力之间建立直接的、强有力的联系，也不能要求个人、集体、社会机构，乃至政府为实现发展目标承担责任和义务。而人权方法正是把人的权利实现与责任与义务联系起来，即特定关系人负有推进和捍卫人权实现的责任与义务。根据《世界人权宣言》，人权在政治、经济、社会、文化等各方面均应该得到实现，"人人在行使他的权利和自由时，只受法律所确定的限制，确定此种限制的唯一目的在于保证对旁人的权利和自由给予应有的承认和尊重，并在一个民主的社会中适应道德、公共秩序和普遍福利的正当需要"②。对此，国家和政府对此负有不可推卸的责任和义务。

如果某个体或群体的某个或几个方面的发展不充分，用人权方法来观

---

① 联合国开发计划署：《2000 年人类发展报告》，中国财政经济出版社 2001 年版，第
　2 页。
② 《世界人权宣言》，北京大学法学院人权研究中心编：《世界人权文件选编》，北京大学
　出版社 2002 年版，第 6 页。

察，就一定是某责任关系人的过错。例如，贫困问题、儿童失学问题，不仅仅是结果和数字的展现，而是在结果和数字之外造成该结果的原因分析：某些权利没有实现，以及与此相关联的社会系统或个人的责任缺失或过错。这种分析会发现社会体制或个人的缺陷，进而为进行补救寻求有力的工具。因此，除了赞扬发展成就和批评发展不足这些常规做法，人类发展还要关注发展事项的责任者和义务人，敦促、激励他们采取积极的行动和对策，努力实现人权。人类发展如何借鉴人权方法，把"赋权"与责任与义务相结合，是一个极具现实意义的课题。

人权方法还能够提供关注发展过程的工具。发展思想关注不同的社会安排所带来的结果，并非故意忽略对发展过程及其价值的评价，"但是许多由人类发展方法产生的工具，在被用来衡量社会安排带来的结果时，对于这些结果是怎样产生的却并不敏感"。人权思想加大关注发展进程的力度，一是"个人权利表达的是对个人所能承担的最大损失的限制，即便是为了推进崇高的社会目标。权利保护着个人和少数人，使他们免受有益于整个社会但使他们承担沉重负担的政策影响"。二是"权利思想结合了一种差别：机构和官员怎样对待其公民；后者又怎样影响前者。对人权的监督传统上集中于公务员的行为和社会的制度构架"[1]。人权方法因此更有助于评价社会机构和规范为人类发展成果提供保障的程度。

人权方法进一步丰富了人们对社会进步的评价，是人类发展方法的重要补充。发展是每个人自由选择参与发展、享受发展的过程，这需要有"好"的制度设计和建设。"这也要求一种更有远见的承诺——建设好制度和法律，使经济环境能为所有人带来根本自由：所有国家的所有人民享有一切人权。"[2] 人们如果只拥有眼前的财富和自由是不够的，因为这种拥有

---

[1]　联合国开发计划署：《2000 年人类发展报告》，中国财政经济出版社，2001 年版，第 21 页。

[2]　联合国开发计划署：《2000 年人类发展报告》，中国财政经济出版社，2001 年版，第 1 页。

本身也可能不稳定和脆弱。人权方法对责任和义务的关注，不仅重视已经取得的社会进步，还更加重视社会进步能否或在多大程度上得到捍卫和保持，使人们对社会进步的评价不仅仅看"好的结果"，更要看这种结果能否得到捍卫和保持的社会安排。

2. 人类发展方法对实现人权也至关重要

人类发展有助于扩大人权涉及的范围，加深对人权方法的理解，拓宽人权方法的使用范围。

首先，人类发展方法可以使人权分析具体化。人权方法通常只是分类法和描述法，对人权状况主要是定性分析，缺少定量分析，标准也不易把握，不同的机构甚至会得出很不同的结论。而人类发展方法的优势在于，它从一开始就试图通过特定的综合指标和表格，对各个国家和地区的发展状况和程度进行评价，通过量化方法反映发展的成果和不足，相当明确清晰。这种方法能够改进人权状况的分析。

其次，人类发展方法可以让人们更加关注人权实现的社会环境和条件，并对此作出全面评价。人权是普遍的、不可分割的。但人类发展提供的情况是，每个国家和地区，由于现实的资源匮乏和制度缺失，只能优先考虑实现某些权利，制定实现某些权利的优先政策，这就是人类发展所谓"优先事项"和"政策优先"。人类发展方法使人们在关注人权的普遍性与不可分割性同时，也关注人权实现的现实条件和可能，鼓励创造一个有利的、以便于人权实现的社会环境。这在当代复杂的国际背景下将对多元的人权理解产生积极的作用，也有利于更符合实际地推动人权事业的发展和人权的真正实现。

再次，人类发展方法可以为人权增添活力。人类发展的一个重要特点就是开放性，即根据发展现实的需要不断进行调整和改进。围绕人类发展这个核心，每年的人类发展报告都有一个主题，表明人类发展关注的具体问题在不断变化，衡量人类发展水平的指标和测算方法也在不断修正。这个特点与对人权的刚性规定有所不同。在人权方法中适当采用发展思想中变化的观点，不仅促使人们同样珍视人权的每一个进步，还促使人们根据每个国家和地区的各种主客观条件，对不同发展水平的国家和地区的人权实现程度有等次不同的要求，鼓励人权实现循序渐进的过程。进而使人权方法的视野和适用范围得以拓展，增添了新的活力。

> 人类发展的目标就是创造一个有利的环境，使人们的能力得到加强，选择范围增大。通过关注人类发展过程，人权分析法能够使我们全面评价：在受到社会现存的资源和机构制约的情况下，什么是可行的；也能更清楚地理解使一套更吸引人的政策决策具有可行性的方法和手段。

> 人类发展通过给有关人权的概念推理和事实推理加上变化和进步的成分，就能有助于加深对人权方法的理解，拓宽人权方法的使用范围。事实上，人类发展分析法包含的变化的观点也被专门吸收到人权思维里，最明显的就是赞同某些权利必须逐步实现。①

最后，人类发展方法还可以拓宽对责任的认识，有利于人权的真正实现。我们在思考人权问题时习惯于把"权利"与"义务"或"责任"联系起来。许多论者也认为，不把权利与确保其实现的相应明确的责任和义务结合起来就毫无意义，即某人对某种东西的权利，必然伴随着另外有人提供这种东西的责任，也就是所谓"完全责任"。这就很自然地把人权与法定权利等同起来。其实，法律对人权实现固然很重要，但远不是人权实现的充分条件，人权要比法定权利的范围宽广得多。人权的实现每个人都有责任，至少要求每个人都不伤害他人，尽可能地帮助他人，为人权实现创造有利的社会环境。这就拓宽了对责任的认识，要求一种"不完全责任"，

---

① 联合国开发计划署：《2000年人类发展报告》，中国财政经济出版社2001年版，第22页。

即对有提供帮助能力的人一般的、无强制力的责任。在这种责任观念下，权利的实现与权利的存在有所区别。对一些目前还无法实现的权利，或难以确定责任人的权利进行呼吁，以引起政府和全社会的关注，号召每个人的参与和努力采取行动。

要之，人类发展和人权方法，"把这两种观点结合起来，就使我们得到任何一方无法单独提供的东西"①。

链接 5.1：新世纪中国领导人有关论述

联合国在 60 年前发表的《世界人权宣言》，表达了世界各国人民对推进世界人权事业的共同愿望，对世界人权事业发展产生了重要影响。

新中国成立以来，中国社会取得了举世公认的巨大进步，中国人民的命运发生了翻天覆地的巨大变化，中国人权事业也实现了历史性发展。特别是改革开放 30 年来，党和政府把尊重和保障人权作为治国理政的重要原则，庄严载入中国共产党章程和中华人民共和国宪法，并采取切实有效的措施促进人权事业发展，使广大人民群众物质文化生活水平得到显著提高，政治、经济、文化、社会权益得到切实保障，谱写了中国人权事业发展的新篇章。

在全面建设小康社会、加快推进社会主义现代化的进程中，我们要一如既往地坚持以人为本，既尊重人权普遍性原则，又从基本国情出发，切实把保障人民的生存权、发展权放在保障人权的首要位置，在推动经济社会又好又快发展的基础上，依法保证全体社会成员平等参与、平等发展的权利。中国人民将一如既往地加强国际人权合作，同世界各国人民一道，共同为推动世界人权事业健康发

---

① 联合国开发计划署：《2000 年人类发展报告》，中国财政经济出版社 2001 年版，第24 页。

展，为建设持久和平、共同繁荣的和谐世界作出应有的贡献。

——胡锦涛：《致中国人权研究会的信》（2008 年 12 月 10 日）

　　发展是人类社会永恒的主题。联合国《发展权利宣言》确认发展权利是一项不可剥夺的人权。作为一个拥有 13 亿多人口的世界最大发展中国家，发展是解决中国所有问题的关键，也是中国共产党执政兴国的第一要务。中国坚持把人权的普遍性原则同本国实际相结合，坚持生存权和发展权是首要的基本人权。多年来，中国坚持以人民为中心的发展思想，把增进人民福祉、保障人民当家作主、促进人的全面发展作为发展的出发点和落脚点，有效保障了人民发展权益，走出了一条中国特色人权发展道路。中国积极参与全球治理，着力推进包容性发展，努力为各国特别是发展中国家人民共享发展成果创造条件和机会。

　　当前，中国人民正在为实现"两个一百年"奋斗目标、实现中华民族伟大复兴的中国梦而努力，中国人民生活将更加幸福，中国人民权利将得到更充分保障，中国将为人类发展进步作出更大贡献。

　　30 年前，经过包括中国在内的世界多国共同努力，联合国通过了《发展权利宣言》，对促进人类社会发展进步发挥了重要作用。中国希望国际社会以联合国 2030 年可持续发展议程为新起点，努力走出一条公平、开放、全面、创新的发展之路，实现各国共同发展。希望各位嘉宾深入探讨交流，发表真知灼见，为促进各国人民享有更加充分的人权贡献智慧和力量。

——习近平：《纪念〈发展权利宣言〉通过30周年国际研讨会》的贺信（2016 年 12 月 4 日）

二、人权提高发展质量

发展离不开人权，人权也不能没有发展，只有以人民为中心，基于人权的发展才是高质量的发展，是社会公平、政治民主、文化丰富和环境友好的发展；同时，也只有高质量的发展才能促进人权事业的健康发展，并为尊重、保障和实现人权提供物质基础、制度条件、思想资源和生态环境，这一切，都是当代中国马克思主义发展观和人权观应有之义。

（一）基于人权的发展与社会公平

传统的以追求经济增长为主要特征的发展理论，支配了这个世界很长一段时间。这种发展观的重要特征就是把发展仅仅看作一种经济现象，认为发展就是物质财富的积累，国民生产总值或国民收入的提高。

20 世纪 60 年代，人们对发展的理解就是经济增长，以实现人民物质生活水平的提高。联合国"第一个发展十年（1961—1970 年）"战略规定的十年发展目标，是不发达国家的 GNP 年度增长率最低为 6%，并希望较贫困国家能通过经济增长来改善人民的生活条件。这一时期的发展，主要依赖于对物质资源的消耗，生产出尽可能多的物质产品来满足人们的消费需求。"经济发展问题实质上就是通过增加人均产出来提高国民收入水平，使每一个人都能消费得更多"；"经济发展可以定义为物质福利持续而长期的改善，……反映出产品和劳务流量的增加。"[①] 这种以消耗物质资源为主、片面追求物质财富增加的经济亦可称为"物本经济"。对于发展比较落后的国家，要加快其经济增长，关键是增加资本积累和工业化进程提速，相应的，国民生产总值（GNP）或国内生产总值（GDP）就成了对发

---

① 转引自［澳］海因茨·沃尔夫冈·阿恩特：《经济发展思想史》，唐宇华等译，商务印书馆 1997 年版，第 52—53 页。

展（增长）进行评价的主导性经济指标。

　　但是，许多发展事实表明，只有经济增长的发展，不可能带来全面的、高质量的发展。而且见"物"不见"人"的发展还会带来一系列社会和政治问题。正如人们注意到的，（"增长"与"发展"是不同的范畴，增长仅仅指物质的扩大，除非在经济增长之外，减少了不平等、失业和贫困，"否则不可能享有发展"；"经济增长不仅不能解决社会和政治上的困难，而且某些类型的增长实际上会引起这些困难"。① 尽管人类发展的任何方面，无论是政治的、经济的还是文化的都需要有物质前提，"物质生活的生产方式制约着整个社会生活、政治生活和精神生活的过程"②。经济增长毫无疑问是发展的最重要内容，是消除贫困、实现生存权和发展权的基本手段和主要途径。但是，如果忽视了社会的公平正义，忽视了人的自由选择的权利，忽视了人谋求发展的能力，就会带来严重的社会分化，引发一系列社会问题，抹煞了人的发展潜能，埋下人为物役的隐患，进而彻底违背了发展的初衷。"需要注意的是，并非任何一种发展都必然带来人权状况的改善，那种造成贫者愈贫、富者愈富的'马太效应'的所谓发展，反而与人权保障目标背道而驰。那种拒绝大多数人参与发展过程，或者拒绝大多数人分享发展成果的发展模式，是不利于人权保障的，也是非理性的。"③

　　这些问题迫使我们思考经济增长与人的发展和人权进步的关系。法国发展经济学家弗朗索瓦·佩鲁（Francois Perroux）较早就提出要从"人的活动及其能力"来研究发展，"不能把个性发展简化为经济发展公式这样一个认识"变成"国家发展中的一种动力"。发展的目的是"促进该共同体每个个别成员的个性全面发展"，"普遍地重视人则是一个社会能够正常

---

① 杜德利·西尔斯：《发展的含义》，罗荣渠主编：《现代化：理论与历史经验的再探讨》，上海译文出版社1993年版，第46—47页。
② 《马克思恩格斯文集》第2卷，人民出版社2009年版，第591页。
③ 罗豪才：《通过科学发展提升人权保障水平》，《人民日报》2010年10月20日。

运行和保持稳定的关键之一"①。随着发展理论研究的进展，以及发展引起的社会变化和人权诉求，人们对发展的含义有了更加全面和深入的理解，发展的外延，从经济增长到经济发展，再到经济社会协调和可持续的发展。在新的发展理论中，突出了发展在横向上的多维性，即发展不仅仅是经济增长，而是经济、政治、文化、社会的综合发展，在纵向上是可持续的发展，即不但要满足当代人的要求，又不对后代人满足其需求的能力构成危害的发展；发展被认为是经济增长、社会制度与社会结构变迁、社会福利改善和一系列人权目标实现等综合过程，特别是强调人在发展中的核心地位，这就内在地包括尊重、保障和实现人权，促进人的自由而全面发展的蕴涵。

联合国"第二个发展十年（1971—1980）"战略指出："发展之最终目的既为提供日益增多之机会，使全体人民有更佳之生活，故必须实现更公平的收入及财富分配，以促进社会正义及生产效率，切实提高就业水平，达成更高度收入保障，扩充与改进教育、卫生、营养、住宅及社会福利之设施，并保护环境。因此，社会素质上及结构上之改变必须与迅速经济增长携手并进，而现有之区域、部门及社会之悬殊情形应大为减少。此等目标既为发展之决定因素亦为其最终结果，故应视为同一动态过程之构成部分，而需要统筹办法。"② 为了提高发展质量，各国政府也采取了许多措施，以降低经济两极分化，提高穷人的收入；增加穷人受教育和职业培训机会，提高人们的就业能力和社会参与能力；实行社会保障制度，保障人民的生活安全；保护生态环境，改善人与自然的紧张关系，等等。从人权观点看，就是保障和实现人们的生存权、发展权、受教育权、就业权、环境权等。联合国"第三个发展十年（1981—1990）"致力于不断加速发展

① ［法］弗朗索瓦·佩鲁：《新发展观》，张宁、丰子义译，华夏出版社1987年版，第22、108页。
② 《联合国第二个发展十年国际发展战略》，http://www.un.org/zh/documents/view_doc. asp?symbol=A/RES/2626% 20（XXV）.

中国家的发展并建立一个新的国际经济秩序，特别需要发展中国家公平、充分和有效地参与制订和执行有关发展和国际经济合作的决定，促进国际经济制度结构的变革。"发展过程必须提高人的尊严。发展的最终目的是在全人类充分参与发展过程和公平分配从而得来的利益的基础上不断地增进他们的福利。……经济增长、生产性就业和社会平等都是发展的根本的不可分割的要素。"① 每个国家都要在其发展计划和优先次序的范围内厘定适当的、中肯的政策，以逐步实现发展的最终目标。联合国"第四个发展十年（1991—2000）"战略面对的是国家间相互依存变得非常密切，资金、人口、观念在世界各地的流动日益开放，发展中国家的政治和社会结构正在受到强大的压力，许多发展中国家就会有被排挤在世界边缘以及不重视国际合作的危险。"这十年的发展应促使所有人不分男女参与经济和政治生活，保护文化特性，确保人人有必要的生存手段。各国有责任根据其具体国情和条件制定本国促进发展的经济政策，每一个国家都要对所有其公民的社会和福利负责。《战略》应协助提供一种环境，支持各地逐步实行以赞同和尊重人权和社会与经济权利为基础的政治制度以及保护所有公民的司法制度。"② 并注意到对于经济和社会发展的有效途径，以及关于公私部门、个人与企业、民主权利和自由对于发展过程的作用，人们的见解正在趋于一致。

　　……

　　这些内容也就是新世纪中国共产党提出科学发展观有关"借鉴国外发展经验，适应新的发展要求"③ 表述的重要依据。

　　树立和落实科学发展观，十分重要的一环就是要正确处理增长数

---

① 《联合国第三个发展十年国际发展战略》，http://www.un.org/zh/documents/view_doc.asp?symbol=A/RES/35/56。

② 《联合国第四个发展十年国际发展战略》，http://www.un.org/zh/documents/view_doc.asp?symbol=A/RES/45/199.

③ 《胡锦涛文选》第 2 卷，人民出版社 2016 年版，第 622 页。

量和质量、速度和效益的关系。增长是发展的基础，没有经济数量增长，没有物质财富积累，就谈不上发展。但是，增长并不简单等同于发展，如果单纯扩大数量，单纯追求速度，而不重视质量和效益，不重视经济、政治、文化协调发展，不重视人与自然的和谐，就会出现增长失调、从而最终制约发展的局面。忽视社会主义民主法制建设，忽视社会主义精神文明建设，忽视各项社会事业发展，忽视资源环境保护，经济建设是难以搞上去的，即使一时搞上去了最终也可能要付出沉重代价。[①]

改革开放以来，我国发展速度远远超过同期世界平均水平，经济规模急剧扩大，但增长主要依靠投资和出口。在高投资发展带动下，资本密集度不断提高，经济增长创造的就业效应下降，表现在我国就业增长滞后于经济总量扩张。由于各地鼓励投资政策和体制的影响，资本收益率持续偏高。劳动成本上升进一步增强了企业的投资动机，更加剧了严峻的就业形势，同时还制约了劳动收入的提高，在这种情况下，政府只能通过提高增长速度来抑制失业问题，并维持缓慢的收入增长。但是，对高速度增长的过分依赖势必加剧产能过剩、经济结构扭曲、资源环境压力过大等问题，这种经济发展方式是不可持续的。

这种发展方式还出现了严重的外部性，即与发展蛋糕日益做大形成明显反差的发展蛋糕却没有分好。如果不解决好社会公平正义问题，既不符合中国共产党的宗旨，违反了中国特色社会主义的根本原则。

推进社会公平正义，最重要的是要解决收入分配问题，实现人们的共同富裕。要尊重劳动，充分体现劳动的价值。收入分配公平是社会公平最直接的体现。在社会主义市场经济体制下，劳动、资本、技术、信息等要素参与国民收入分配，各种要素依照其在国民财富创造中的价值

---

① 《胡锦涛文选》第 2 卷，人民出版社 2016 年版，第 105 页。

和贡献公平获得报酬。因此，就要努力实现人民收入增长和经济发展同步、劳动报酬增长和劳动生产率提高同步，提高居民收入在国民收入分配中和劳动报酬在初次分配中的比重。收入分配不公平的另一个表现是第二次国民收入分配中居民的社会保障开支在整个财政预算中所占比例太低。与经济增长速度严重脱节。这就必须加紧保障社会公平正义的制度建设，建立体现权利公平、机会公平、规则公平的社会保障体系，营造增进公平的社会环境，保证全体人民平等参与发展进程、分享发展成果的权利。"发展的目的是造福人民。要让发展更加平衡，让发展机会更加均等、发展成果人人共享，就要完善发展理念和模式，提升发展公平性、有效性、协同性。"①

社会公平正义，还有赖于落实公民应该享有的各种权益，大力破除社会不平等，特别是机会不平等、身份不平等、权利不平等。机会平等意味着无歧视性和非垄断性；机会面向全体社会成员开放；人人都有获得资本、生产要素的机会；都有平等进入市场进行自由竞争的机会；都有求学、择业、就职等方面参与公平竞争的机会，等等。"那些处在才干和能力的同一水平上、有着使用它们的同样愿望的人，应当有同样的成功前景，不管他们在社会体系中的最初地位是什么，亦即不管他们生来是属于什么样的收入阶层。在社会的所有部分，对每个具有相似动机和禀赋的人来说，都应当有大致平等的教育和成就前景。那些具有同样能力和志向的人的期望，不应当受到他们的社会出身的影响。"②机会平等消除了影响个人发展的先在因素，为每个社会成员提供一个平等竞争的公正环境。它为有能力的人创造脱颖而出的条件，提供有利于他们发展的广阔空间，提高他们的积极性、主动性和创造性，激发起整个社会的活力。

---

① 《习近平谈治国理政》第 2 卷，外文出版社 2017 年版，第 482 页。
② [美] 约翰·罗尔斯：《正义论》，何怀宏译，中国社会科学出版社 1988 年版，第 69—70 页。

（二）基于人权的发展与政治民主

历史上，资产阶级革命打破了封建专制国家一统天下的局面，主要靠私有制和市场经济获得了社会运行的公共空间。在近代国家与社会的关系中，公民社会是决定性的力量，当人们意识到社会的共同利益不能由某种财产关系、某个利益集团代表时，近代国家及其人权保障的功能出现就顺理成章了。马克思主义认为，资产阶级民主虽然从社会出发，但国家还是"资本借以压迫劳动的全国政权"；只有无产阶级的新型民主才是人民"获得社会解放的政治形式"，也就是说国家权力回归社会、回归人民是社会主义民主的真谛：人民通过各种途径和方式参与管理国家，国家（政府）是全社会普遍利益的代表，保障人民当家作主的权利。

俄国十月革命后，列宁一方面在国内推进直接民主制，另一方面向国外扩展世界革命事业，尽管这些做法遇到了很大挫折，但他仍然认为，"没有民主，就不可能有社会主义……胜利了的社会主义如果不实行充分的民主，就不能保持它所取得的胜利，并且引导人类走向国家的消亡"[①]。邓小平明确提出："没有民主就没有社会主义，就没有社会主义的现代化。当然，民主化和现代化一样，也要一步一步地前进。"[②]民主革命时期，我们党号召人民反对专制要求民主，现在进行社会主义建设，更要"在政治上创造比资本主义国家的民主更高更切实的民主"[③]。他在许多场合强调社会主义必须使民主制度化、法律化，"从制度上保证党和国家政治生活的民主化、经济管理的民主化、整个社会生活的民主化、促进现代化建设事业的顺利发展"[④]。苏联体制把权力高度集中在"管理者"手中，对社会实行"代管"，国家（政府）成了无处不在、无所不能、凌驾于社会之上的

---

① 《列宁全集》第 28 卷，人民出版社 2017 年版，第 168 页。
② 《邓小平文选》第 2 卷，人民出版社 1994 年版，第 168 页。
③ 《邓小平文选》第 2 卷，人民出版社 1994 年版，第 322 页。
④ 《邓小平文选》第 2 卷，人民出版社 1994 年版，第 336 页。

权威；并逐渐演变为一个官僚特权阶层，他们以权谋私、贪污腐化，抵制人民的监督和行使民主权利。而官僚体制垄断权力，社会生活长期缺乏民主，正是苏联覆亡在政治方面的原因。①

中国特色社会主义是中国人民的事业，中国人民理所当然是中国特色社会主义建设的主体，也是中国特色社会主义建设的最大受益者。坚持以人民为中心的发展思想，就要把增进人民福祉、促进人的全面发展作为发展的出发点和落脚点，发展人民民主，维护社会公平正义，保障人民平等参与、平等发展权利。邓小平曾经提醒人们："过去我们讲先发展起来。现在看，发展起来以后的问题不比不发展时少。"②我们现在遇到的问题，有些是老问题，或长期没有解决好的问题，或以新形式表现出来的老问题，但大量出现的是新问题，是由世情、国情、党情的发展变化引起的新问题。我们要集中精力和资源系统解决中国"发展起来以后的问题"，顺应人民群众过上更好生活新期待，使中国人民期盼的经济更有活力，政府更加高效，文化更加繁荣，生活更有保障，社会更加和谐，生态更加优良，权益得到更好维护变成真切的现实，让改革发展成果更多更公平惠及全体人民。

当代中国是有中国共产党坚强领导，努力实现中国人民真正当家作主，全面推进依法治国的人民共和国。中国共产党的根本政治立场就是"为人民服务"，这也是马克思主义执政党区别于其他执政党的鲜明标志。坚持以人民为中心，就要坚持发展为了人民，对人民负责、对历史负责，顺应民意、尊重民意。执政党要呼应人民之愿望，要顺应人民之期待，当今更要以保障和改善民生为重点，不断实现人民群众的经济、政治、文化、社会、生态等权益，使人民群众有更多的获得感幸福感安全感。坚持以人民为中心，就是要坚定发展依靠人民，尊重人民主体地位，发挥人民首创精神。只有尊重知识、尊重人才、尊重劳动、尊重创造，才能使社会

① 黄苇町：《苏联亡党十年祭》，江西高校出版社 2002 年版，第 255 页。

② 中共中央文献研究室编：《邓小平年谱（一九七五——一九九七）》，中央文献出版社 2004 年版，第 1364 页。

财富的源泉充分涌流；只有坚持问政于民、问需于民、问计于民，发展才能矫正方向，朝着共同富裕的社会主义目标稳步迈进——这也是发展社会主义民主政治的实质内容。

共产党执政就是要保证和支持人民当家作主，而不是代替人民去作主，这也是我们经常强调"权力是人民给的"、"权为民所用"、"权为民所赋"的意思。我国正在大力积极稳妥地推进人民民主，丰富民主形式，畅通表达渠道，完善维权机制，不断保障和扩大公民的民主权利，通过各种措施加强广大人民群众的知情权、参与权、表达权和监督权。共产党执政的人民共和国，党的领导、政府作为和人民民主的政治利益是一致的，但这种一致不能只停留在口号和文件中，不能"口惠而实不至"，而必须落实到国家政治生活和社会生活之中。

早在 1945 年，毛泽东在回答到访延安的友人关于如何跳出历朝历代"其兴也勃焉"，"其亡也忽焉"的历史周期率时，就认为"我们已经找到新路，我们能跳出这周期率。这条新路，就是民主。只有让人民来监督政府，政府才不敢松懈。只有人人起来负责，才不会'人亡政息'。"[①] 这个著名的"窑洞对"表明共产党对掌握民主政权信心满满，突出了人民当家作主的要义就是人民监督政府、人人起来负责。

中国领导人在许多场合反复提及以人民为中心的发展思想。明确人民在国家发展中的中心地位，这是中国共产党为人民服务或服务型政党的本质特征决定的，这也是推进社会主义民主政治建设，发展社会主义政治文明的"基本盘"。"我们国家的名称，我们各级国家机关的名称，都冠以'人民'的称号，这是我们对中国社会主义政权的基本定位。""评价一个国家政治制度是不是民主的、有效的，主要看国家领导层能否依法有序更替，全体人民能否依法管理国家事务和社会事务、管理经济和文化事业，人民群众能否畅通表达利益要求，社会各方面能否有效参与国家政治生活，国

---

① 《毛泽东年谱（一八九三——一九四九）》中卷，中央文献出版社 2013 年版，第 611 页。

家决策能否实现科学化、民主化，各方面人才能否通过公平竞争进入国家领导和管理体系，执政党能否依照宪法法律规定实现对国家事务的领导，权力运用能否得到有效制约和监督。"①当然，相对于专制集权，民主的确比较费事，但为了避免"人亡政息"，只能依靠规制（制度）来产生稳定的预期。从这个意义上说，民主又是（个体）"权利"与（公共）"权力"的政治"游戏"（博弈），并在两者之间保持某种平衡。

既然是博弈，就要有规则。所以，民主又总是与法制（治）联系在一起的。依法治国的重点是保证法律严格实施，特别是规范和约束公权力，做到有权必有责、用权受监督、违法必追究。事实上，没有哪个社会能够担保不出现违法违规，但如果违法违规相当普遍，那就只能是上行下效的结果。这就是为什么要求政府、官员率先垂范，必须带头守法、严格执法，这是从人治转向法治的关键性环节。只有人民认识到法律既是保障自身权利的有力武器，也是必须遵守的行为规范，才能增强全社会学法尊法守法用法意识，使法律为人民所掌握、所遵守、所运用。

改革开放之初，邓小平就指出："制度好可以使坏人无法任意横行，制度不好可以使好人无法充分做好事，甚至会走向反面。"②伴随着深化改革扩大开放，通过制度建设推进国家治理现代化要紧紧跟上时代变化的节奏。改革越是向前推进，遇到的阻力也越大，出现的新矛盾新问题也如影随形。固步自封、墨守成规，满足现状、不思进取，不仅不能使我们的制度优势发挥出来，还会在各种不适应中落伍甚至成为摆设。对此，我们不仅要克服制约科学发展的体制机制弊端，更要为国家长治久安奠定坚实的法治基础，以更加完善、成熟的制度力量牢牢夯实中国现代化的进程。

推进国家治理体系和治理能力现代化，就是要适应时代变化，既

---

① 习近平：《在庆祝全国人民代表大会成立 60 周年大会上的讲话》，人民出版社 2014 年版，第 12—13、16—17 页。

② 《邓小平文选》第 2 卷，人民出版社 1994 年版，第 333 页。

改革不适应实践发展要求的体制机制、法律法规，又不断构建新的体制机制、法律法规，使各方面制度更加科学、更加完善，实现党、国家、社会各项事务治理制度化、规范化、程序化。要更加注重治理能力建设，增强按制度办事、依法办事意识，善于运用制度和法律治理国家，把各方面制度优势转化为管理国家的效能，提高党科学执政、民主执政、依法执政水平。①

这里讲的制度体系、体制机制、法律法规，都是依法治国的要素或基本成分。推进国家治理现代化既是解决当代中国许多实际问题的治本战略，也是中国政治体制改革的应有之义，执政党科学执政、民主执政、依法执政的水平，标志着中国特色社会主义制度的成熟、稳定和可信赖，是否达到了比较完善的程度。

也是在改革开放初期，邓小平就提出"为了保障人民民主，必须加强法制"的问题，阐述了民主与法制的关系，即为了保障民主就必须加强法制。加强法制不是为了治民，而是为了民主。"必须使民主制度化、法律化，使这种制度和法律不因领导人的改变而改变，不因领导人的看法和注意力的改变而改变。"② 一定要做到"有法可依，有法必依，执法必严，违法必究"。我们党提出依法治国，从"法制"到"法治"，经历了不断提高的认识过程。江泽民在1996年提出："加强社会主义法制建设，依法治国，是邓小平建设有中国特色社会主义理论的重要组成部分，是我们党和政府管理国家和社会事务的重要方针。"③ 党的十五大报告的表述是："依法治国，就是广大人民群众在党的领导下，依照宪法和法律规定，通过各种途径和形式管理国家事务，管理经济文化事业，管理社会事务，保证国家各项工作都依法进行，逐步实现社会主义民主的制度化、法律化……依法治

① 《习近平谈治国理政》，外文出版社2014年版，第92页。
② 《邓小平文选》第2卷，人民出版社1994年版，第146页。
③ 《江泽民文选》第1卷，人民出版社2006年版，第511页。

国，是党领导人民治理国家的基本方略，是发展社会主义市场经济的客观需要，是社会文明进步的重要标志，是国家长治久安的重要保障。"①据此提出了"建设社会主义法治国家"的任务，九届全国人大二次会议通过的宪法修正案（1999年）规定："中华人民共和国实行依法治国，建设社会主义法治国家。"依法治国既是执政党明确的政治主张，也是国家确定的宪法原则。党的十六大报告提出，发展社会主义民主政治，最根本的是要把坚持党的领导、人民当家作主和依法治国有机统一起来。党的十七大报告提出，依法治国是社会主义民主政治的基本要求，强调要全面落实依法治国基本方略，加快建设社会主义法治国家。党的十八大报告提出，要更加注重发挥法治在国家治理和社会管理中的重要作用。十八大以后，习近平再次强调："依法治国是党领导人民治理国家的基本方略，法治是治国理政的基本方式"②；法治要转换为法制、制度"进一步实现社会公平正义，通过制度安排更好保障人民群众各方面权益。要在全体人民共同奋斗、经济社会不断发展的基础上，通过制度安排，依法保障人民权益，让全体人民依法平等享有权利和履行义务。"③中国共产党的治国理政观念有了更明确更坚定的表达。

作为顶层设计，中国政治体制改革和民主政治进程必须遵循这样的原则："紧紧围绕坚持党的领导、人民当家作主、依法治国有机统一深化政治体制改革，加快推进社会主义民主政治制度化、规范化、程序化，建设社会主义法治国家，发展更加广泛、更加充分、更加健全的人民民主。"④人民当家作主是社会主义民主政治的本质要求，是共产党领导与依法治国的价值取向，也是中国政治体制改革的出发点和归宿。随着改革深入及民主和法治建设的进步，我们坚持和完善社会主义民主，更加需要健全社会

① 《江泽民文选》第2卷，人民出版社2006年版，第28—29页。
② 《习近平谈治国理政》，外文出版社2014年版，第138页。
③ 《习近平关于全面深化改革论述摘编》，中央文献出版社2014年版，第94页。
④ 《十八大以来重要文献选编》上，中央文献出版社2014年版，第512页。

主义法治；而建设社会主义法治国家，也更是为了坚持和完善社会主义民主。"只有在党的领导下依法治国、厉行法治，人民当家作主才能充分实现，国家和社会生活法治化才能有序推进。"①

（三）基于人权的发展与文化繁荣

人们的生存与发展离不开多样性，除了自然条件或生态的多样性，还有社会条件或文化的多样性。人类发展的目的就是让人过上他们自己选择的生活，并为他们提供相应的手段和机会。只有基于人权的发展，才能成功营造兼容并蓄、文化多元的社会。文化多样性不仅仅具有工具性意义，而且由于人们享有充分的文化表达权，能够对自己的身份和生产生活方式进行选择而又不至于丧失尊严或遭到排斥，就又具有目的性意义。

文化是人类特有的现象，是人类文明进步的结晶。一个民族的文化就是这个民族的灵魂和精神象征，是这个民族存在的标志。文化多样性或文化多元化概念是随着20世纪70年代"差异权"问题提出的。这种"差异权"既表现为"少数群体"（女性、同性恋者、外族移民、少数民族、不同宗教信仰者等）的特殊性需要得到权利保护，更表现为广大非西方国家面对西方化或世界化的浪潮，要求对其独特的文化身份的确认或重新确认的强烈反响。②

人类文化的起源是多元的，至今仍可以清楚地看到各种文化源远流长。当今世界有6000余种通行的语言，平均每个国家就有近三十种语言或民族。"全球完全属于同质性的国家屈指可数；反之，在文化、宗教、语言、族群呈现异质的情形在各地皆属常态。"③各民族多元文化的发展历史构成了一部完整的人类文明史。"无论东方西方，各民族都要有自己的东西。"④"中

---

① 《习近平谈治国理政》第2卷，外文出版社2017年版，第114页。

② ［法］P.M.得法尔热：《国际社会与文化多样性》，《国外社会科学》2004年第1期。

③ 于沛：《反"文化全球化"——经济全球化背景下对文化多样性的思考》，《史学理论研究》2004年第4期。

④ 《毛泽东文集》第7卷，人民出版社1999年版，第77页。

国的历史文化始终处于发展进步之中。它是通过各种学科、各种学派的相互砥砺、相互渗透而发展的，也是通过同世界各国的相互交流、相互学习而进步的。"[①]世界多样性的文化形态，也不是静态与封闭的，而是相互交融和发展的。正因为文化多样性的存在和发展，构成了整个人类文明存在和发展的基础。李克强主持召开促进西部发展和扶贫工作座谈会。

　　然而，随着经济全球化浪潮的冲击，各民族文化之间的关系出现了新的特点：一方面，经济全球化为不同民族文化的交流和交融提供了新的机遇。强大的经济和技术力量，使不同国家、民族的文化交往空前广泛和频繁，交流和融合的机会不断加大，各民族在继承、发扬自己文化传统的同时，也汲取其他民族的文化成果，进而使民族文化具有了更丰富的内容与更顽强的生命力。另一方面，经济全球化客观上也导致不同民族文化在互动过程中逐渐缩小了差异性，被广泛接受的全球性规范、思想和实践对原有文化的规范、思想和实践形成"挤压"效应。在经济全球化时代，经济的强势必然造成文化的强势，再加上各种人为的传播、推广与渗透，以美国为代表的西方文化凭借强大的经济实力和高科技手段，通过电影、电视、广播、书籍、报刊、广告、流行音乐以及互联网，使包括中国等广大发展中国家出现了不同程度的"文化入超"现象。表面上看，西方国家输出的只是文化产品，或商业化的文化，但这些产品和商业背后的是西方文化的生活方式、思维方式、行为方式、价值观念和意识形态，它们将对本土的民族文化认同产生极大的削弱作用，严重威胁着文化多样性。特别是文化产业难以用文明界限和制度藩篱来加以约束，以及其抑制差异的标准化特性大大加速了世界文化的趋同。难怪有人断言，"谁的文化成为主流文化，谁将成为国际权力斗争的赢家，谁将掌握未来。"[②]因此，所谓"文化全球化"实质上就是世界文化的趋同化。

---

① 《江泽民文选》第 2 卷，人民出版社 2006 年版，第 59—60 页。

② 中国社会科学院"世界文明"课题组：《国际文化思潮评论》，中国社会科学出版社 1999 年版，第 6 页。

法国学者、汉学家魏明德（Benoît Vermander）认为，经济全球化背景下文化方面的"最坏结果"，就是加速了每个文化对自身源头的忘却，"而只有一大盆共同的'汤'"，这"是一种建立在最平庸的参照和产品上的普遍的伪文化"①。这样一大盆共同的"汤"的伪文化，终将使世界文化变得索然无味。"失去了文化的民族个性，世界性的文化共性也就失去了存在的基础。而且，在文化领域内，没有了差异，没有了竞争，也就没有了生机活力，自然也就没有了文化进步。"②

联合国教科文组织《世界文化多样性宣言》第 1 条指出："文化多样性是交流、革新和创作的源泉，对人类来讲就象生物多样性对维持生物平衡那样必不可少。从这个意义上讲，文化多样性是人类的共同遗产，应当从当代人和子孙后代的利益考虑予以承认和肯定。"③ 文化多样性，各民族文化之间的相互尊重、相互理解和相互交流是世界文化发展的重要基础。文化多样性也是实现文化权利的前提，每个个体（不一定是个人）都有自由选择适合自己的文化的权利。但今天，各民族、族群的文化意识与文化选择呈现出相当复杂的局面，无论是国家内部还是国际社会，保护文化多样性，保障文化权益问题已经显得越来越重要。

早在 1993 年关税和贸易总协定（GATT）乌拉圭回合的多边谈判中，针对美国要求欧洲开放文化产品市场，法国就提出"文化例外"的主张。④时任法国总统希拉克在 2001 年联合国教科文组织大会上，将"文化例外"改为"文化多样性"，把有关文化产品的讨论从世贸组织转向联合国教科文组织。在 2003 年第 32 届联合国教科文组织大会上，法国代表建议就文化多样性制定一项国际公约，以法律形式承认文化的特殊性，保证各国决

① [法] 魏明德：《全球化与中国》，商务印书馆 2002 年版，第 7 页。
② 丰子义等：《马克思"世界历史"理论与全球化》，人民出版社 2002 年版，第 151—152 页。
③ 《世界文化多样性宣言》，http：//wenku.baidu.com/view/478a1e6fb84ae45c3b358c9b.html.
④ [法] P.M.得法尔热：《国际社会与文化多样性》，《国外社会科学》2004 年第 1 期。

定本国文化政策的权利，以应对经济全球化对本土文化的威胁①，并和加拿大一起积极倡导并力促《保护文化内容和艺术表现形式多样性国际公约》（简称《文化多样性公约》）得以通过。很多国家都通过立法保护本国文化。据联合国教科文组织《2000 年世界文化报告》显示，有 57 个国家将无形文化和民俗文化遗产保护作为国家文化政策的一部分，52 个国家的立法中包含了无形文化和民俗文化遗产的"知识产权"条款。我国相关保护立法较晚，1982 年颁行《文物保护法》（1991 年修正），2002 年又加以修订（2007 年修正）。②

　　文物保护或文化保护，要求人们更加关注社会、经济和政治机会以外的东西，在保护的前提下推动文化发展与人的文化权利实现；更加关注文化选择权、文化参与权、文化创造权和文化享有权，维护并扩大可享有的文化权利各种方式和途径。这不仅在文化领域是重要的，而且"人类生活的各个方面都是密切相关的。假如抛开文化方面，我们甚至对贫困这个核心经济问题都不可能有透彻的理解"③。文化多样性及其自由选择权应摆在发展的重要位置，它涉及人们是否能够按照自己选择的方式生活，涉及人权。否则，就难以接受和容忍文化多样性，就会出现对非主流文化群体的歧视与排斥。

　　联合国开发计划署《2004 年人类发展报告》指出有两类文化排斥形式：另一种是生活方式排斥，这种排斥拒绝承认和包容一个群体选择的生活方式，并坚持这一群体必须完全与社会中的其他人群一样地生活。比较典型而普遍的生活方式排斥形式，包括宗教偏狭和不能容忍纯粹个人生活中的

---

① 见"文化多样性：法国外交新主题"，《参考消息》2003 年 10 月 30 日。

② 我国关于文化保护的法律还有 1987 年颁行的《档案法》（1996 年修正），1990 年颁行的《著作权法》（2001 年修正，2010 年修正）；加入的国际公约有：《关于禁止和防止非法进出口文化财产和非法转让其所有权方法公约》（联合国教科文组织，1970 年），《保护世界文化和自然遗产公约》（联合国教科文组织，1985 年），《关于被盗或者非法出口文物公约》（国际统一私法协会，1995 年），《保护非物质文化遗产公约》（联合国教科文组织，2003 年）和《保护和促进文化表现形式多样性公约》（联合国教科文组织，2005 年）。

③ 联合国开发计划署：《2004 年人类发展报告》，中国财政经济出版社 2004 年版，第 3 页。

某些行为模式，以及坚持让移民放弃他们的文化习俗和语言。第二种是参与排斥，表现为由于某些个体或群体的性别、民族或宗教信仰等文化从属关系和文化身份特征，不允许或者不鼓励该个体或群体像他人那样参与社会，使之受到歧视或在享受社会、经济和政治机会方面处于不利地位。生活方式排斥（文化权利剥夺）往往与社会、经济和政治等参与排斥（社会、经济与政治权利剥夺）联系在一起，如在生活方式方面受到排斥的人群往往在就业、住房、教育和政治参与方面也会受到歧视和处于不利地位。这两种排斥方式都普遍存在着，范围遍及各个大陆、各个发展水平和不同政治治理模式的国家。有调查估计，受排斥群体约占世界总人口 1/7。[①] 唯因如此，文化排斥就不是一个无关紧要的问题，也不是个别国家和政府面临的问题。"捍卫文化多样性是伦理方面的迫切需要，与尊重人的尊严是密不可分的。它要求人们必须尊重人权和基本自由，特别是尊重少数人群体和土著人民的各种权利。""文化权利是人权的一个组成部分，它们是一致的、不可分割的和相互依存的。……每个人都应当能够用其选择的语言，特别是用自己的母语来表达自己的思想，进行创作和传播自己的作品；每个人都有权接受充分尊重其文化特性的优质教育和培训；每个人都应当能够参加其选择的文化重大计划生活和从事自己所特有的文化活动，但必须在尊重人权和基本自由的范围内。"[②]《经济、社会、文化权利国际公约》和《公民权利和政治权利国际公约》等国际人权文书都赋予民族、宗教和语言等多元文化存在的合法性，以及不同文化群体奉行自己的宗教和运用自己的语言的文化权利。美洲国家、非洲国家组织和欧洲议会等都通过了一系列包含文化权利内容的地区性文件。

处于社会弱势地位的穷人，更容易遭受文化排斥，他们的文化权利也更不容易实现。穷人优先增长战略会提高他们政治、经济与社会参与的能

---

① 联合国开发计划署：《2004 年人类发展报告》，中国财政经济出版社 2004 年版，第 6 页。

② 《世界文化多样性宣言》，http://wenku.baidu.com/view/478a1e6fb84ae45c3b358c9b.html.

力,有利于增加他们实现包括文化权利的人权的机会。特别是机会公平对于矫正弱势群体所遭受的各种排斥、帮助和促进他们的文化权利是重要的,它既需要帮助某些群体享有与其他人群享有同等的发展机遇,还需要一些特别的支持,以满足他们基于不同文化选择的特殊性。

中华文化积淀着中华民族最深沉的精神追求,是中华民族生生不息、发展壮大的丰厚滋养;中华优秀传统文化是中华民族的突出优势,是我们最深厚的文化软实力;中国特色社会主义植根于中华文化沃土、反映中国人民意愿、适应中国和时代发展进步要求,有着深厚历史渊源和广泛现实基础。中华民族创造了源远流长的中华文化,也一定能够创造出中华文化新的辉煌。① 在我国,基本文化权益是人民所应享有的广泛人权的重要部分,保障人民的基本文化权益也是中国特色社会主义文化建设的要求。"文化越来越成为民族凝聚力和创造力的重要源泉、越来越成为综合国力竞争的重要因素、越来越成为经济社会发展的重要支撑,丰富精神文化生活越来越成为我国人民的热切愿望。"② 丰富多样的文化生产力对于促进民族自信心、增强国家软实力和国际影响力具有无可替代的作用。满足人民群众日益增长的多方面、多层次、多样性的文化需求,提高人民群众的思想道德素质和科学文化素质,促进人的全面发展,就必须切实保障人民的文化权益。只有当人民的文化权益与经济、政治、社会等权益一道获得同样保障时,我们的人权实现和保护才是全面的、充分的。

但是,我国现在只是初步实现小康,有些地方刚刚摆脱贫困有了温饱,文化权益在那里似乎还是奢侈品。应该看到,弱势群体、落后地区居民以及广大农民的文化权益保护仍然是一个严峻的问题,突出地表现在文化生产力和公共文化服务同他们的文化需求很脱节很不适应。由于文化建设比较落后,农民与城镇居民精神文化生活的差距越来越大,已经成为影响农村稳定社会和谐的一个重要因素。

---

① 《习近平谈治国理政》,外文出版社 2014 年版,第 115—116 页。
② 《十七大以来重要文献选编》下,中央文献出版社 2013 年版,第 560 页。

为了使人民基本文化权益得到更好保障，在我国目前公益性文化设施不足和公共文化服务水平不高的情况下，公益性文化事业仍然是保障人民文化权益的主要途径。要适应人民群众多方面、多层次、多样化的文化需求，我们在大力发展文化产业的同时，政府必须增强服务意识，政府必须强化服务意识，拓宽服务领域，创新服务方式，提高服务质量，并进一步加大财政投入，动员各方力量，建立起设施比较齐全、产品比较丰富、机制比较健全的公共文化服务体系。

（四）基于人权的发展与环境友好

1992 年，在联合国环境与发展大会（巴西里约热内卢）上，环境问题同时也是发展问题被郑重其事地提了出来。2012 年各国首脑再聚里约，召开联合国可持续发展大会（"里约 +20"大会），围绕"可持续发展和消除贫困背景下的绿色经济"和"促进可持续发展的机制框架"两大主题展开讨论，全面评估这 20 年可持续发展领域的进展和差距，就应对面临的新挑战、新问题做出新的承诺。

从人权角度看，可持续发展就是发展权与环境权的兼顾。在马克思看来，自然（环境）是人类"永远的共同财产"，只能以符合全人类利益的形式来管理。用今天的话说，就是只有兼顾好发展与环境才能实现可持续发展权。世界性环境问题的主要表现：一是过度开发或过度索取，使得自然资源特别是不可再生性资源供应越来越紧张；二是过度排放，也就是通常所说的环境污染问题；三是由于技术失控和滥用，比如核技术的环境效应，还可能包括像基因技术、空间技术等都有可能造成一些始料未及的新型环境问题。一般来说，过度开发主要发生在发展中国家或早期发展阶段，过度排放主要发生在中期发展阶段及中等以上发达国家。最近 20 年，环境问题又有了一些新的变化。一是现在很多国家都在工业化进程中，发展速度非常快，相应的环境问题越来越复杂化。二是从明显的环境破坏发展到潜伏的积累后果严重的生化污染，比如大批量电子垃圾的弃置不能有效回收处理，将造成很危险的生化污染。三是向发展中国家蔓延，我国既有前工业化时期的环境问题（水土流失等），也有工业化甚至后工业化的环境问题（前者主要是高能耗高污染，后者包括电子产品、转基因等环境风险），进而出现了日益严峻的叠加效应。

马克思主义认为，当今世界环境问题的根源是资本主义不可持续的生产生活方式。只要这种生产方式生活方式不改变，乃至不断扩展开去，经济危机就会转变成社会危机、生态危机，因为这种生产生活方式，在相当大的程度上是建立在掠夺、殖民和利用先进技术开采全世界的资源基础之上；是建立在开采非再生性或可耗尽的资源基础上，在时间上不能持久；又是建立在生态系统不可逆的转变基础上，在生态上不可持续。所以说，全球环境不断恶化的主要原因是不可持续的生产方式和消费方式，特别是发达国家的生产方式和消费方式。发达国家在历史上欠了最大宗的环境"透支"账，它们在帮助别国发展方面理应负有不容推卸的特殊责任。

没有发展，就不可能摆脱贫困、实现温饱、迈向小康，但发展代价过于沉重又必然导致发展的不可持续。因此环境问题，也是社会问题、发展问题。中国以怎样的发展理念、选择什么样的发展战略，将决定我们未来几十年乃至更长久的发展前途。我们落实科学发展，要求全面协调可持续，以及统筹兼顾（包括统筹人与自然和谐发展）等，也就决不是什么权宜之计。走可持续发展的道路，关键是"转变"（不是"转移"、"转嫁"），即转变经济增长方式和经济运行模式，克服由此产生的发展不协调、不可持续的毛病。因此，就必须将有限环境资源的"透支"利用转变为经济、社会与生态的综合协调利用，包括节约（reduce）、再利用（reuse）和循环利用（recycle），调整环境利用与保护、索取与补偿的关系，协调环境局部利益与整体利益、短期利益与长远利益的关系。而一旦涉及利益的协调，人与人的关系就浮出了水面。特别是由于现实的"人"（行为体）都有个体偏好、时间偏好，也就是更看重个体的、短期的收益，但环境权益恰恰是一个整体的（事关全人类）、长期的（世世代代）收益。

正如环境问题不能脱离发展问题来讨论和应对，环境权和发展权也必须兼顾以实现。发展中国家的首要任务仍然是发展经济、消除贫困、改善民生。国际社会应该重视发展中国家的难处，倾听它们的声音，尊重它们的诉求，把保护全球环境和促进发展中国家发展、提高发展中国家发展内在动力和可持续发展能力结合起来，帮助发展中国家在可持续发展进程中实现环境权益。

我国生态环境长期超负荷运行，环境压力越来越大。发达国家上百年工业化过程中分阶段出现的各种环境问题在我们这里也集中出现了。资源相对短缺、生态环境脆弱、环境容量不足，已经成为制约我国经济社会发展的重大因素。1979 年，我国通过第一部环境保护法；1983 年，将保护环境确立为基本国策；1994 年，审议通过《中国 21 世纪议程》（这也是世界上第一个制定的国别可持续发展战略）；2000 年，保护生态环境被纳入国民经济与社会发展规划；中国特色社会主义进入新时代，加快推进生态文明建设，中共中央　国务院发布《关于加快推进生态文明建设的意见》（2015 年）和《生态文明体制改革总体方案》（2015 年），形成了资源节约和环境保护法律体系（到 2015 年包括 32 部法律、48 部行政法规、85 件部门规章）。2012 年，联合国"里约 +20"大会发布《我们希望的未来》文件，提出发展的共同愿景是要促进持续、包容性、公平的经济增长，倡导可持续发展与消除贫困背景下的绿色经济。中国特色社会主义进入新时代，要求以包括绿色发展的新发展理念引领经济高质量发展，"绿色发展"的提出就是在深刻总结过去发展经验教训的基础上，对传统粗放式发展的反思，对工业文明单纯追求经济增长的反思。

今天，人民群众对干净水质、绿色食品、清新空气、优美环境等生态的需求更为迫切，推进绿色发展之路已成为共同愿望和追求。接连发布的"大气十条"（2013 年）、"水十条"（2015 年）、"土十条"（2016 年）回应了公众对生命健康和生态安全的呼唤。没有蓝天白云、清洁水源、安全土壤，全面建成小康社会、建设美丽中国、实现中华民族复兴都无从谈起。"人民群众对清新空气、清澈水质、清洁环境等生态产品的需求越来越迫切，生态环境越来越珍贵。我们必须顺应人民群众对良好生态环境的期待，推动形成绿色低碳循环发展的新方式，从中创造新的增长点。"①绿色发展在发展决策上，坚决恪守遵循和顺应自然规律的方针，必须在发展决策中把自然规律作为认真衡量的要素，顺势而为，应时而动；在发展实践上，要坚定秉持保护自然环境和生态系统的原则，改变重经济轻环境、重增长轻保护的"先污染后治理"发展模式，不能以牺牲环境利益换取经济增长，这种经济发展是暂时的繁荣，其造成严重的环境污染和生态破坏，治理成本巨大，远远抵消了经济增长的成果。在发展过程中，积极推进"两型社会"建设，努力推动从重经济增长轻环境保护转变为保护环境与经济增长并重，把加强环境保护作为调整经济结构、转变经济增长方式的重要手段，在保护环境中求发展；从环境保护滞后于经济发展转变为环境保护和经济发展同步，做到不欠新账，多还旧账，改变先污染后治理、边治理边破坏的状况；从主要用行政办法保护环境转变为综合运用法律、经济、技术和必要的行政办法解决环境问题，自觉遵循经济规律和自然规律，提高环境保护工作水平。②

绿色是永续发展的必要条件和人民对美好生活追求的重要体现。必须坚持节约资源和保护环境的基本国策，坚持可持续发展，坚定走生产发展、生活富裕、生态良好的文明发展道路，加快建设资源节约型、环境友好型社会，形成人与自然和谐发展现代化建设新格局，推进美丽中国建设，为全球生态安全作出新贡献。③

---

① 陈二厚、董峻、王宇：《为了中华民族永续发展——习近平总书记关心生态文明建设纪实》，《人民日报》2015年3月1日。
② 《树立尊重自然顺应自然保护自然理念——三论贯彻党的十八大精神》，《中国环境报》2012年11月22日。
③ 《十八大以来重要文献选编》中，中央文献出版社2016年版，第792页。

可持续发展不仅仅是关注人与自然的和谐，更重要的是通过观念转变、制度保障、技术选择和合作机制等共同促进这种和谐，我们要构建的和谐社会，内在地包含了人与自然和谐相处的内容，也就是人民在良好生态环境中生产生活的社会，是资源节约型、环境友好型的社会。基于人权与环境友好的可持续发展，必须克服一些障碍。

一是观念障碍。解决环境问题也是环境权益的分配再分配，政府、社会组织与公众都必须确立这样的观念：环境权益既是个体权益，又是集体权益；既是代内权益，又是代际权益，重要的是如何促进这些权益的兼顾和协调。公众要求政府提供的，不仅仅是良好的环境本身，而是要有维护环境权益的政策和制度，以及由此建立起来的环境秩序，这就必须有观念上的转变。观念问题不解决，没有货真价实的硬约束，边治理边破坏，那么，治理赶不上破坏就是必然的。国际层面上更是如此，喊得震天价响，动真格却乏善可陈，行动敷衍了事，其实还是观念没有真正转变。

二是制度障碍。环境制度本来是克服市场失灵的手段，以抑制对环境的破坏，以激励对环境的保护；但不能排除事与愿违的情况，不能保证所有制度都是"好"的。比如人们可以通过制度设计确定环境价格，也可以利用它来为某些人某些集团谋利，这样的环境定价或审批就蜕变为"寻租"的制度；还有的规章制度形同虚设，执行时似乎只过个程序、走个形式，并没有真正产生约束力。更有甚者，还有人以"收买"方式使制度虚化、钝化，导致制度"失灵"。我国环境治理就存在相当普遍的制度失灵问题，不少评估是"潜规则"大行其道。破除制度障碍对于发展中国家尤为重要，因为它们比较重视经济表现和财富积累，往往轻视甚至忽视了制度性的建设。

三是技术障碍。某些技术过度开发，引发了未可预料的对环境不友好的后果，而对环境友好的技术则因为眼下无利可图，得不到开发和应用。我国创新能力还不够强大，先进技术受制于人，是转型发展的"短板"。另外，有的技术或许有利于解决某个环境问题，但又可能造成另外的环境问题，典型例子是作为新能源的核能开发埋伏了核污染的风险，而对这些技术进行评估和监督都需要相当大的投入，一般经营者、管理者比较注重眼前，就不怎么愿意、至少不积极投入技术创新。还有的技术障碍，如低碳技术很昂贵，穷人买不起，欧盟要搞碳税许多国家来抵制，就是这个道理。

四是合作障碍。人与人的交往乃至国家之间的交往，绝大多数都是基于利己或国家利益的考虑。事实上，如果每个"人"（行为体）都从利己的前提出发，而不是去寻求一种共同抵御环境风险或生态灾难的合作机制，解决环境问题便遥遥无期。在气候问题上，美国、欧盟都有自己的算盘，发展中国家也出现了分化，在责任分担和减排时间表上争得不可开交，就是出现了合作障碍。理论上只有使大家都知道共同的利害，才能迫使他们采取合作的办法，改变有人想坐享其成的"搭便车"（free rider）行为，实现环境权益的一个重要方面就是要找到避免"搭便车"的合作机制。

环境的"治理"（governance），政府不可能包打天下。政府主要是通过制度、政策和法规来协调各方面的环境利益，而不是直接进行环境利益的分配，它应鼓励引导社会力量参与环境保护、促进环境合作。没有广大公众的参与，有关环境信息知情权、决策参与权和执行监督权就是一句空话。"中国公众环保民生指数"表明，公众对于环保的关注度很高，但参与能力普遍不强。① 只有形成一种整合的力量，才能有助于解决政府、企业界和公众难以单独应对的环境问题；同时广泛吸纳社会资源，进一步提

---

① 中国环境文化促进会发布的《中国公众环保民生指数》近年都表明，公众环境危机意识增强，但环保素质仍是"洼地"，有关环保的意识与行为得分都没有"及格"。说明公众的环保意识、参与度和满意度依然处于较低水平；公众具有十分强大的环保依赖性，政府也还没有为公众参与环保准备好平台和条件。另外，《中国可持续消费研究报告2012》显示，尽管超过70%的消费者认识到，个人消费行为可能对社会或环境产生巨大影响，超过90%的消费者认识到自身购买行为能够对企业经营产生影响，但对消费者如何在日常消费中，自觉选择节能、环保、绿色、可循环产品，从自身做起，从点滴做起，把可持续消费理念贯穿于日常生活不甚了了。《可持续消费认知度偏低》，《人民日报》2013年1月26日。

高全民环境意识，强化公众的环境关注和参与，并为之提供进行有效对话、协商的平台。

链接 5.2：第三个《国家人权行动计划》

2016—2020 年，是中国全面建成小康社会的决胜阶段，也是实现中国人权事业持续稳定有序发展的重要时期。

自 2009 年以来，国家先后实施了两期人权行动计划。中国政府不断加大各项人权保障力度，人民生活水平和质量进一步提高，经济、社会和文化权利得到全面加强，公民权利和政治权利得到切实保障，全社会尊重和保障人权的意识明显提升，国际人权交流与合作不断发展，中国特色社会主义人权事业迈上新台阶。

但也应该看到，经济发展方式粗放，不平衡、不协调、不可持续的问题仍然突出，城乡区域发展差距仍然较大，与人民群众切身利益密切相关的医疗、教育、养老、食品药品安全、收入分配、环境等方面还有一些困难需要解决，人权保障的法治化水平仍需进一步提高，实现更高水平的人权保障目标尚需付出更多努力。

在总结第一、二期国家人权行动计划的执行情况和实施经验的基础上，依据国家尊重和保障人权的宪法原则，遵循《世界人权宣言》和有关国际人权公约的精神，结合实施《中华人民共和国国民经济和社会发展第十三个五年规划纲要》，中国政府制定《国家人权行动计划（2016—2020 年)》（以下简称《行动计划》），确定 2016—2020 年尊重、保护和促进人权的目标和任务。

制定和实施《行动计划》的指导思想是：高举中国特色社会主义伟大旗帜，全面贯彻党的十八大和十八届三中、四中、五中全会精神，以马克思列宁主义、毛泽东思想、邓小平理论、"三个代表"重要思想、科学发展观为指导，深入贯彻习近平总书记系列重要讲话精神，按照全面建成小康社会、全面深化改革、全面依法治国、全面从严治党的战略布局，坚持创新、协调、绿色、开放、共享的发展理念，坚持中国特色社会主义道路自信、理论自信、制度自信、文化自信，将人权事业与经济建设、政治建设、文化建设、社会建设、生态文明建设和党的建设结合起来，坚持以人民为中心的发展思想，把保障人民的生存权和发展权放在首位，将增进人民福祉、促进人的全面发展作为人权事业发展的出发点和落脚点，维护社会公平正义，在实现中华民族伟大复兴中国梦的征程中，使全体人民的各项权利得到更高水平的保障。

制定和实施《行动计划》的基本原则是：依法推进，将人权事业纳入法治轨道；协调推进，使各项权利全面协调发展；务实推进，把人权的普遍原则和中国实际相结合；平等推进，保障每个人都能平等享有各项人权；合力推进，政府、企事业单位、社会组织共同促进人权事业的发展。

按照全面建成小康社会的新要求，实施《行动计划》的目标是：

——全面保障经济、社会和文化权利。普遍提升人民生活水平和质量；健全公共服务体系，提升服务均等化水平；全力实施脱贫攻坚，实现现行标准下的贫困人口全部脱贫；有效保护产权；总体改善生态环境质量；努力使发展机会更加公平，发展成果更加均等地惠及全民，使全体人民在共建共享发展中有更多获得感。

——依法保障公民权利和政治权利。严格规范公正文明执法，维护公民的人身权利和人格尊严；提高公正司法水平，保障诉讼当事人获得公正审判的权利；健全社会主义民主政治，畅通、创新渠道，促进公民知情权、参与权、表达权和监督权充分实现。

——充分保障各类特定群体权利。加快少数民族和民族地区发展；努力消除性别歧视；强化对未成年人权益的保障；积极应对人口老龄化；健全扶残助残服务体系。

　　——深入开展人权教育。将人权教育与国民教育、全民普法相结合；弘扬社会主义核心价值观的人权精神内涵，培育全社会尊重人权的文化。

　　——积极参与国际人权工作。认真履行人权条约义务，深入参与联合国人权机制工作；广泛开展人权对话、交流与合作，向有需要的发展中国家提供人权技术援助。

——国务院新闻办公室：《国家人权行动计划
（2016—2020 年）》导言

三、推进中国人权事业健康发展

　　新时代中国特色社会主义坚持以人民为中心的发展思想，贯彻落实新发展理念，进一步科学回答了实现什么样的发展、怎样实现发展的问题，崇尚创新、注重协调、倡导绿色、厚植开放、推进共享。在实现更高质量、更有效率、更加公平、更可持续发展的同时推进适合中国国情的人权事业健康发展；坚持将尊重和保障人权与推动科学发展、促进社会和谐结合起来，有效保障全体社会成员平等参与、平等发展的权利；坚持将尊重与保障人权与加强民主法治建设结合起来，积极稳妥推进政治体制改革，依法保障公民权利与政治权利，这就必须进一步解放思想，破除各种观念障碍；进一步深化改革，破除各种体制障碍；加快落实科学发展的步伐，使科学发展与人权建设相辅相成、相得益彰。

（一）进一步解放思想破除观念障碍

　　中国共产党是中国人权事业的积极倡导者和努力推动者。

早期党的领导人陈独秀、李大钊都曾把反帝反封建斗争与中国人民的解放与争取人权相联系。民主革命时期，中国共产党积极支持民主人士反对国民党侵犯人权的政策和做法，并通过党的政治主张和根据地政策文件规定了保护人权的内容，主要有1923年《中国共产党第二次对于时局的主张》，1941年《陕甘宁边区施政纲领》、1942年《陕甘宁边区保障人权财权条例》，以及1946年《陕甘宁边区宪法原则》。这些规范性文件，既有保护人权的原则性规定（如《陕甘宁边区施政纲领》），也有保护人权的具体措施规定（如《陕甘宁边区保障人权财权条例》）。

中国共产党领导人也时有阐述与人权有关的思想。毛泽东认为中国革命就是要实现孙中山先生所说的"为一般平民所共有、非少数人所得而私"[1]的民权主义国家，批评国民党政府"一面谈宪政，一面却不给人民以丝毫的自由"[2]。新民主主义革命的任务就是要"建立独立、自由、民主、统一和富强的新中国"[3]，新国家"保障广大人民能够自由发展其在共同生活中的个性，能够自由发展那些不是'操纵国民生计'而是有益于国民生计的私人资本主义经济，保障一切正当的私有财产"[4]。

在毛泽东《论联合政府》和《论人民民主专政》等著述中，他的"权利"观念与"人民"概念是紧密联系在一起的，享受权利的主体是人民。他认为共产党在新民主主义革命时期的主要任务，就是要"使人民获得充分的自由权利"[5]。特别是他关于人民民主专政的论述，就是"对人民内部的民主方面和对反动派的专政方面"的结合。各项权利，"只给人民，不给反动派"[6]。可见他讲的"自由权利"并不是现在人们谈论的普遍权利。在新民主主义革命时期，中国共产党关于权利主体的认识是以阶级斗争理

---

[1]　《毛泽东选集》第2卷，人民出版社1991年版，第648页。
[2]　《毛泽东选集》第2卷，人民出版社1991年版，第736页。
[3]　《毛泽东选集》第3卷，人民出版社1991年版，第1079页。
[4]　《毛泽东选集》第3卷，人民出版社1991年版，第1058页。
[5]　《毛泽东选集》第3卷，人民出版社1991年版，第1063页。
[6]　《毛泽东选集》第4卷，人民出版社1991年版，第1475页。

论为基础的，权利只可能是为人民所享有，而敌人和反动派非但不能享有权利，还要受到人民政府的"专政"、"独裁"、"压迫"，"只许他们规规矩矩，不许他们乱说乱动"①。阶级斗争、工农革命，本来就是一个阶级消灭另一个阶级，一个政权推翻另一个政权，具有特定政治含义的"人民"②应当获得的充分自由权利也就不是所有人都可以享有的、普遍的人权，因此，那个时候无论在理论还是实践上，都不可能承认所有人享有的普遍人权。也就是说，对阶级斗争理论的肯定也意味着对普遍人权的否定，共产党政权所申张的自由权利并非西方一般意义的人权。而且，随着抗战这样的特定历史阶段结束，一部分"抗日人民"（如开明士绅、地主阶级）不再属于"人民"的范畴了，当然也就不再享有相应的权利了。原来的权利规定乃是出于团结一切可以团结的力量夺取战争胜利的政治需要，现在要打倒国民党政权及其社会基础，党的政策因此发生了重大的变化，那些权利就被取消了。应该看到，这些思想和做法在党内产生了深刻影响，一直延续到新中国成立乃至改革开放之前。

新中国成立以后，中国共产党作为执政党，基本上继承了革命时期的权利观，有近30年时间，无论官方还是知识界的人权理解，都具有强烈的意识形态特征。如认为权利是利益的反映，利益都有阶级性，因此不承认世界上有什么超阶级的、一般的人权；普遍的人权观不过是欺骗人民的工具。正是基于这样的理解，我国《宪法》和法律几乎没有保护和实现一般意义上的人权方面的规定，党和国家领导人也只在特定外交场合才谈及人权问题。如1955年，周恩来在"万隆会议"上的报告，就有"各族人民不分种族和肤

---

① 《毛泽东选集》第4卷，人民出版社1991年版，第1475页。

② "人民"被认为是一个历史的、政治的范畴。在不同国家、不同历史时期，人民概念有不同的内容。如中国抗日战争时期，一切抗日的阶级、阶层和社会集团都属于人民；解放战争时期一切反对帝国主义、地主阶级、官僚资产阶级的阶级、阶层或社会集团都属于人民；在社会主义时期，人民的范围不仅包括工人、农民和知识分子，而且包括一切拥护社会主义的爱国者和拥护祖国统一的爱国者。现阶段人民是指全体社会主义劳动者、社会主义事业的建设者、拥护社会主义的爱国者和拥护祖国统一的爱国者。

色都应该享有基本人权，而不应该受到任何虐待和歧视"①的论述。但也应该承认，改革开放之前，"人权"概念曾经备受冷落，一度还被当作资产阶级概念受到严厉批判。20 世纪 80 年代以前，国内甚至没有专门论及人权的官方文件和学术研究，各种教科书里连谈论人权的章节也不见踪影了。

伴随着改革开放，大量外部的思想文化被引进并迅速得到传播，中国的意识形态领域也发生了巨大变化。在思想解放方面，人权问题不再是禁区和盲区，西方人权思想也逐渐为人们所知，并成为许多著述和教科书的论述内容。但总体上，人们对待人权的态度和观点延续了某种惯性，大多数仍然以批判为主，如认为人权是资产阶级反封建的口号和工具，人民在资本主义国家没有获得真正的人权，西方的人权是虚假的、少数统治者的人权；认为财产权是宪法权利的核心，所谓保护私有财产权，就是保护资本主义国家的经济基础，就是保护资产阶级的国家统治，是统治阶级意志的反映，是维护和巩固资产阶级社会秩序的工具。至于批评西方国家借人权干涉别国内政就更是家常便饭了。这些观点的确很容易在马克思主义经典作家那里找到根据，也理所当然地被当作阶级斗争人权批判的主要理论依据。② 作为资产阶级时代的意识形态，"当人权被视为永恒的，权利就成了现代的作品；当权利被视为自然的，它又是一种社会和法律的建构；当权利被视为绝对的，它又是要受法律限制的；当它被认为是超越政治的，它又是那个时代的政治产物；最后，当它被认为是理性的，它又是资本理性的产物，而不是社会公共理性的产物"③。但马克思主义并不是就事论事地批判资产阶级人权，而是认为与资产阶级要求消灭阶级特权的人权

---

① 《周恩来选集》下卷，人民出版社 1984 年版，第 150 页。

② 马克思在《资本论》中指出："平等地剥削劳动力，是资本的首要的人权。"（《马克思恩格斯文集》第 5 卷，人民出版社 2009 年版，第 338 页）恩格斯在《反杜林论》中认为，"被宣布为最主要的人权之一的是资产阶级的所有权"。（《马克思恩格斯文集》第 9 卷，人民出版社 2009 年版，第 20 页）。

③ ［美］科斯塔斯·杜兹纳：《人权的终结》，郭春发译，江苏人民出版社 2002 年版，第 174 页。

要求不同，无产阶级提出的是"消灭阶级本身"①，也就是说资产阶级人权乃是资产阶级特殊的人权要求，而无产阶级的人权要求则是具有普遍性彻底性的"消灭阶级本身。"马克思的人权批判具有全面性和彻底性，但从来没有全盘否定人权（权利）本身。

20世纪80年代中期，邓小平说："什么是人权？首先一条，是多少人的人权？是少数人的人权，还是多数人的人权，全国人民的人权？西方世界的所谓'人权'和我们讲的人权，本质上是两回事，观点不同。"②值得注意的是，邓小平用了"我们讲的人权"而不是"社会主义国家公民的基本权利"这样的表述。至少表明人权问题是可以讨论的，而且讨论也确实逐渐引向了深入，不仅在理论上，而且也注意到中国在人权方面存在的问题。受1989年政治风波影响，一度有过把谈论人权与"资产阶级自由化"联系起来的做法，但很快没了下文。20世纪90年代初人权话语又见诸公开言论，并迅速成为一个引人瞩目的词汇。

1991年11月，中国政府（国务院新闻办公室）发表第一份人权白皮书《中国的人权状况》，介绍中国在人权的历史发展、现实状况和保护措施等方面的情况，并阐明中国政府在人权和人权保护方面的立场与观点。③白皮书前言部分指出："当前，人权已成为国际社会普遍关心的重

① 《马克思恩格斯文集》第9卷，人民出版社2009年版，第112页。
② 《邓小平文选》第3卷，人民出版社1993年版，第125页。
③ 到2018年，国务院新闻办公室已发布中国人权状况的白皮书20部：1991年《中国人权状况》；1992年《西藏的主权归属与人权状况》；1995年《中国人权事业的进展》；1997年《1996年中国人权事业的进展》；1998年《西藏自治区人权事业的新进展》；1999年《1998年中国人权事业的进展》；2000年《中国人权发展50年》；2001年《2000年中国人权事业的进展》；2004年《2003年中国人权事业的进展》；2005年《2004年中国人权事业的进展》；2013年《2012年中国人权事业的进展》；2014年《2013年中国人权事业的进展》；2015年《2014年中国人权事业的进展》；2016年《发展权：中国的理念、实践与贡献》、《中国的减贫行动与人权进步》、《中国司法领域人权保障的新进展》；2017年《中国人权法治化保障的新进展》、《中国健康事业的发展与人权进步》、《新疆人权事业的发展进步》；2018年《改革开放40年中国人权事业的发展进步》。

大问题之一。联合国通过的有关人权的宣言和一些公约，受到许多国家的拥护和尊重。中国政府对《世界人权宣言》也给予了高度的评价，认为它'作为第一个人权问题的国际文件，为国际人权领域的实践奠定了基础'。但是，人权状况的发展受到各国历史、社会、经济、文化等条件的制约，是一个历史的发展过程。由于各国的历史背景、社会制度、文化传统、经济发展的状况有巨大差异，因而对人权的认识往往并不一致，对人权的实施也各有不同。"首次阐述了中国政府的人权观。核心内容体现在：中国是发展中国家，"生存权是中国人民长期争取的首要人权"；国家不仅十分注重保障个人人权，而且注重维护集体人权；"中国政府重视维护和实现国家、民族和个人的经济、文化、社会和政治的发展权"；"强调权利与义务的统一，是中国法制的一项基本原则"。在以后有关人权的官方文件中，中国政府这些基本观点一直没有改变。及至冷战结束，中国领导人在各种场合（特别是外交场合）谈论人权问题，而且与国际社会认可的普遍人权观相当接近。1999年，江泽民在英国剑桥大学的演讲中指出，集体人权与个人人权不矛盾，中国政府将在发展经济的基础上逐步加强对个人人权的保护。[①] 这意味着中国承认个人人权的重要性，但同时强调发展经济对人权保护的基础性作用，以及中国加强保护个人人权的发展前提。

中国人权事业发展到今天，还可以从中国领导人和官方言论看出其阶段性的进步，从较早主要是表明中国政府的人权立场，到后来越来越多提出原则性的人权内容，强调生存权、发展权作为首要人权的必要性可行性，再到现在更具体地阐发依法治国、人权司法保障以及经济社会政治文化权利保障的实施进展。中国领导人有关人权问题谈话的一般原则与普遍人权观并无很大区别，主要差别还是在中国人权问题的重点和实际保护方面，而且这种差别现在也在逐渐缩小。

---

① 《人民日报》1999年10月23日。

（二）加快各项改革破除体制障碍

人权观念的进步，必然产生尊重、保障和实现人权的强烈愿望，进而推动经济、政治、文化、社会和生态文明建设体制改革，而且人权的尊重、保障和实现也要有各项体制改革为其提供制度性保障。为此，我们还要通过全面深化改革，不断加强制度建设推进国家治理现代化，特别是要用制度、政策与法律的力量，保障全体人民的各项权利，努力把尊重、保障和实现经济、社会和文化权利，公民权利与政治权利，以及少数民族、妇女、儿童、老年人和残疾人等社会特殊群体的权利，逐步转化为更加系统完备、成熟定型、科学规范、有效运行的制度安排，形成制度规范，体现支持中国特色人权事业健康发展的体制优势。

当代中国不断开辟发展新境界，离不开全面深化改革扩大开放，中国特色社会主义进入新时代与改革开放"升级版"相伴而行。"我们将总结经验、乘势而上，继续推进国家治理体系和治理能力现代化，坚定不移深化各方面的改革，坚定不移地扩大开放，使改革和开放相互促进、相得益彰。"① 新时代，我们更要准确研判形势，注重风险分析，以胆子要大，步子要稳和一往无前的精神推进全面深化改革。只要是符合实际、必须做的，该干的就要干，但又不能蛮干，要谋定而动，三思而后行，对于一些攻坚难度大的改革，不要指望立竿见影，而要坚韧不拔，久久为功。"改革既要往有利于增添发展新动力方向前进，也要往有利于维护社会公平正义方向前进，注重从体制机制创新上推进供给侧结构性改革，着力解决制约经济社会发展的体制机制问题；把以人民为中心的发展思想体现在经济社会发展各个环节，做到老百姓关心什么、期盼什么，改革就要抓住什么、推进什么，通过改革给人民群众带来更多获得感。"②

从人权角度看，尊重、保障和实现人权就是满足人民日益增长的美好

---

① 《习近平谈治国理政》第 3 卷，外文出版社 2020 年版，第 66 页。
② 《习近平谈治国理政》第 2 卷，外文出版社 2018 年版，第 103 页。

生活需要的重要方面，而发展不平衡不充分已经成为其主要制约因素，反映了我国发展的某些结构性问题。"当前制约我国经济发展的因素，有周期性、总量性的，但主要是结构性的。结构性问题，供给和需求两侧都有，但矛盾的主要方面在供给侧。供给侧结构性改革是一场关系全局、关系长远的攻坚战。"① 从实际情况看，我国加工型模仿式的大规模需求拉动阶段基本结束，个性化多样化需求不断增加，通过创造性供给激活并满足新的需求乃势在必行。鉴于供给侧的突出问题，特别是某些产能严重过剩，而可满足新需求的供给又严重不足，就必须大力推进和继续深化供给侧结构性改革，集思广益，真抓实干提高供给体系质量。在经济领域，就是以供给侧结构性改革和提高供给体系质量的办法为解决社会主要矛盾"给力"，"把发展经济的着力点放在实体经济上，把提高供给体系质量作为主攻方向，显著增强我国经济质量优势。"②

供给侧结构性改革，减法、加法都要做。所有这些改革的整体性和联动性也更加重要了。"改革越深入，越要注意协同，既抓改革方案协同，也抓改革落实协同，更抓改革效果协同，促进各项改革举措在政策取向上相互配合、在实施过程中相互促进、在改革成效上相得益彰，朝着全面深化改革总目标聚焦发力。"③ 供给侧结构性改革，不但要着眼于经济领域，还致力于在发展中更好保障和改善民生，更好补齐民生短板，使人民群众普遍受益，当前特别是要打好防范化解金融风险攻坚战，这既是实现高质量发展必须跨越的重大关口，事关国家安全、发展全局和人民财产安全；打好精准脱贫攻坚战，使更多贫困人口摆脱贫困、生活得到改善；打好污染防治攻坚战，使人民群众对清新空气、洁净水源和优美生态环境的渴望逐步得到满足。还有实施乡村振兴战略，加快农业农村现代化进程，显著

① 《习近平在主持中央政治局第三十八次集体学习时的讲话》，《人民日报》2016 年 1 月 23 日。
② 习近平：《决胜全面建成小康社会　夺取新时代中国特色社会主义伟大胜利——在中国共产党第十九次全国代表大会上的报告》，人民出版社 2017 年版，第 30 页。
③ 《习近平谈治国理政》第 2 卷，外文出版社 2018 年版，第 109 页。

改变几亿农民生产生活面貌；实施区域协调发展战略，加快中西部地区发展，缩小区域发展差距，使越来越多的人生活富裕起来；显著提高商品和服务质量，满足人民群众多样化、个性化、不断升级的消费需求，使生活品质不断提高；加快发展教育、医疗等社会事业，更好满足人民群众对优质的教育、医疗资源的需求；实施就业优先战略和积极就业政策，促进更高质量和更充分就业，使人人都有通过辛勤劳动实现自身发展的机会……从这个意义上说，政治、文化、社会、生态领域都要认真对待提高发展供给质量的结构性问题，都有必要推进供给侧结构性改革，都是为了更好地尊重、保障和实现人民的经济、政治、文化、社会和生态权益。

改革是为了解放生产力，全面深化改革的马克思主义依据就是关于生产力和生产关系，经济基础和上层建筑矛盾运动的原理。党和国家领导人多次强调改革是决定中国命运的"关键一招"、中国发展的"最大红利"。当代中国，改革已经步入深水区，是涉及全方位、全领域的改革，是更加重视顶层设计的改革，改革不是权宜之计，也不限定于某些领域、某些范围，而是为了适应生产力发展需要，不断调适生产关系和上层建筑。从解放和发展生产力的实际需要出发，从上层建筑和意识形态反作用于经济基础的实际需要出发，需要改什么就改什么；特别注重不断总结实践经验推动全面深化改革，注重改革系统整体优化，以产生综合效能。

中国特色社会主义进入新时代，更需要我们拿出勇气和决断，坚决破除一切不合时宜的思想观念和体制机制弊端，突破利益固化的藩篱。对于深化改革的必要性，人们都有比较清楚的认识，但实际操作起来，就会发现情况相当复杂步履相当艰难，"一些改革部署和重大政策措施需要进一步落实"[1]。改革越深化，阻力往往也越大，除了改革本身的复杂性、人们对改革的认识有适应期等原因，最主要最顽固的还是既得利益的障碍，

---

[1] 习近平：《决胜全面建成小康社会 夺取新时代中国特色社会主义伟大胜利——在中国共产党第十九次全国代表大会上的报告》，人民出版社 2017 年版，第 9 页。

"好吃的肉都吃掉了，剩下的都是难啃的硬骨头"①。全面深化改革就必须啃掉这些"硬骨头"，义无反顾地坚持深化改革，知难而进，不能因有困难而不为、因有风险而躲避、因有阵痛而不前。任何贪图享受、消极懈怠、回避矛盾的思想和行为都是错误的，任何犹豫者、懈怠者、畏难者都将被无情地抛弃。只有勇于啃硬骨头、闯险滩，才能更好解决我国发展中出现的各种问题，有效应对重大挑战、抵御重大风险、克服重大阻力、解决重大矛盾。

2009 年以来，中国先后制定并实施了三期国家人权行动计划，通过行动计划，中国持续加大各项人权保障力度，全社会尊重和保障人权的意识明显提升，国际人权交流与合作不断推进，中国特色社会主义人权事业迈上新台阶。2009 年，国务院新闻办公室发布第一个国家人权行动计划《国家人权行动计划（2009—2010 年）》，并于 2011 年就该计划执行情况公布了评估报告。② 评估报告指出："2009—2010 年是进入新世纪以来中国经济发展最困难的两年，也是中国应对各种挑战，全面落实《行动计划》，推动人权事业取得显著进步的两年。中国政府将尊重和保障人权作为治国理政的重要原则，将贯彻落实《行动计划》贯穿于改革发展稳定的各项工作中，妥善应对国际金融危机的巨大冲击，战胜重大自然灾害的严峻挑战，大力推进改革开放和现代化建设，全面完成了《行动计划》确立的目标任务，推动中国人权事业取得了重大进展。"到 2010 年底，《行动计划》规定的各项措施得到了有效实施，预定的各项目标如期实现，各项指标均已完成。其中有约 35％的约束性指标、50％以上的涉民生指标提前或超额完成。

2012 年，第二个国家人权行动计划《国家人权行动计划（2012—2015 年）》发布，行动计划对未来四年中国人权发展的目标、任务和具体

---

① 《习近平谈治国理政》，外文出版社 2014 年版，第 101 页。
② 国务院新闻办公室：《〈国家人权行动计划（2009—2010 年）〉评估报告》，见 http://www.gov.cn/jrzg/2011-07/14/content_1906151.htm.

措施作出了进一步规划，特别是增加了"实施和监督"部分。2016年，就该计划执行情况公布了实施评估报告。[①] 指出，"2012—2015年，是中国人权事业发展很不平凡的四年。在努力实现中华民族伟大复兴中国梦的征程中，中国政府围绕全面建成小康社会、全面深化改革、全面依法治国、全面从严治党的战略布局，将人权事业的发展与经济建设、政治建设、文化建设、社会建设和生态文明建设相结合，不断加大各项人权保障力度，努力完成《国家人权行动计划（2012—2015年）》规定的主要目标和任务，中国人权事业又上了一个新台阶。"到2015年底如期完成了计划预定的主要目标任务，其中约48%的约束性指标、50%以上的涉民生指标提前或超额完成，《行动计划》得到全面落实。

2016年，第三个国家人权行动计划《国家人权行动计划（2016—2020年）》发布。迄今有37个国家制订过国家人权行动计划，但其中仅4个国家连续制订过三个国家人权行动计划，中国是其中之一。中国连续制订和实施国家人权行动计划，显示了中国政府尊重和保障人权的决心与信心。新的国家人权行动计划坚持"以人民为中心"的发展思想，将人权建设同全面建成小康社会、全面深化改革、全面依法治国、全面从严治党的战略布局，创新、协调、绿色、开放、共享的发展理念，中国特色社会主义道路自信、理论自信、制度自信、文化自信，以及经济建设、政治建设、文化建设、社会建设、生态文明建设和党的建设结合起来，共同推进中国特色社会主义人权事业发展。新的国家人权行动计划坚持人民主体地位，注重发挥人民的积极性和主动性。"依法推进"将中国人权事业发展纳入法治轨道，以法治方式保障人民权利；"协调推进"从权利之间的关系上要求各项权利全面协调发展，保障人民权利的充分实现；"务实推进"把人权的普遍原则和中国实际相结合；"平等推进"保障每个人都能平等享有各项人权；"合力推进"参考了联合国《国家人权行动计划指南》的

---

① 国务院新闻办公室：《〈国家人权行动计划（2012—2015年）〉实施评估报告》，见 http://www.gov.cn/xinwen/2016-06/14/content_5082026.htm.

指导性意见，将促进人权发展的主体由单一的国家扩展到政府、企事业单位、社会组织，并注重三方的合力作用。新的期国家人权行动计划在"经济、社会和文化权利"部分，将人民特别关心的有关产权保护的内容以"财产权利"专节的形式纳入，将户籍制度改革内容纳入"社会保障权利"；在"公民权利和政治权利"部分，将"被羁押人权利"并入"人身权利"，"知情权"与"参与权"合并，"表达权"与"监督权"合并，有关信访的内容合并；将"人权教育"部分标题改为"人权教育与研究"，注重弘扬社会主义核心价值观的人权精神内涵，在全社会培育尊重人权的文化氛围。新的国家人权行动计划对"十三五"规划纲要的宏伟目标、主要任务和重大举措，如精准扶贫精准脱贫等进行提炼，以人权话语表达促进和保障人权的举措，并在实施周期上同步，为实现两者结合的常态化奠定了基础；提出中央和国家机关各有关部门、各级地方政府制定行动计划实施方案，在向中国人民作出庄严承诺的同时，向世界表明中国政府致力于尊重和保障人权的态度和立场。[①]

（三）以更开放姿态看发展与人权

随着改革开放和现代化建设不断推进，我国解决了十几亿人的温饱问题，总体上实现小康，并在不久将来全面建成小康社会，中国人民不仅对物质文化生活提出了更高要求，而且在民主、法治、公平、正义、安全、环境等方面的要求日益增长，我国社会主要矛盾也因此发生了变化，中国要在继续推动发展的基础上，着力解决好发展不平衡不充分问题，大力提升发展质量和效益，更好满足人民在经济、政治、文化、社会、生态等方面的新需要。但是，我国仍处于并将长期处于社会主义初级阶段的基本国情没有变，我国是世界最大发展中国家的国际地位没有变，也正因为这两

① 参见孟庆涛：《国家人权行动计划彰显执政宗旨》，《学习时报》2016 年 10 月 13 日。

个没有变，中国人民更加渴望过上富足安康的美好生活，更加珍惜来之不易的社会和谐稳定局面，更加尊重、保障和实现人权既是《宪法》规定的国家义务，也是社会主义中国现代化建设和全面发展的必然要求。

党的十九大要求在各项工作中全面准确贯彻落实新时代中国特色社会主义的精神实质和丰富内涵，强调"发展是解决我国一切问题的基础和关键，发展必须是科学发展，必须坚定不移贯彻创新、协调、绿色、开放、共享的发展理念"[①]。无论是科学发展观还是新发展理念，都是在深刻总结国内外发展经验教训、深刻分析国内外发展大势的基础上形成的，是针对我国发展中的突出矛盾和问题，特别是过分追求速度、规模和"物化"指标，导致发展片面的、不协调、不可持续等问题。这些问题在人权领域的表现就是，忽视了人的全面而自由的发展要求，忽视了人的选择能力建设，进而有意无意地用生存权与发展权及其实践，遮蔽了对人权普遍性、整体性的认知和行动，结果在实现集体人权方面我们交出了漂亮的成绩单，但却并非所有人都能获得平等的人权保护，甚至还可能危及后代人的发展权利，在人权保障和实现方面也存在这样那样的不平衡不充分问题。

历史经验和教训从正反两个方面，促成人们日益深化对人权与发展辩证关系的认知：一方面，偏离人权保障方向的发展很可能误入歧途，背离人权保障目标的发展注定是没有前途的，而以牺牲人权为代价的发展则肯定是不道德的；另一方面，离开发展支持的人权保障如同无源之水，未融入发展行动当中的人权保障无异于纸上谈兵，而与发展消极对立起来的人权保障恐怕只能成为空中楼阁。[②]

改革开放以前，我国社会主义建设走了不小弯路，既制约了国家发展

---

① 习近平：《决胜全面建成小康社会　夺取新时代中国特色社会主义伟大胜利——在中国共产党第十九次全国代表大会上的报告》，人民出版社 2017 年版，第 21 页。

② 罗豪才：《通过科学发展提升人权保障水平》，《人民日报》2010 年 10 月 20 日。

的步伐和综合国力的提升，严重影响了人民生活水平的提高，在人权方面也欠了不少债。那时我国还有超过 2.5 亿贫困人口，占了当时人口总数很大比例。改革开放以来，我国先是确立了工作重心向经济建设转移，后来又明确以经济建设为中心，面对广大人民群众迅速改善生活的热切期待，在对外关系大面积缓和的背景下，我们开始了改革开放的征程，经过 40 多年的艰苦奋斗，迅速提升了综合国力，大幅度改善了人民生活，创造了令世界惊叹的发展奇迹。"中国坚持把人权的普遍性原则和当代实际相结合，走符合国情的人权发展道路，奉行以人民为中心的人权理念，把生存权、发展权作为首要的基本人权，协调增进全体人民的经济、政治、社会、文化、环境权利，努力维护社会公平正义，促进人的全面发展。"①

我国是世界第二大经济体和最大的新兴经济体，并成功跨上了中等收入国家台阶。我国强大而稳固的国家政权，是科学发展坚强的政治保证；工业化、城镇化进行时和中西部地区还比较落后，为我国发展提供了巨大的空间；物质资本和人力资本的长期积累，也为我国发展提供了巨大的支撑。2008 年国际金融危机以来，世界多极化演变速度大大加快了，中国对世界发展的影响力也在不断增强，由于世界政治格局和力量对比的大调整，一个有更大话语权的大国，必然是一个要承担更大责任的大国。与此同时，我国发展进程中的结构性矛盾依然存在，发展转型也进行得相当艰难，发展中不平衡、不协调、不可持续问题日益凸显，制约经济社会健康发展的矛盾越来越突出。劳动力成本大幅上升、人口红利不断减弱、能源资源和核心技术对外依存度加大、生态环境压力急剧增大等，凸显了转变经济发展方式的重要性、迫切性、复杂性和艰巨性。我国发展的外部环境也在发生显著变化，世界经济低速增长很可能成为今后一段时期的常态，国际贸易和投资保护主义将越演越烈，西方国家既希望摆脱困境重整旗鼓借力中国，又明里暗里采取各种手段遏制中国。内外部条件的变化都表明

① 《习近平谈治国理政》第 3 卷，外文出版社 2020 年版，第 288 页。

我们正面临新的严峻挑战。

经济发展是国家富强、民族振兴和人民幸福的决定性条件，但并不是充分必要条件。我们党"根据国内外形势新变化，顺应我国经济社会新发展和广大人民群众新期待，对全面建设小康社会目标进行了充实和完善，提出了更具明确政策导向、更加针对发展难题、更好顺应人民意愿的新要求"①。发展没有一定的速度，许多问题解决不了，但关键还在于质量和效益，否则速度也难以为继。我国现在的发展条件和环境已经发生重大变化，所以要"按照稳中求进的工作总基调，扎实推动我国经济持续健康发展"；"要继续大胆探索、扎实工作，坚定不移推进体制创新、科技创新，落实创新驱动发展战略，推动经济发展方式转变，推进经济结构战略性调整，为推动科学发展增添新动力"②。稳中求进，就必须转变经济发展方式，综合考虑社会需求、承载条件和内在潜力，寻求发展速度、质量、结构、效益间的综合平衡，并保持适当的发展节奏，使资源环境承载能力和社会承受能力与之相适应。要突破自身发展的瓶颈、解决深层次矛盾和问题，根本出路就在于创新，要靠体制创新、科技创新。

我们还必须加快研究解决社会和谐稳定、公平正义、走共同富裕道路等方面存在的矛盾和问题，绝不能把"发展"简单理解为"经济发展"，把"发展是硬道理"简单理解为"GDP是硬道理"。我们既要加快转变经济发展方式，又要以更大力度加强以保障和改善民生为主要内容的社会建设、完善社会政策、推进社会体制改革，尤其是把握好经济发展与成果共享的关系，把握好经济建设与社会建设的关系，抓紧建设对保障社会公平正义具有重大作用的制度，逐步建立社会公平保障体系，促进社会和谐。一般而言，在经济起飞阶段，发展的主要因素是经济发展；而到了中等收入阶段，影响发展质量的社会发展因素越来越重要，我国现在正处于这样的历史阶段。

---

① 《习近平关于全面建成小康社会论述摘编》，中央文献出版社2016年版，第3页。
② 《习近平在广东主持召开经济工作座谈会》，《人民日报》2012年12月11日。

我们要随时随刻倾听人民呼声、回应人民期待，保证人民平等
参与、平等发展权利，维护社会公平正义，在学有所教、劳有所得、
病有所医、老有所养、住有所居上持续取得新进展，不断实现好、
维护好、发展好最广大人民根本利益，使发展成果更多更公平惠及
全体人民，在经济社会不断发展的基础上，朝着共同富裕方向稳步
前进。①

加强社会建设，不但有助于尊重和保障广大人民群众的民生福利等经
济社会权利，也有助于尊重和保障广大人民群众的知情权、参与权、表达
权、监督权，有利于"公民有序的政治参与"，对健全法制，加快政治体
制改革步伐，推进法治国家建设产生激励效应。所有这一切，都是为了实
现"以人为本"或以人为中心的发展。在推动经济社会又好又快发展的基
础上，依法保证全体社会成员平等参与、平等发展的权利。提倡人权、关
注人权，还会对发展转型形成"倒逼"效应，一切不符合以人为本要求的
发展意识都要调整，一切有悖人权实现的发展决策都应纠正，一切违犯人
权的发展实践都要制止。还很有必要纠正这样一种认识误区，以为只要经
济发展了，物质生活改善了，人权也就自动实现了。切实改变主要精力仍
然在搞开发、搞投资，而无暇顾及人的全面发展需求，更遑论经济、社会
及文化权利与公民和政治权利等各项人权的保障。科学发展就是要针对这
些问题，在发展理论和实践上都要以人为本，进一步改善我国的人权状
况，推进我国人权事业的健康发展。

经过多年不懈努力，中国人民的物质生活水平、民主参与程度、精神
文化面貌平、社会保障能力、环境保护观念，都有了明显的长进，中国正
在着力解决人民群众最关心、最直接、最现实的权利和利益问题，促进社
会更加公正、和谐，努力使每一个社会成员更有尊严、更加幸福。中国的

---

① 《习近平谈治国理政》，外文出版社 2014 年版，第 41 页。

人权事业将各项人权作为相互依存、不可分割的有机整体，促进经济、社会、文化权利与公民权利、政治权利的协调发展，促进个人人权与集体人权的协调发展。既尊重人权的普遍性原则，又坚持从中国的基本国情和新的实际出发，也取得了很大成就。

一是"以人民为中心"的发展思想深入人心。以人为本、执政为民。中国共产党始终保持同人民群众的血肉联系，把实现好、维护好、发展好最广大人民根本利益作为全部工作的重心，以实现人的全面发展为目标，从人民群众的根本利益出发谋发展、促发展，不断满足人民群众日益增长的物质文化需要，切实保障人民群众的经济、政治和文化权益，让发展成果惠及全体人民。并致力于使人权理念融入中华文化，推动全社会人权意识不断提高。

二是建立了保障人权的法律体系。尊重和保障人权已经写入《宪法》和主要法律，成为中国共产党治国理政的法制理念。2004 年"国家尊重和保障人权"写入宪法（宪法修正案第 24 条），是中国人权事业发展和中国人权保障法制化的重要标志，其意义在于：将"尊重和保障人权"的义务主体明确定为"国家"，这有利于防止和约束公权力对人权的侵害，有效地保障人权；同时这也是建设法治国家的内在需要，有利于与国际接轨，为国际舞台的人权对话和斗争创造更有利的条件。宪法对民主制度的确认与尊重、保障和实现人权是联系在一起的，并体现为具体的法制约束。改革开放以来，我国相继颁行《民族区域自治法》（1984 年通过，2001 年修正）、《义务教育法》(1986 年通过，2006 年修订，2018 年修正)、《残疾人保障法》（1990 年通过，2008 年修订，2018 年修正）、《未成年人保护法》(1991 年通过，2006 年修订，2012 年修正)、《妇女权益保障法》(1992 年通过，2005 年修正)、《老年人权益保障法》(1996 年通过，2012 年修订，2009 年、2015 年、2018 年三次修正)、《就业促进法》(2007 年通过，2015 年修正)、《劳动合同法》(2007 年通过，2012 年修正)、《社会保险法》(2010 年通过，2018 年修正) 等有关专门法。近年来，中国制定和修改的涉及劳动、社会保障以及公共安全领域的立法占同期全部制定和修改法律的二成以上。尤其在程序法方面，新修改的刑事诉讼法、民事诉讼法更明确了当事人的权利保障；行政诉讼法修改也被列入立法规划。当然，我们不能满足于已有的进步，也不能满足于法律文本的规定，更重要的是看如何落实在实践中取得了什么样的效果。

三是人权事业有计划、持续稳健的全面推进。自党的十五大报告提出共产党执政，"保证人民依法享有广泛的权利和自由，尊重和保障人权"。2007年人权被写入中国共产党章程。党的十八大报告又将"人权得到切实尊重和保障"确立为全面建成小康社会和全面深化改革开放的一个奋斗目标。中国先后发布三个国家人权行动计划，并对《国家人权行动计划（2009—2010年)》、《国家人权行动计划（2012—2015年》的实施情况进行了评估。中国已先后发布多部关于中国人权事业的白皮书，详尽介绍了在党和政府的大力推动及全社会共同参与下，中国人权事业的进展和中国人权保障状况。

四是人权对外交流不断扩大，对话合作日益增多。中国积极开展国际人权交流与合作，在联合国人权机构中发挥建设性作用，积极参与联合国人权事务，高度重视国际人权公约履约工作，积极参与国际人权文书及有关规则的制定，通过对话增进了解、相互借鉴，推动各国以公正、客观和非选择性方式处理人权问题，努力推动国际人权事业健康发展。中国人权研究会参与主办的"北京人权论坛"，已成为包括发展中国家和发达国家在内的国际人权对话与交流的重要国际平台。

我国已基本上解决了温饱问题，人民总体上达到了小康生活水平，正在决胜全面建成小康社会。我们也清醒地看到，中国仍然是一个发展中国家，经济社会发展和人民生活水平还远远谈不上发达，中国人权事业的进步还是要遵循社会主义初级阶段这个最大国情、最大实际的总依据，承认我们仍然是世界上最大的发展中国家这个现实，要更好地融入中国特色社会主义建设总布局，与经济建设、政治建设、文化建设、社会建设和生态文明建设同步前进，要把"人权得到切实尊重和保障"作为实现富强民主文明和谐的社会主义现代化和中华民族伟大复兴总任务的重要内容。由于发展不足和发展不平衡，中国人权状况还存在一些不如人意的地方，实现更高水平的人权保障，任务十分繁重。中国探索适合自己的人权事业，走出一条以基本国情为依托，以全面发展为基础，以法治建设为保障，以实现中华民族伟大复兴为目标的中国特色人权发展道路。"中国人民实现中华民族伟大复兴中国梦的过程，本质上就是实现社会公平正义和不断推动人权事业发展的进程。"[①] 但是，"中国人口多、区域差异性大、发展不平衡，在进一步改善民生和人权状况方面还面临不少挑战。中国政府将继续从本国国情出发，坚持以人为本，始终把人民愿望和要求放在心上，采取切实有效的政策措施，大力促进社会公平、正义与和谐，推动中国人权事业不断取得新的进展"[②]。当代中国发展将推进中国人权事业朝着更好方向不断努力，不断进取。

2017 年 6 月，联合国人权理事会通过了中国提出的《发展对享有所有人权的贡献》决议，将"发展促进人权"引入国际人权体系。2019 年 7 月，再次通过了决议，重申发展对享有所有人权具有重大贡献及实现人民对美好生活的向往是各国的优先任务，呼吁各国实现以人民为中心的发展，在人民中寻找发展动力，依靠人民推动发展，使发展造福人民。2019 年 9 月，联合国人权理事会以压倒性多数通过不结盟运动和中国共同提出的发展权决议。决议重申发展权是一项普遍和不可剥夺的权利，发展权对充分实现2030 年可持续发展议程至关重要，消除贫困是促进和实现发展权的关键，是实现可持续发展的必要条件。决议还呼吁各国坚持多边主义，加强国际合作，全面落实《发展权利宣言》，促进全球发展伙伴关系，消除发展的障碍，实现发展权。决议欢迎为制定发展权国际文书所做的努力，并要求建立新的发展权问题专家机制，推动在全世界落实发展权。中方代表表

---

① 《习近平在华盛顿同奥巴马共同会见记者时的讲话》，《人民日报》2015 年 9 月 26 日。
② 《习近平：在人权问题上没有最好，只有更好》，《新华每日电讯》2012 年 2 月 16 日。

示，发展是实现和享有人权的重要前提。缺乏发展是当前许多国家特别是发展中国家人民充分享有人权的最大障碍。各国应推动实现共同发展，为促进和保护人权提供坚实基础。该决议获得发展中国家普遍支持。不结盟运动代表纷纷表示，发展权对实现其他人权具有核心作用。没有发展权，其他人权均无从谈起。各方应在落实发展权方面进一步加大投入，加强发展权领域国际合作，加快制定具有法律约束力的发展权国际文书。[①] 发展是当今世界人类社会的主题，对各国人民而言，发展寄托着生存和希望，代表着人类的未来。"面对重重挑战和道道难关，我们必须攥紧发展这把钥匙。唯有发展，才能消除冲突的根源。唯有发展，才能保障人民的基本权利。唯有发展，才能满足人民对美好生活的热切向往。"[②]

作为世界上最大的发展中国家，中国愿与世界各国特别是广大发展中国家人民同心协力，以合作促发展，以发展促人权。中国为强化发展权的人权地位提供了"中国方案"，支持联合国通过有关发展权的各项决议，一直是联合国人权委员会（人权理事会）关于发展权问题决议的共同提案国，积极支持人权委员会（人权理事会）关于实现发展权问题的全球磋商，支持将发展权作为单独议题在人权委员会（人权理事会）进行审议。中国赞赏并恪守《发展权利宣言》的要求，既重视个人发展权，也重视集体发展权，并在发展实践中努力使二者相互协调、相互促进。坚持发展权既是每个人的人权，又是国家、民族和全体人民共同享有的人权，个人发展权只有与集体发展权结合起来，才能实现发展权的最大化。中国坚定支持并全力落实《联合国千年宣言》，实现或基本实现了大部分"千年发展目标"指标，并积极促进国际社会达成并实施 2030 年可持续发展议程，发布了《落实 2030 年可持续发展议程中方立场文件》和《中国落实 2030 年可持

---

① 《联合国人权理事会通过不结盟运动和中国共同提出的发展权决议》，http://www.xin-huanet.com/2019-09/28/c_1125052570.htm.

② 习近平：《谋共同永续发展　做合作共赢伙伴——在联合国发展峰会上的讲话》，《人民日报》2015 年 9 月 27 日。

续发展议程国别方案》，在 G20 杭州峰会（2015 年）上提出并通过了《二十国集团落实 2030 年可持续发展议程行动计划》，为世界各国尤其是发展中国家共同落实可持续发展议程注入了强劲动力。"中国人民愿同各国人民一道，秉持和平、发展、公平、正义、民主、自由的人类共同价值，维护人的尊严和权利，推动形成更加公正、合理、包容的全球人权治理，共同构建人类命运共同体，开创世界美好未来。"[①] 为此，中国积极为各国特别是发展中国家争取公平的发展，使各国都成为全球发展的参与者、贡献者，公平分享发展权益，推动不同发展程度的国家承担共同但有区别的责任；中国坚持开放的发展，与各国共同维护多边贸易体制，促进生产要素全球自由流动，让发展成果惠及各方，为各国人民共享；中国追求全面的发展，实现经济、社会、环境协调发展，实现人与社会、人与自然和谐相处；中国推动创新的发展，以发展的方式解决发展中的难题，培育新的核心竞争力，高度重视发挥联合国领导作用，积极加快区域组织一体化进程，通过整合力量、优势互补提升发展竞争力，让发展潜力充分释放。发展与人权相得益彰，发展促进人权，人权提高发展——在这个问题上，没有最好、只有更好！

---

① 《习近平谈治国理政》第 3 卷，外文出版社 2020 年版，第 288 页。

主要参考文献

《马克思恩格斯文集》第 1—10 卷，人民出版社 2009 年版。

《马克思恩格斯全集》第 3 卷，人民出版社 1960 年版。

《马克思恩格斯全集》第 16 卷，人民出版社 1964 年版。

《马克思恩格斯全集》第 19 卷，人民出版社 1963 年版。

《马克思恩格斯全集》第 21 卷，人民出版社 1965 年版。

《马克思恩格斯全集》第 28 卷，人民出版社 2018 年版。

《邓小平文选》第 2—3 卷，人民出版社 1994、1993 年版。

《江泽民文选》第 1—3 卷，人民出版社 2006 年版。

《习近平谈治国理政》，外文出版社 2014 年版。

《习近平谈治国理政》第 2 卷，外文出版社 2017 年版。

《习近平谈治国理政》第 3 卷，外文出版社 2020 年版。

《习近平关于全面建成小康社会论述摘编》，中央文献出版社 2016 年版。

《习近平关于尊重和保障人权论述摘编》，中央文献出版社 2021 版

《十六大以来重要文献选编》上，中央文献出版社 2004 年版。

《十六大以来重要文献选编》中，中央文献出版社 2006 年版。

《十六大以来重要文献选编》下，中央文献出版社 2008 年版。

《十七大以来重要文献选编》上，中央文献出版社 2009 年版。

《十七大以来重要文献选编》中，中央文献出版社 2011 年版。

《十七大以来重要文献选编》下，中央文献出版社 2013 年版。

《十八大以来重要文献选编》上，中央文献出版社 2014 年版。

《十八大以来重要文献选编》中，中央文献出版社 2016 年版。

《十八大以来重要文献选编》下，中央文献出版社 2018 年版。

《十九大以来重要文献选编》上，中央文献出版社 2019 年版。

[法] 弗朗索瓦·佩鲁：《新发展观》，张宁、丰子义译，华夏出版社 1987 年版。

[美] 约翰·罗尔斯：《正义论》，何怀宏等译，上海译文出版社 1988 年版。

[美] 弗·卡普拉、查·斯普霍纳克：《绿色政治——全球的希望》，石音译，东方出版社 1988 年版。

[斯里兰卡] C.C.威拉曼特里编：《人权与科学技术发展》，张新宝等译，知识出版社 1997 年版。

[德] A．施密特：《马克思的自然概念》，欧力同、吴仲昉译，商务印书馆 1988 年版。

[美] P.K.博克：《多元文化与社会进步》，余兴安等译，辽宁人民出版社 1988 年版。

[美] 阿兰·兰德尔：《资源经济学—从经济角度对自然资源和环境政策的探讨》，施以正译，商务印书馆 1989 年版。

[加] 威廉·莱斯：《自然的控制》，岳长龄、李建华译，重庆出版社 1993 年版。

[英] A.J.M.米尔恩：《人的权利与人的多样性——人权哲学》，夏勇等译，中国大百科全书出版社 1995 年版。

[英] 戴维·皮尔思、杰瑞米·沃福德：《世界无末日——经济学、环境与可持续发展》，张世秋 译，中国财政经济出版社 1996 年版。

世界环境与发展委员会：《我们共同的未来》，王之佳等译，吉林人民出版社 1997 年版。

王曦：《国际环境法》，法律出版社 1998 年版。

[瑞士] 托马斯·弗莱纳：《人权是什么》，谢鹏程译，中国社会科学出版

社 1999 年版。

[印] 阿玛蒂亚·森:《贫困与饥荒》,王宇、王文玉译,商务印书馆 2001 年版。

迪帕·纳拉扬等:《谁倾听我们的声音》,付岩梅译,中国人民大学出版社 2001 年版。

[美] 杰克·唐纳利:《普遍人权的理论与实践》,王浦劬等译,中国社会科学出版社 2001 年版。

陈静生、蔡运龙、王学军:《人类—环境系统及其可持续性》,商务印书馆 2001 年版。

[美] 约翰·罗尔斯:《作为公平的正义——正义新论》,姚大志译,上海三联书店 2002 年版。

[印] 阿马蒂亚·森:《以自由看待发展》,任赜译,中国人民大学出版社 2002 年版。

[美] 科斯塔斯·杜兹纳:《人权的终结》,郭春发译,江苏人民出版社 2002 年版。

[英] 克莱夫·庞廷:《绿色世界史——环境与伟大文明的衰落》,王毅、张学广译,上海人民出版社 2002 年版。

[日] 大沼保昭:《人权、国家与文明》,王志安译,生活·读书·新知三联书店 2003 年版。

Neil Gilbert,Paul Terrell:《社会福利政策导论》,黄晨熹、周烨、刘红译,华东理工大学出版社 2003 年版。

[美] 詹姆斯·奥康纳:《自然的理由——生态学马克思主义研究》,唐正东、臧佩洪译,南京大学出版社 2003 年版。

[加] R·米什拉:《资本主义社会的福利制度》,郑秉文译,法律出版社 2003 年版。

艺衡、任珺、杨立青:《文化权利:回溯与解读》,社会科学出版社 2004 年版。

[美] 史蒂芬·霍尔姆斯、凯斯·R．桑斯坦：《权利的成本——为什么自由依赖于税》，毕竞悦译，北京大学出版社 2004 年版。

[挪] A．艾德、C．克洛斯、A．罗萨斯主编：《经济、社会和文化的权利教程》，中国人权研究会组织编译，四川出版集团、四川人民出版社 2004 年版。

朱兴文：《权利冲突论》，中国法制出版社 2004 年版。

李爱年、韩广等：《人类社会的可持续发展与国际环境法》，法律出版社 2005 年版。

柳华文：《〈论国家在《经济、社会和文化权利国际公约〉下义务的不对称性》，北京大学出版社 2005 年版。

世界文化与发展委员会：《文化多样性与人类全面发展——世界文化与发展委员会报告》，张国玉译，广东人民出版社 2006 年版。

[美] 约翰·贝拉米·福斯特：《生态危机与资本主义》，耿建新、宋兴元译，上海译文出版社 2006 年版。

[英] 尼克·史蒂文森主编：《文化与公民身份》，陈志杰译，吉林出版集团有限责任公司 2007 年版。

胡敏洁：《福利权研究》，法律出版社 2008 年版。

杨松才等：《〈经济、社会和文化权利国家公约〉若干问题研究》，湖南人民出版社 2009 年版。

[瑞士] 瓦尔特·施塔尔：《绩效经济》，诸大建等译，上海世纪出版集团 2009 年版。

燕乃玲、朱远编：《资源节约型、环境友好型社会建设》，人民出版社 2010 年版。

[美] 罗伯特·索洛、格特路德·希梅尔法尔：《工作与福利》，陆云航、黄雪蒙译，中国社会科学出版社 2010 年版。

[意] 马塞罗·默斯托主编：《马克思的〈大纲〉——〈政治经济学批判大纲〉150 年》，闫月梅等译，中国人民大学出版社 2011 年版。

[美] 约翰·罗尔斯：《政治哲学史讲义》，杨通进等译，中国社会科学出

版社 2011 年版。

谢晋宇编：《可雇佣性能力及其开发》，上海人民出版社 2011 年版。

[美] 萨基凯·福库达·帕尔：《人类发展分析路径：检阅、反思和前瞻》，《马克思主义与现实》2002 年第 6 期。

[法] P.M. 得法尔热：《国际社会与文化多样性》，《国外社会科学》2004 年第 1 期。

[印] 艾君·森古布达：《作为人权的发展》，《经济社会体制比较》2005 年第 1 期。

叶小文：《以人为本与人权理论》，《人民日报》2007 年 12 月 1 日。

熊跃根：《如何从比较的视野来认识社会福利与福利体制》，《社会保障研究》2008 年第 1 期。

李林：《论马克思主义人权观》，《昆明理工大学学报》（社科法学版）2008 年第 7 期

王广辉：《当代中国宪法权利的发展变化》，《中国公法评论》第 6 卷（2009 年）。

游正林：《60 年来中国工会的三次大改革》，《社会学研究》2010 年第 4 期。

罗豪才：《通过科学发展提升人权保障水平》，《人民日报》2010 年 10 月 20 日。

钱继磊：《全球化：人权及其保障的陷阱》，《上海交通大学学报》（哲学社会科学版）2011 年第 3 期。

陈志尚：《马克思的人权观在中国》，《北京大学学报》2012 年第 6 期。

凌玲：《新型雇佣关系背景下雇佣关系稳定性研究——基于可雇佣能力视角》，《经济管理》2013 年第 5 期。

谭金可：《我国劳动力市场灵活性与安全性的法制平衡》，《中州学刊》2013 年第 6 期。

王丽娜：《文化权利法律保障研究》，《中国政法大学学报》2018 年第 3 期。

后　记

　　这部书稿是复旦大学马克思主义学院策划的马克思主义前沿问题及其当代意义研究丛书之一，从起意到发稿两三年过去了……不禁感叹岁月流淌，尤其"百年未有之大变局"形势逼人，发展与人权的关系也出现了新的兴奋点；而伴随着国家意识形态建设日益加强，对运用马克思主义立场、观点和方法来研究发展的权利问题，为发展促进人权、人权增持发展提供令人信服的论证，是一个不小的挑战。

　　我个人关注这些问题已有时日，也形成了若干心得。事实上，"发展"虽然是舶来语，但早已成为耳熟能详的高频词，本来的意思就是开发；饶有意味的是，权利的"权（權）"这个汉字，本义是秤锤，就是充当衡器的东西，因此而出现了"权衡"、"权重"等等引申的词汇……与作为正当性的西文"right"有所差异，中文的"权"更侧重关系的理解，这就与马克思主义的发展理论与辩证方法有了交集，即可以从发展的协调、均衡、持平方面来探讨发展的权利问题。虽然书稿的内容乃多年之积攒，但要是没有马克思主义学院的研究资助，没有因此而立项的"倒逼"压力，恐怕还不会有拙作的出版，对此本人心怀感激，并感谢人民出版社崔继新先生的敬业和认真。是为记。

肖巍，于复旦大学光华楼

2022 年春意盎然中

责任编辑：崔继新
封面设计：汪　莹
版式设计：孙姗姗

图书在版编目（CIP）数据

发展的权利：马克思主义发展观及其当代意义／肖巍　著 . ─
　　北京：人民出版社，2022.6
（马克思主义前沿问题及其当代意义研究丛书／陈学明等主编）
ISBN 978－7－01－023861－6

I.①发… Ⅱ.①肖… Ⅲ.①马克思主义－发展观－研究 Ⅳ.① A81

中国版本图书馆 CIP 数据核字（2021）第 209714 号

发展的权利

FAZHAN DE QUANLI
──马克思主义发展观及其当代意义

肖　巍　著

人民出版社 出版发行
（100706　北京市东城区隆福寺街 99 号）

北京中科印刷有限公司印刷　新华书店经销

2022 年 6 月第 1 版　2022 年 6 月北京第 1 次印刷
开本：710 毫米 ×1000 毫米 1/16　印张：24.25
字数：330 千字

ISBN 978－7－01－023861－6　定价：98.00 元

邮购地址 100706　北京市东城区隆福寺街 99 号
人民东方图书销售中心　电话（010）65250042　65289539

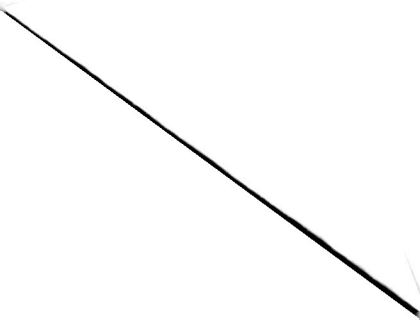